另一个沙画故事

[乌] 克谢尼娅·西蒙诺娃 著
孙 超 杨婷婷 译

北方文艺出版社

黑版贸审字 08-2017-063

图书在版编目（CIP）数据

另一个沙画故事 /（乌克兰）克谢尼娅·西蒙诺娃著；孙超，杨婷婷译. -- 哈尔滨：北方文艺出版社，2019.3

ISBN 978-7-5317-4203-6

Ⅰ. ①另… Ⅱ. ①克… ②孙… ③杨… Ⅲ. ①克谢尼娅·西蒙诺娃－自传 Ⅳ. ① K835.113.57

中国版本图书馆 CIP 数据核字（2018）第 041645 号

原书名：**Еще одна история**

另一个沙画故事

LINGYIGE SHAHUA GUSHI

作　者 /［乌克兰］克谢尼娅·西蒙诺娃　　译　者 / 孙　超　杨婷婷

责任编辑 / 富翔强　路　嵩　　封面设计 / 琥珀视觉

出版发行 / 北方文艺出版社　　邮　编 / 150080

发行电话 /（0451）85951921 85951915　　经　销 / 新华书店

地　址 / 哈尔滨市南岗区林兴街 3 号　　网　址 / www.bfwy.com

印　刷 / 捷鹰印刷（天津）有限公司　　开　本 / 880mm × 1230mm　1/32

字　数 / 300 千　　印　张 / 18.5

版　次 / 2019 年 3 月第 1 版　　印　次 / 2019 年 3 月第 1 次印刷

书　号 / ISBN 978-7-5317-4203-6　　定　价 / 99.00 元

推荐序1 给西蒙诺娃的序

很高兴，收到众猫传媒的邀约，能给乌克兰沙画艺术家西蒙诺娃的新书作序。

大概是 2009 年，总能碰到一些朋友，他们先是对沙画艺术表现出极大的兴趣，然后兴奋地跟我说：“我知道一个俄罗斯的美女，沙画画得好极了。”我于是回道：“她是乌克兰的美女——西蒙诺娃。”

西蒙诺娃也许自己都没料到，在遥远的中国，她有一批铁杆粉丝呢！

我也是在网上看了她在《乌克兰达人秀》上的表演才知道她的。很美，很有激情，让人着迷！她的创作和表演让身为同行的我也为之惊叹，难怪那么多人情不自禁地来跟我分享他们见到过西蒙诺娃以及她的作品。

在静谧的舞台上，一位穿着清爽的美女，轻盈地点亮一支蜡烛。立体精致的五官与舞动的烛光交相辉映，那一刻全场为之屏住呼吸。清新的乐曲、宁静的村庄、绽放的花朵、浪漫的情侣、熟睡的孩童，一切的和谐与美好在西蒙诺娃的挥洒与点画间自然地、徐徐地展开。突然，战争的阴霾笼罩大地，侵略者的飞机肆无忌惮地摧毁着一切。轰鸣、爆炸、恐惧、呐喊、死亡在瞬间降临，让观众的心不得一刻安宁。舞台上，西蒙诺娃的神情、秀发、手、沙、画都在快速变化中，让观众的眼睛无法捕捉任何一瞬。战争的摧残让画中的人悲痛憔悴，也让画外的观众伤感流泪，哪怕是见多识广的评审也会为之动容。是的，她的沙画让你应接不暇，让你无法平复。最后的画面是祈祷的母亲、和孩子一同送别丈夫的妻子，这是没有结局的结局，沙画在此时戛然而止，现场为之沸腾。

你还在为她描述出的故事而慨叹吗？你还在为她的表演而痴迷吗？当观众还在回味她的作品，她已回到最初的位置，轻轻吹灭那微弱的烛光……

是的，这就是数年前，西蒙诺娃留给我的印象，她轻舞飞扬，惊若天人！这应该就是瞬间化永恒吧。我相信，这也是留给很多观者的印象。好与美，就是无须解释的自然。

沙画艺术因其独特的魅力，在短短十余年间风行整个中国，这当然得益于中国涌现出的一批批沙画艺术家的努力。在沙画艺术的传播和传承上，我们的付出与努力，还有获得的成绩是有目共睹的，这是内因。而外因上有两位国外的艺术家的影响是毋庸置疑的：一位是匈牙利的弗兰克·库克，在中国业界被认为是沙画的启蒙者、创始人，可以说在中国沙画界无人不知。另一位就是西蒙诺娃，在中国沙画界也是无人不晓，但她的影响似乎还跨越了沙画界。我想，除了西蒙诺娃的作品具有超越空间的、富有浪漫的想象外，还在于她具有偶像的气质吧。在这个时代，偶像的影响力似乎远远大于一个艺术家。西蒙诺娃两者兼备，她简直就是为沙画而生的。在西蒙诺娃身上，有不少值得我们沙画创作者好好探讨与研究的地方。

我认为，优秀的沙画作品有三大艺术魅力。第一，有瞬间美；第二，有变化美；第三，有整体和谐之美。所谓瞬间美，涵盖了沙画对空间与时间的理解、把控与追求。美妙的瞬间亦是美妙的结果，要做到有效率地展现每一个瞬间、每一个结果，那么沙画就会给人带来赏心悦目、痛快淋漓的艺术享受。变化之美，即指每一个瞬间、每一个结果的转变须是自然的、巧妙的，绝非各自成篇、彼此孤立。倘若沙画的展现有如翻小人书般，那将是枯燥的、乏味的，也就失去沙画存在的意义了。至于整体和谐之美，就是说仅有造型与画面内容达到瞬间美和变化之美还不够，须知沙画艺术是综合了绘画、音乐、表演、文学为一体的艺术创作表现形式。文学是骨架，绘画是血肉、音乐是灵魂、表演是筋脉，缺一不可。西蒙诺娃的表演自然天成，有血有肉有灵魂，故事甚为感人，表演如行云流水。因此它超越了时空，即便到现在，在遥远的他国依然还能焕发出艺术的光彩，让人久久不能忘怀。

我在自己的书中介绍了沙画艺术的特点，首先说到沙画艺术具有世界性，它不受地域、文化、文字、材料的局限。的确，近年来，在世界各地都出现了搞沙画艺术创作的朋友。他们痴迷于用这种形式来表达自我，但彼此少有面对面的交流。我从 2004 年开始，到现在已走过了十几年的玩沙路，我依然没有玩腻之感，倒有“路漫漫其修远兮，吾将上下而求索”的激情。我不知道异国的同人是否和我一样，极其享受着玩沙的人生。从一开始仅仅是纯粹的自我表达，渐渐发现，此艺术又有社会价值。因此沙画艺术在后来的艺术、商业、传媒的圈里一度风生水起。近年来哪个大活动，哪个大企业，哪个电视台没用过沙画的？我终于全面了解到沙画的价值，它不仅是展现创意、抒发情感的创作形式，也是交流思想、传递文化的载体。事实也是如此，沙画在这个时代应运而重生（沙画在中外历史上皆有所考），不仅也不应是个人的独享，它也是大众与社会之所需。时代越是日新月异，我们的精神方面越需回归质朴与纯真。要知道，沙画虽是科学与艺术的时尚的综合体，而最重要的工具无非一把普通得不能再普通的沙。《道德经》第三十七章道：化而欲作，吾将镇之以无名之朴，镇之以无名之朴，夫将不欲。不欲以静，天下将自正。也就是说，天下已经物欲横流，唯有让人回归到质朴的初心，才会达到天下和谐宁静。沙画艺术作为艺术形式具有时空流动性、综合性，可以更有效的创作演化出不同文化系统所包含的世界观、价值观、人生观内容的作品；作为载体具有世界性与包容性，可以充当彼此了解与互动的非常有特色、有效率的桥梁和媒介。其本体天然具备的艺术特性，如变幻性、娱乐性也凸显了沙画是求道悟道的方便法门，是让人得以精进的自然之道。中国文化强调“以道统艺，由艺臻道”。在这个时代，尤其在中国，在复兴中华文明的时空点上，推广沙画艺术是具有历史意义和多重价值的。无论是中西文化的交流，还是大力推广沙画教育，隔着空间有同人自有相互照应与助推的好处。我一直认为艺术的终极价值在于超越时空的创想，现实中的空间与时间的距离也是产生美感、意义与价值的缘由。西蒙诺娃来了，我们拍手叫好；我去她的国家也是以贵宾相待。假以时日，因为有你们、他们和我们，沙画艺术的意义和价值将会越来越得到显现。看到西蒙诺娃的新书已成，书中讲述着自己的故事，很丰富，也很精彩。她的童年，她的外婆，她比赛的经历，心理学、文学、诗歌对她的影响等等。我想对西蒙诺娃的粉丝们说，你们的幸福时刻来了。我知道，成就一位沙画家，一定会有一个充满真情、温情、激情和豪情的过程。由衷地表示祝贺！

因为沙画，西蒙诺娃来过中国两次。2017 年 4 月，我参加中乌建交 25 周年文化周活动，并在乌克兰宫举办了沙画专场表演。活动结束后我漫步在美丽的第聂伯河畔，突然对一旁的助理说，这是西蒙诺娃的祖国！

苏大宝

2017.12.11

推荐序2 第伯聂河的明珠

乌克兰有着璀璨的文化，它的油画、芭蕾、舞蹈和音乐等艺术在国际上享有盛誉，俄罗斯文学之父果戈里从乌克兰走向世界；这里也是列夫·托尔斯泰笔下作品《复活》的历史舞台；尼古拉·奥斯特洛夫斯基在这里写下影响世界的《钢铁是怎样炼成的》，这是一片神奇的土地。

若干年后，在沙画领域必然也会传颂西蒙诺娃、瓦依诺娃等一批优秀的乌克兰艺术家的名字，他们用战斗民族的激情创造无与伦比的艺术，为沙画世界呈现最瑰丽的明珠。

这本书是克谢尼娅·西蒙诺娃唯一授权的官方自传，这本书在欧洲上市之初就备受全球沙画媒体和艺术业界瞩目，版权竞争异常激烈，感谢众猫团队经过近两年的辛苦运作，同时拿到了《另一个沙画故事》和瓦依诺娃的《沙画艺术入门》——国际图书版权市场仅有的两本沙画艺术类图书，点赞！

本书以自传的形式描述了西蒙诺娃和她共过事的人以及沙画界的竞争对手，书中展现了她的艺术激情、艺术修养还有对沙画艺术的迷恋。同样，她笔下的的朋友、家人，还有同事也为我们提供了一个前所未有的毫无掩饰的视角。她是一位极具创造力的艺术家，她有如过山车般精彩的人生和犀利激越的性格，充满追求完美的激情，她对沙画艺术、欧洲的绘画技术进行了颠覆性变革。她的故事既具有启发意义，又有启迪意义，充满了关于创新、想象、美学以及价值观的教义。

《另一个沙画故事》从一个沙画艺术家的思维位面，为读者展示了沙画的创作者应该如何思考，价值观应该如何树立，所学专业如何应用，教读者如何完成一个动态沙画作品，内容翔实，在思维、想象力、创意层面为读者展开了一幅巨大的画卷，极大地丰富了沙画读者的学习和感悟。

“点石沙画”与西蒙诺娃的结缘，缘于哈尔滨。哈尔滨是一座中西合璧的城市，松花江穿城而过，一座城市因为一条江而美丽，因为一条铁路而兴起（中东铁路），素有“东方莫斯科”之称。受俄罗斯文化的影响，哈尔滨的建筑、文化、艺术多有俄罗斯的影子。我自幼也受其影响，喜欢《莫斯科郊外的晚上》《喀秋莎》、保尔·柯察金，《伏尔加河上的纤夫》……时光穿梭到 2007 年，当时我在广州街头创作画像的时候，偶然间看到了沙画，顿时被沙画的感染力所吸引，于是开始在网上搜索关于沙画的内容，一部来自乌克兰美女沙画家西蒙诺娃表现二战的沙画作品震撼着我的心灵，我深深地被她极富感染力的作品打动……就这样我开始了沙画之路，之后我创立了“点石沙画”，西蒙诺娃是我最崇拜的沙画艺术家，我们一个在哈尔滨，一个在乌克兰的叶夫帕托里亚，相隔万里之遥，谁能想到十年后我们在南京相见了，亲眼观看了她的惊世之作，兴奋之余我也为她画了一张固态沙画肖像。西蒙诺娃的书即将出版，并且和我的书《沙画艺术——让你 7 天成为沙画师》《少儿沙画艺术》是同一个出版人（众猫传媒），我们还真有挺多相似的地方，我们的国家同样遭受二战的战火洗礼，同是众猫为我们搭起与读者交流的平台，最重要的是我们都喜欢沙画。短暂的行程中我发现一个细节，西蒙诺娃随身带着速写本，在午餐的空闲时间饶有兴致地画了一张郊外的速写，可以看出她孜孜不倦的创作精神。期待下次相见，女神不老，沙画盛开，感谢沙画！

张辉 2018.01.08

推荐序3　沙画让我们终究相遇

人和人之间的缘分向来很妙。我从沙画展开我的人生，这一路遇到很多人，克谢尼娅·西蒙诺娃亦师亦友。

我和她最初的缘分从她在《乌克兰达人秀》上的一段表演开始。路灯和长椅，车站和广场，风雪和硝烟，每个人的感受都是独特的，就像指纹那样不可复制——这一切都是感受，而不是作品。把个人的感受变成作品，又能够引发观众的共鸣，是一件不平凡的事。这段感人至深的表演，让我几度落泪。后来我问她平时比较关注哪些人的作品，她说因为不想让其他人的思路或者风格影响到自己，所以从不在这些方面模仿或者借鉴。我相信一位真正的艺术家永远只为内心创作，只有内心才会真实地告诉他，他的高尚、他的自私、他的欢喜、他的痛苦是多么真实。内心让他真实地了解自己，一旦了解了自己也就了解了世界。

后来，我和西蒙诺娃切实地交往后，发现她是一个可爱、有感恩心、充满艺术气质的人。我们来到一个民谣俱乐部聚会的客厅，有一个歌手抱着吉他轻轻吟唱，周围的沙发上坐满了络绎不绝的倾听者，在音乐声中轻轻摇摆。我们坐在靠门边的位置，很快融入了气氛，她拿起一罐啤酒对刚刚演唱完的歌手举杯："Bravo！Bravo！"逗乐了在场的孩子们。随后她又和一个小女孩玩起了皮球，抛过来丢过去，一点儿也看不出她刚刚飞行了19个小时，又坐了6个小时汽车的样子。

由于第二天很早就要开始工作，我们必须在前一天晚上完成一些工作内容上的沟通，已经连续三十几个小时没有休息还在倒时差的西蒙诺娃仍然积极认真地核对每一项工作内容。第二天的活动中有一场加演，时间紧迫，西蒙诺娃一丝不苟地对使用沙子的颜色、数量，沙画台的尺寸、演出的光源一一确认，直到上台的最后一刻才停止练习。但让我印象最深的是，在整个过程中西蒙诺娃虽然没有时间核对音乐，但是她在舞台上却将画面和音乐配合得非常完美，这背后肯定是一个沙画师对作品的千百次的练习。对待艺术和作品的认真，对待工作的敬业，让我又看到了另外一个西蒙诺娃，令我肃然起敬。

每一个灵魂都是立体的、流动的。人生的成长就是不断探索自己和世界之间的边界，不断认识自己的灵魂。这本书把西蒙诺娃的灵魂慢慢描述给你听，让我们一起来了解一个立体又独特的西蒙诺娃。俄国作家契诃夫有句名言：“有大狗，有小狗，但小狗无须因大狗的存在而恐慌，所有的狗都叫，但都按照上帝给予的声音去叫。”这句话用在艺术家身上尤为合适，他们都按照上帝给予的声音，认真地去面对这个世界发出自己的叫声。

人生漫漫，我们有幸找到自己，对于命运中的幸运而言，沙画正如点燃火炬——某种意义上，沙画之光能够唤醒觉醒的人。在无数个专注的时刻，生命变得丰盈而纯粹。因为沙画，让我们最终相遇，同时祝愿众猫传媒能出版更多、更优质的沙画艺术内容。

高　洁

2017.12.20

目　录

谨以此书献给我的外婆瓦莉娅

另一个沙画故事

这个故事既简单又复杂，充满了各种意外，这些意外最后却联结成了条条通道。这个故事的主角是这样一个人——她的梦想与现实总是阴差阳错，而这恰恰又是她的幸运之处。我的名字叫克谢尼娅·西蒙诺娃。

有一次我去参加一个由乌克兰主流商业电视台组织的大型选秀节目，并且得了第一名。我并没有想到能获奖，这对我而言并不重要。我参加这个节目是想借机休息一下，却赢得了百万卢布的奖金。

我画沙画四年有余，现在这成了我的主业，但以前却并不是这样。

在录制现场，我展示了我的三幅沙画，它们讲了三个故事，分别是有关马戏、战争和父母双亲。

我知道很多故事，我还知道更多那些谁都不会注意的故事，人们把这些故事画出来、再抹掉，直至被人遗忘……

深　夜

2009年6月，于基辅密林湖别墅区

“我给你唱支歌，想听吗？”尤利娅问道，“我自己写的词，谱的曲。”

她唱了起来，我静静地听着。我闭上双眼，仿佛看到了一座被群山围绕的小房子和木栅栏，远处是一望无际的绿色草场。

我们面对面坐在长廊的扶手椅上，下面是被浓浓夜色笼罩着的森林。

尤利娅·库弗希诺娃是一名来自尼古拉耶夫[①]的歌手，一个月前进入了选秀的决赛，而我则是不久前刚来参加比赛。决赛对我而言简直如同登天。我静静地听着，非常享受这样的时刻。

① 尼古拉耶夫是乌克兰南部港口，位于南布格河口与因古尔河的汇合处。

童 年

1985年4月22日–1992年，于叶夫帕托里亚①

我出生在叶夫帕托里亚，我的出生证上面就是这样写的。

但实际上，在那天深夜，叶夫帕托里亚的产院正关门维修。妈妈被带到了最近的一家位于萨奇小城的产院，运送她的是爸爸服役部队的一辆破破烂烂的军车。妈妈说，她路上心情还算快活。

第二天早上我就出生了，妈妈说，我简直和爸爸长得一模一样。

当妈妈在叶夫帕托里亚的户籍登记局领我的出生证时，她让工作人员用“叶夫帕托里亚”替换掉“萨奇”。因为她认为后者发音不好听，这让她有点儿难为情。

我是一个普通的孩子，没有对具体哪个领域产生特别的兴趣。但我

① 叶夫帕托里亚是克里米亚半岛西岸港口城市，临黑海。

一直模仿妈妈画画，我的妈妈是一个画家。无论是在我的画作中，还是在我对绘画的理解中，都没有什么高超的、创意性的东西，都是普通的八爪猫，穿着皮靴、带着项链的大嘴巴美女，斜放的花瓶和鲜花，总之一切都是这个年龄段的孩子应该描画的。只是在一些画作中，流露出某种内在的俄罗斯民族的东西。这源于外婆讲的故事和巴若夫[①]写的童话故事。

对每个孩子而言，外婆都是一个独特的世界。小孩们应该定期在外婆家住上一段时间。不需要太久，但却一定要去，原因何在？

我的外婆叫瓦莉娅·瓦连金诺夫娜·罗日科娃，娘家姓拉兹古利亚耶娃，她1940年生于摩尔曼斯克。当她一岁的时候，卫国战争爆发了，于是，她的母亲纳斯塔西娅·安德烈耶夫娜把她藏在缝纫机的盖子里（就像装在摇篮里一样）坐车来到了俄罗斯的内地。她们来到了科斯特罗马市郊的一个村子，在那里生活了八年。如果不算繁重体力劳动的话，当时孩子们唯一的“益智游戏”就是成群结队地钻到俄罗斯炉子上，用树条抽打天棚上爬行的蟑螂。这一情景完全符合埃米尔·库斯图利卡[②]影片的美学口味。如果塞尔维亚导演见过这一切的话，我认为，他很可能会把这一情景纳入到自己的影片中……

在外婆的讲述中，对我而言，这个村庄连同炉子、暴风雪、母牛和茶炊一起，成了“俄罗斯性”的神奇象征。

---

① 巴若夫（Павел Петрович Бажов, 1879–1950），苏联、俄罗斯作家，其童话作品特别受儿童欢迎，1943年获苏联国家文学奖金。

② 库斯图利卡（Emir Kusturica, 1954），前南斯拉夫著名导演，其著名作品《雪地里的情人》《黑猫白猫》《地下》《亚历桑纳之梦》《爸爸出差去了》等都是电影史上的经典之作。

列　娜

2009年6月，于基辅乌克兰达人秀演播室

“快过来，让我抱抱你。”列娜边擦着眼泪边说道，于是我们长时间地站在舞台后面的幽暗角落里相互拥抱着。上台之前我刚在楼梯间背熟了《战争》的台词，并再次确信，剧本的台词还是很粗糙。我疲惫地在舞台上踱着步，恰巧在那儿碰上了列娜。

列娜·马丘申科是一名话剧演员，两个儿子的母亲。她的丈夫萨沙为人很友善，像我一样，喜欢听“斯普林”组合的音乐。在选秀现场，列娜简直就是普加乔娃[①]，是绝对的权威。简直就是普加乔娃的翻版，姿势、手势和说话表情完全一致。列娜将之称为“异样模仿秀”，完全沉

① 普加乔娃（Алла Борисовна Пугачёва，1949 年生），苏联、俄罗斯流行歌王。

浸其中。看到一切是如此相像，老实说，开始的时候我有点儿不太舒服，所以就像一个看戏法的孩子般跟在列娜后面……

现在，这个成熟而又聪明的列娜一边拥抱着我，一边哭泣着说，《战争》这个故事某些方面不太真实。我心里感到难堪，不知道该说些什么。她抓起我的手，领着我向化妆间走去，给我看了看那些还在痛哭流涕的人。

在我的意识中，某种思想开始翻腾，我重新登上舞台，用一种全新的视角来描绘《战争》并有全新的感受。

音　乐

1985–1994，于坦波夫、叶夫帕托里亚

瓦莉娅外婆在坦波夫的大型化工厂“阿尔季”当了好长时间的化学工程师。35 岁时，她的眼睑开始下垂，这是一种重病，无药可治，只有手术治疗。先把眼睑简单地支起来，然后再缝合眉毛下面的皮肤。这实际上可避免失明（在视力受限后通常就要失明），但却不会让眼睛完全闭合。瓦莉娅外婆不想练就睁着眼睛睡觉的本领，于是就拒绝做手术。从我出生起一直到外婆去世为止，我看到的外婆都是一个样子的：眼睑耷拉着，时而用食指把它们推一下。这让她的形象更加神秘，也更富有人情味。

她自己一个人住，从没有离开坦波夫，始终待在城里安静小区的一个小型住房里。每年我去她家里待上一个月，在外婆家住的这些时光成

了我儿时岁月的一段美好回忆。

有时她也会来我们这里，这时我的生活就像披上了神奇的霞光……

我开始上幼儿园，玩耍，交朋友。一次，当我坐在院子里的小凳上时看到了爸爸，他从另外一侧走了过来。军车（我怀疑就是那辆把妈妈送到萨奇去生产的军车）把他送到右侧的车站。这一次爸爸是从另外一侧走来，不是通常下班这一侧，这让人感到诧异。而且他的手里还拎着一个奇怪的盒子，是一个录像机。就这样，电影闯入了我的生活。

我不知道，爸爸从哪里弄来的这个东西，但这成了院子里的一件大事，把所有人都聚到了一起（无论是我认识的还是不认识的）。同样，我也不清楚他从哪里弄来的那些录像带（里面是些神奇的故事还有糟糕的译文）。后一点倒是间接地利于我学习英语，我把电影和动画片中的所有脚本都背了下来，边听边记，不用翻译很快就背熟了这些英语的原文表述。一些片段直到现在还存留在我的记忆深处。

我上学了，品德方面总得 2 分。这使我的妈妈很伤心，但我不懂，怎样表现才能改变别人对我的评价。集体的纪律、集体的友谊以及集体的劳动使我备受折磨。这是 1992 年，名义上苏联已经解体，但实际上苏联的影响还在持续生效。

这一切都让我闷闷不乐。

当我上三年级时，爸爸弄到了一些磁带，他从柜子里面拿出夏普录音机，送到了我的屋子里。那一晚开启了我崭新的一段生活。音乐出现在我的生活中。

磁带包括下面这些人的歌：罗克赛特[1]、麦当娜、恐怖海峡乐队（Dire Straits）[2]、蝎子乐队（Scorpions）[3]、埃尔维斯·普雷斯利[4]。我的想象任意驰骋。每天坐在课堂上，可我满脑子想的却全是音乐。在我的成绩册里，品德这门课都是不及格，就像熟透了的欧洲大樱桃一样触目惊心。我当时根本就无暇顾及这些评语。

那一年，我的父母把外婆从坦波夫永远地接到了叶夫帕托里亚。

---

① 罗克赛特乐队，由瑞典歌手 Per Gessle 和 Marie Fredriksson 组成的音乐组合。作品有《Pearls of Passion》等。

② 恐怖海峡乐队，成立于 1979 年的英伦摇滚乐队，英文名为 Dire Straits，意寓其刚刚创立时经济上的窘境。恐怖海峡可以说是 20 世纪 80 年代最成功的摇滚 / 流行乐队，它的成功有相当一部分是由于主唱马克·诺弗勒深厚的文学造诣以及其精深的吉他演奏技巧。

③ 蝎子乐队（Scorpions），德国著名的重金属摇滚乐团，上世纪 70 年代初期发迹于汉堡北方的工业重地汉诺威。在乐团灵魂人物吉他手，也是创团团员的 Rudolf Schenker，以及声音让人一听就难以忘怀的主唱 Klaus Meine 的带领下，蝎子乐队以狂泻的快速吉他演奏、强有力的打击乐器以及辐射极高能量的演唱风格成为欧洲 20 世纪 70 年代数一数二的重金属乐团。

④ 埃尔维斯·普雷斯利（Elvis Presley，1935–1977），绰号猫王，美国摇滚歌手及演员。

小斯巴达人

2009年6月，于基辅密林湖别墅区

“孩子们，可以和你们一起照张相吗？”我问尤拉和卡里娜，他们都来自别尔季切夫①。他们严肃地点着头。我说道：

“我会让我的小孩儿看这些照片，他会高兴的。”

“您是怎样用沙子作画的呀？”尤拉问我道。

我不知道如何回答。“用手呗……”

“那你是如何与卡里娜直直地立在这儿的呢？”我问道。

这个小尤拉似懂非懂地点着头，就继续看彩排。

当我看到尤拉和卡里娜做的事情，我无言以对。我走来走去，到处

① 别尔季切夫，城市名，在乌克兰日托米尔州。1482 年建立，时为立陶宛要塞。

问：“您见过类似的事情吗？”而且清晰地意识到，他们现在就是我要描画的宠儿。这两个孩子像普通孩子一样说话，跑来跑去，玩耍嬉戏，但我从没有见过肌肉如此健壮的孩子。他们就像小斯巴达人一样，来参加节目就像来玩一样。

外 婆

1985年，1994年，于坦波夫、莫斯科、叶夫帕托里亚

父母为外婆在不远的新建居民楼里面买了一套住宅，于是每逢节假日我都兴奋地去她那儿待两天。

当我还在妈妈肚子里的时候，父母就来到了叶夫帕托里亚，当时外婆 45 岁，经诊断她得了癌症。医生说，医好的可能性不大。

外婆决定抗争。

她凑足了一些钱，就去了莫斯科。不记得她想要入住的医院叫什么名字，但对于一个离死亡不远的普通人而言，在那里看病并不现实。那家医院接待了她，看了她的病后，以没有病床为由委婉地拒绝了这次“冒险实验”。那家医院里确实住着来自全苏联的病人。外婆不得不住在医院附近等着奇迹出现。她坐在医院的台阶上，病恹恹的，备受折磨，

生平第一次祈祷起来。昏昏然间她坐着就睡着了。她梦见了一幅奇怪的圣像画，正向着躺在病床上的她飞来。以前她从未见过圣像画，但这幅圣像画她却永远记得。圣像画在她的头顶上方水平飞来，先从脚部再到头部，然后直奔窗户而去。外婆躺在床上看着这一幕，她想抓住这幅神奇的圣像画，但由于身体虚弱连手都无法抬起。当那幅圣像画几乎快要从视线中消失时，她听见有人说："快抓住它！快一点，不然你就要死了！"外婆使出吃奶的劲抓住了圣像画，然后就醒了。

第二天早上，医生让她住进了医院病房，开始准备放疗。原来昨天夜里病房里死了一位妇女，所以给外婆空出了一个床位。这是 11 月 6 日。这一天是"众哀伤者之欢乐"圣母像日。后来，在一个治疗疗程过后，外婆已经开始慢慢地到户外走动，有一次她走进了一个小教堂，见到了自己梦中梦到的那幅圣像画。

"这幅圣像画叫什么名字？"她问教堂神职人员。

"众哀伤者之欢乐。"有人答复道。

就这样，在我们的生活中出现了神迹。

阿　拉

2009年6月，于基辅密林湖别墅区

“我现在有女邻居了，”小不点儿卡嘉跟我们说道，“她非常漂亮，手头总有许多化妆品”。

“她叫什么名字啊？”我们问道。

“阿拉……”

我们昵称卡嘉为“小不点儿”，是因为她画了一幅习作，人物脸上挂着一滴天蓝色的水滴，但我心里明白，高明之处并不在于画出了脸颊上的内容，而是画出了脸颊的动态感。只有 13 岁的卡嘉劈腿坐着，起身时轻盈自如，世界级明星阿纳托利·扎列夫斯基只是在更大一些时才做到了这一点，这真是不可思议。卡嘉是一个具有无穷力量和独特魅力的女孩。她讲的乌克兰语略带点口音，听起来特别动听，与她相熟后没几天的时间我们整层楼的人都开始模仿她这样说话。

当时我们住在“灯塔”疗养院，整层楼的人相处得都非常好，有我、我的丈夫、卡嘉、卡嘉的教练约瑟夫·帕塔拉什维利——一位来自哈尔科夫的舞蹈家、瓦里克·加卢什卡和他的母亲。我们都入围了第四组（共十人）的半决赛，一起准备节目彩排，一起住，一起吃，每天晚上聚在大厅的电视旁，喝茶聊天。

阿拉也加入到了我们这伙人当中。阿拉·库什尼尔是第五组半决赛入选者，她表演的是东方舞蹈。她穿着一身奢华的按照东方样式缝制的丝绸舞蹈服，脚上穿着一双美不胜收的皮鞋，手上满是手镯……看到我之后，她说道：

“哎哟！你也喜欢穿奇装异服……”

我们牢固而又温情的友谊就这样开启了。

每天阿拉都在大厅跳舞，而我在旁边观看、欣赏。我清楚地知道，谁将会成为我新沙画故事的主人公。看着阿拉的舞蹈，我得到的是双重的愉悦，一份是作为观众的，一份是作为画家的。

“走，我们去打羽毛球吧。”阿拉对我说道。

我们拿起球拍，就向“雄鹰”体育馆走去，那里有球场。我们俩并肩而行，阿拉穿着一身东方服饰，而我则穿着一套时尚的黄色女式西服，戴着一顶绣花尖顶小圆帽……路人看着我们，不断地回头张望。我们打着球，我丈夫坐在凉亭里，大声地笑着。突然阿拉丢掉了拍子，笑着用手指指着某处。我听到那里传来一只小狗尖细的叫声。阿拉向我们做了个手势，也开始尖尖地叫起来。我倒在草地上，哈哈大笑起来。天气酷热。

我最好的生日

1998–2000年，于叶夫帕托里亚

化疗后，外婆活了 13 年，以她得的这种病，这已是非常长的时间了。她是 1998 年 11 月 6 日即“众哀伤者之欢乐”圣母像日那一天去世的。6 年后，也同样是在这一天,2004 年 11 月 6 日，我的妹妹娜斯佳出生了。神迹一直延续到今天。

外婆死后，我生活中神奇的那一页就翻了过去，开启了一段转变的年龄。我当时 13 岁，除了坐在沙发上看电影以外，对什么都不感兴趣。我像一个寄居蟹一样过着隐居的生活，我非常喜欢这种生活。放学后，衣服也不脱，鞋照常穿着，跳上沙发，开始看录像。学校、沙画、网球——这一切只不过是需要感受的生活片段。从一部电影到另一部电影，生命就这样在流逝，这是一种奇特的少年生活，一个冷漠的在迷雾中漫步的少年生活。

我在小学读书期间，最幸福的生日是这样度过的。

这天早晨，星期六。爸爸说：

“不用去上学了。生日快乐！我保证，这个生日不会像其他节日一样。即使不是最好的，起码也将会令你难忘。”

“太好了！”我说道。

我们吃完早饭，就穿过田野向遥远的车库所在的合作社走去。在那里，爸爸有两个车库。其中一个停着我们的汽车，另外一个……我从来没去过另外一个车库。

我们走着，头顶上乌云密布，下起了细细的春雨，我已年满 15 周岁。那一年，我和父亲的关系变得格外亲近，他似乎继承了外婆的一部分天分，突然开始烤制各种美味可口的馅饼，做的饭也特别香，还经常想出各种有趣的主意……他变得善良而让人舒坦，似乎再也不像以前那样强硬和严厉。我开始对爸爸的朋友聚会上那些有关物理和化学、各种设备系统、宇宙及宇宙飞船的话题感兴趣。我喜欢对他想出的各种游戏和花样琢磨个所以然。在去车库的路上我们最喜欢的游戏就是一个人说出国家名，另一个则说出这个国家的首都……

我们从一个我知道的车库门旁走过，继续向前走去。这个车库很像一个有着各种狭窄小街道和迷宫的古城。这里有各种神秘的小狗：如小胖狗、莫普斯狗及其他小狗，这里总有一些男子匆忙地走来走去，总有些神秘的声响。

当走到另外一个我不熟悉的车库门前时，我们停下了脚步，爸爸神秘地冲我微笑了一下。他拿出一大串钥匙，开锁用了好长时间，然后车库门就“砰”地一声打开了。

车库里，在一个大推车（推车的轮子却很小）上面放着——一辆汽艇。

“这就是给你的生日礼物。喜欢吗？”

我傻乎乎地点了一下头，摸了一下尖尖的、被黑色橡皮筋包着的汽艇头部。

“现在，作为一名真正的水手……你是水手吧？就这样，拿起压气机，把它清洗一下吧。”

在我们这里，一台“旋风”牌旧吸尘器充当着压气机来使用。清洗汽艇！这让人太开心啦！我们吸入很多涂料，从头到脚弄得脏兮兮的，把白色的油漆喷射到汽艇和墙壁上。我们露在帽子外面的眉毛和头发满是油漆点，油漆瞬间就凝固了……回到家后，我照了一下镜子发现，鼻子里也是白晃晃的——连鼻毛上面也满是白色的油漆点。我成了一个雪人！看着镜子，我的心情无比开心。

爸爸是对的，这个生日我一直记着。直到目前，这都是我最好的一个生日……

疯狂的六月

2009年6月，于基辅、基希讷乌[1]

闯入选秀的决赛令我完全没有想到，我知道，如果再看不到儿子我会死去。我和丈夫没告诉任何人，突然离开去了摩尔多瓦，从基辅到基希讷乌仅用了破纪录的 7 个小时。

我们决定直接去基辅参加直播，我们还需要下决心做一件事，即把一岁半的季马送到外婆那里。应该说，我们的儿子勇敢地克服了生平第一次出国远行，过了三个国界、几个海关。但这段路程我们走下来历尽艰辛。因此，进入决赛后，我甚至有些伤感，因为我们和孩子分别有两

---

① 基希讷乌，摩尔多瓦首都，也是该国最大的城市，位于摩尔多瓦中部，坐落在德涅斯特河支流贝克河畔，有 500 多年的历史。气候温暖湿润，阳光充足，是摩尔多瓦的工业中心。

周之久了。

因而当第五组半决赛准备录制时，我们在悄悄地奔向基希讷乌。

和儿子待了三天后，又一次上路啦。我们家那辆旧车没有经受这样的快节奏，在德涅斯特河沿岸[①]的国界处就熄火了。伊戈尔在马路上修了大半天，他那件我给他买的白色衬衫永远地变成了灰色。傍晚时分，我们的衣服都弄得脏兮兮的，但心情总算好了起来，就继续赶路。当天是我们结婚两周年纪念日。当我们回想起一年前怎样庆祝这一天时，我们都笑了。去年，即我们结婚周年纪念日那一天，我们租了一艘快艇，驶向了汹涌的大海，朋友们待在甲板上，天气很冷，场面滑稽但很温馨。当时我们决定，每年的 6 月 1 日都将这样度过。而第二年的纪念日我们是在公路上庆祝的，满身灰尘，试着把车轮安装到“卡萨”上（这是我们对自己家那辆旧“克莱斯勒”的爱称）。尽管这样，我们很幸福，赶到基辅彩排时稍稍迟到了一会儿，但谁也没有发现这一点。

现在，主要的问题是决赛演什么节目？看过了关于战争的视频后（在 YouTube 网站上一夜之间有百万人看了这段视频），观众希望我们弄点完全不同寻常的片子，充满动感，观众写信说，想要看愉快的节目。而我却非常想表演《小王子》。我和伊戈尔杜撰了脚本，而且还试拍了一段，但并不成功。我到现在还感到有点遗憾，尽管我们的创意不错，展示了某种更为重要的东西。距离决赛还剩下三天的时候，有一位女性给我们写了一封信，在信里面讲述了一个七个月大的女孩纳斯卡的故事，她得了白血病。她请求为女孩拍摄一部沙画视频，这样她的父母可

---

① 德涅斯特河沿岸（Приднестровье）位于摩尔多瓦境内的东岸，是东欧的一个特定地域。

以把它上传到专门的慈善网站上，为她筹集医疗费用。我们有些措手不及，因为在这之前从没有拍过类似的片子。此外，我们还要参加选秀决赛。后来我们看到了女孩的照片。于是，我们把自己关在密林湖别墅区疗养院的房间里，拍摄了第一部慈善短片《纳斯卡》。我认为，如果我们再把视频剪辑一下就会错过彩排，导演会把我们赶回家的。但我们及时出现了。此外，在《纳斯卡》之后我花了几个小时的思考创作出了我参加决赛的作品——《不要缺席》，是这个故事的标题。

故事讲的是，父母总是等待和原谅，而我们却并不总是事事都正确。这个故事从技术上而言对我来说非常艰难，这既是指我的能力有限，也是指没有时间进一步完善。但我心情很轻松，因为我并没有定什么宏伟的目标：我没打算能赢，可题材却正是那种触及我心灵且可以让人当场泪奔的那种。同这一点需要抗争，因为掉在玻璃上的眼泪会使沙子凝滞，从而破坏整幅画作，想要克服这一点并非易事。

决赛终于结束了，我们可以好好睡个懒觉。睡醒觉后，我们明白，生活真美好。

摸着石头过河

2000年，于叶夫帕托里亚、辛菲罗波尔

九年级时，我非要学音乐，于是我央求妈妈让我去艺术学校钢琴班学习。央求妈妈很重要，因为她是艺术学校艺术处主任。夏天，收到了学校的肯定答复，于是我决定利用暑假自学前四年的课程。首要的是先要弄到乐器。我们爬上五楼，向柳达·马雷什科阿姨借她的钢琴。柳达阿姨是一个愿意冒险的女性，她把钢琴借给了我们。我想，这件事之后整栋楼的人都在提醒她……

我开始学钢琴，破坏了所有人的安宁。

我履行了自我承诺，一个暑假学会了三年级的课程，秋天一开学就进到四年级学习。开始一个月我认真地听课学习，除了钢琴课以外什么课也不听。过了一个月，我向老师道歉后就不再学琴了。我彻底明白了一点，我会窒息而死：无论现在还是过去，沙画之所以成了身体上的需求，像空气一样……从那时候起，我觉得，我感受到了对事业的真正兴趣。当时我已经结束了绘画课程，在我妈妈的班级听课，班上的孩子比我小三岁。这一切对我而言是无所谓的事情，我贪婪地吸取一切知识，把看到的一切都记在了头脑里：静物画、各种姿势的石膏、舞台装饰、雕塑。幸福的时光就这样开启了，这是一个发现新事物的时期，即意识到自我使命的时代……

撇开画画只有一个夏天（我是五月份在画校毕业的），我决定再也不会放弃画画。九年级毕业后，我深吸了一口气，对妈妈说：

“我想考美术学院。”

“这是不可能的事情，”妈妈回答说，“你也看到了，没有哪个画家能幸福生活。今天，女孩子应接受高等教育，而且最好是两种专业。”

我什么也没有说，从储钱罐里拿出一些钱，坐上电气火车，就走了。通过第一科专业绘画的测试后，我才回到家里。我不记得当时是如何回答大半天到哪里去了的问题，结果是把我一个人关在家里待了一星期。第二科的考试马上就要开始了。于是我从妈妈身上拽下钥匙，留下一张纸条（纸条上写着：我去参加美术学院的考试。不用担心我，晚上我就回来）就飞跑而去。我坐在电气火车里，画着周围的乘客，我的手像疯了一样不听使唤，画了一幅又一幅。一个阿姨走到我跟前，对我说：

“你在画我吗？”

我找出一张新画纸，开始画她。这位妇女沉思地看着窗外。画好后，我把它给了我这位模特，并道歉说，不是太像。女人对我说了声谢谢，给了我 10 卢布钞票。我看着手里的卢布，不敢相信自己的眼睛。这是我画画挣到的第一笔钱。这一点对我而言意义重大。这说明，我走在正确的道路上。

回过头来说，这 10 卢布我始终没下决心花掉，它在我的书桌里待了好久，后来不知道到哪里去了……

来到考场，我感到很镇定，也很自信，我的裤兜里有我画画挣来的钱，难道我就通不过绘画考试吗?

画完画，交卷后，我来到走廊，看到了父母。

我没有参加后面的考试。我留在了中学校园里，准备大学考试。在中学最后一年的学习中，我在三次全乌克兰奥林匹克竞赛中都取得了名次，分别是英语、俄语和乌克兰语；在小科学院通过了两次学术论文答辩，还翻译了拜伦、伯恩斯[1]、莎士比亚和穆尔的著作。我做了需要我做的一切。我知道，这并非我的最爱，无论如何我一定要当一名画家。

① 罗伯特·伯恩斯（Robert Burns，1759–1796），苏格兰诗人，被认为是苏格兰的民族诗人，在世界各地都受到欢迎。

萨　沙

2009年6月，于基辅密林湖别墅区

萨沙·科瓦尔塔是一个阳光、积极向上的人，像跑越野一样，每天早晨都从“灯塔”疗养院跑到远处的池塘附近。

“我想妻子和儿子，”萨沙承认道，“在这里待三周了，要是和他们在一起该有多好……”

“那样的话，你又怎么能彩排啊？”我问道。我理解萨涅奇卡[①]：因为我也是要来这里才被迫与儿子分开。

“我问过导演：‘这三周我们都要做什么？’他答复说：‘认真筹备、仔细探索、精雕细刻……’干吗还要精雕细刻？我那首西班牙歌曲《小姐》都唱十年了！”

一想起他说这话的时候，我和伊戈尔就禁不住笑出声来……

① 萨涅奇卡是萨沙的爱称。

开始我们并不相信，还有像萨沙这样的人存在，他就在我们身边，精心准备着选秀比赛，不时地看着电视……他简直就是一个异类。好像来自另外一个星球、另外一个世界，那里一切都永远幸福。他有一种吸引力，和他在一起会非常轻松。

在节目快要结束的时候，这是决赛完事之后，我们在等待投票结果，我对儿子的思念已经无法克制，我像一个不正常的女人一样，看到住在别墅区的小孩就扑了上去。关键时刻，萨沙出手帮我解了围。

一天晚上，有人敲我们的房间门。是萨沙、他妻子以及……一个小孩，特别小的孩子。

“认识一下吧，这是瓦尼亚。”萨沙笑着说。

他们很晚才从我们这里离开，要不是伊戈尔把瓦尼亚从我身边抱走并交给他父母的话，我们会一直待到第二天早晨……

扩音器宣讲员

1997–2002年，于叶夫帕托里亚

我十二周岁生日时，爸爸买了第一艘汽艇。每年夏天他都带上水手乘坐汽艇从一个沙滩来到另外一个沙滩，载着游客做弧形、充气的“飞碟”、水上滑行及其他特技。后来，他获得了“索利亚里斯”海滩的许可……现在，这被称之为“载客特许证”。他的工作稍微轻松了一些——有沙滩，还有经常来度假的游客，简而言之，也就是让人觉得是稳定的一切因素。那时他就带我出海，把扩音喇叭递到我手里，把汽艇停在人满为患的沙滩正中心处，他对我说：“你快扯嗓子揽客吧！”于是我就开始讲。我说的内容如下：“尊敬的各位游客！请各位参加我们愉快的出游项目——黑海浪花之旅。你们将乘坐我们舒适而又稳重的日本雅马哈公司生产的快艇，进行环海湾游，我们会在公海领域的纯净海水里游泳、照相。我们为每一位游客准备了非常舒适并且可靠的救生衣，即使不会游泳的人也很安全。快到我们这里来报名吧，您会得到无比的愉悦。”我张大嘴，里面发出一种奇怪的叫声，这种叫声是我的嗓音。我后退了一步，想离那些抬起头来、吃惊地看着我的人们远一点儿，但没有办法再逃离了，因为爸爸像一堵墙一样站在我的后面。我深吸一口气，继续咩咩地叫起来：“尊敬的……”游客同情般地倾听着。我当时唯一想做的事情就是如果我没有出现该有多好。

暑假快结束的时候，我终于懂得了什么是幸福。幸福就是漫步沙滩，用扩音器大声呐喊。9 月份，我上了十一年级，即中学的最后一年、临毕业的一年，那一年让我对沙滩尤为怀念……

我坐在课堂上，在每一个练习本的最后几页上描画着我家那艘汽艇，它穿过海平面，我梦见，每天晚上我们都在数现金，并把数十个吹起的避孕套扔向夏日的夜空——这是每天靠岸的固有仪式。学校里好多人都不认识我了——因为整个冬天黝黑就一直没有从我苍白的皮肤上褪去，我瘦得很厉害，也学会了不在乎别人对我的负面评价。这是一种很新奇、很不同寻常、在某种程度上也是很令人愉快的感受……

大家都在考虑毕业和升学考试，而我挂念的却是夏天就要来到了（这简直太棒了）。我是在沙滩上准备高考的，在出海航行、返航和计数现金的空隙时间里。在内心深处，我希望自己考不上大学，一生都在码头度过……

淘气的鼓手

2009年6月，于基辅密林湖别墅区

“您好！”二十四个女学生鼓手像军人般齐声向我问好。

“你们好！”我热情地回应道。

“您在那里画画，是吗？”他们齐声地问我。

“哎……这就好像……是的。你们近况如何啊？”

“还好，”一个主鼓手说道，“啊，您来听听我们的鼓声吧！咿——咿——咿！”

梆梆——棒棒棒！哎哟哎！声音震耳欲聋，但同时也令人倍感震撼。她们营建了一种全宇宙的旋风般的节奏，一种正确的混乱，由此不由得想随着节奏踏步、拍掌。这些令人惊奇的小姑娘使我们所有人都大吃一惊——她们来自不同团组的个体参赛者，身材娇小，但却像军人一样精神抖擞，简直就像一支小型军乐队。这里有上文已经提及的主鼓手（而且，显然也是最年长的一位），两至三人一组，完全还是个孩子。领导她们的是尤利娅和一个男人。他们俩四十岁左右，都是不错的成年人，但在组建鼓乐队方面则是地道的领导者。

这个团队善于以整体的形式密集且仪容整洁地活跃在整个疗养区，有一次我突发奇想，我和伊戈尔不可能像这二十四个女鼓手那样和谐地生活……

总而言之，她们都是好样的，我们很喜欢她们。当她们在彩排的时候，无论是在街上，还是在剧场内部（这让看门人大惊失色），旁边的人什么都干不了，只有跺脚或是随着节拍拍手的分。我好奇地发现沙子在我的桌子上跳跃的场景。她们彩排的次数令人羡慕（对于一些邻居而言，令人恐怖）。当我们准备第四场录播时（在摄影棚里），我看到了她们的彩排，由鼓乐的敲击声和踢踏舞组成，我这才知道，原来她们不是鼓手，而是踢踏舞者！她们的节目非常有感染力，她们把自己的团队称作是“疯狂的女鼓手”。老实说，我很愉悦地观看了她们在舞台上的全部连排，看她们在自己的鼓声伴奏下闪展腾挪真是一件乐事。“疯狂的女鼓手”是我们这场直播的第一个节目，一下子就燃起了观众们的热情……

当我在我们这组半决赛胜出的时候，她们比我还高兴，差一点儿把我给捂死……直到现在我还记得她们，就像是欢度新年一样令人无法忘怀。

心理系大学生

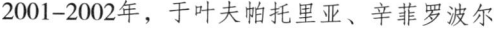

2001–2002年，于叶夫帕托里亚、辛菲罗波尔

我不喜欢辛菲罗波尔，也不想在那里学习。我喜欢我的大学，但不喜欢学校的宿舍。最可怕的是，我不喜欢我的那个要献身五年甚至六年来学习的专业。这与我而言不啻是一场灾难。

这一切都源于另外一件事。高三最后一年的秋天，妈妈约我到有轨汽车站谈话。与我们会谈的地点（我们住在同一所公寓里）相比，谈话的内容显得并不是太奇特。

“你还记得吗，你说过，你想要一个妹妹？”妈妈问我道。

如果有人狠狠地击打我的耳朵，我认为其意外程度也无法与这个问题相提并论。

“啊……那是六年前的事情……”

“是这样的。我认为……你能自立了，还帮爸爸挣钱养家，”妈妈神秘地继续说，“简而言之，现在可以寄希望于你了。”

“那要看什么样的希望。”我谨慎地回答说。我还是无法弄清楚，妈妈到底想干什么。

“总之，我决定认真接受你这个以前的请求，给你生个小妹妹，”妈妈庄重地说道，“如果你不反对的话。”

我要反对？不，当然不反对！我赞成！我赞成什么啊？我惊讶地不知所措……

“太棒了，”我说道，“哎呀……只是秋天我就离开家了，我怎么才能帮你呢？”我觉得，留在家里还有一线希望。

“没关系，没关系，你周末帮帮我就行，”妈妈安慰我说，“那么，你同意啦？”

“怎么突然问我？我又不是爸爸，你问问他吧！”

“爸爸不反对这件事。”

我抬起双手说：

“妈妈，你们真棒！我完全支持你们俩！”

我们的谈话到此为止，而惊奇的心情却在继续。

到了四五月份，妈妈挺着大肚子来辛菲罗波尔安排我的学习和生活。我想强调一点，当时除了“翻译”专业外，我的头脑中没有关于其他职业的想法。除此以外，凭借我那点儿“学术底子”，我可以不用考试而上克里米亚任何高校的英语文学及翻译专业，只需要通过简短的面试，就可以成为“未来的翻译”。

其他的我根本就没有想过，当然，也从未真想读过。我承认，做这个决定于我而言并不轻松。

这天晚上，父母庄重地让我坐在桌旁，对我说，我夏天过后要读——心理专业！

这就像心口被插上了一把刀一样，我不得不指出，最近半年来，有两件事情让我无比吃惊。

“为什么要读心理学？”

“有两个专业可供选择，”爸爸说道，“第一是心理学，而且有许多方向可以选。第二个专业是……”爸爸严肃起来，“翻译！”

“那这样啊，我选翻译！”

“太好了，不是吗？”爸爸几乎在呐喊，“如你所愿，毕业论文也是用英语写的！”

我勉强挤出来一点苦笑。我还能说些什么呢？你瞧，妈妈挺着大肚子坐在你身前，爸爸兴奋地站在这里，啊，生活多么美妙！心理学，我会挺过去的，退一步想，双证！是的……什么？心理学？！

当时，我对心理学的了解仅限于我有一个认识的女人，她是学心理的，她认为，她知道周围人的一切而且甚至更多，还不害臊让每个遇到的人都明白这一点。这并没有什么不妥，但我觉得，心理学者的工作应该更有深度、更理性……在处理人际关系方面也更真诚、更温和。我不知道这是否正确……我当时就是这样想的。我感到被骗了，尽管我既不能分析也感受不到在哪里上当受了骗。因此我决定，不对任何人说父母让我读心理专业的事情。

分析我自己当时的心理，我再一次把类似的经验强加给年轻人而造成的不良思维定式感到后怕。心理学家应该真诚、有同情心，这是我一贯的主张，否则的话这不是相互协作，而成了“内科医生”或是“含混理论”的游戏。

当我在心理系参加毕业答辩时，我不知为何想起了这个场景，于是在答辩现场向答辩委员会讲述了这一切。我没被赶出现场，也没有给我压低分数。我想，他们是理解我的……

我的朋友约瑟夫

2009年6月，于基辅密林湖别墅区

在我们楼层的闲聊伙伴中，我最欣赏的人是约瑟夫·帕塔拉什维利。选秀网上的粉丝们建议约瑟夫改姓“波扎罗什维利”，因为后者更好地表达了这位主唱的煽动性和演艺性。有人写的是“马塔拉什维利”，这引起了我这位朋友的不快。他拿着笔记本有节奏地在剧场的休息室走来走去，大声地与那些不了解他的粉丝争论着。傍晚这一时刻是我最喜欢的时间段。

约瑟夫是我见过的最英俊的格鲁吉亚美男子。在选演员现场时，评委想为难他把他晒在那里时却发现：

“您真像女性！”

约瑟夫转过身来回答说：

“这是一个正常的格鲁吉亚人的轮廓。”

评委的话引起了观众的讥笑。帕塔拉什维利的侧影确实与格鲁吉亚人无异。

“哎，克秀莎！茶、饼干、细过滤烟嘴！要哪样？”

“谢谢你，约瑟夫。你要什么？”

“我来点瓜子儿嗑嗑。”

对我而言，他是一个独一无二的人：我生平第一次与一个跳肚皮舞的小伙子打交道！

这个漂亮的年轻人的故事是悲剧性的，有些地方甚至不可思议。

作为格鲁吉亚的难民，约瑟夫同家人一起在全苏联漂泊游荡，还是孩子的时候就来到了乌克兰，照他说的，以火车站为家……后来站过市场，卖过各种东西，从瓜子到服装。

“那你是怎么学会跳肚皮舞的呢？”

“纯属偶然，像你学沙画一样。一个认识的女性（在我这里买过东西）提议去她的俱乐部看看，试着做点什么工作。我就去了，一下子就喜欢上了，她给我一顿夸，半年后建议我领导舞蹈队……”

“真有你的，印象中，你好像一生都在跳肚皮舞！”

“你瞧，你的印象是错误的，克秀莎。”约瑟夫微笑着说道。

我们站在休息室的阳台里聊了好几个小时，他熟悉适用于各种皮肤的美容膏，他有世界上涂抹指甲的最好珐琅，他对金属线、透明质酸、上好的化妆品非常了解。作为一个格鲁吉亚人，约瑟夫胸前没有一根胸毛，我觉得他这是在美容院待上数小时后打理的结果。

“我想女儿，还想妻子。”一天晚上我这位朋友承认道。这时我才知道，约瑟夫结婚了，还有个女儿。我十分惊诧。

“女儿几岁了？”我喝了一口茶问道。

“十三岁。”我的朋友回答说。

我不小心将一口热茶喷到了膝盖上。

我相信，偶然的相遇及不可预见的相识具有重要的意义。我知道，我回到故乡的城市后，会向自己的女友们讲述这位令人惊叹的约瑟夫的故事，他经历了不同寻常的人生之路，成了一个幸福的人……

在初选时，他跳的是玛雅人的舞蹈，而在录制时他却成了一个“金色的法老”。约瑟夫本人，连同他的布景，当然，还有王位宝座，全都是金色的。手里拿着喷射染色器的一位叔叔，在帕塔拉什维利身上喷了不可计数的染料，用坏了两个压气机，而舞蹈的参加者却头昏脑涨，鼻子成了金色的。在化妆间里，与我们所有人不同，约瑟夫有一个私人的角落，每次连排都在那里给他喷染。法老约瑟夫·帕塔拉什维利未上染料的身影模板在金色的墙壁上张着大嘴。一年后我又一次来到了这个化妆间，一切已变得面目全非。一切，除了一点。

“我为自己树立了一座非人工的纪念碑”，我读着墙上面的题词，这是一位陌生人在熟悉的约瑟夫身影旁题写的……这是他的粉丝。

录制结束后，我进到了决赛，约瑟夫却被挡在了决赛的大门外，我觉得，他甚至都没有发现这一点。后来入夜时刻，我们坐在休息室里，喝着红酒和白兰地，在世界上要是永远能够这样该有多好啊……

娜塔莎

2003–2004年，于辛菲罗波尔

在一个陌生的城里待了一年，既没有心爱的事业，也没有心爱的工作，这一年让我感觉像是过了一个世纪。我不明白，我为什么要学心理学，要研读苏联的心理学派，死记硬背各种术语——什么是知觉，什么是意识……整整一年我没有摸过画笔和色粉笔。然而我却觉得生平第一次——我收获了真正的朋友！我相信，为了这一点还可以忍受！

我说“觉得”，因为一年后我们“这伙人”就作鸟兽散啦！

而我却获得了唯一一个真正的朋友。她成了我一生的挚友。这也预示着奇迹——我爱上了自己的专业，爱上了辛菲罗波尔，也爱上了自己的新生活，每一个偶然遇到的路人对我而言如果说不是亲人，就是奇迹。

经常会有这样的情况，与你一起学习的同学，你对他一点儿也没有在意。就像你在林中与某个人并行，你们之间却有一堵浓密的树枝组成的墙一样。突然你停下了脚步，倾听静谧的声音，听到了某个人的喘气声。然后你决定走近一点去看一看是谁在那里……而那里也有一个跟你一样的人，正注视着落下去的繁星。

我们在大学二年级快结束时成了要好的朋友，更准确地说，是仔细地端详了对方。暑假过后，来到大三新学期时，我们已经不是先前的我们，我们遇见了彼此，直到大学结束也没有再分开。娜塔莎属于这样一个无须多做注解的人。

尽管也需要解释，而且需要详细的解释，但你知道，无论话语多么奇特，别人都会理解你。

说说娜塔莎，于我而言并不是一件简单的事情。长久以来，她都是我众多熟人和朋友当中唯一的一个朋友。这是一个非常温和、体贴的人，让人感到舒心，充满温情。同时，在一天的任何时刻，都可以和她见面、谈心，品尝葡萄酒的芳香或是连着几天四处漫游，白天还不耽误认真听课——包括讲座、讨论课、学术研讨等。

当然，问题完全不是出在这里。显而易见，性格完全不同的人们也会找到共同点……不，这解释起来虚情假意，也不对。简言之，我获得了一个朋友，一切都变了个样。

我们几乎喜欢一样的音乐，阅读同类的文学作品或者说相互之间是如此不分“彼此”，以至于一切都是共同的和相似的。

可能闭上双眼后，眼前会出现悬崖的景象，下面晃动着山里的灌木，秋天把这一切都涂成了金色和深红色。我们两个人可以怀着真诚的阅读兴趣阅读最为睿智的作者的著作，然后抛下阅读，写一写简短而又全无意义的文本，一个人写开头，另外一个人写结尾。我们都不想意外看到这些写字的纸（这些纸是从我们两人的练习本里面撕下来的）。因为任何事情也无法抑制我们放声大笑。

还有……我们两个人有自己的语言，疯狂且奇特，有时说话人的思想没有被对方彻底领会，那么在这种情况下直觉就会起作用。鱼、甲虫、老鼠、博士、谢赫、精神病、“甚至是我”，这些词，除了我们俩，谁也不知道它们的意思。这一点尤其好玩。

有一次，我们周一出了大学校园，一直到周末都没有在家里出现。只是偶尔去过学校。

尽管如此，我们任何时候也不会允许自己做一些出格的事、可耻的反常行为或是某种反社会的事情。因此，如果我们周末回家，这就意味着，课程结束了，我们去了公园，喝了某种轻度的饮料，或者什么也不喝，我画画，娜塔莎跟我闲谈，我们可以读书，读到身体冻僵为止，可以不觉之间步行大半个辛菲罗波尔，突然发现来到了一个完全陌生的地方。通常情况下，晚上我们在某个小酒馆喝点儿红酒或是去俱乐部。经常是凌晨三点左右离开俱乐部，然后继续沿着夜晚的城市散步，如果很冷的话，就去赌场——当时这是有限的一个 24 小时都营业的场所。我们不赌牌，只是坐在旁边的大厅里（大厅窗户的窗帘是开着的），坐在窗户旁边的小桌旁，喝点儿咖啡，看着窗外，感受一下朝霞的气息。这是我一生中最幸福的时光。

尽管如此，我们的成绩都是“优秀”，而且完全是凭自己的实力，学习起来心甘情愿。谢谢娜塔莎，她让我读书，因为有过这样一段时间，当时除了绘画我无法从事任何事情。我们去学校图书馆里面的阅览室，借书，坐在最边上的一排，一连读上好几个小时，经常是最后一波离开图书馆。走在大街上，我们相互交流阅读的感受。在阅览室里说话被认为是不体面的事情。

经常会有这样一些时刻，即我们会萌发一些完全疯狂的想法，这些想法会把我们的认知彻底颠覆，于是，为了能想清楚这些想法，我们会爬到辛菲罗波尔城最高建筑物的观景台，听着音乐。不知为什么，我们经常听到的是《加沙地区》，这可能是站在万家灯火面前所能听到的最为奇特的音乐。在我们的精神世界中，既没有神秘感，也没有毒药的分儿。我们觉得，夜晚把自己那暗色的罩盖放置到了城市的上空，就从我们站立的地方开始；而且星星很近，只要吸一口气就……

这样的朋友应该只有一个，他或她应该永远活着，永远也不要死去。最近 5 年，我们见过三次。这就够了，不至于窒息而死。我承认，就是在今天，她也是我唯一的真正的朋友。

胜 利

2009年6月，于乌克兰选秀演播室

一切都很神奇，无论是我怎样来参加选秀这件事，还是没有离开这件事（尽管我非常想这么做）。而最为奇特的是，我竟然在选秀节目中夺得了冠军。

一觉醒来，我成了名人——任谁都可以，但怎么会是我？我的经历是这样的———一觉醒来，我睡了两个小时，就去接受采访。

我和伊戈尔睡了两个小时，而我们的朋友们却整宿在闲逛。当汇报音乐会结束并宣布我为胜利者后，我和伊戈尔就来到了“雄鹰”宾馆，比所有人都晚，勉强爬到床上，立刻就睡着了。

一阵急促的敲门声把我们惊醒了。

门开后，我们看到门口的伙伴们——“黑妖阵”剧团的霹雳舞演员们，尤利娅、阿拉还有其他人。

“你们怎么还在睡觉？”

“怎么啦？”

“为什么不庆祝一下？”

“庆祝什么？”

“你的胜利，就是这样。”我和伊戈尔被强拉出房间，带我们来到了房顶。

那里已经摆上了满满一桌酒席！这真是奇迹，因为我们回来得太晚，附近所有的商店和便利店都关门了，我现在还记得，当时的我们局促不安，心里满是愧疚，因为没能够为朋友们“摆上”像样的东西来庆祝胜利，而他们却做到了。

这一举动，我认为是真正的、绝非装出来的友谊和友好的举动，我将永远感谢那些举办当晚聚会的朋友。

我们喝酒，唱歌，大喊大叫，以至于旁边疗养院的人都跑了过来——不是来制止我们，而是请求：“小声点”。

我们无法小声。我们开始跳舞：阿拉跳起那惊叹的舞蹈，霹雳舞演员们则跳自己拿手的舞蹈。我也跳了起来，让霹雳舞演员们高兴的是，我想起了早就忘却的霹雳舞步。

凌晨时分，我和伊戈尔勉强找到了自己的房间，倒头便睡。

过了几个小时天就亮了。早餐、咖啡——第二杯，第三杯，然后是采访，拍摄。采访后，我们就去“雄鹰”了。我们一看，简直不敢相信自己的眼睛，原来大家都坐在小亭子里，喝着茶。

“你们睡过觉吗？”我们问他们。

“没有，当然没睡。”阿拉笑着说。

打发我们去睡觉后，这些快活的家伙去了湖边，一直游到天亮。游了泳，休息了一下，就在岸边睡着了。太阳出来了，晒一晒——皮肤都被晒黑了。

“我们救了一个落水者。”有人承认道。

“真的吗？”我不相信地说。

“真事！”所有人异口同声地说。

甚至电视都报道了这件事情——这些孩子确实救上来一个溺水的在别墅避暑的人。

“真有你们的……”

傍晚时分，我们开始各回各家。令我忧伤的是，我们暂时还不能离开。原因是，我们获得的奖金一百万格里夫纳，周二在律师和录像机的见证下才能拿到手。

这一天是星期六，大家都在睡觉。

准确地说，我们要在基辅再熬上三天。天气闷热，周围一个熟人也没有，现在没有人陪我们喝茶、打羽毛球……终于，周二到了。在电视台，台长握着我的手，他的助手向我颁发证书和银行卡，我在证件上签了字。我无法相信，也不去想这件事。

一小时后，我们就离开了基辅，我们开足马力疾驰而去——有多大马力就开多大马力，向基希讷乌、向季马驶去。

在基希讷乌待了几天，我们就开车回家。

多么奇特，一切都是那么的离奇，只有一点是现实的——他就在旁边，我的乖儿子，不能说：“好像什么也没有发生一样”。不，一切都发生了，也不可能忘却，变化如此之大，但是……

我们还在一起，这就是幸福。

通向自我之路

2004年末至2005年初，于叶夫帕托里亚、辛菲罗波尔

我的生活重新翻页的那个冬天，一本亚历山大·瓦西里耶夫的光碟《草稿》落到了我的手里。从此以后，那个在我内心深处仿佛被冰冻的人具有了音乐的灵性，她变得稍微温情一些。

在那个漫天飞雪的荒原，在冰天雪地的空间里，原来非常明亮、沉寂，还有如同孩子般一样的笑颜。

阳光普照，

正如同心田里飞出了诗歌一样。

于是，

某人怀着关爱在纪念着另外一个人……

那一年，我觉得，世上有一种绝对的、无欲无求的幸福。即作为一个年轻人的幸福。妈妈给我缝制了一件杰作——红色发亮带立领的紧身女式西服，袖口非常独特。穿上这件衣服后，我觉得自己变得轻盈、自由许多，站在广场中央，出声地诵读英文版《唐璜》的片段，用脚一扬，就把车子叫停。我觉得，我可以做一切事情。如果相信的话，几乎就是这样。我曾经成功地检验过这一点，幸运的是，谁也没有受到伤害。

穿着这身夏装我能在 12 月的时候走在大街上也不会感冒。穿着它，我不感到冷，也没有恐惧感。这真是奇迹，也是一个事实，这证明了我们那所谓青春的无比强大力量。穿着这件红色的西服我曾经做了许多神奇而又不可思议的事情。只要一坐在地上（奇怪的是，西服一点儿也没有脏的痕迹）开始画草图，旁边会聚拢很多感兴趣的人，我一次也没有陷入困境。我想，上帝保佑我是因为我年轻、自信、具有儿童天性以及天真的愚笨，还因为妈妈在家里等着我，而且上帝很可怜她。

那时候，发生了很多重要的大事情，认识了很多人，也有了很多喜好，见了不少新朋友。最后，由于无事可做以及感情过于充沛，我自己杜撰出了一个恋爱的故事，然后信以为真。随着时间的推移，这一点慢慢地成了一场灾难。我可怜的娜塔莎被我那胡言乱语折磨得够呛，但她很有耐心，甚至陪着我到我想去的任何地方，后来我们就漫无目的地从一个酒馆到另外一个酒馆，痛苦万分，同时也心知肚明，这一切都是胡闹，没有什么比夜晚、群星和即将到来的黎明更现实。我们喝酒、唱歌，内心在小声地嘀咕着，相互都能明白对方的想法。

在这段时期，我开始做一些全新的体育运动项目和游戏。在这个时期，我遇到了我未来的丈夫，但是如果有人对我说：“瞧，这是伊戈尔，他是你未来的丈夫！”我不会相信他说的是真话。

一切都是全新的、不同寻常的。世界突然奇怪地被拓宽到难以认知的程度，只要你随便说出一句话，那股狂风就会把你带到新的星球上去。

这是海市蜃楼，现在这已是久远的过去，因而成了我记忆中的传奇。世界完全没有那样广阔，它要深广得多，但这不能改变任何事情。

你的诗篇穿过久远的时光仍在发着光芒，
伴着歌声在世间游荡。
引路人的心情因而变得轻盈，
再加上夏日的阳光。
在所有的心灵中你是唯一，
所有的月份中，二月最受珍爱。
一条线穿进了针眼。
我们向往那些建在沼泽之上冷峻而微微摇曳的城市，
灯塔不安地注视着远方。
在你面前，我整个人袒露无余，
没有丝毫的秘密，
我让天空变得如此炙热。
我把友人的信件撕得粉碎，
我把所有人的名字忘得一干二净，也不觉得可惜。
在你面前，我整个人袒露无遗，
没有丝毫的秘密。

夺冠之后

2009年夏秋，于叶夫帕托里亚、辛菲罗波尔

从我成为冠军那一刻起，已经过了几个月的时光。我继续画着自己的画，既有沙画，也有其他在沙画之前使用线条技法画的画。

我得到消息说，直播后的第二天，就有超过一百万人次观看了我的表演视频《你总在身边》，两天内达到了两百万。这个数字每天都在持续增长，这不仅使我感到惊奇，甚至有点儿后怕。

每天都有新情况，很多有意思的人来找过我——记者、电视工作者、导演、评论员、音乐家、画家、电影工作者、广告商；他们来自全国各地，时间根本排不开。从回到叶夫帕托里亚就一直这样，一天也未停息。自从来到这以后（回程的时候我是和季马一起回来的），我们就忙得团团转，我们唯一的愿望就是——睡上一觉。但根本就顾不上睡觉。我们回到家一个小时后，市政府办公室打来电话。电话里说，市长在教师之家

为我们准备了隆重的欢迎宴会，“所有人都在那里等着我们呢”。那一刻，我还没有理解这场突然降临到我身上的胜利的欢庆规模。

但是当我走进大厅，一个好大的会议厅，看到这里，我不敢相信自己的眼睛：我觉得，整个叶夫帕托里亚市民都来到了这里。市长本人接见了我和我丈夫，而且这是我们双方第一次私人会面。我收到了大量的鲜花，无论是在自己的婚礼上，还是在自己举办的音乐会上，我都没有收到过这么多的花。但是，最令我们称奇的是一个市民的即兴发言。

原来，当我们夺冠的消息传来，我们小城广场上的人们整夜都在游行、喝香槟酒庆祝！就像欢庆新年一样……老实说，我从来就没有在广场上欢度过新年夜，尽管我一直就想这样做。叶夫帕托里亚人如此兴奋地来庆祝我的这次夺冠，使我激动得留下了泪水。

无论如何，我们的城市都是一个令人惊奇的、美丽的地方，没有哪个城市能与它媲美。在这里，人们同甘共苦、共同欢庆胜利、共同面对失败，这些能力是历史上形成的。我们的城市无比美丽，尽管城里许多地方都成了废墟，但即使在那里也有可爱之处。我按照我的印象画我们的城市，描写我们的城市，就这样，还有很多地方还没有被我记录下来，甚至都没有仔细地瞧一瞧。不管怎么说，四十分钟就可以步行穿过整个叶夫帕托里亚。它被称为“小彼得堡”，这是非常正确的称谓。

而且这个城市对我的成功感到欣喜若狂，它在我本人还没有来得及认识到这一点的时候就做到了。为此，夺冠是值得的。

不久前，我又知道了一件令人惊奇的细节。原来，在我们的城市里还有这样一些人，他们把我在选秀节目获胜的那一天当成了纪念日来年年庆祝！他们这样做已经是第三年了！就像过节一样庆祝！我骄傲地说出这件事，完全不是因为它与我有关。尽管我在撒谎，这与我也有关联。但这是我们的城市，而且城里住的就是这样一些有情有义的人。他们并不是对什么都无所谓。

秋天到了。我尽可能多陪陪季马，告诉他一些新地方——我们早上出门，到晚上才回来，天气还算暖和……

秋天，我认识了一个令人惊奇的女孩奥莉娅。过程是这样的，从辛菲罗波尔打来电话，是电视台的，他们讲述了一个与癌症做斗争的年轻姑娘（比我小）的故事。她有两个很小的双胞胎女儿。就像记者们说的那样，这件事很多方面都令人称奇。比如医生给奥莉娅的机会很小，几乎是零。而她通过了一次化疗，后来又做了一个疗程，第三个疗程……她就回家了。现在她需要预防疗法——即制剂疗程，这可以禁止肿瘤再生。这些制剂，跟我解释的人说，非常昂贵，而在这种强化的医治后，病人家里的钱已经不多了。他们请我去一趟，见一见奥莉娅，做一个访谈，证明“名人”也参与到了这样的活动之中。

准确的我记不清了，活动的内容大体是，记者们呼吁克里米亚人为奥莉娅捐款，额度微不足道，每个人捐五千或是一万格里夫纳……关键在于，对于一个人而言这点儿钱不足挂齿，但如果捐款的人多了，这些“微不足道”的钱就能挽救两个女孩的妈妈。

我非常喜欢这个想法，于是我就去了。拍摄就在奥莉娅、她的丈夫、两个女孩以及她们的外婆和奶奶居住的房子里进行。

奥莉娅的表情就像是一幅圣像画，眼睛大大的，头上戴着头巾。当她躺在沙发上时，我不明白，在我面前的会是一位高个姑娘。简直就是一个模特，如果不是……的话。

癌症无孔不入，无论是谁，多大年龄。当时，即 2009 年秋天，我只知道有两个人，这个可怕的单词闯入到了他们的生命中。准确地说，是一个人，就是我的外婆瓦莉娅。第二个人是我不久前刚刚得知的（但我并不是当面知道的），就是小纳斯卡，下文再详细论述。外婆瓦莉娅是我最为至亲的亲人，我还有一个奶奶，但我从未见过，即爸爸的妈妈。塔尼娅奶奶。爸爸八岁的时候，奶奶就死了。如果说瓦莉娅外婆作为一个癌症患者因存活了很长时间而令人惊叹，那么塔尼娅奶奶则完全相反，她只坚持了一个月，她本人就是医生……

因此我不可能没有感触，不能不来。原来，奥莉娅要比我年轻两三岁——但在她的身上，有多少宁静的睿智啊，她的话语不多，总会有意漏掉点什么……这是怎么回事呢？现在我知道，这种现象会出现在得癌症的人身上……既包括孩子，也包括成年人。这是一种什么状态呢？经历万般磨难之感？我不知道这叫什么。镇定自若且与世无争——这是他们对于那些听起来无法不流泪、无法不咬紧嘴唇直到咬出血的事情表现出来的一种态度……

我们先是简单地打了一下招呼，在沙发上坐了下来。旁边就是两个双胞胎姐妹，小娜佳和小玛丽娜，她们一岁左右……紧紧地靠在妈妈跟前，眼睛盯着陌生人，就好像害怕妈妈被别人抢走一样。这是两个完全不同的双胞胎，她们一点儿也不像，一个像妈妈，一个像爸爸……

记者们开始拍摄，我送给奥莉娅一幅沙画，画面上是两个女孩的形象。奥莉娅笑了起来，我想，这是冬日阳光般的微笑。她说道：

“好像现在没有人管我啦，走，我请你喝茶……”

她一切事情都想自己做——我发现了这一点。妈妈提议帮她倒茶，但奥莉娅自己把茶倒在了漂亮的茶杯里——她的手轻微地抖动着，把饼干、罐子里的糖果放到了桌子上，让我吃。

在厨房里面，正进行着另外一场谈话，即所谓的“画外音”。这之后，奥莉娅向记者讲述的关于自己的故事让我觉得过于轻松。事实要残酷得多，但也奇妙得多。

从一开始，一切就令人称奇。如与未来丈夫的结识。在给女友打电话时，她拨错了号码。一个男人拿起了话筒，她在辛菲罗波尔，他在基辅。他找到了奥莉娅，他们见了面。奥莉娅说话的样子，连同她的嗓音和她的眼神，都说明，这就是爱情。

奥莉娅怀孕了，这对新人欢欣鼓舞，这是两颗心的真情外露。她从没有说过“喜悦”“幸福”这些话，它们表现在脸上，在微笑里。她说她感到她哪里有些不对，但是……

“我知道，无论我发生什么事情，我必须把我的孩子们生下来——这是最主要的。你理解我吗？”

我点了点头，什么也没说。我怕听到自己的大嗓门。

“她们出生了，我看到了她们……我不知道该如何向你形容这一点。这真是幸福，所有的忧伤都退却了，你明白吗？”

大概，我是明白的。

“我喂她们母乳，真想时间再长一点……是的，我心里很恐惧，我不知道我会怎样，但我的身体状况非常非常糟糕。我的爷爷得的是癌症……最后，医检过后，听到的还是这个单词……可你知道吗？我大约猜到了这一点。手术做了，药也吃了，但我的情况却越来越糟。还是那么痛……老实说，我想一死了之，疼痛实在难以忍受！但我想到了她们，于是就点了一下头，笑了一下，向屋里走去，于是我忍住了。躺在那里想，没有我她们在世上该怎么办。现在到了她们吃奶的时候，我应该在她们身边，看着她们一天天慢慢长大，给她们铺好被褥，唱儿歌，可我却待在这儿。于是我知道，应该脱离开这个地方，但却没有劲。丈夫给我很大的支持，在我没有力量的时候，他会鼓励我……”

奥莉娅又露出她那冬日般阳光的笑容，抿了一口茶。我仿佛不存在一样。我整个人都在倾听。

“钱花光了，症状却不见了。靠着善人们的神奇资助，我们飞到了莫斯科……”

我明白，奥莉娅来到的是多年前救了我外婆的那家医院。

“结果是淋巴瘤，第四期……”

我不由得叹了口气——第四期就是晚期。在这一阶段，存活的概率微乎其微。

“医生们开始不相信，会找到什么医治办法。他们问我丈夫——是否需要用化疗折磨我？他一贯的答复就是……”奥莉娅又一次笑了起来。后来……就发生了些事情。我发现，她们的长相老在变化——每一天都不一样……后来就让我回家了——在各个疗程之间。我是飞回来的，我疾驰着奔向她们。我是那样急切地想再一次见到她们，我不知道，这是不是最后一次？于是……”

我终于长吁了一口气。这个故事不可思议、难以置信，但尽管一切是那样离奇，它却让我觉得完全是真实的、合乎自然。她想见自己的孩子，她的内心深处有足够的毅力和勇气，她笃定信仰，学会了迈出新的步伐……第二步，第三步。我看着她，试图让自己确信，站在自己对面的是一个战胜癌症的人。已经完全战胜，是的，这是暂时的缓解，是的，病情可能会复发。因此我来到了这里——要为购买抑制复发的制剂而捐款。奥莉娅经历过这些制剂疗程，到时她就会……

我先说后面发生的事，我不能不说。现在奥莉娅一切都很好。她熬过了这一疗法，疾病缓解了。现在，奥莉娅在写书，准备出版。她的故事颠覆了人们的认知，给那些失去信念的人带来了希望……

我们谈了好长时间。后来发现，我们曾在同一个楼里面学习过——语文楼，它位于塔夫里达民族大学校园内。只是我在心理系读书（当时心理系总部就在那里），而奥莉娅在乌克兰语系读书。我毕业的时候，我觉得，她在读大三。我们是否见过？我们俩没有人记得曾经见过面。

奥莉娅给我看了一下自己的结婚照——一头美丽浓密的小麦色披肩发。

我回家的时候心情非常急切——伊戈尔和季马在等着我。我是那么迫切地想拥抱他们。几年过后，我还记得那个晚上的情景，我们成了不可分离的至亲。

“生活中不乏奇迹，孩子她爸，”我抱着伊戈尔，站在季马的床前，小声地说道，“奇迹比我想象的还要多……”

“我知道。”丈夫答复道。

少 年

2004年秋，于辛菲罗波尔、叶夫帕托里亚

要说读大三时我的脑袋里都在想什么实在是一件难事。头脑里一片糨糊，与此同时，却又是绝对有条理，十分清楚自己在做什么。我的大脑里满是“苦闷”，就其多样性而言完全符合我的新生活中不断变换并且颠倒过来的日日夜夜。这是一段转折时期，而且是思想上的转折，再加上内心有一层厚厚的遇事漠不关心的保护层。表面上看，大概，这一切显得还挺和谐，因为有一次一个在我们的圈子中一向以最有正义感而闻名的人跑到我这里来寻求生活建议。

我知道我在前行，进步这一事实本身就是通向美好未来的理由，但我完全不知道，一小时后我会在哪里。这个事实比前一个事实更让我高兴。

周围人都把我当作是一个有点儿奇怪的乐观主义者，一个总是到处

作画并且一直戴着随身听用音乐把自己与大家隔离的家伙。

几乎所有人都对我感兴趣，谁也没有让我动粗发火，我对别人的缺陷都怀有同情心，也都予以理解，而且表现得很真诚，也很实在。当时我到底怎么了，我到现在也不明白，真是憾事。

从那时起，我就非常喜欢看日出。特别是冬季或秋季。直到现在，当我看日出的时候，依然心醉神迷。

如果在大街上有某个老人抓着我的手，认真地注视着深深消失在雾气中的那个火球，并开始说些让路人觉得是妄语的话，我会搀着他的手跟他说同样的话。这完全不是出于怜悯，只是我觉得很有趣，至于他跟我说了什么并不重要……

坦白地说，我不想把人往坏处想，但我却有一个野兽般的奇怪直觉。它让我不会犯错，不做蠢事，它会逼迫我，在愉快的聚会当中，在一场最有趣的谈话热火朝天之时把我拉回家。第二天早上，当我在宿舍醒来时，我会感谢上帝，感谢这一奇怪的感觉，正是这种直觉，我现在会穿好外衣，洗漱一番，然后去听课。

对我而言，我们的老师都是一些超自然的杰作，他们完全配得上尊重以及优异的学习成绩。我力求让自己的儿子也感染上这种态度。这是一种良好的态度，它可以让人始终心中有数。

脚下伸展着一个庞大的城市，这里面发生着无数的爱情故事，有着无穷的真知，也发生着无数的怪事。这个城市里生活着非常善良的人们，这里有我的挚友，但尽管这样……我还是感到无尽孤独。

我有意识地处于这种孤独的状态中，我喜欢这种感受。尽管，从另一方面来说，由于此时此刻没有人可以交谈（无论谈什么），有时会有痛不欲生之感。

无论如何，孤独……是幸福的。

> 烟囱里的烟垂直升起，
> 大楼的顶部水平铺开，
> 而在心里却有一个洞，
> 我们都是这里的局外人。

我是在文化宫（我在那里学跳舞）的酒宴上认识我未来的丈夫的。红色的西装发挥了作用。

我和女友在喝马丁尼酒。突然她向一个刚进来的人兴奋地挥手。来人穿着一件长长的皮风衣，嘴里叼着烟卷，看起来像一个刚从炎热的伊维萨岛[①]来到我们这秋意渐浓的小城的人。

这个男子叫伊戈尔，看样子比我要年长几岁。他谈论着有趣的事情，没有过分的举动，完全像一个“好人”。后来，我就称他为“多么好的一个人”，而且叫了好长时间。他可以整晚喝酒看起来却完全没有醉意，认识我们这里所有的舞蹈教练，而且大家也都认识他。后来我知道，没有谁不认识他。

如果有“明星”来城里举行音乐会，伊戈尔会走到明星跟前，与他打招呼、谈话，把自己的朋友介绍给“明星”，于是我们就开始了交往。后来我兴奋地问他：

---

① 伊维萨岛（Ibiza），位于西班牙巴利阿里群岛，肖邦的故居，驰放音乐的发源地，因其丰富的夜生活和电子音乐闻名于世。冬季气候温和，海滩漫长，旅游业发达。

“哦！你们是什么时候认识的？”

“我们根本就不认识。”这个奇怪的人平静地回答。

他具有一种内在的吸引力，因此一些人觉得，他是一个大商人或制片人，另一些人会觉得他就是一个在夜总会工作的小孩……但是，谁也不清楚他到底是做什么的。

当时他有一家小型私人剧院，剧团面临逐步萎缩。他是导演，比我和我的朋友们大 15 岁，可我们却深信，我们几乎是同龄人。我想，根据思维和接受的方式而言，这可能更接近于事实。

我认为我们的关系是朋友关系。我认为，当时他未必是严肃地对待我的。据我看来，他是看中了我的宇宙胸怀再加上一层我精心设置的神秘光环以及我“善于伪装的能力”。

有一次，他建议我参加一家销售还不错的名为《克里米亚海滨胜地》的一家克里米亚杂志举行的摄影展，这家杂志在哪里啊？什么时候开始做得这么好啊？还有摄影编辑！我非常喜欢这个主意，于是就兴奋地接受了他的提议。我一想到春天有可能把一本美丽的时尚杂志带给朋友们显示一下我那模特身材，就觉得特别享受。

拍摄时间定在了 11 月中旬，在 11 月的一个美好的一天，一切都变成了现实。照得不错，虽然摄影师在工作期间没少喝啤酒。我未来的丈夫在我们结婚前三年，在一个满是黄色槭树的仿若人间仙境般的公园照的相片，成了那个秋天的美好记忆。也是在那个公园里他向我求了婚，但这件事是后来发生的，而且周围的人也发生了变化。

这个男人暂时让我产生了兴趣，但也仅限于是“多么好的一个人”而已。

莫斯科

2009年11–12月，于莫斯科

我们的火车正向莫斯科驶去。我们要去给俄罗斯联邦总统表演节目，尽管总统本人并没有在大厅里，但这一切都非常庄重且令人震撼，这使得我们欣喜异常。我们是在“俄罗斯世界”的大会上演出的，对方热情地接待了我们。我无法走到化妆间——政治家、电视记者、各国大使像一堵厚重的铁环一样把我们围了个水泄不通，于是我们的讲述直白朴实，没有刻意去渲染情绪。这一点也很棒。

当时出台一套严肃的公文，没有这些公文，我们的演出就无法进行，更准确地说，是两份文件。就是我丈夫起草的合同以及附件。

对于我的那些参加选秀的朋友们而言，这份公文标志着我们之间的显著区别，但当然并非如此。

在莫斯科，我还在莫斯科大学表演过，而且在东正教大牧首基里尔和特鲁别茨柯依公爵的一位后人发言后。“选秀”节目胜出后已经过去了四个多月的时间，尽管演出的机会不少，但就组织及媒体的关注度而言这是当时最重要的一次。

观众和这种直播的方式都让我满意，主持仪式的电视台主持人以及众人对我的态度和现场反映都很棒。我是首次在俄罗斯表演我的《战争》的，我明白了一点，这里对它的接受稍有不同。它是他们的……更为亲切。我感到，几乎是切身地体会到，我展示的东西“贴近”了袒露心灵的观众们那纤细、跳动的表面，他们对每一个动作都感同身受。这并不意味着乌克兰的观众缺少感受。显然，氛围和政治环境尽管不是那么明显，但仍然在这方面起了很大的作用。而且最近几年，战争主题在乌克兰不断被改写、淡化、美化，这一事实对接受这种题材起到了明显的副作用。尽管这更像是我个人的感受。

我们演完后，还没有时间去化妆间，一群人又把我和伊戈尔围住了。这是一些来自各个国家的俄罗斯侨民——有公爵的后裔、学者和外交家。谈话就在休息间进行，朴实亲切，饶有趣味，而且真可谓无拘无束。我感到，我的这些谈话者都是一些聪明且有教养的人，他们比我年长一些，但我们之间没有任何沟通障碍。

一个月后，我们又一次来到莫斯科，这次是受安德烈·马拉霍夫[①]主持的《畅所欲言》栏目之邀。在那里，我认识了一个好人，他是音乐家德若凡·加斯帕梁，我们两个人一起上的转播间。这完全是一场即兴

① 安德烈·马拉霍夫，全俄知名电视脱口秀节目主持人。

演讲，仿佛像千层浪花一样激起了我的潜质。乐曲仿佛穿越了一层陡立的峭壁流淌出来。杜杜克笛的声音高悬，仿佛是古人心灵的内在述说……

德若凡叔叔是一个独一无二的人。坦率地说，他已经到了当爷爷的年龄，但从录制筹备直到节目结束，节目组的工作人员和制片人不断地冲着他喊，而他却反问说：“你说什么？”或是平静地微笑着，木讷地点着头。摄制组的所有人都这样对待他——就像对待一个耳聋的老爷爷一样，于是，这种感受和态度也传染给了我。要知道我是第一次与他打交道。节目录制完事后，我们沿着长长的走廊向化妆间走去——德若凡叔叔远远地走在我们的前头。我的丈夫对我说：“这是一个奇人。他身上有一种独特的贵族气质……”我回应说：“我迷上了他的音乐。现在就决心问问他，什么时候可以在其音乐伴奏下表演？”

突然，在我们前面十步远走着的德若凡叔叔停下了脚步，回过身大声说：“我同意！姑娘，我同意您的请求！”

当时我们就明白了，他的听力非常好，只是不想和那些他反感的人说话。他真是一个睿智的老人。

我换了大学的专业

2004年，于辛菲罗波尔

在与娜塔莎结识那一年，我有意识地换了早在大一就选择的专业。按照系主任的硬性要求，所有心理系的学生都应该选修一些所谓的“专业实践课”，即专题选修课，老师和学生学的是特定专业。如《家庭关系心理学》《冲突学》《社会心理学》《广告心理学》《生理心理学》《临床心理学》等课程。可以听几门“专业实践课”，但最少要听一门这样的课程。到大三的时候，每个学生都应该知道，他将选取哪个领域来写学年论文，这一领域便是他毕业论文的主攻方向，即未来的职业方向。

我选的是《广告心理学》，因为我觉得这个方向最有前景，也最实用。一切都很有趣，尽管如此，我在内心深处还是决定，每年夏天我都做我们汽艇的“广告”，这一想法让我和这个“专业实践课”亲近起来。

我一边画画，一边偷着笑。

大二学年期末的时候，我意识到我非常喜欢生理心理学。我们从第二学期开始学这门课，但我却从没有上过生理心理学专业实践课。

这门课的任课教师叫弗拉基米尔·鲍里索维奇·帕甫连科。他一下子就成了我最喜欢的老师。他的人事关系在人类生理学教研室，可却在心理系、生物系（可能也包括其他院系）上课。除了教学计划上那些应该学习的知识以外，他还和自己的学生一起从事趣味横生（依我看又特别不同寻常）的研究工作。就这样，大二学年期末时，当我未来的毕业论文方向几乎已经确定的情况下，我来到他的“实践课堂”，并且在课程结束后来到教授跟前对他说：“大概现在换专业有点儿晚，但我想跟您学。”他笑了笑，把我的名字记在了一个本子上。就这样，我的专业就成了生理心理学。

这是一个非常正确的决定。生理心理学是心理学中最唯物、最实际的领域，因为它研究的是机体发展过程、神经元、大脑等。可以借助仪器来触摸、感觉、观察并研究它。这一点令我尤为喜欢。弗拉基米尔·鲍里索维奇（我们叫他“弗·鲍”）的教学方法也让人称赞，再加上他的儒雅风度还有对学生能够充分信任。他很尊重我们，不管我们是否积极地参与实验还是做做样子。这个人是我们当代知识分子的典范，在我看来，他的穿着和言谈是一个真正的学者。

他以最快的方式把我们的理论“实验”带入到了实验室中。在那里，我才懂得，我不仅正确地换了专业，并且爱上了这一领域，尽管我认为，我不是一个最好的研究者和实验人员。我怀着真正的愉悦感参与到各种实验、记录和讨论中，但书包里放的却是平板电脑、画画用的纸张和墨水——它们经常分散我的注意力。

当我第一次听弗·鲍的实践课时，我在课上遇到了娜塔莎。当时我们互相不认识，但我记得，她像我一样也上《广告心理学》这门课，后来就不去了，她转到弗·鲍的课比我早两周。

幸福岛

2009年12月，于马耳他

在西方圣诞节的前一天，我们首次到欧洲演出。这是一次令人激动的标志性首演，要知道邀请我们的是马耳他总统本人。

我并不想去，因为我们刚从莫斯科回来，外出有一周时间了，很想在新年前夕好好陪陪儿子。此外，这应该是我第一次坐飞机旅行。我特别害怕飞行！如果可能的话，我都会坐汽车或者火车去演出——全乌境内，去俄罗斯，甚至去波兰。但去马耳他坐车是无论如何都到不了的！

马耳他就像是现实生活中的童话国度。仅在机场走那几步路程就让我们惊叹不已，陌生的路人冲着我们微笑，每两个人就有一个人对我们说“你好”。这里的人们丝毫也不做作——这一切都是正常之举。后来我们知道：马耳他本来就是这样的。

在岛上的四天让我们大开眼界，每一分钟都会有令人惊奇的事情发生。这里没有冬天，小孩们可以在户外玩耍到夜里十二点钟，总统随行没有保镖。这里禁止堕胎，几乎没有孤儿，也没有孤儿院。

我们离开马耳他时，称它为“幸福的家园”，直到现在我们也这样称呼它。

乔治·阿贝拉[①]总统邀请我作为特约客人参加每年用于慈善的二十四小时马拉松式竞赛。通过直播及预约电话和短信的形式为治疗患肿瘤的马耳他患者捐款集资。他们每一个人都有一个视频短片，在演员表演间歇播放给观众。

我表演的是沙画故事《童年星球》，这是我参加完选秀之后想出来的故事。由于我对儿子的深切疼爱（我很长时间没有见到他了），我想画一画他，一次当他睡着的时候，我走到桌子前，拿起了沙子，于是在我的手里一口气就诞生了母亲和儿子的故事。这幅画令人愉悦、平静、稳重。伊戈尔为这幅画编写了一个经典小提琴曲，是由瓦涅萨·美作的曲。我非常喜欢这个故事，但遗憾的是很少展示这幅画，大家都想看《战争》。

因此，我有双重理由可以高兴：非常想参加大型慈善音乐会并借机展示《童年星球》。

当然，我们把薪酬都捐出去了，所有参加马拉松竞赛的演员都是这么做的。

马拉松竞赛持续了二十四个小时，筹集了两百多万欧元的善款。我认为，在乌克兰，这样的音乐会可以拯救数十人甚至是上百人的生命，但却不知什么原因从未举办过类似的活动。

---

① 乔治·阿贝拉，马耳他马廓尔米人，马耳他第八任总统（2009–2013）。

对我们的接待十分热情——我们转遍了马耳他的所有景点，了解了这个神奇之地的各种细微之处，结识了总统本人。

马拉松竞赛是在一个大型机库里拍摄的。这让人想起了我们的“选秀比赛”，也是在这种机库里拍摄的。

我表演完后，总统身边的人走进了我的化妆间，对我说，如果我不反对，总统想对我表达一下谢意并说几句话。

他就站在我的化妆台旁，身边几乎没有安保人员。乔治·阿贝拉紧紧地握着我的手，开始用英语跟我说话，打了一段“官腔”后，我们的谈话变得温和而友好。具体谈了什么，已经记不太清了，但谈话质朴、无拘无束，而且……坦诚。从第一句话开始，我就忘记了，在我面前的是一位总统。这很奇怪，但我不觉得奇怪。当时我初次闪过一个想法，这一切再正常不过啦！没有警卫仔细地检查你的全身，把东西都掏个遍，也没有为了寻找爆炸装置把你的设备弄坏……这是人与人之间的正常交流，至于说其中一人是总统这件事并不重要。

当时这不啻是一个重大发现。

在这次出行过程中，我们还发生了一件不幸的事，从那一刻起，这件事几乎成了以后我所有巡演飞行中一件司空见惯的事情——我们沙画台上的玻璃被打碎了。

按机场工作人员的说法，这很可能发生在法兰克福的转机过程中，当时行李从这架飞机装运到另外一架飞机。很难相信这一点：要知道沙画台上有一个专门的金属保护盖。在回程的时候，也是在法兰克福，当飞机着陆后，其他人都走出了机舱，我有意耽搁了一会儿，通过舷窗看到了行李装卸的整个过程。我不知道，是不是同一拨搬运工人，但他们没有把皮箱连同其他行李放到推车里，而是故意扔起，随便往远处一扔。有种明显的感觉，即这些工人在比赛看谁把行李扔得更远。从那时起到现在，几年时间过去了，在这段时间里，我得出结论，几乎全世界所有机场的搬运工人都是这样在相互“竞赛”。沙画台的玻璃被打碎只是一个开始。好在我们在音乐会之前发现了这件不愉快的事情。后来，我们好几次在完全陌生的国度，要在一两个小时内找到并更换玻璃，我会在下文中详细谈到这一点。

但这次在马耳他是一个特别的事件：要知道帮我们更换玻璃的是总统本人。

事情的经过是这样的。

我们是 12 月 24 日飞抵马耳他，当时天主教徒正在庆祝圣诞节，我们马上就赶往演出现场安装设备和连排。打开桌子后，我们发现，玻璃被摔得粉碎，而下面那个保护层则摔成了碎片。我们开始寻找玻璃安装师。因为我们桌子上面安的是特殊的玻璃，是在叶夫帕托里亚定制的，它有一系列特殊性，只适用于我的沙画台。

我们站在那里，等着技术部门就什么时候玻璃安装师能到的问题给予答复。他们走到我们跟前，忧伤地摊开双手说道，无论是在平安夜，还是在圣诞夜，没有玻璃安装师会工作，其他的师傅也同样如此。我们大惊失色。这时奇迹出现了：总统本人来到了现场。他得知了我们的不幸后，打了一个电话并亲自请求，让某个师傅来完成这件特别紧急的事情！第二天，玻璃就做好了。

音乐会结束后，我们和接待我们的总统代表坐车去中世纪古城姆迪纳游览。在这个城市里住着不到一百户家庭——他们都是许多世纪前这个迷宫城的建造者的后代。六个世纪以来，这里的建筑几乎没有任何变化！姆迪纳城内有一个古老的修道院。那里是马耳他境内唯一的一个孤儿庇护所。这个庇护所独一无二。在这里，修女们按照欧洲最好的贵族寄宿学校的精神来教育孩子。正像我前文所说的，在这个国家堕胎是被禁止的，这样我们就可以预见，在这种情况下，产房里会有很多被父母遗弃的婴儿。令人惊奇的是，一切并非如此！女性很少抛弃自己的孩子。但是如果真有遗弃的情况发生，那么按照马耳他的法律，母亲应该在有关部门的监督下亲自把自己的孩子送到修道院的庇护所，并且每周来探视一次！所以，14 岁之前，庇护所里面的几乎所有孩子都会被自己的亲生母亲领回家，这一点毫不稀奇。

总而言之，直到现在我都觉得，这个国家连同这里的人们是建构良好、和谐社会的榜样，在这里，平等与同情并不矛盾。我相信，将来我们也能做到这一点。

为了确认我说的话，作为讲述马耳他这个故事的结尾，我想讲一下我们离开时发生的事情。

我们把相机放在了口袋里，相机是不久前买的，这是一个不错的相机，价格不菲。我们把行李箱和沙画台托运了，拿着口袋和随身背包（里面有各种证件）就去逛免税店了。

我们发现了一个卖眼镜的精品店，折扣吸引了我们，于是我们把口袋放在橱窗旁，仔细地选择摆在店面门口的各种商品。不经意间，我们只想着买眼镜的事，就走到了店里边。在店内，我们碰上了“降价促销”，我和伊戈尔忘乎所以，开始试戴一副眼镜。最后由于购物而感到幸福，我们向登机口走去。这时才想起口袋，口袋已不翼而飞，我们惊恐万分。

我不知道该向哪里求助，也不知道该怎么办，我就求助最先见到的人，他们看上去像是机场工作人员。他们向我们亲切地微笑着，然后说：“哎呀！原来是你们啊！我们昨天在马拉松竞赛上见过你们，你们的表演超级棒！”一个安保部门的工作人员向我们走来，把我们带到一个房间，然后微笑着把口袋递给了我们。他说：“我们即刻就把你们认出来了。看到你们把自己的口袋随便放在那里没人管，我们决定先把它拿走，等你们有时间的时候，为了避免不必要的麻烦，再把它归还给你们。对不起，刚才我有事耽搁了几分钟，没有及时把东西还给您。祝你们飞行愉快。”

水　手

2005年夏天，于叶夫帕托里亚

在大三学年和大四学年之间的那个夏天，我要比平时这个时候忙得多。载着游客出游，这一直持续到 9 月中旬。

我因此错过了学期开始及前两周课的教学。

驾校考试结束后，我拿到了驾照，劝爸爸把他那辆旧福特 Sierra 送给我或是作为我今后的工资把它卖给我。显然，爸爸发现我每天晚上下班后都在夜总会里玩到很晚，第二天早晨才回家，他理智地决定禁止我开车，以避免不必要的后果。实际上，在这方面他是不对的，我从来就没有在不清醒的情况下摸过方向盘。但既然他这样决定了，可能，也避免了一些事情的发生。

尽管如此，这台古老的福特 Sierra（这个牌子比我还年长两岁，1983

年出产）还是落到了我的手里，但那是在我已兴趣全无的情况下落到我手里的。下文会详细讲述。

我不在辛菲罗波尔几乎有四个月了——从六月到九月末，除了仅有的几次答疑、考试和学年论文答辩外。

我做了一件大家都不让我做的事情：我刺了眉毛。过程和结果带给我极大的享受，过了一段时间，我在第一次做的美容院附近又做了两个穿刺。这与第一次做的地点有所不同，这次是下班后在沙滩上做的。一个绰号为“守财奴”的人给我做的穿刺术，与美容院相比，他的技术很棒，既不疼又快。我当时对这三个眉毛上的刺口感到非常骄傲。

一夏天挣了不少钱，大概有 1000 美元的样子——对于一个打工的大学生而言，这相当于一笔巨款了。我很尽力：做了三份工作，几乎没有睡觉，也争取不把钱都花在俱乐部的狂欢上。一大早就起来，然后去码头，监督游艇和沙滩的“弧形”板的准备情况。我还需要看着，他们是否能及时地建起“神奇岛”。所有人都知道，这是一个小山形状的浮起的大平台，是距离岸边的起锚处约 100 米的地方搭建的。我们团队凑齐出游的游客后，领他们坐到固定在游艇上的“弧形”板上面。游艇在海湾绕个不大的圈子后，在“神奇岛”停下来。那里有个水手，他叫“鲁滨孙”，他会帮着客人跳到“岛上”尽情“玩耍”。他会说：“现在所有人迅速从小山滑到海里，否则我就把他扔下去！”游客们穿着我们超级舒适且可靠的救生衣，救生衣甚至可以让不会游泳的人在水里浮起，他们也没有其他选择的余地。这时，“鲁滨孙”躺在“神奇岛”的角落里睡觉。我想，游客们期待的可能是另外一种玩法，因为我有一本书，上面是这样写的：“在神奇岛上，您将迫不及待地迎来我们那神奇的健硕身材古铜肤色顽皮的鲁滨孙·谢尼亚（或叫帕沙、谢尔盖等）！他时刻期盼着您的到来，将会细心照顾和关怀您！”

神奇岛不仅可以娱乐游客，而且节省燃料，因为汽艇用不着像许诺的那样在海里滑行二十分钟。

如果游客不想坐在“船头”冲浪，还会有其他各种“手段”，如：“乌拉！这只有本次游客才能享受到！再免费滑行十分钟！”或者“只有本次游客才会收到我们的奖励——能吹响的大贝壳！”（我们是从那些潜水捕鱼者那里弄来的，他们为沙滩上的饭店捕获当地的海产品）。如果这几招也不好使，那就打出最后一张王牌：“现在谁还意犹未尽，我们再安排一次出游！”或者说：“特别出游线路！现在谁将和我们出游，可以滑行十五分钟，直到‘尽兴为止’！”

如果这一招还不好使，我们就收齐我们所有的装备，把它们放在“船头”，汽艇载着这一切向“基地”驶去。这时，我就会拿起扩音器，向这些“背叛”的沙滩游客“号叫”道：“明天见！再见吧——快滚回家吧！”于是骄傲地拿起扩音器，从沙滩向码头走去。这段路不远，只有一站路程。步行回去，为的是不让扩音器掉到海里去（有一次我拿着扩音器坐在“船头”回“基地”时就发生了“悲剧”）。

回码头时，我一般走人行道，边走边通过扩音器喊富有诗意的文字。但通常喊的都是一些毫无诗意可言的话，如“我们是警察，所有人都蹲下！”然后就开怀大笑。

晚上，我在一个叫“特里顿”的俱乐部做音乐节目主持人，干了几乎一个月的时间。后来我被解聘了，原因是本应放民谣，我却放的是黑眼豆豆合唱团①演唱的歌曲，于是我就去当晚上的“扩音喇叭”，为某个“小酒馆”造势。夜里在一个夜总会当伴舞，当然，也没干多长时间。与此同时，如果夜晚有闲暇时间，我也不会老实待在家里。晚上的空闲时光，或是在夜总会里度过，或是去酒吧唱卡拉 OK（我的女友在那儿工作，可以想唱多久就唱多久，而且还不用付钱）。

夏天挣到的钱主要用于以下的花销：大部分用在了学车上，买了一部好手机（我经常丢手机，一个月丢一个，这次我决定，以后一定要更加仔细，于是就买了一部好手机。一周后就把它弄丢了，准确地说，是别人偷的，连同我的随身包一起被偷了。情况是这样的，当时我推着婴儿车，和妹妹玛莎在闲逛，进商店给她买饼干）。一部分钱用于买新物件上了，一部分用于支付运动方面的费用，最后剩的那部分我买了一些漂亮但又不是必需的东西。购置了一把日本武士匕首，当然，不是真的，只是一个模型。我为什么需要这个东西，直到现在我也想不明白。

① 黑眼豆豆合唱团（Black Eyed Peas）2003 年出道，是一支深受灵魂乐、爵士乐与拉丁节奏与现场演唱精神所启发的朋克 / 嘻哈队伍。

深 度

2010年1月，于叶夫帕托里亚、彼得堡

庆祝完 2010 年新年后，我们惊喜地发现，还有两周左右的空闲时间，可以悠闲地度过。这已经让人无法习惯了——什么事情也不用做……我们把这样的休闲时光视作是最美妙的享受。我们一家人——我、季马和伊戈尔——躺在沙发上看电影，参加新年枞树晚会，祝朋友们新年快乐。

在我们城里，没有人在家里安放小枞树——它自由地生长。是的，在剧院广场中心，它们自由地成长，而且成了城市的骄傲。每一年，人们都用在美术学校和艺术学校学习的孩子们制作的各种玩具装扮它。为此还举行一次严肃的竞赛，这样，最好的作品才能出现在枞树晚会上。

我们在家里不放大枞树，而是买那种由几个树枝组成的小枞树。当我们的季马还小的时候，他经常会把小枞树撞倒在地板上。好在我们装饰的都是一些不出声的玩具。小云杉树倒了带来的损失，要比大云杉树少很多。

在处理云杉树方面，我们有自己独特的招数——我们不舍得把它们扔掉，尽管知道应该这样做。处理它们主要都是我们的那些朋友负责的，当我们的朋友们在二月末来我们家做客时，看到我们家里放的装扮得五彩缤纷但一半已经凋零的云杉树时，就会把它们处理掉。在我们家，云杉树放到 3 月 8 日都很正常——到时候，所有来我们家做客的人都会不厌其烦地相互讲述同一个笑话，即“我的妻子可真要命，她只是来回踱步，吹毛求疵：三八,三八，可云杉树还放在屋子里！”。有一次，新年云杉树一直放到了 5 月 1 日……甚至不是一次，而是两次。瞧，我们就是这样一些怪人。

1 月末，休假结束了，又要开始演出季了。尽管我们要去的地方成了给我的新年礼物。

我们飞到了彼得堡。我被邀请在一个非常棒且有意义的音乐会上演出——列宁格勒解除围困纪念日。

除了叶夫帕托里亚，圣彼得堡是我最喜欢的城市。即使现在，在去过很多地方的情况下（我去过伦敦、巴黎、佛罗伦萨、悉尼、东京、慕尼黑、巴塞罗那和维也纳），我仍持这种看法。

当时我是第一次来到彼得堡，但没来之前我就爱上了它，凭那些我读过的书，看过的电影、照片和油画。还有勃洛克、布罗茨基、阿赫玛托娃、格列本希科夫、瓦西里耶夫和维克托·崔写的诗歌，连同历史概述、回忆录和相册等等——我深深地迷恋上了这个城市，到那里去就像去过节一样。

老实说，一切比我们想象的还要美好。

彼得堡的音乐会真是太棒了！我指的是与伟大卫国战争题材相关的音乐会。在那里，当你在大厅里演出的时候，你会全身心地感到，你的“言行”是如何落在鲜活而又像黏土一样优美的心灵上。这是一种鲜活的机体——我不知道它是什么，也解释不清，但在彼得堡的大厅里总会有这样清晰的感受，即大厅里坐着的都是画家、诗人、学者和音乐家。就像是参加一场专业音乐会一样，而且，大家的反映都非常真诚，这一点让人尤为感动，这就是我的感受。

我在“十月”音乐厅演出过，我和娜妮·博列格瓦泽[①]共用一个化妆间。这是一个令人惊叹的女性，传奇人物。我不知道，她具体有多大，但显然，有一定年龄了，然而，无论外表还是内在，都感觉不到这一点。这属于这样一种少见的情形，一个人年过七十，但却可以对他说："你长得真年轻"。而且这句“长得”一定指的是具有内在美并且这个人身上透出来一种恒定的光彩。

在这场美妙的音乐会上，我还结识了另外一个传奇人物，即瓦西里·拉诺沃伊[②]。这真是一个令人赞叹的人！简直无法用语言来描述他，但我可以明确地说出与他在一起所体会到的感受，这就像是“对水平相

---

① 娜妮·博列格瓦泽（Нани Георгиевна Брегвадзе, 1936 年生），格鲁吉亚歌手、钢琴家、教育家，苏联人民艺术家（1983 年）。

② 瓦西里·谢苗诺维奇·拉诺沃伊（Василий Семёнович Лановой, 1934 年生），苏联俄罗斯电影戏剧演员，苏联人民艺术家（1985 年），他在瓦赫坦卡娃剧院中的角色深受俄罗斯观众喜爱，并参演过《安娜·卡列尼娜》《索利亚里斯星》《高级职员》等剧，列宁奖获得者，也是“祖国功勋”奖章的获得者。

等的对手的一种由衷的敬意”。在音乐会上，他朗读了一首诗。朗诵的时候，他非常镇定从容——在这宠辱不惊之中有一种伟大的力量，你可以闭着眼睛听他的朗诵，我不知道，拉诺沃伊读的是什么，但我明白，站在舞台上的是一个伟大的人物！

音乐会营造了一种围困时期静默而又偶然重建（当时我们觉得非常奇怪）的印象。总之，对这一天的纪念，彼得堡弄得非常独特，以至于周围的一切都显得神圣而庄重，一切都使人追忆起往事，内心备受煎熬，同时，又感到特别骄傲：“我们没有屈服！”“我们是英雄！”无论是对老一代人还是年轻人来说，大家都有这种感受。

在一个令人惊叹的城市举行了一场令人惊叹的音乐会。我演的节目是我精心为纪念列宁格勒围困期间牺牲者而创作的沙画史。在我演出的过程中，用的不是配乐（通常情况下都用配乐），而是交响乐队演出的音乐。并且是特别棒的音乐！我的表演很普通，可给我配乐的却是俄罗斯联邦广播电视交响乐队。音乐我非常熟悉：组织方在音乐会演出前一个月就把音频文件寄给了我，我用它彩排了几次。旋律我也非常喜欢——令人感动，充满悲伤的情绪——时而温柔，时而有力。但在音乐会上由于技术原因，并没有通过大屏幕展示画面——我会经常遇到这种情况。

我的桌子，当然，连同我本人，处于一个专门的高于舞台的架子上。站在舞台上的是乐队，而我比他们高一头。站在我对面（脸面向我），自然也是在屏幕对面的，只有指挥一人。只有他看到屏幕没有打开。乐队开始演奏，我和桌子稳稳地站在大厅前面的架子上，摆着漂亮的姿势，就像背景一样。我的脸色庄重且表情平静，又有谁知道，这时候我在想什么呢！我知道，屏幕当然会连通的，但这个过程是致命的……要知道音乐即将结束，而我的沙画却刚刚开始。但是……通过某种不可理喻的方式我感到，冲着我站着的指挥……似乎在向我发出信号说：“镇定，好好画画”。到现在为止，我都无法找到相应的词汇来形容这种感觉。简言之，不久前我意识到，在舞台上我经常会感知到这种“信号”，几年过去了，我突然明白了，这种现象完全可以看作是一种现实的现象。

一分钟后，屏幕连上了，于是我开始画画。当然，音乐已经跑得“远远的”，但只有我和指挥两个人知道这件事。

我的故事讲到一半的时候，音乐却演奏完了。我仍然在低着头不停地画画，恐怖地等着即将到来的静默，我正在想该在哪里结束的问题。这是根本不可能的事情，因为情节本身我是一个月前杜撰出来的，它和音乐是一个不可分割的统一体，讲的是一个被围困的小女孩的故事。而且这个故事不可能被从中断开。

现在，乐队开始演奏尾声的音乐……我埋头画画，一片静默，我在静默中画着画。突然……音乐接着演奏起来。并且不是从头开始，而是某个个别题材的变体！这真是奇迹！

还有一个新的意想不到的事情在等着我。在演到故事尾声的时候，我非常幸运地微微回了一下头，瞅了一眼我身后的屏幕——我很少这样做，但这一次这么做了。于是我看到屏幕上的画面反了，即是说投影仪把它给“镜化”了。一切还算不错，在我故事的尾声，应该出现一句题词：纪念围困期间的牺牲者。我恐怖地想到，这句台词也将被“镜化”，这样，观众完全可能读不懂这句话，即变成了“左右颠倒”的题词。

我不知道是怎么回事，但我的手突然开始自行写起了剧终的那句题词……从右向左！于是，我转向大屏幕，我看到，那里的题词就像应该的那样排序。这是当天舞台上的第二个奇迹。

我的演出结束后，在幕布后面，瓦西里·拉诺沃伊走到我跟前，紧紧地握着我的手。音乐会结束后，我们被邀请到餐厅品尝围困期间的食物，于是我们坐在了一起。拉诺沃伊的人格魅力，他说的话，他的手势，对所有人而言都有一种无法传达的力量。我们感到正在与一个伟大、显著的人物打交道。我把这一天和这场音乐会的每个细节、每一秒钟发生的事情都记了下来，甚至是过了好几年的时光仍然记忆犹新……

晚上我们本应离开，但却舍不得——因为我几乎还不知道彼得堡是什么样子。我们起飞前四个小时就出发了……可还是迟到了。原来，解除围困纪念日这一天堵车是很正常的现象，因为大家都在疯狂地庆祝。

这是第三个奇迹。就这样，我们只能回宾馆再待一天，我们可以好好逛一逛夜晚的彼得堡了，尝一尝当地产的啤酒，早晨又去参观了令人震撼的景点——亚历山大·涅夫斯基修道院！

回到基辅后，我知道，一定还会回到这里，回到这个神秘的、令人神往的城市，回到这个由数十个小岛组成的城市，在这里，一切都与众不同。

门

2005年秋，于叶夫帕托里亚

2005 年夏末，我买了一个电影碟片，这部电影极大地影响了我的人生之路。

电影的名字叫《天堂之匙》。这是一个不太复杂的故事，讲的是两个年轻人同时到一家医院看病。躺在同一间病房里，他们得知，对方也身患绝症，于是他们决定从医院逃离去海边看看。他们这样做很像好莱坞影片中的情节一样：他们偷走一个天蓝色的“奔驰”车，然而，车后备厢有一百万美金。但是，情节在当时并没有多大意义。我看电影总是很奇怪：可以看十次，也没有弄明白情节线索。因为对我来说，重要的是我自己在看影片时的感受。对我而言，镜头、对话以及音乐比故事本身更有意义。对话则是另外一个话题。近一段时间以来，我发现，我可以把每一个我喜欢的影片逐字逐句地背下来，在看这部电影时我也是这样做的：我把喜欢的对话从上下文中抽离出来，我喜欢撇开电影单独说它们。这很正常，我认为，我们每一个人对影片的理解都独一无二。至于说《天堂之匙》这部电影，我好久没看它了，但直到现在还记得这样一句话：“天堂只谈论大海，说它无比美妙。那里人们谈论一个巨大的火球，它将降落到地球上空，于是勉强能看到烛光在深处的某个地方闪耀……”

当时，这个故事再一次明确了我在一年之前产生的信念，即做自己想要做的事情，而不是做别人让你做的事情。对我而言，这涉及如何体现在学习和创作方面，这也涉及对人们的态度，与之前的大多数岁月相比而言，这种态度也发生了根本性的变化。

可笑的是，我甚至试图建构一个我自己接受的语义体系，这一点谁也不知道，这类似个人反映心理学。我现在只记得三个我当时杜撰出来的术语，即“走出框框”“没有描画的线条”和“系上锁链”。所有这些术语都与个人的自由以及自由的特征有关，对我而言，自由是现在还是一个最伟大的价值观，也是一个主要的未详尽表述的名词。

在这段时间，我感到我想要写点什么。我不懂我要写什么，怎样写和为何而写，但是……这几乎成了身体上的一个需求，跟饥饿或想喝水一样。

我不知道该怎么办，我拿起笔记本，来到了一个位于滨海大道半是废墟的码头前。码头已经被高高的铁丝网围了起来，这种情况有好几年了。

有一次，九月的夜晚，刮着秋风，我初次下决心爬过三米高的栅栏，一直走到半是废墟的码头前。对我而言，这个决定本身就像打开了某扇极具象征意义的通往自由的大门，这扇大门好像就位于铁丝网的后面。

提包里装着一罐杜松子酒、一个笔记本和一支钢笔。距离漆黑的海边有几十步远的距离，周围一个人也没有。我的身后，穿过烟火和树枝，是城市的万家灯火在闪烁。一切都在那里，在我的身后。这里则是另外一番景象，距离新世界一步之遥。这并不是一个隐喻，而是一个真实的感受，它是那么真实，以至于我直到现在每一次经过毁坏的城墙向大桥走去时都能感受到。

就这样，过了一段时间，我给这个地方起了名。内在性和外在性是心理学上的一对反义词。外在性……准确的定义记不清了，但我会把我的理解告诉读者。外在性是一个人倾向于（也因而受制于）把自己生活中的所有事件都用外在的原因来解释——如征兆、理性的条件、状况等。我把这理解称“如流水一样”的生活。而内在性则相反，不倾向于寻找外在的原因，这是这样一种认识，即一切都要经过自己的努力才能成功。对我个人而言，这意味着要在冰上开辟出自己的前进之路，而不要管是否所有人都喜欢这条路，也并不是所有人都明白这条路。内在性是我喜欢的一个心理学概念，是我所知道的心理学中最好的概念。

在码头尽处，在码头远远地延伸到大海的地方，我坐在一个粗壮的用于系缆绳的铁块上，开始画画。风越刮越大，它把我手里的本刮走了——这一切特别美妙。天是那么黑，以至于我看不清我画的是什么，因此甚至都没往那里看。我不知道过去了多长时间，写了多少诗行，但到了该活动活动手指的时候了，让它摆脱掉内在视力，这种内在视力可以让人“盲目地”写字。很难解释清楚之后面临的那种状态，我好像放飞了理智，让它与钢笔并驾齐驱，按照自己的方式在写着什么……简言之，我不知道在这本笔记本上面写的是什么。这里正在发生一件与我的意识无关的重要事情；与此同时，我知道一点：这样的写作是真诚的。这种新体验让我特别喜欢，尽管初次这种鲜明的感受以后很少再次出现。我对凭借路灯的光芒读一读写的文字感到饶有兴趣。

马蹄陷进了冰面，离我的手掌一英寸的地方有一道裂纹。我一直低垂着眼睛，一动也不动。

太阳在大雪的映衬下失去了光彩——这是一道长长的清晰暗影。

我无法再忍受下去，回过身，眼睛的余光发现了一个长着大胡子的人。

这是一个长着一头白发的巨人，他的目光（别人却无法看到）紧紧地盯着海平面。我站起身，身体摇晃了一下，转过身，砸开冰面上的缺口，飞驰而去。

没有人在后面追我。

当我第一次读到这些文字时，我无法相信我亲手写的这些内容。同时我也明白，我大体上知道，讲的是什么，指的是什么。

以前，我们曾藏在幽暗的卧室里，我们团结一致几乎无所不能。窗外响起令人毛骨悚然的呼叫声，远古的野兽像白色熔岩一样成群地在我们的窗外升腾起来。我们惊恐万分，弱小无助，却没有人能想到我们自己也有不同寻常的力量……

我想让大家阅读的不是我的传记，而是读自己。这非常简单：只要你试着想一想自己五岁时做过的梦即可。

每天早晨，我们五个人都会爬到被雪覆盖的山坡，把夜晚的余韵送给太阳，取而代之的是获得了新的素材，这让我们在下一个无尽的长夜有事情可做。

像任何一件古物一样，这个令人甜蜜的时期快要结束了，它是以被驱逐的方式结束的。到底是怎么回事，我也不太清楚，在儿时的回忆中不会保留这些令人心痛的时刻。因此，我非常珍视那些仍旧保留在记忆深处的事情。

我把那些时光看成几个世纪甚至上千年：这是一段光明而古朴的时代，就像伟大的前人类时代一样。夜晚是泥盆纪，白天是侏罗纪，月亮是石炭纪，黎明等同于整个元古代。

这并非虚构，而是记忆中儿时的梦，它们是如此纯真，仿佛披着白色的缎带。

我们不想向任何人卑躬屈膝，但我们知道，有比我们还要强大的人。火星……即那个浑身是冰的巨人骑士。他们很多，我记不得每个人都长什么样子。

月亮有些虚弱，但在一些自然力的衬托下获得了力量。我的一部分是月亮，另外一部分是风。在我内心深处，冰一直存在，在那个温暖且泛着白光的地方，在那个我刚刚闭上眼睛就来到的地方。

在悬崖深处不仅有稀奇古怪的动物，还有脸色阴沉的侏儒、巨人和怪物。

啊，天空多么美妙！就是在最幸福的时刻，天空也远没有这样美妙，当时……发着蓝色的光芒，像臭氧一样泛白，无边无际，又是那样亲切。内部却是永远的严寒与炽热。

白雪闪闪发光，不知道像什么，水滴在滴答滴答响。

于是我们醒了过来。

我合上了笔记本，往家走去。那一天，我的意识深处有什么东西在强烈地翻动着，只需要拥有时间和耐心。

> 巨变，或是反卡夫卡，
> “请用绳子把我的一切线都捆绑起来。
> 火车的时代已沿着铁轨慢慢滑行，
> 轮船的时代也沉到了海底，
> 只有海浪，
> 我们头顶只有海浪……”
> ——“让我们穿越森林”斯普林

不知哪里“砰”的一声响，紧接着是噼噼啪啪的声音。如果正确地把香槟酒瓶对准挡板，瓶塞同时会发出打击的声响。

天空也用敲击声做出了回应：夏季，烟花表演，水上面是星星的灰尘。

大海。

我是汽艇，今天是我受洗的日子，是一个新的开始。蓝色的大字“INTERNO”欢快地炙烤着冷冰冰的船舷侧面。

我的主人，戴着白色的巴拿马草帽，脖子上还系着一条长长的围巾，一副怡然自得的样子，他的妻子在船头和船尾之间漫步，计数着所走的步伐。但在太阳的照射下一点点消失不见了，然后又再一次出现。

大海知道一切，无论是过去还是现在，它都了如指掌。

就让这个西南风一直吹吧！我和它，就像是一对夫妻，只是它并不忠诚——总是变来变去，而我却永远向前走。

我就是“INTERNO”号汽艇，我热爱大海，有时候我觉得，大海也爱汽艇。对于一个普通小船而言，我想的实在是太多了，比如，我认为我比其他船都要自由，而在这方面恰恰体现了我的不自由。

要做好自己的事情，升起帆，向前进。主要的是，不要在运动的时候过于忙乱，要保护好龙骨和方向舵。一些汽艇永远地搁浅在浅滩了，哎，一切都是梦……

“他们投入了战斗，当他们意识到即将胜利的时候他们就获胜了”。每艘汽艇都应该航行在激流上，去战胜大海……或者战胜自己的自由，至于说这到底是胜利还是妥协——难道该由汽艇做出评判吗？

有一次，这是很久远的过去，我有一件特别喜欢的黄色风衣。这个时候——我突然看见却不敢相信自己的眼睛！——船主人实现了我的梦想，定制了闪闪发光的黄色船帆！你瞧瞧它们，在阳光的照射下熠熠生辉，真是奇迹，奇迹啊……

我谁也不是，我是汽艇，是世界的一小块，是宇宙尘埃。

“尊敬的朋友们！这是我第一次出游，照亮我前程的有两个太阳，西南风也很给力，待会儿见。没有人知道，也没有人能够猜到，船帆怎么会变成黄色，让一个人做汽艇既很容易又特别困难。大家跟我来！请大家相信我，要知道汽艇是最公正的主持人。请根据航道航行，我将向你们展示，哪里是你们的极限……”

在码头的尽头经历那场奇特的文学考验后，我试图在心理学书籍甚至是精神病学文献中寻找答案。我感兴趣的是，这一切（我现在还清楚地记着的事情）到底是如何发生的？我自己把这种现象称为“Brain writing”，即头脑风暴[①]。

有趣的是，自从写了那个无法理喻的文本后，我在练习本的页码上看到的那个现实却一直追随着我。我只不过是把它回想起来了。这个冰雪世界，史前的冰层，原来一直保留在我的记忆中。这些梦令人愉悦，与儿时的时光融为了一体，它们是秘密，也是谜。它们是我的。写好一小段文字后，我知道，终有一天——或是夜晚——我还要去那里，去那个高高栅栏的尽头，翻过栅栏，继续写作。这段故事一定要接续下去，但接下去的内容我还不清楚，但是我只知道，到时一定会阅读用我自己的手写出来的文字，不认识的文字。

十月份来临了，这已是第四学年。学习，练舞蹈，荡秋千，与娜塔莎闲逛，花园。在有空的时候，我会暂时中止画画，到阅览室借书。我在桌子上把书皮冲上打开书，我打开我想读的那页，就读了起来。就这样，我体会到了辛菲罗波尔心理学教授维克多·萨莫赫瓦洛夫[②]那与众不同的视野，及其实验类著作《未来的心理世界》。

我不想谈论这本书的内容，它确实非常有趣，而且，可能有人也想读它。我在书中找到了下面这段话：

“……实际上，我们平时的生活已经包含了一切必要的因素，以便不对成人礼进行规划设计，而是要真正地感受它。死亡、爱情、疾病、

---

① 头脑风暴，最早是精神病理学上的用语，指精神病患者的精神错乱状态，现在转而指无限制的自由联想和讨论，其目的在于产生新观念或激发创新设想。

② 维克多·萨莫赫瓦洛夫，克里米亚医科大学心理、麻醉、心理康复教研室主任，译学科学博士，教授。

贫困、孤立，这些情况有时集中袭来，这就不可避免地要回到自我，尽管这可能会以各种方式呈现出来，比如，利他行为、犯罪行为、生理抑制或是创作潜能的涌现。很可能，只需要让这些事件进展更快，并予以调节……”

上面这段话与我有关吗，我弄不明白，但是这段文字让我感到如此“亲切”，以至于我即刻就把它记下来并背了下来。

我明白了，我想继续寻找自我，以及那个位于我潜意识废墟中的世界，但我并不想真正地发现它，因为应该让传说一直是传说，要保持一定的距离。

下课后，我应该去车站，跳上第一个从辛菲罗波尔到叶夫帕托里亚的汽车，在环线那里下车，然后步行走过整个滨海大道，在黄昏前出现在内在性大桥。我被一股兴致推动着，完全没有意识到，明早八点还需要到另外一个城市去听课。

我身边总是放着一本练习本，这样，冻僵的手指将画出新的符号，我又一次感到，只有空气还可以理喻，在发黄的路灯灯光下，读着我写的文字将开启一扇新门。

……于是，我们苏醒了。

世界变得极其透明，寒彻骨髓。纯净得就像透明的淡蓝色。窗子从里面蒙上了一层水汽，从外面看——模糊的一层冰霜，还有永恒的白雪，肆虐的北风以及群星点点——阿格涅萨、贝尔塔、阿杰莱达……

这是一种完全属于自己的和谐感以及臣服于上天的理性感受。这一切真是太棒了。这样的世界具有一种无法遏制的力量，在这里，对自我毁坏的需求自动消除，在暴风雪和狂风中，你镇定自若，心平气和。

我从大被子后面探出头观望，房间里的光线十分微弱。但光线本身……轻柔且舒适，这是来自内部的光。我能在这里，在这个房子里感受到自己，以及旁边的人，还有每一个人的每一次心跳。

石磨里面的微弱灯光烤着偌大的空间。我站起身，打开了门，向前走去……

我就像一个听话懂事的小孩子，沐浴在一个满是冰的滚烫喷泉里。人们用成千上万条围巾和被单紧紧地裹住了我，让我一下子暖和了起来。可是你还是那么温顺和恒定，煅烧的水流在管线里跳动，这些管线今后必将变成静脉。

你平静地向无边际夜空中那苍白的一线光走去，你知道，这个无尽的昏暗必将结束，这是所有生命都必须经历的进程。可以在深夜向光点走去，轻松且没有疼痛，不用离开你睡觉的地方……

在这里，一瞥可以轻松地扎到雪堆里，穿透它，并且一直滑到最底部，冲向泛红的天空，夜晚即将过去，新的一天即将到来。

“没有忧伤，没有仇恨，没有骄傲，没有屈辱。只有北风，它唤醒了我。在那阿杰莱达星升起的地方……”

于是我们就出生了。（唯一的条件是），只要我们能苏醒过来。

看着崭新的一页，我丝毫也不惊奇。感到自己像在家里一样，我的家就在这些我这个盲人用奇怪的笔迹写就的诗行间。

我不记得，是否跟娜塔莎说过，这些文本是怎样写成的，但她好像从我这里拿走了萨莫赫瓦洛夫那本著作（这本书是我跳舞时认识的一个熟人意外赠给我的）。我们见到了一个人，他开了车门，打开了收音机。正在播放“斯普林”乐队唱的《地理课》。我把这一切都看作是征兆，这些征兆并没有碍事，没有指向这里。这是一个新的游戏，但它太过亲切，以至于无法忍俊不禁。

十二月到了，课程都结束了，我们开始实习。在我的记忆中，起码来说，这是第一次严肃的实习，因为它的内容是临床心理学。

我们每一个人都应该拿到实习介绍信，去自己认为合适的地方——或是在辛菲罗波尔，或是在自己的故乡。我选择了叶夫帕托里亚，收拾好行李，新年前与同寝室的女友们道了别，就回家了。一场最为独特的实习活动在等着我——精神病院儿童科室。

孩子们

2010年1月至今

2010 年 1 月，在我的生活中出现了这样一些人，他们成了我生活的一部分，成了我生活的痛苦和欢乐。

……我站在一个大房间的中间位置，我面前坐着一大群孩子。他们有 50 人，各个年龄段（从 4 岁到 17 岁）都有。他们相互之间没有共同点，每个人都有自己的伤痛，以及把他们送到这里的故事……

就这样，我结识了辛菲罗波尔市立孤儿院的孩子们。

现在，我怀着愉悦的心情翻阅这些我们最初的合影，当时我还谁都不认识。瞧，这是柳霞，这是伊拉・别洛娃，而这是谁来着？难道是娅娜吗？从我们最初相识到现在过去了几年时间，他们变化都很大，长大成熟了。其中一些人来过我这里做客，我们一起散步，去饭店吃饭。一些人成了我的教子。我洗礼的那些人已经不在孤儿院了，他们被人认领后，就被带走了——两人去了意大利，一个到了辛菲罗波尔。当我一想到这一点，我就要永远地感谢上帝，为了他们的幸福，也为了上帝让我有机会一探他们的世界，他们的世界那么神圣，那么让人感动。也为了我们的人生之路能有所交集而感谢上帝。

而当时，在我们初次相逢的那一天，我拿着一兜子礼物、一箱橙子站在那里，不知道对他们说些什么，他们那睁大的眼睛里能看到每一个孩子都不应该看到的东西——背叛。

我心情沉静下来后，开始向他们讲述选秀的过程，讲述我的新朋友以及我目前的工作状况。逐渐，我们之间的紧张气氛消失了，孩子们怀着难以掩饰的好奇心盯着我，听着我的讲述。

这家孤儿院与其他孤儿院明显不同。

最开始我都忘记了，这是一家孤儿院。有一种深刻的印象，似乎我在一个私人寄宿学校，一个封闭的贵族学校——那里的一切都非常不错——就我固有的孤陋寡闻而言，这家孤儿院远远超出了我的想象。

在拜访了这些孩子后，与我同行的所有人都表达了同一个想法：我们是怀着沉重的心情来到这儿的（因为一想到将要面对的都是一些弱小无助、心灵扭曲的小野兽），可收获的却是一堂课，一堂心灵鸡汤。是的，是的，正是一堂课。我们这些大人，怀着恐惧来到这里，可以预见悲剧和痛楚，而他们，这些孩子，却张开怀抱，让我们进入他们那光明而又愉悦的世界。这种感受我牢记在心。从那时起，我的很多朋友都去过这家孤儿院。当他们走出孤儿院大门时，都异口同声地说：“来的时候心情沉重，却不知道，在这里我们的心都被融化了！”这是一些非常棒的孩子，守纪律、敏感、有礼貌。他们虽然经历了那么多磨难和可怕事件，没有幸福的童年，但在孤儿院里他们没有怨天尤人，相反，他们非常团结，成了一家人。

他们什么都懂，要比同年龄段的孩子们懂得多。他们知道，来孤儿院之后，有可能没有人再要他们，于是就老老实实地待在了孤儿院里，就像抓住了最后的稻草一样，因为这里有温情而且安稳。他们知道，谁也不会为他们保证任何事情，如果没有亲人或是监护人的话，他们在成人这个阶段可能会非常困难。但我相信，这些孩子要比那些与他们同龄家里有爱他们的爸爸和妈妈的幸运儿能够更妥善地处理任何情况。我相信，上帝不会抛弃他们，因为他们就是“上天的神鸟”，上帝喂养他们，因而不需要考虑明天的事情。

一些孩子我立马就记住了——无论是外表，还是他们的名字，一些人我只记住了外表，我长时间地在记忆深处掂量他们每个人的名字。阿伊达、娅娜、阿季列、伊琳娜·别洛娃、柳霞、安德烈、谢廖加·别克托夫、若里克、亚桑、奥列格、瓦季姆。最后两个人是运动健将，他们学的是古典摔跤。他们学得很认真，多次在一些大型比赛上获奖。只要想象一下这样的画面就令人伤感——他们在比赛中带回了无数的奖杯和奖牌，可他们身边却没有爸爸妈妈，没有人为他们感到高兴，夸奖他们说：“儿子，你真棒！”

我想到这时默默地喊道：“为什么会是这样？”但随着时间的流逝，见到他们的次数越来越多后，我就心安理得起来，因为我明白：任何事情都不会无故如此。这些孩子也并非无故就来到了这里，他们的存在自有其目的。用一句话来说就是——真是荒唐……我尝试与他们好好地谈一次话。

我们认识半年后，我和一些女孩待了一会儿（年龄大一点的女孩和男孩都有单独的宿舍），又一次不想和她们分别、离开她们。我们总是这样——只要一打算想走，就会聊一个非常有趣的话题，于是又耽搁了一个小时。她们是如此不同，却相聚在这里，住在一个屋檐下，她们对自己的未来到底持有什么样的态度呢？结果我听到了下面的对话：

“说实话，我对来到这里感到非常高兴。确实，这里是我的家。有时我会恐惧地想：如果我没有来到这里、不认识这些伙伴的话，我将会怎样？我希望，我们永远都在一起……”

“是，是的。我哪儿也不想去。为什么我们就不能永远待在这里呢？”

“有人想收养我做女儿，他们甚至是外国人，提了好几次，但被我拒绝了。我就想在这个国家、在这个城市生活，我想见到伙伴们。没有她们，我会死去。”

“也有人想收养我做女儿。”

“我也是……”

我听着，总体上并没有感到特别诧异，我理解这一切。但我突然想到，说这些话的不是成年人，而是十二三岁的女孩子。这一点当时让我惊诧万分。

从那时起，我每隔一两个月都去他们那看看，有时候去的次数多，有时候少。我尽量经常去看她们，但并不能如愿。尽管我想见他们，而且我们也去了（就是在各个城市巡演期间哪怕我只有一天的时间）。我们住在不同的城市，但是我去看他们这件事不是慈善，也并非出于同情。这是我个人的需求——同他们说说话，给他们带点礼物。看到他们高兴，我自己也高兴。我坚信，只应该带着这种情感去孤儿院：因为孩子们非常敏感，什么都能感觉到。他们知道，谁是真心来看他们的，谁不是真心。在某一时刻，我欣喜地意识到，我在他们眼中早已不是“克谢尼娅·西蒙诺娃”“明星”，而是同志，谈话者。并非马上就做到了这一点，这需要努力才能赢得它。确实，这就是精心工作的结果，主要的是——一切都非常真诚。

他们高兴，我也高兴，我们大家都欢喜。

但不管如何，每一个孩子都需要家庭……

我画画

2005年12月–2006年1月，于叶夫帕托里亚

我是在叶夫帕托里亚精神病院完成临床心理学实习的。我只观察孩子们，但也仔细地研究了几个成年病人的病检报告。

我想，如果负责我实习的老师知道，我是如何对待精神病人的话（我实际上是在他们身上寻找自我），肯定会让我改变实习地或者禁止我参与任何实习活动。

肯定是这样的。当时，我二十岁，我的确认为，比如说，当一个精神分裂患者没有什么不好。尽管我选择的心理学方向就是“生理心理学和临床心理学”，但我还是原来的我——一个画画的人，因此我知道，并不是需要我医治他们。而是他们给我医治——这是可能的，但绝不我来医好他们。当然，这个幼稚的想法在某一时刻自生自灭了，但幸运的

是，这并非是在实习期间，也不是在学业结束之后。我说幸运的是，因为否则的话，我就不会是现在这个样子，具有现在的视野和胸怀，能够接受我做的任何事情。过去的每一级台阶——无论是世界观方面的或是创作方面的，都会对我的沙画制作和线条画施加影响。

当时，我这持续三周的实习，每一天都是一个发现，是“相反方向”的发现，而非疾病方面的发现，但却有治疗效果。

我做的未必就是去实习时要求我做的事情，显然并非是一个“正常的”心理学家应该做的事情。

我被分配到儿童精神病院的儿童康复科室工作。这是一幢独立的大楼，就位于海边。

对我而言，那些6–9岁的小孩在科室里做过康复后，所有人都是一个发现和奇迹。我拒绝“认定”他们是带有神经病征兆的儿童。他们是小天使，每个人的内心世界都深邃莫测，充盈完满又不可思议，他们看待现实和幻觉的视角积极独特。我向他们学习，此外，努力按照实习要求我们那样的去做。我还每天都去内在性大桥写东西。当时，我的练习本受潮发涨了，由于海水的喷溅和海风的吹拂变成了点点浪花。

我又找到了一个地方，在那里就像在内在性大桥一样，我同样可以自由地写作。这是我喜欢的“索利亚里斯”沙滩，整个暑假我都是在这里度过的。冬天时，它就关了，但现在对我而言栅栏不再是障碍：我轻松地翻越了围栏，穿着风衣直接坐在了沙地上，闭上眼睛，开始写作。

当我一得知造船厂即将关门的时候，我就决定回家。我不是一个普通的汽艇，我也需要造船厂来维修。

当时我有手有脚，但我是光着脚回来的。是否值得说一下，不用手和脚是一件极不容易的事情，特别是放弃手指头的运动能力。现在一切都将复归原位。我高兴吗？

并不十分高兴。这就像一种感觉，当你在酷暑下走了很长时间的路。走着走着，正等着与人交流、结束的时刻，到了终点却高兴不起来。

大概，之所以这样，是因为困难就像海里的小玻璃片一样在不断地打磨我，而在孤独的时刻——你只属于你自己。无论本我和本能如何努力，我都是在有意识地奔向这一点。

游艇啊……游艇——二元论者，离经叛道者。它是否完美——我不知道，要知道大海以及码头对它而言具有同样的吸引力。要知道，世界在奔跑，速度惊人，朋友们的行为方式变得要比海洋变深快许多，你试着追赶吧……

有时候，做一下深呼吸，你会变成某个浮标。轮船、汽艇……这样的话你就可以学会远望。这时候，你就能感到，码头上的人各式各样，身上泛着金色的光。还有那些身边具备某种金色的活物，即刻就会陷入一种情绪激昂的两极状态，还有那些勉强靠着细细的双腿站立着的人。他们把热乎乎的灌装啤酒洒在自己和别人的身上，唱着毫不相干、远在天边的歌曲，在大雾中笑声不断。

这时候，到了我回归“自我”的时刻。

到时候了，深呼吸。

大家是否知道，那一夜当星星坠落的时候我发现了什么？汽艇不会生锈，甚至在表面有破损的情况下。

呼气时，我数着数：一,二,三……

再来一遍。如果回到自我，如果重新从汽艇变回人的话，人们说过，在公海里将游不出水面而溺亡。可要是在浅水区，我的龙骨怎么办，该驶向哪里呢？因此，我向码头驶去，同时也没有忘记把带有名字的右侧遮挡住。

双手，脑袋……

（“反卡夫卡”,2005 年，续篇）

可能，从旁观者看来，这显得有些奇特：一个年轻女孩，穿着老高的高跟鞋、发亮的西服和黑色长款风衣，敞着怀，轻而易举地攀爬过栅栏，在沙地上蹦来蹦去。这么做，我一点儿也不在乎，有过这样一段时日，在那些天我需要特别努力才会明白，我并不是一个人走在大街上，身边还有其他人，他们在注视着……

我的父母放弃了和我谈话的企图。只是到睡觉的时候我才在家里面出现。整天在滨海大道闲逛，我大声歌唱——好在周围一个人也没有，在练习本上面画画、写字。沙滩这边有几家咖啡馆——顺便说，现在一个也不存在了。在那里，我能够轻松地思考和画画。其中最好的一家叫“美女”咖啡馆，就在离滨海大道不远的地方，过一条马路就是。

我称它为“白咖啡馆”，过了一段时间，我所有的熟人也开始这样称谓它。在我的记忆中，这里是来自另外一个现实（即属于我的现实）的某个点、一张纸、一页书。当然，这种地方不可能长时间留存，现在那里已经改庭换面了，显而易见，是一家商业上更为火爆的机构。

……我还需要回想一下，我可能会长成什么样。因为不想意外照镜子时手足无措。我有三年没有注意自己的长相了，顺便说，这与汽艇又有什么关系呢？

我又不习惯地用上了双手，要知道我这艘小船并不需要双桨。脚也是这样——因为不需要帆。

永别了，深不可测的底部，疯狂的大风，野性十足的蓝色水面，永别了！我是一艘非常自由的汽艇，但我既不会抵制你，也不抵制把舵操控我的人。我希望，一个人哪怕片刻把自己当作是世界的主人和大师也好。甚至如果不打破自己的极限，甚至如果还原地不动的话——这样他也能接近于自己的极限。

要经常到海边来。

“姑娘，您需要帮助吗？”我听到身后有人问道。我这时坐在码头的边缘。

“谢谢，暂时不用”。

这是我在说话吗？这是我的语言吗？我感兴趣的是，如果我即刻起身的话，我会摔倒吗？

我猛然抬起头，向天上的星星望去，我感到我在微笑。我光着脚离开了这里……

（“反卡夫卡”,2005 年，终结篇）

至于说临床心理学方面实习的问题，我老老实实地做了大部分工作，而且按照对实习生的要求也把该写的都写了。我最终也不明白，那些我见过的人是否是真的病人，或者这是一个征兆，这一征兆也可以用在全世界上。也有可能，是我有病呢？

不管怎样，我实习得了“优秀”，我最终也没有弄明白，为什么、因何给了我优秀。实习报告的最后几页我不是在家里而是在多普洛夫斯基修道院写的。

巴伐利亚

2010年2月，于慕尼黑

第一次大型的“标志性”作品是在新款大众途锐之夜首映式上的演出。所有的“大型标志性”作品都很有特色，令人难忘。

是的，有时我会对为公司创造历史这个问题颇感兴趣。这种时刻持续的时间不像某些人希望的那样长。我现在试着回忆一下。

我对要讲的故事做了精心的准备，它应该是在新车展示的最后一个环节时演出。为了创作这个故事，我看了大量的车展，研读了 N 种汽车杂志。因为故事的内容应该切合主题。

至于说“完全融入”的问题。我并不是立刻就领会了这一方法，而是随着时间的推移领悟出来的。我在为一些大型公司制作了几幅大型沙画作品后明白了一点，我想在画画过程中尽快清除掉“设计”的痕迹。

尽管有所谓的“订货人”，但我并不想“作画并遗忘了之”。我迫使自己在画画的时候要爱上那个我要讲述的故事，要感受它，要日思夜想，要彻底理解并客观评价这一想法。在一些情况下，甚至不得不编造梦想。

思考令我惬意，我也想相信，我的观众（在这种情况下是订货公司）能感受到这一点。因为没有比看到观众幸福、特别是兴奋的时刻更令人开心的事情。我努力达到后一个目标，或者是我认为我努力做到这一点。由此我会变得开心起来。

这是我“长大成人”后第一次去德国旅行。因为我在中学学习时，最后一学期，我通过交换项目去过德国，几乎待了一个月，但那是另一码事。

我一直喜欢这个国家，喜欢它领土上具有象征意义的割据，每个地方都有自己无法比拟的历史，自己的徽标和文化。我喜欢德语，要甚于对英语的喜欢，尽管我这个年龄开始学德文有点晚。只要有机会，我都会非常高兴地讲德语，不仅是出于实践的目的，还包括我就是喜欢和“痴迷”。

德国人对工作的态度让我感到亲切，我也很理解这一点。他们往往会考虑到各种不可抗因素，认真筹划，预先商定，并研究一切可能的和不可能的情况。德国人办事从来不抱“侥幸”心理，因为这一点我爱他们，想和他们一起工作。

我们是深夜抵达慕尼黑的，有人在机场迎接我们，于是我们即刻就前往舞台。为什么不去宾馆？因为演出已经迟到了。

我们应该一早就从鲍里斯波尔出发。从叶夫帕托里亚出发时坐的是别人的微型轿车——我们的车坏了。从赫尔松到基辅，一路上都是冰面路，让人胆战心惊，我整宿都没睡，老是担心我们的车会打滑侧翻。我们到机场时，离结束登机只剩几分钟了，但不知为何，没有放我们进去。我们从没遇到过这种情况，因此也没有大喊大叫：“为什么离结束登机还有时间，你们却不让我们上飞机呢？”而是“抢票”去了。幸运的是，下午从基辅到慕尼黑的航班还有余票。

这就是迟到的原因。提前说明一下，我们在慕尼黑乘车期间的奇遇才刚刚开始，这只是一些“花絮”。真正的“大考”发生在回程的路上。

我的演出地位于慕尼黑市中心，这是一个美轮美奂的圆形宫殿。当我得知，这是邮政总部所在地时，万分惊讶。这邮局真够气派的！

音乐会排演的规模和认真程度让人心悦诚服。舞台中央有一块地方可以打开，下面系着上百条粗绳子，这一切从外面是看不出来的，被一些肉眼看不到的固件固定在一些制作灯光、音响和独特气味的装置上。音乐会演出前夜，大厅几乎被网状的大小绳子紧紧地缠着，这里像蚂蚁一样聚集着几百个人，他们各有分工，到处人声鼎沸，沙沙声、敲击声、嗡嗡声不绝于耳。当我早晨来到演出现场的时候，我看到了一个理想的画面：秩序、安静和一种在演出开始前素有的庄严感。

我们随身没有带用于制作沙画的桌子（这是第一次）：德国方面把它准备好了，这也是为了避免出现类似从飞机上搬运行李时打碎玻璃的不可预见的事情发生。

来到舞台后，我看到一张尺寸超大的桌子。我把这个用于画画的表面叫作“玻璃屏”，它比我自己的要大一倍！但是我立马就感受到了在宽大表面上画画带来的愉悦感。这感觉就像在空气中一样，舞蹈中舞台的巨大空间，可以自由地挥动双手，把沙子大把地投放到画面上——总而言之，自由挥洒。我想回家后一定给自己定制一个同样尺寸的大桌子。

除了喜悦的心情，立刻产生了许多“担心”：桌子腿的长度太短了——就是说桌子显得有点低。可有一个“人影”在那儿拧了一会儿，桌子反而变得特别高。镜头和屏幕都需要按照我们的要求进行“微调”。结果我们回到宾馆时已经深夜两点多了。我的头脑中闪过一丝疑虑，尽管整个故事经过周全考虑过，也经数次演练，某些地方还需要修正，而且这一点我是在排演时意识到的。此外，我们还没带沙画台，在这种情况下怎么修改故事情节，我心里一点儿也没有谱。

关于宾馆，这里需要提几句。在我第一次来到这里之后，这成了一个一流的宾馆。“Bayerischer Hof”翻译过来是“巴伐利亚宫”的意思，是一个真正的五星级酒店。我说是“真正的”，是因为它们特别少。贴在宾馆上面的五颗星星并非总是意味着货真价实，即使在欧洲也是这样。“巴伐利亚宫”外表独特，就像是一个多层迷宫，而且这一样式并不是当代设计师的杰作，而是大上个世纪的工匠们精心设计的结果。在这幢古老的大楼里走失简直易如反掌，但迷失却是一件令人愉快的事情。不想为宾馆大肆宣传了，上文所述即表明住在这里令人心情愉悦。

在我和伊戈尔住的“高级套房”里，摆有香槟酒和水果，而且还有被褥和枕头，但我们顾不上这些。我们就像疯子一样，跑过去盯着那些挂在墙上的巨幅画像看，更准确地说，是看镶着玻璃的画框。我和伊戈尔默不作声，走到了其中最大的一幅画跟前，把它小心地从墙上摘了下来，扣放着。我们需要弄清楚，是否可以把画取出来，把画框和玻璃分离开，与此同时又不损坏画框和玻璃。幸运的是，我们做到了这一点。

下一个寻找的目标是灯。需要一个可以安放在玻璃下面的灯。还需要一张大尺寸的白纸。

纸张以及画画用品我一直带在身边，从学生时期就有这个习惯。幸运的是，我随身带了几张绘图纸——我为什么要带上它们？因为，带上它们是有用的。

骨架基本就绪——如果有人看见我们的话，剩下的几个小时我们可能就会呆坐在德国的精神病院里。一盏带有厚重灯罩的大台灯被当成了落地灯，我们在它上面插了一张纸，纸的上面是画框，画框上撒着我们随身携带的沙子。一个“行军”用的奇特沙画台就这样做成了。

夜里剩下的几个小时我用于重新修改自己的沙画故事。天亮时，我们打开了香槟，喝得一干二净后就躺在了床上。

早上醒来，出现在连排现场时的我们容光焕发，精神抖擞。当一个人对结果满意时，他就不会感到疲劳（起码能持续一段时间）。

彩排过后，我们还有几个小时可以到城里走一走。

这是一个非常漂亮的城市，美丽怡人。后来，当我多次来到德国后，我体会到并明确了巴伐利亚建筑的独特风格。有一些别致、华丽，但与此同时又是真正的和谐，需要时就会出现古典主义风格。巴洛克，也不是巴洛克。我随手画了一些教堂（如达曼教堂等）、广场、钟楼上的钟表、精雕细刻的私人公馆，还有在大街上随处可见的取材于古希腊罗马神话故事的各种浮雕（巴伐利亚人给这些故事巧妙地增加了德国元素）。

我确实非常喜欢慕尼黑，不仅仅是因为它的美丽和整洁（完全可以在任何一个德国城市里看到这一点）。在这个城市里，有一种童话般神奇、甜蜜且怡人的东西，散发着儿时的味道。我经常梦见城市里面的街道以及旧城那个庄重又人流如织的广场。

夜晚到了，音乐会马上要开始了。我们来到现场，踏上了“红地毯”。

我从来就不喜欢这件事，只要有可能，就尽量不走它，但这次不得不这样做。第二天，我在红地毯上的照片就登在了各大报纸上面，上面写着“举止乖张的陌生女郎”等字眼。我们在机场看到了一份这样的报纸，长时间地笑个不停。

化妆间里面坐着设计师、美容师、熨衣师以及其他服务人员。熨衣师却是一个外行：他摸了摸我连衣裙那细细的布料后宣称，“这不能熨”。我的助手谢廖加微笑了一下，用俄语向旁边感到惊奇的德国女人要了一个熨斗，几分钟后向她展示了精心熨烫过的连衣裙。直到现在，谢廖加一想起这件事，就像孩子般不无骄傲自豪地说：“让他们领略一下我们的厉害！”

我的表演结束了，观众对我的演出反响良好，照了大量的照片，对我进行了采访。在演出结束后举行的冷餐会上，我遇到了几个“本国的”记者。

还有一件有趣的事情，可以说明德国人的“严谨”和“精细”。我的助手（他是一个无所不能的能工巧匠）谢廖加来的时候穿着一件夹克衫，上面有“保时捷卡宴”的标识。夹克衫他是在叶夫帕托里亚的市场上买的。当一些“大众”的销售人员在彩排时看到谢廖加身上的这件夹克衫时，他们彬彬有礼地走到他跟前，没找翻译，请他把这件衣服脱下来，要求他在广场逗留及音乐会举办期间不要穿这件衣服。谢廖加拖延了几分钟，这些人窘迫地补充说：

“我们理解，您是这种豪车的车主，对于这点，您可能会觉得受到了侮辱，因此请接收我们最诚挚的歉意。”

这时候，要是看一下谢廖加的表情就好啦！是的，从来没有人向德国人灌输这种逻辑思维，他们所有人都认为，如果一个人穿着“保时捷”夹克，也就意味着他有一辆“保时捷”轿车。谢廖加的“保时捷”夹克与众所周知的白色轿车特别搭配。

我们离开慕尼黑的时候非常开心。积雪造成了大量航班的延误，很多航班都被取消了，从直接睡在地板上的印度人、印度尼西亚人还有其他一些人的身边走过时，我们不由得说：“感谢上帝！”因为我们手里面拿的是高端票，我们幸而可以在大厅里休息停留。

大家都没少喝德国啤酒。航班延误了很长时间，一些没有申根签证以及从慕尼黑过境的游客已经在机场等了两宿了。因而很少有头脑清醒的人。

在飞机上也很快乐，一些从美国飞回祖国、飞往基辅的年轻人特别让人开心，这些人喝酒喝得最多。其中一个人甚至打算为飞行员提供帮助，但人们把他劝住了。

终于，我们在深夜抵达了基辅（按照最初的计划，我们的航班应该在早晨十点钟抵达）。

在回家的过程中，在机场行李提取处还有一件料想不到的事情等着我们。行李不见了……

修道院

2005年末，于托普洛夫卡

2005 年最后一周。我们是在位于别洛戈尔斯克与费奥多西亚之间的托普洛夫卡的圣帕拉斯克娃女子修道院度过的。山里的空气如水晶般明净，森林密布，白雪皑皑。

我在这里待了整整一周。

我早就梦想来到这里，于是，趁着可以休息一周的时机，我就坐上了开往费奥多西亚的汽车。在标有指示牌的车站下车后，我就开始登山。我很喜欢克里米亚东部令人惊奇的严峻气候，特别是冬天。一切变得那么洁净、真实，让你似乎觉得，你的内心同样也出现了某种崭新而异样的东西。

这个修道院是一个特殊所在，是一个圣地，这里不仅仅体现着女性修道院的灵气，而且还有一种香客们的凝心聚力的感受。静谧怡然，阳光普照。不需要成为别人——做好自己即可，只要明白，你并不孤独，眺望离得很近的群星你会有一种感觉，上帝近在咫尺。

托普洛夫卡修道院以自己神奇的温泉景观而闻名。这样的温泉一共有三处。

第一个景观就位于修道院内部，这是一个温泉，也是圣帕拉斯克娃的洗礼池。与其他两处不同的是，这个洗礼池不是露天的，在它的上面盖了一个亭子。人们排队沐浴，男人和女人分别入浴。这一规则关涉所有修道院的香客们——比如宾馆也分为女人区和男人区两个部分。

到第二个温泉及其洗礼池需要步行 20–30 分钟。它不在修道院里面，而是位于山上的树林中。这是圣格奥尔吉・波别多诺谢茨温泉，洗礼池也是分开的，分为女池和男池，它们是露天的，就位于百年老树的树冠下面。现在那里建了一个钟楼，我第一次去的时候，还只是一个林中的洗礼池。还有一个十字架。

第三个温泉——三圣徒温泉——又叫“远处泉”，因为需要穿过森林沿着山间小路步行三公里。不好意思的是，到现在我也一次都没有去过那里。我希望，今后有时间一定去那里看看。

这三个温泉都是修道院的女修士们意外发现的，都具有很多的疗效，当然，这取决于来客祈祷的真诚度。这个令人惊叹的地方像天堂般美好。它的“好”很难用语言来形容。

在香客们居住的宾馆，住所不叫“房间”，而叫“居室”，进到自己的或是邻居的房间之前，需要画十字并大声说（以便让居室里面的人听到）:“我们的圣父，圣子耶稣，请宽恕我们吧！”开始时不太习惯，后来就适应了。回到家，包括后来回到自己的宿舍，我有两次还习惯性地按照修道院的方式敲打隔壁邻居的房间。写到这里，我不由得笑了起来。我在宾馆的邻居是一些令人赞叹的人。许多年过去了，我对我们那些自发而有意义深刻的谈话仍记忆犹新——谈话的话题油然而生，既新鲜又涉及终极命题。可能这样才真诚。

在圣帕拉斯克娃修道院里，我平生第一次在被冰覆盖的水里面洗浴。我和我的邻居（也叫克谢尼娅）每天都去修道院里的圣洗礼池泡温泉；有时也去林子里面另外一处温泉。我们发现，冷天的时候，林中温泉里面的水要比带有顶盖的洗礼池里面的水热一些。正是在这个洗礼池里面，有一次晚上我们来泡温泉时发现了冰。当时我们有点害怕，但比我年长也比我聪慧的克秀莎说："只要我们祈祷，就不会恐惧"，于是我们就进到了温泉里。无法用语言来形容当时的感受，仿佛再生一样，仿佛那一身旧皮囊都被新的稚嫩而又有生气的机体所取代。

我是新年前一天回到叶夫帕托里亚的，城里还很暖和，零上 10 度左右。来到沙滩，来到我喜欢的"索利亚里斯"，我坐在沙滩上，突然产生一个想法，海水应该比洗礼池的水热一些。"为什么不游一下泳呢？"我突然想到。

于是，12 月 30 日，我下了海游了起来，丝毫也没有感到寒冷。这是一个发现，是新年礼物，实际上是圣帕拉斯克娃修道院及其神圣温泉赐予的无价之宝。

从那时起，我每天都在海里游泳，两周后，在离岸边几米远的地方覆盖着一层冰的时候，我打破了自己的"冬泳记录"——在 11 度的情况下游泳。冬泳给我带来了巨大的愉悦，大冷天我穿过整个城市跑到海边，而我的父母和朋友们却百思不得其解。但……这无法用语言来描述，只有尝试过了才有话语权。

广告中的我

2010年2月，于叶夫帕托里亚

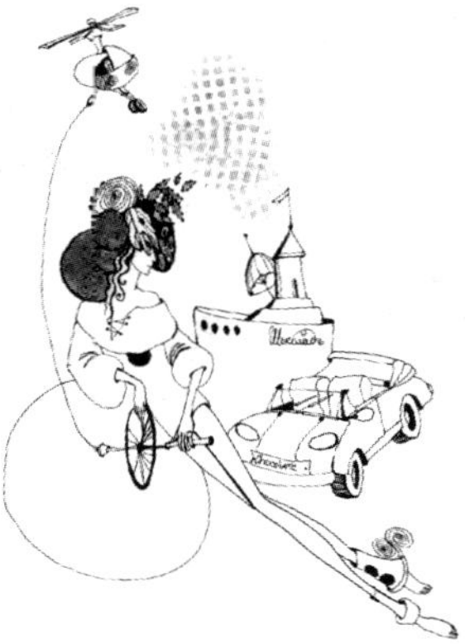

我们从慕尼黑回来后，伊戈尔就病了，大概是路上受凉的结果。

我们没有行李，可是有一伙人几分钟后要来找我们拍广告。所有的衣服都放在了行李箱里，我决定穿妈妈的连衣裙试一试。效果还不错，比音乐会上的演出服还要好。

拍得很快，一气呵成。这伙人来自广告公司的策划部，人都不错，很明事理，我们很快就找到了共同语言。

总之，经常有人找我拍广告或者参与拍摄。我不喜欢这件事。尽管要看是什么样的广告，重要的是，推销什么，观众是什么样的群体。

与“埃利多拉多”① 的合作让我们都很满意。对我而言，重要的是，商品不带有负面元素——我觉得日用电器属于中性产品。我参与其中的广告公司的营销理念让我觉得还不错，因为它含有一种善意的、富有人情味（如果可以这样来评说广告的话）的潜台词。

3 月 8 日前，我需要用沙画创作并表现一组关于女性的小故事，或者是关于身边的一位富有大爱和同情心的女性。

我并没有为取得的结果感到羞愧。在这方面，我和那些亲自指导整个过程的小伙子的功劳各占一半。

几个月以后，我们为胜利日制作了同样的沙画。

从那时起，我没有在乌克兰参加过拍摄活动或广告的拍摄。暂时还没有能够让我心动的提议。而我又不想推销啤酒或是为肥皂剧做嫁衣。

可有社会订单找过我，而且不止一个。

有一次，我接到某个志愿团体打来的电话，向我建议制作一个沙画短片，内容是关于战胜癌症的。当时他们的相法与我的想法不谋而合——我早就想创作一个类似的东西。我画过一棵濒临枯死的树——几乎所有的树叶都从树上飞走了，只剩下一片叶子。在这个时候，在树木的剪影里出现了母亲和婴儿的画面。由于树“生病”了，他们也岌岌可危。但从这片叶子里，这个唯一的树叶里，生命重新回归到了大树，它重新获得了力量。与此相应，妈妈和婴儿也逐渐康复起来。这个短片在电视里不断播放，它还在机场、火车站、地铁站以及基辅的“格洛布斯”长时间地播放过。我很高兴创作出这种画作，很感谢那些建议我制作这

---

① 是一家专门销售日用电器的公司，成立于 1994 年，据 2012 年的统计数据，其在全俄日用电器市场上的销售份额及营业面积均占第二位。总部在莫斯科。

幅画的人。因为这可以帮助那些需要救助的人。

2010 年秋，文化旅游部建议我为 2012 年欧洲杯拍摄一组沙画介绍短片。我既没有画足球，也没有画体育场，而是向大家展示了我们国家的美丽和多样。片子的尾声是用三种语言说的广告语："让我们相遇乌克兰"。用俄语、波兰语和乌克兰语三种文字写成。作为社会题材的宣传片，这组视频在俄罗斯、波兰和白俄罗斯的国家电视台播放。在乌克兰，很少有人知道这个片子。

这就是我的经验，不是很多，但为此我丝毫也不觉得羞愧。

冰

2006年1–2月，于叶夫帕托里亚

2006 年刚刚过去几周的时间，大海就结冰了。

这是一个令人惊讶、总是让我无法想象的场景。我是 2012 年 2 月写下这些文字的，此时的大海再次被冰雪覆盖——从那时起第一次这个样子。今天我又一次来到码头，来到桥上，来到快艇俱乐部，于是，一种多年来未曾有过的、让人觉得一去而不复返的白色世界的幸福感受重新又在我的心里燃起。这是冰，黑海上的白冰。

当时要简单一些。当时词语都飘浮在空中，而现在却是在大脑里，不知道怎样将它们表达出来。大脑里满是各种词汇，它们在夜里的喧闹声让人不得安宁，让人有发疯的感觉。当时还做过梦，这些梦是白天的延续，有时，白天经历的事情比梦中的场景还要令人惊诧。

当时，2006 年初，大海是寒假期间上冻的。只是在岸边的一小块地方被冰封住了，但这已经很令人惊叹啦！天气非常寒冷，当局宣布进入紧急状态，学校、幼儿园都关门了，大街上空荡荡的。而我却心情亢奋，步行在滨海大道上——从快艇俱乐部走到“索利亚里斯”，然后再往回走，边走边画画，我没有上桥。我既没有感到寒冷，也没有疲倦感——这是一种精神上无上的愉悦感。每天晚上，都到“白色咖啡店”取暖，然后再一步步地向滨海大道的台阶走去。我们城市里的台阶很宽，直接通到海岸边。当时它们被冰所覆盖，就像在那个冰雪王国的故事里一样。一天晚上，天空变得清澈起来，这些天以来首次出现了星星。我走到最下面的一级台阶，在冰封的浪花处仰面躺了下来。那一年，妈妈给我买了一件超御寒的“裘皮大衣”，大衣到地板那么长，所以穿上它根本就感觉不到寒冷，甚至躺在冰面上也是如此。我永远也不会忘记这个场景：躺在覆着一层薄冰的台阶上，旁边就是冰封的大海沉沉的呼吸，还有群星。这是一种真正的与这一切融为一体的感受：我和冰，我和台阶，我和几个世纪以来沉睡在这里的巨石。大海是我的，星星的光芒被白色雾气笼罩的大海也是我的。一切都属于我……如此沉寂。

我不知道我这样一动不动、屏住呼吸躺了多长时间。突然，从上面的台阶处传来了人的说话声和高跟鞋的脚步声。几个女孩小心地向海边走来。我根据声音判断，她们一共是两个人。我静静地躺在那里，望着天空。突然，她们中的一个人喊了一声并向后退去。她们看到了我，恐怖地盯着，好似台阶上躺着一个什么活物。

“你们好！”

“您不舒服吗？您在做什么？”

“我在躺着……”

那个晚上我们谈得很开心。这两个女孩在和我结识之前，从来就没有想过，可以在如此寒冷的天气下这样来欣赏夜色；我同样也没有想到，会有人来关注我，提一些让我不得安宁的小问题。简而言之，我们成了知己。

在滨海大道与大海之间的堤坝不远的地方，斜着停了一辆小面包车。开车的是一个年轻人，他在等这两个女孩。他带她们来到了滨海大道，但任务还没有完成，他非常想给她们展示一下冰封的大海。我们谈了一个多小时，坐上了小面包车，把我送回了家。我的心情非常不错。就像在流放中突然遇到了一个老相识，分手的时候知道这次相遇后未必还能再见面……

外祖父

1990年，于坦波夫

我只见过一次我的外祖父。不记得那是什么时候的事情，我想，当时我五岁左右……有一天很晚的时候，门铃响了起来。我住在坦波夫外祖母家里，晚上很少有人来，于是这个门铃声让我这个小孩觉得很神奇。

事实确实如此。

外祖母在坦波夫的房间是一居室，面积很大，与走廊之间用方格图案的窗帘隔开来，窗帘上面是一个铝制的窗帘杆。走廊里发生的一切听得非常清楚，甚至是小声说话声也能轻松辨别出来。

我怀着极大的好奇心屏住呼吸，听到外祖母半是说话半是小声嘀咕的语调突然变得刺耳起来：

“快滚！我又没叫你来。”

“我就待一会儿，”我听到来人回应道，嗓音浑厚低沉，略有歉意。“让我看一看，哪怕就看一眼……”

“没什么可看的，”外婆刺耳的声音决然地打断说，“你快滚，喝得醉醺醺的，也不怕酒气传染给孩子。”

“我有糖。”男人小声地坚持说，声音越来越急促。

“什么糖？”

“你瞧瞧，是这种糖。”我听到某种窸窣而又可口的糖纸的沙沙声。我再也忍不住了，跑到了过道，抓住外婆的睡衣，全神贯注地盯着来人。在我的面前背靠门站着一个体形壮硕的人，戴着鸭舌帽，穿一件灰色大衣。宽脸庞，圆鼻头，一双充满善意的眼睛。他弯下腰，微笑着打开了宽大的手掌。在那张卷起来的做工细致的糖纸里面放着一块像石块一样大的纯正巧克力（就像一块巨石的一角）。我睁大眼睛伸出小手一下子就把这个宝贝抓了过来，我的小手勉勉强强才拿住。

我小心地闻了闻，然后想在这个“宝物”上咬一口，牙齿差点儿没崩裂。嘴巴里只留下了一小块巧克力，就是这一小块都是那么甜美，我到现在还记得它的味道，儿时的这种神奇感受是如此深刻，每当我食用时下的巧克力时我都会不由自主地比较一番。

我暂时放下这个神奇的给我带来不可思议快感的庞然大物，抬起了头，看到了对方微笑的双眼。

“好吃吗？”

“太好吃啦！”我轻轻地吧嗒一下嘴，大胆地回答说，“你有很多这种糖吗？”

外祖母想起了我，直盯盯地看着我的眼睛并伸手拉我。我叹了一口气，把那块令人回味无穷的巧克力递给了她，她把它“砰”的一声放到了冰箱的上层，令我深感遗憾地把它搁在那儿了。

当她在做这些事的时候，我和那个体形壮硕的人默不作声地盯着对方打量。在他的面部荡漾着一股宽厚的笑。我嘻嘻笑了一声，然后摇动裙摆，以便让裙子转得像“铃铛”一样。他抓住我，把我抛向天棚。我大笑一声，期待着，外婆一定会把这个充满善意的巨人带到厨房，烧上茶炊，烤上馅饼。

但她却默不作声地把我从他的手上抢过来，突然像变了一个人似的，生气起来：

“快去睡觉！”她把我往窗帘那边推去，后者把卧室和黑黑的走廊隔离开来。我坐到椅子上，眉头紧锁，开始琢磨怎样才能把巧克力从冰箱上层拿下来。

“够了，快去睡觉！”外婆再一次低声地说道。那个大块头大声地说了一句反驳的话，但后来我听到了衣服的簌簌声，门被打开的吱吱声还有单元里面皮鞋的回声。门被关上了，外婆回到了房间。她那生气且惊慌失措的表情不仅令我惊奇，而且让我害怕。

“这是谁啊，外婆？”

“这是……你的外公沃瓦。”

我是从外婆的讲述中了解沃瓦外公的，我连续听了她几个小时的讲述，一直没让她喘口气：“再讲讲！”她也没有反驳，在患病和独居期间，她同样也需要有人听她说话，哪怕是我这个小孩。

“那你为什么又把他赶了出去？”

“他可是一个酒鬼啊！”她略有停顿，叹了一口气回答说。

我知道，在我出生前一年外婆与外祖父离异，当时她已得上了癌症。当他得知外婆患了病并在莫斯科医治，他还酗酒。后来他多次试着回到外婆这，在多个地方工作过，但在哪里也没有干长久。我的父亲如此评价他：“他有一双巧手，怀才不遇、屡遭磨难毁了他”。

外祖父死于 1998 年 5 月，外婆是 11 月份去世的。他们两人同一年去世，尽管好多年都不曾相见。老实说，每当看到大街上那些无助地躺着的醉汉，我都不能无动于衷。不仅仅是外祖父的缘故：要知道，实际上我并没有看到他喝醉的样子。也并非是因为我和我的许多朋友在大学期间也曾不时地喝多过。只不过是因为……喝得烂醉的人特别像孩子——他们走路不稳，跌跌撞撞，身体站不直，也回不了家。我认为，他们天寒地冻地躺在外面，很可能会染上肺炎，肾脏受凉；很可能被洗劫一空、被胖揍一顿甚至丢掉生命。我确实是这样想的。有一次，我差点儿破坏了朋友们的喜悦心情，当天他们正为我庆生而聚会。我们一起向俱乐部走去（当时不是大三，就是大四，那个时候我还会过生日），另外一些朋友拿着礼物在俱乐部等着我们，我们预订了餐桌、酒水和节目。我们是步行去的——我和我两个儿时的闺蜜。路上躺着一个人，开始时我们不知道，他是喝多了还是身体不舒服。他的穿着跟普通人一样，不像是醉汉……我开始拉他，拍他的脸颊，大声喊：“哎！快醒醒！”我的两个女伴像通常情况下应该做的那样，把手指头对准太阳穴转了转，嘿嘿笑着，直拽我的胳膊。我很清楚，未必能帮上什么忙，大概，也应该起身向俱乐部走去，那里的朋友们都等好长时间了。但我无法解释当时我是怎么回事，我的命运好像和这个叔叔紧密连在了一起。我想搀他起来，他嘟囔着什么，我粗鲁地问过路人：“您好，您认识他吧？”

路人纷纷躲到一旁，我那两位女友开始焦躁起来。该给谁打电话？打急救电话还是报警电话？我挥了挥手，拨了爸爸的手机号。我知道，他和妈妈早就认为我是一个“不太正常的人”，我直截了当地说道：“是这么一回事，对，我该怎么办啊？”。令人惊奇的是，爸爸一句挖苦的话也没有说，看起来是看在我过生日的分上，他说他马上到。我们站在那里等。我的两个闺蜜像爸爸一样，挥了挥手，已经不再拽我的胳膊。当在俱乐部等我们的朋友们打来电话的时候，我把话筒递给了女友，她们做了解释。爸爸来了，把这个男的带到了医院。那时我的心情才和缓下来，我简直想要飞起来啦，于是我们快活地去庆祝生日。

回家的路是那样遥远

2006年2–4月，于辛菲罗波尔、叶夫帕托里亚

大四第二个学期开始了。我的意识明净起来，夏季里沸腾的一些思绪就像干枯的树叶一样落到了地上。

我在这里找到了某个通气孔，决定进行自我教育：在连着两个学期考试得“优秀”后——无论是母校的全日制还是第二所大学的函授学习，在实习以及毕业设计获“优秀”后，我觉得，除了绘画、自我分析、聚会以及在桥上写字以外，还有一些事情吸引着我，令我心动。

我报名学习现代舞，还额外选了几门体育选修课。我和我们舞蹈俱乐部的教练克里斯基娜以及她的男友意外地亲近起来，我们在练习后一直待到闭馆，一起设计各种有趣的舞步，一起去健身房锻炼身体，侃大山。我们都是大学生，即无忧无虑的大孩子，每个人都有无穷的想象力和无尽的精力。

对于我们而言，每一天都像过节一样：我们时而在大街上时而去市中心的路上唱歌、跳狂派舞，时而坏笑着把薯片扔向行人。

善意大师烧毁了电吉他，用手臂打碎了玻璃，

他在杯底看到了城市和国家——他是我的善意大师！

在这段时间，我和娜塔莎并没有预先说好，但却让对方过着自己喜爱的生活方式。或者不是这样——我开始过上了另外一种生活，因为娜塔莎总是跟我说，她主要的生活是待在自己的家里，待在塞瓦斯托波尔；我恰好相反。

在内心深处，我似乎允许自己变得更年轻一些（但并不是当着所有人的面）。要知道，从“成人的”、辛菲罗波尔的生活一开始，除了娜塔莎，我所有的熟人和朋友都比我大，而娜塔莎要比我聪明。尽管我们也淘气，但这并非儿时的那种淘气，我们是诚心胡闹的。

可是，我的新朋友却都像孩子一样。我们的友谊让我无法自拔，以至于我竟然下定决心去参加成年后的第一场竞赛（而且，除了“选秀”以外，也是唯一的一场）。我决定参加乌克兰现代舞蹈锦标赛，比赛将于 2006 年 3 月在辛菲罗波尔的“火车头”体育场举行。就像我的那些舞友一样，我决定认真对待这场赛事，我买了一本参赛者用书——这是一本装帧精美、带有金色花纹，上面写有“乌克兰现代舞蹈锦标赛”字眼的书。我们几个小时地训练，我在叶夫帕托里亚也找到了练舞蹈的地方，每逢周末我都去离我家不远的地下霹雳舞俱乐部练习。

老实说，可以找到一系列理由让我必须全身心地投入到与我自己的

专业不搭的事情上来。我是一个这样的人，如果找到了某个“不属于自己”的通气孔，我就会全心全意地投入到这种新事物上来，怀着爱好者的痴迷，与职业选手对待自己事业的执着相比，这种痴迷有时更加强烈。这样，我在“成年业余”组别中位列第二名，这令我惊诧不已。把获证证书和礼品带回家时，我为此感到特别骄傲。我的父母当时也高兴坏了，尽管他们不理解我这个爱好。是因为我近三周以来首次出现在家里的缘故（通常我每周末都回叶夫帕托里亚）。我发现，妈妈一看到我“做事情”就高兴——我一早起来就跑这跑那，做早操，做呼吸运动，跳舞，不喝酒也不抽烟。在家期间，我也不去逛酒吧和俱乐部。我的叶夫帕托里亚的朋友们不知道什么原因竟突然效仿起我走过的老路来了……

运动、读书、画画。滴酒不沾，和老朋友在一起时喝点儿鸡尾酒除外。不去任何俱乐部，除了我和舞伴去跳舞的日子。学习、读书、读书、再读书……斯坦尼·格罗夫①、佛朗茨·卡夫卡、弗里茨·李曼②、卡尔·莱因霍尔德③、理查德·巴赫④、汉斯·艾森克⑤、维克多·萨莫赫瓦洛夫、维吉尼亚·萨提亚⑥、卡拉姆津、科斯托马洛夫……以及巴甫洛夫院士，整天不间断地阅读。业余时间画画，听新出的电子书。约瑟夫·布罗茨

---

① 斯坦尼·格罗夫（1931 年出生），美国超个人心理学的主要创始人之一。

② 弗里茨·李曼（1902–1979），德国心理学家和心理分析专家。

③ 卡尔·莱因霍尔德（1904–1988），德国心理学家。

④ 理查德·巴赫（1936 年出生），飞行员，美国著名作家，行吟诗人。

⑤ 汉斯·艾森克（1916–1997），英国心理学家，主要从事人格、智力、行为遗传学和行为理论等方面的研究。

⑥ 维吉尼亚·萨提亚（1916–1988）是举世知名的心理治疗师和家庭治疗师，是第一代的家庭治疗师，是美国家庭治疗发展史上最重要的人物之一。

基、安娜·阿赫玛托娃、维克多·佩列文、卢基扬年科、巴贝尔、博尔赫斯、卡罗尔[1]的日记、荣格学派的著作还有无可替代的拜伦……在我整个学习期间，我第一次坦然地面对一个人独处的世界。老实说，这是第一次。从大一开始，我总是需要身边有人陪伴——只有现在我才意识到这一事实，坦然地面对突然长大的“自我”。

这里……那里……萨满敲击着鼓点。

那里……这里……一切都将燃爆，将要发生核爆。

在这里，没有人歌唱欢快的歌曲，

在这里，春天没有比尤特开放……

回家的路是那样遥远……

无论是在这之前，还是在这之后，这种充溢的和谐感和踏实的平静感从未在我身上再现过。如果我能永远地体会到这些感受，那么我就会变得更强大、更无畏、更平和。

每天早晨起来，头脑因为没有在宿舍里喝酒而特别清醒，我穿上运动服，就向辛菲罗波尔水库跑过去。我在那儿做各种运动，呼吸新鲜空气……然后坐在满是露水的草地上——哪怕就坐几分钟——闭上眼睛听音乐。如果让我说实话，这一刻是我生命中不多的丝毫没有恐惧感的瞬间——包括孤独的恐惧、死亡的恐惧、害怕做错事的心理、恐惧爱上别

① 刘易斯·卡罗尔（1832–1898），英国数学家和逻辑学家。在小说、诗歌、逻辑学等方面都有很深的造诣。他创作的《爱丽丝镜中漫游记》《爱丽丝漫游奇境》与《伊索寓言》《水孩子》《木偶奇遇记》《格列佛游记》等名著成为世界儿童文学上的里程碑之作。

人、恐惧自己那无所谓的感情却谁也不会爱……永远的“斯普林”组合演唱的歌曲在我耳边回响：

睡吧……
请在这个废弃的屋子里睡吧，
时而怀着甜蜜的倦意，时而浑身抽搐……
请用泥和土捏成一只可笑的小鹿，
它四蹄飞奔……
请你向那个受惊的小动物哭泣，
于是一个枯死的树桩，
长成了参天大树。
请你坐上快散架的有轨电车，
当你闭上眼睛，就会看到我……

第二学期的专业实习（主要是实践心理学和成人心理学方面的）我是在中学进行的。我作为一个全优生，被推荐到一所“重点”中学——古典中学。分给我的是 8 年级学生。我的任务是观察并起草一份心理肖像（对我而言，这是一份痛苦的任务）、提供答疑并且上心理课（一周一次，题目自选，并要提供下节课的提纲）。

我觉得，孩子们很喜欢我：眉毛上的三个挂钩、漆皮西装连同平等交流（并非刻意做出来的，而是非常真诚）起到了很大的作用。与此相应，我的同班同学却被他们的实习班级不断“检验”和“考查”，我和孩子们处得像朋友一样。不言而喻，我因为没有距离感因而受到了老师们的批评，但我感到自己真的是更喜欢学生，而不是老师。

结果，全班同学都来向我进行心理咨询，这让我手忙脚乱：该怎样回复他们那些生活上迫切的问题呢？难不成要逐字逐句地引用弗洛伊德说过的话？！

当时我变得轻松起来，让内在一直沉默不语的我尽情述说。

我从孩子们那里学到的东西远远多于他们从我这里获取的知识：我从未听过莫里森[①]和“大门”的演唱，有一次我向班级里最有个性的孩子承认说。第二天，他带给我一张光盘，微笑着说：“这是顶好的音乐，请您听听吧……”

我想，“要是永远这样生活该有多好”。我对这种崭新的、平稳的幸福生活感到喜悦，对我现在能够做到的事情感到高兴，读几页令人愉快的书籍，然后就躺下睡觉，不用给任何人打电话央求他（或她）陪我一起去酒吧、俱乐部或者就是去院子里坐一坐……

自我评价看起来也向好的方向在发展：我的四幅水彩画被展览委员会纳入画家之间举办的春季全国展览活动中。

是的……不……你会在报上得知一切。

不……是的……从报上你永远也不会清楚。

我的身边没有列车员。

离涅槃刚好还有半杯酒……

回家的路是那么遥远……

---

① 吉姆·莫里森（1943 年出生），诗人、艺术家、偶像、音乐家、摇滚歌星。他的乐队“大门”是 20 世纪 60 年代最重要的乐队之一。

我觉得，有时我会想念某个人。想念那个开口讲过一次话但后来大概永远也不会回来的人。所有人——父母、老师、朋友，似曾相识又像过眼烟云……让我感到高兴的是，一直处在我内心深处的那种纯净的、明亮的平静感毫不费力地又回来了。我微笑着躺下睡觉，听着音乐沉入梦乡（这些梦我到现在还记得），微笑着起床——然后就向水库跑去。我惊讶于所发生的一切，我只想要一点：什么也不要改变。

当时发生了一件事，它向飓风一样带走了这个无忧无虑的世界，那次会面打开了所有的城堡，让一切都颠倒了。

胜利日

2010年5月

让人疯狂的 5 月，刚刚还在地球的这一边生活和演出，这会儿又要到地球的另一边去……

莫斯科有两场音乐会，基辅则是“选秀”直播，然后是伦敦，皇家阿尔伯特音乐厅，然后又是基辅，还是“选秀”，盛大音乐会的闭幕式，第二季……

一切都颠倒了，头昏脑涨。

在莫斯科的演出是在克洛库斯大剧院进行的，这是官方为纪念胜利日而举办的一场隆重活动。五月初，天气还很冷，我知道自己未来两周的出行计划，就随身带上了各个季节的衣服——从夏天穿的连衣裙到暖和的风衣。功夫没有白费。在莫斯科演出结束后，我们就去往基辅。那里要暖和一些，终于可以穿轻便的衣服啦！

在基辅也要演几场，都与胜利日有关。电视台（我在一年前在该电视台推出的节目中获得冠军）为老战士们举行了一场大型音乐会。也就是说共有两场音乐会——一场不用电视转播，但有观众，第二场更为隆重一些，我们的演出当时是直播，巨型音乐厅前十排坐的都是带着勋章和奖章的老战士。进入我们那批选秀决赛的选手都参加了音乐会的演出，参演的还有这个电视台举办的另外一场舞蹈比赛的决赛选手。

无论我表演过多少次《战争》，每一次都像第一次演出一样，总会有新的感受。如果你的表演含有非常浓厚的悲剧因素的话，切身的感受从不会像应该的那样逐渐淡化。不，每一次我都在故事开始时深吸一口气，在故事结束的歌曲中与大厅里的观众一起呼气。

这次的情况稍复杂一点：我为这场演出准备了《战争》的续集——长约七分钟，讲的是我们的士兵拯救一个濒临死亡的女孩子的故事（她的家被法西斯坦克炸毁了，她的生命危在旦夕）。在故事的最后，一个魁梧的士兵手里抱着一个刚刚从火场里救出来的孩子，这个镜头后来被雕成了著名的塑像，而在纪念碑后面，则建设了一个和平的城市，天空中小鸟在飞翔，它象征着这个女孩死去的妈妈，最后，我写下了剧终的题词：“让我们缅怀先烈”。

按照音乐会导演的设计，讲完故事后，我手里拿着蜡烛，走到舞台中央。节拍器嘀嗒作响，计数着静默的时间，然后，这台美妙的话剧音乐会将继续进行。

老实说，演完这个对我而言心情沉重的节目后（就像所有军事题材的故事一样），我勉强抑制住自己的眼泪。因此，当我拿着蜡烛面对着大厅（人们表示尊敬都从座位上站了起来）站立的时候，我希望摄影师能用远焦来拍摄我的面部表情。这一时刻永远地印在了我的记忆深处，我力争不去想有多少人没有回到母亲、妻子和孩子的身边，有多少无名英雄永远地埋在了地下，他们又是谁家的孩子。因为如果我要是这样想的话，我就不可能那样平稳、外表那样镇定地站在那里。我只是内心在默默地祈祷："上帝啊，请宽慰那些我素不相识但又赐予我幸福生活的人吧！愿他们永生……"

老实说，这一刻很难与谁将获得冠军的那一刻相提并论（同样充满了戏剧性，让人紧张不已，当时我和阿尔焦姆，他也是冠军的有力竞争者，我们站在大庭广众面前，等着"最终的判决"）。还是那些人，无论是舞台上的，还是幕后的工作者。演出者也还是我们那些人。但时间发生了变化，尽管也很沉重，但却是这样真实、鲜活且令人热血沸腾。

我不记得，这之后，我在等演出第二场"战争"的时候，在幕后都做了些什么，但我清楚地记得，我要了一杯白兰地。喝了白兰地，我感到身上凝固的血获得了热量，于是我拥抱了周围的每一个人。

音乐会节目很好，充满了正能量。看完以后，甚至都不想去伦敦了，想和那些长时间未见的伙伴们待一段时间。真想像一年前一样，大家都还是普通人。那时又是多么美好啊！

但是，在这个密林湖别墅区举行的最后一场晚会上，同样是在那个"雄鹰"宾馆（我和伊戈尔在决赛时就住在这里），疲倦跟我们开了一个不好的玩笑。一周以来，我们不停地到处演出，再加上各种经历和留给我们的各种印象，还有不断的飞行和旅程，终于把我们累垮了：我们本来答应伙伴们马上去凉亭坐一坐、喝喝茶、一起回忆过去，可是我们在床边上坐了一会儿……就睡着了。第二天早晨才醒来：我们的助理谢廖加大声敲着门。我们需要马上奔赴机场。

我们暗暗地责备自己，还是没有来得及和伙伴们好好儿地聊一聊，我们就开始飞快地收拾起来。我们已经拿起手提箱，打开了门。在我们的面前站着个人，她是尤利娅·库夫希诺娃，我们昨天曾向她承诺要去和她谈话，但却把她给骗了。

“你们真不知道羞耻，良心没有不安吗？”尤利娅刺耳地对我们说道，“现在就要离开吗？”

“是的。”我抱歉地点了点头。

“那你们就去你们的伦敦吧。那里还有朋友呢！”我们的女友继续责问我们道。

“这是我们的职责。”我们承诺道并拥抱了一下。

与尤利娅分手后，我们还是没有见到其他伙伴，我们跳上了谢廖加驾驶的汽车，我们知道马上就要迟到了，所以全速向波利斯波尔驶去。

幸运的是，我们赶上了航班。把沙画专用桌和演出道具托运并过了海关检查后，我们刚好赶上开始办理登机。

在飞机上。

咖啡，咖啡，咖啡，一杯白兰地……必须严谨而且要精力集中，我们需要思考下一场演出，七个小时后就要开始啦！

当我们的飞机开始降落的时候，我们看到了城市以及被低垂的云朵稍稍遮盖下的绿色草地。当飞机再降低些时，草场上面一些奇特的蓝色斑点吸引了我们的注意力，根据形状和投射的影子看，它们像奶牛或是马。但为什么是蓝色的？我抓住伊戈尔的衣袖，而他也伸长脖子向下面看去。

“你看到那些蓝色的斑点了吗？”我问道。

“你呢？”他反问道，于是我们两个不由得笑了起来。

“它们似乎不是一起变疯了吧？”

“如果这是蓝色的奶牛，而且你也看到它们了，那它们就是疯了！”我的丈夫总结说，这时飞机开始着陆啦！

在希思罗机场，有人接我们，我们坐上汽车（上面还放着沙画专用桌、一些设备和手提箱），就向伦敦驶去。

在这里，我想简单说说我们来此的目的。

很久以前，早在2009年秋天，在我参加的俄罗斯世界大会上，我们结识了许多来自世界各国的俄罗斯世界基金会的代表。在他们中，让我记忆犹新的是马耳他的代表斯涅让娜（这次演出后我们很快就去马耳他演出啦）和奥丽加。奥丽加是俄罗斯世界驻英国的代表，当时，在离胜利日还有半年的时间，她就邀请我到伦敦的皇家阿尔伯特音乐厅表演。奥丽加高贵典雅的长相，彬彬有礼、不温不火的讲话方式，连同与之交往给人带来的温暖感受（并不是强制的），让我对她特别有好感。因此在获得她的正式邀请之后，我对我们双方即将的会面欣喜异常。

但对筹备这次活动而进行的巨大投入，我们却根本就没有预料到。

为同盟国英国老战士以及生活在伦敦的苏联红军老战士准备的这场胜利日音乐会长约两个小时，参演人员包括苏联各加盟共和国以及国外的一些知名演员。宽敞的阿尔伯特圆形音乐厅座无虚席。有人告诉我，除了老战士和文化科学工作者外，组织者还期待政府代表以及皇室成员能出席音乐会。

音乐会进行得非常顺利，幸运的是，或者说，遗憾的是，观众没有看到幕后发生的事情。

至于说我们，在从机场出来那一刻到演出开始前的几个小时之内，就发生了许多故事……

第一个令人不快的意外就是桌子又被打碎了。就像上次在马耳他一样，在搬运行李的过程中，桌子上面的玻璃碎得稀里哗啦。

因为我们是音乐会当天抵达的，而不是提前几天到达，所以需要尽快找到替换的玻璃。让我们不寒而栗的是，找不到一个能出去买玻璃的组织者或是音乐会服务人员，他们的工作都排满了——就像在音乐会之前通常的那样。伊戈尔和谢廖加必须在一个小时以内在不会说英语的情况下，在这个陌生的城市里找到所需玻璃的同一型号，还要找对师傅，他能按照应该的样子切割出同样尺寸的玻璃，还要找到一张与玻璃大小一样的纸张，并尽快返回阿尔伯特音乐厅。我们花了四十分钟用来镶玻璃、固定纸张、检查设备。时间不能再多了，因为玻璃下面的胶还需要风干。

我不相信他们能及时赶回来，更何况还要镶玻璃。我不能和他们一起去，不能做他们的翻译，因为还有记者招待会在等着我。

整个记者招待会我如坐针毡，不知道他们都谈了些什么。我的大脑里只有一个问题在萦绕：如果他们迷路了没赶回来怎么办，或是赶了回来但没有玻璃怎么办？出来向大厅里的观众讲沙画创作的奇特过程吗？！投泰晤士河吗？还是一跑了之，隐居山林？或者把沙子抛向舞台，让乐队让出一定的空间，直接在舞台上作画？

令我感到万分惊奇也让我欣喜异常的是，他们两个人回来了，尽管略微迟到了一会儿，但带回了玻璃。

“我不知道你们怎么做到的这一点，但回家后我给你们找家教，让你们两个人一定学会英语。”我许诺说。

剩下的时间已经非常有限。

安装完玻璃后，我们恐怖地发现，已经没有时间用于检测了。但在这种情况下，检测是必要的：要打开玻璃下面内部的小灯，看一看，有没有不平整的地方（在平光的情况下根本看不出来）。要检查一下，小射灯在新玻璃上的反光情况，射灯的强度可能会使玻璃裂开——那样的话一切都白费啦！根本没有时间做这些事情，更可怕的是，连胶水风干的时间也没有，尽管谢廖加一直在竭尽全力地用吹风机吹（吹风机是一个有同情心的人带来的）。我们的遭遇让所有待在幕后的人都看到了，许多演员走到旁边的安装室，关心地询问我们的情况。这一点很令人感动，但却无助于桌子风干的速度。音乐会的组织者闭上眼睛，把手背在后面，低声说道：“该你们上场了！”我挥了挥手说道：

“搬上去吧！”

“要是没有风干的话，会怎么样？”旁边有人问道。

“玻璃可能会塌，压断射灯，这样一切就白费了！”谢廖加以他那素有的半开玩笑的口吻回答道。

但他并没有开玩笑。我不想琢磨桌子的事情，我只是向舞台走去。突然有一个工作人员向我跑来，在我即将登上舞台的时候，递给我一张纸。

“请您在上面签字。”他用英语说道。

“这是什么？”我问。

“您的演出同意书，您事先知道可能会有健康和生命危险，”工作人员快速地回答说，“就是说，您不会向我们提出法律赔偿……”

“没问题……”

我听到台上已经在报我的名字，主持人看样子感觉到，哪块有点儿不对，就对我进行了一番介绍，且故意拉长说话声，我还是读完了这个仓促中手写的简短公文。我根本就顾不上法律赔偿，我非常希望，玻璃哪怕能坚持到第一个场景结束的时候——整个故事共有两个场景。签完字后，我把文件塞给他，就跑上了舞台。

阿尔伯特音乐厅的观众席建构得很有新意——半圆形，一些座位远远高出舞台，有点儿像罗马角斗场。

我在雷鸣般的掌声中走向了桌子，这时我的内心油然而生出一种激情，这是在那些看起来希望渺茫的场合下而油然而生的一种陌生又熟悉的冒险感。

我走到桌子跟前，掌声渐渐平息后，我向音响师点了一下头，示意他打开音响。我就开始表演《战争》。

音乐响了起来，但灯光却没有熄灭。尽管有一些困惑，但我仍继续画画，期盼灯光师可以想起故事的流程，但灯光仍然亮着。我的牙齿开始打冷战。

我现在解释一下。桌子下面安有一个高电伏的射灯，为的是使沙子形成反光的效果，这样我们就能看到一幅清晰的画面：灯光是白色的，沙子是黑色的。然而，这种强烈的对比，这种“重现”只有在外面完全黑暗的情况下才会有效果。也就是说大厅里的灯光此时应该熄灭。这是我们演出的一贯场景，大家也都清楚地记得这个程序。显然，在谢廖加镶玻璃的时候，用英语与编导和灯光师都事先打好了招呼，我原本坚信，严谨而理性的英国人会把一切都弄得很妥当。更何况为了充分确信我们都明白了对方所说的话，我让灯光师转述了我的请求。让我们大家都高兴的是，他做得分毫不差。

因此这就像是“一掌打在了心口窝上”。什么也不能做——无论是跑到幕后看一看，还是要求把灯熄了，都无法让伴奏的音乐停下来。我用眼睛的余光看了一眼屏幕，我看到的景象让我惊诧不已：上面只有一些沙子。阿尔伯特功率强大的舞台顶灯“压倒”了我们那一千瓦的小灯泡——什么反光也看不到，只有沙子。

突然在我的身上仿佛另外一个人苏醒了。这另外一个人镇定地离开桌子，抬起了手，看了看音响师。他看来吃了一惊，关闭了音响。大厅里死一般沉寂。我突然清晰地意识到，这死一般的沉寂应该是什么样子——就像这样，在阿尔伯特音乐厅里面，在这个装备有全欧洲顶级音响的大厅里，突然一声声响也听不到了。

我突然听到了某个人的说话声。他的说话声不大，但整个大厅都能听见。我意识到这个声音属于我！这是我的声音！这不是空洞的“我突然意识到了”：完全是现实的，又不现实——我的头部和大脑仿佛与我脱离了，在听某个人的讲话（这个人就是我）！这个人用英语对大厅里沉寂的观众说道：

“女士们，先生们！发生了一点技术上的问题，请大家原谅，你们自己也看到了，灯光没有熄灭。我希望，这一点并没有破坏今天这场美妙的晚会。我保证，我们处理完技术问题后，我立刻回到舞台，你们将从头观看这个故事，不再受任何事情的打扰。再次致歉并感谢大家的忍耐。”

我鞠了一躬，突然听到了鼓掌的声音。我那惊异的大脑无法理解，观众们为什么会鼓掌，我只是在想："他们真棒"，就跑到了幕后。

我在幕后遇到了一群脸色煞白的工作人员。我从容地关上了通往舞台的门，喘了一口气，用俄语大吼着我当时对他们的要求。幸好，他们不懂俄语，但大概的意思他们都明白。

"我们现在马上改！请不要着急！"那个在我上台的时候塞给我一张纸的工作人员瞪大白眼仁喊道。

奥莉加不知道从哪儿钻了出来，她搀着我的手，把我领到了餐厅。我们在那里默默地喝了一杯放冰块的威士忌，然后就突然哈哈大笑起来。

"我可以为你感到骄傲了，"她用俄语说道，"我敢打赌，在阿尔伯特音乐厅整个历史上从没有见过如此从容的人，"她停了一下，接着说，"更别提听到过这些强有力的俄文词汇啦！"

那个吃惊的工作人员正好来餐厅看看情况，看到这一场景，大惑不解：他不明白为什么我们俩在这里哈哈大笑？看到他以后，我和奥丽加相互使了使眼色，拉着他的手走进了餐厅，把他拉到酒吧柜台处，对酒吧侍应生说：

"强尼，再来一杯威士忌，这位令人尊重的绅士付款！"

工作人员轻松地喘了一口气，小声说道：

"强尼，给我也来一杯……"然后对我说，"一切准备就绪，女士，您十分钟后可以出场了！"幸好，这一次一切进展得非常顺利，观众们非常满意，直呼"再来一次"。幕间休息后我们演了第二组，即《战争》的续集，这是我们在基辅首映后第一次演给观众看。我们把没有风干的胶水、玻璃还有那张大纸忘得一干二净，在出租车上我们才想起了这回事，当时我不由得笑了起来。

第二天早晨，在去飞机场的路上，途经遍布草场和牧场的伦敦城郊时，我们突然看到了……蓝色的母牛！是的，现在我们是近距离看到的它们，一对一！母牛大方地半躺在英国的肥美草地上，从容地咀嚼着草料，它们的动作更像人而不是奶牛，就好像是一个拘谨的王公忙里偷闲地躺在那里。而且，它们真的是蓝色的！

当然，我现在就跟读者解释一下，免得大家困惑不解。在英国，对母牛不仅精心饲养，而且特别珍惜，天热的时候给它们披上类似蓝色风衣的东西，在肚子上还系着结。我们是从出租车司机那里得知这一切的，我们的好奇心让这位司机师傅大为开心。

相 遇

2006年3月，于辛菲罗波尔

透过灰白色的帷帐及咖啡色烟雾，可以看到一个不大但舒适的大厅、酒吧、台球桌。每天晚上都从这里开始，而结束的时候却已在另外一个不可预测的维度啦！训练后，有的人离开，但大多数舞者都留在酒吧里，一些人喝茶，一些人喝果汁，一些人喝啤酒，有时也喝更烈一点儿的酒。

这个地方的名字有点儿低俗，但这并没有让我们任何人感到窘迫。我们管“飞翔的老鼠”酒吧称作“小老鼠”

“今天一起去‘小老鼠’吗？”

“那当然！”

那里总是人满为患。主要是一些经常拜访辛菲罗波尔各体育俱乐部的人，当然也包括一些跟体育无关的“来客”。九十年代的内部装饰很温馨、舒适。在这里，很容易结识一些新人，并逐渐升华为友情，这里也可以谈恋爱，第二天整个恋情就无人不晓，可以和朋友们侃大山直到第二天早上——彬彬有礼的侍者只是锁上门就离开了，省得让我们出去。

这里发生了很多事情，我们在这里喝酒、开怀大笑、恋爱、仇恨、体会让人伤心欲绝的绝望。我和娜塔莎来过这一两次，她不去跳舞，就在旁边看。总而言之，尽管外表不稀奇，但却是一个有故事的地方。

有一次，三月初的时节，练完舞蹈后我在大厅耽搁了一会儿后就下楼来到“小老鼠”酒吧。存衣间没有一个我认识的人，我也不知道，能否在酒吧碰到自己舞蹈队的队友。

令我感到惊奇的是，我在酒吧里立刻就找到了所有人，这实在是令人称奇：既有教练，也包括所有我们舞蹈队的队友，还有几个陌生的面孔。他们把几张桌子并在一起，正在热烈地和一个我不认识但又脸熟的人在交谈……他是谁呢？

有些人的长相很难让人记住，但与此同时，你又这样觉得，尽管一下子想不起来但直觉会告诉你，在记忆开启之前曾经与他见过面。

我未来的丈夫伊戈尔就是这样一个人，他在这些人中让我既感到不熟悉又有似曾相识之感。

我当时想：“哎呀！这是一个‘多么不错的人啊！’”于是我挥了挥手，不是冲他个人，而是向所有坐在那里的人挥的手。不知什么原因，我本不想和他们待在一起（或是有个人在另外一个地方正等着我，我不记得当时的情形了），但有一股力量把我硬往这群人里拉，让我坐下来，于是我努力地加入谈话当中。

在这一大群人当中，伊戈尔坐在我的对面，所以我们的目光不时相遇在一起，但这丝毫也不意味着什么；他只是似乎在说着类似下面的话：“哎呀，多么非同寻常的刺钉啊！”（当时我在眉毛处弄了三个刺钉，并把它们用一条金链连了起来，并且巧妙地在眉毛上的刺钉之间绕了几圈，还与耳朵上的耳钉连在了一起——这是一种印度式的修饰方式）。

我们谈了很长时间，从伊戈尔那里我第一次听到了下面这些奇怪而又陌生的词汇：舞台布景艺术、道具、舞台背景、分镜头……总而言之，这一切都让人新奇并与我的认知完全不符——在这之前，他从没有和我以及我身边的伙伴们谈过如此严肃的事情。

当时，我们所有坐在那里大声喧哗的人都不太清楚这个人的想法。而实际上，他想要办一场非传统的、风格大胆又有些疯狂的演出。

在这场谈话中，我扮演的角色是一个具有实验色彩的画家，为此我感到非常骄傲和自豪。尽管我觉得自己成了别人手中的纸牌，这么说也确实不是夸张。

我们一直交谈到天亮，

但他那张开的唇，却像枪口一样……

我不记得，人们什么时候开始道别的。只剩下三四个人，而且谈话变得越来越私密而无拘束。交谈时我在想：“有意思的是，我们一年时间没有见面了，谁的变化更明显呢，是他还是我呢？为什么谈话变得如此轻松，为什么我通过眼神就能明白他想说什么？！”。老实说，这一切让我感到诧异，也是一个新发现，在我的记忆中，这种一见如故的感觉除了娜塔莎之外还从来不曾有过。

同时，在这伙人当中，还有一个对我而言并非无所谓的人，他并不是伊戈尔。我认为，我指的这个人对此并不知情，我的理性以及渴望幸福的那种尊严感使得我们之间从来就没有谈过这一话题。

这一情况很容易让外人产生错觉：最初，我对伊戈尔所持的态度与对“这个好人”的态度一模一样。因此，很长一段时间以来，我都把他看作是“中枢人物”，这个男人是理性的化身，也做过冒失的行为，人很聪明、健谈，但仅此而已。

当天晚上，我们一直谈到酒吧停止营业为止，即酒吧侍者问我们：“你们是回家，还是我们把大门从外面锁上”的问题为止。于是，我们就分了手，向自己家走去。

我边走边想，心里面有种无法言说的感受，应该结束这一切，这既不正确也毫无意义，每一次放松我都想认识新朋友，就像马上要到的夏日里我们要为游艇正常工作需要做一些准备、维修传声器一样……否则的话就想走开，喝个一醉方休。

突然，我身后响起了一个人说话的声音。不是通常传来的脚步声，而是说话声。

“你也去市中心吗？”

我微笑了一下，点了点头。

于是我和伊戈尔步行穿过了半个城市，就像我和娜塔莎经常做的那样，而且像与她在一起一样，和伊戈尔在一起的时候，我同样感受不到时间的流逝，也并不觉得身边的这个人我还并不熟悉。

街道上飘落着雨滴，在灯光的照射下发出粉红色的光彩，不知道从柏油路下面的哪个地方，三月的气息升腾到了夜空中。我们到市中心后，他问我接着去哪里。我回答说，我不想回家，想要喝点东西，但我争取不喝酒。因此我想四处逛逛。于是，我们就来到了“金字塔”咖啡厅，在那里待到半夜，喝清酒，吃米饭，谈话妙趣横生，自由随意。当这家饭店也要关门的时候，他问我：

“如果寝室不让进的话，你可以住在我家里。”

我心里很高兴。我敏锐的直觉提醒我默不作声，也没有像通常遇到这种邀请时大声喊道“快回家吧，太危险！”的警示。而且，今天晚上发生的一切特别让人有种新奇感和愉悦感，我想再好好回味回味，而不是再继续下去。就此分手吧。于是我回答说：

“谢谢，会让我进宿舍的。”

“你有 VIP 通行证吗？”伊戈尔笑着说。

“我随身带着巧克力。对我们宿舍的阿姨来说，这是最好的通行证。”

他知趣地说道：

“如果时间方便，欢迎来做客。顺便说一声，今天是戏剧日。”

“那祝你节日快乐！”

我坐上出租车，向宿舍方向驶去。看门阿姨得到了自己那份巧克力，而我则获准在深夜中皮鞋也没脱，被子也没铺开，就直挺挺地躺到了床上，仰望星空，心无旁骛（这是几个月以来的第一次）。

敲开通往天堂的大门

2010年5月末，于基辅

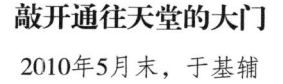

这简直是一场灾难，看着那一堆摆放在墙边的道具，我绝望地说道。

要不，我们回家吧，不是第十次，就是第十一次，伊戈尔提议说，尽管他知道，这些话对我而言根本就不起作用。

我一根接一根地抽着烟，大口大口地吸食着呛人的烟雾，像老太太那样剧烈地咳嗽起来——只希望自己别睡过去。

马上到凌晨四点啦，我再次来到基辅的“阿维安特”航空公司，还是“达人秀”选秀节目，又一次面对“灾难式”的情况。就像是在做一场奇怪的梦，不由得让人有一种错觉，我的面前放着一小堆沙子，那种深深的无望感充斥着内心。

我并没有神经错乱，只不过我现在的身份是第二季“达人秀”选秀大型音乐会的特邀嘉宾，如果说来“阿维安特”航空公司之前我的想法是：“哎呀，不当选手的感觉太棒啦，就让别人也感受一下令人窒息的紧张——今天就要宣布他们的比赛结果，而我打算高高兴兴地做个局外人，看看热闹！”但现在我的想法却是，想成为这些参赛者的一员，躺在密林湖舒适的卧室里，为此让我做什么都可以，而不是整宿整宿地面对一大堆道具傻站在舞台后面，冷得身子直发抖。

尽管，这一切都是我的过错。

当我一接到电视台领导邀请我担任这场大型音乐会的特约嘉宾时，我就立马决定排演一场特别的故事。最后我想出了一个需要同时在两个桌子上表演的故事。我梦想着能把这个故事展现给全体乌克兰人，并不是因为故事复杂曲折，而是因为这个故事我是为那些孤儿院的孩子准备的。

为此，从伦敦回国后，我立刻就着手设计订购了另外一张桌子，其大小和颜色应该满足拍摄的需要。应该尽快订制桌子，因为还要预留出彩排的时间。我应该于 5 月 27 日来到基辅，那天恰好是我儿子季马年满两周岁半。时间所剩不多啦！

故事叫作“请赐予我们希望”。情节如下：

两个孩子。在一张桌子上，我画的是在幸福家庭长大的小女孩的生活，充满了柔情和关爱。有父母的百般呵护，快乐幸福。这是幸福的童年。

另外一张桌子上表现的是小男孩的故事，他的妈妈抛弃了他，把他扔到了孤儿院。一幅令人悲伤的画面，有小孩子住的孤儿院，里面有许多空空的无人住的儿童床，在其中的一张床上，一个小不点儿在哭泣。

我在两张桌子上轮流作画，按顺序向观众展示故事情景——即两个不同命运孩子的童年，一个无忧无虑，另外一个则极其不幸，我力求让他们的命运在一张桌子上（即女孩那“幸福”的桌子）有所交集。他们（这个女孩和那个孤儿院长大的男孩）相遇在一个儿童娱乐场所。在这一瞬间，界限消失了，最幸福的时光——童年时光——把他们联结在一起。他们一起玩耍，荡秋千，一直到天完全黑下来的时候——伊戈尔为这一时刻选取了一段美妙的小提琴乐曲，听着这段乐曲，我似乎都在歌唱。

但是，随着黄昏的临近，随着星星的出现，这一幸福童年感的时刻中断了，我们又一次看到了两个世界的区别：小女孩的妈妈来接她，而小男孩却没有人管。这时，我们看到，母女两人远去的身影，孤独的小男孩呆坐在长椅上，我最喜欢的电影《敲开天堂的门》[1]片尾曲的钢琴和弦使得这种绝对的、宇宙规模的孤独感更显凝重，这个主意得到了伊戈尔的鼎力支持。我们的男孩又一次出现在自己那“忧伤的”桌子上，处于孤苦无依的状态，他看着窗外，而墙上挂着一个牌子，上面写着“孤儿院”三个字。他手里拿着一个气球，这是小女孩送给他的。就这样，在这个平缓几乎像是耳语的乐曲的伴奏下，他在小窗旁沉入了梦乡。

第二天早晨，女孩和她的妈妈来了。他醒来看到她们后，开心地笑了起来。有趣的是，在故事的高潮处，同样是响起了《敲开天堂的门》的主题曲，但并不是影片里面的曲子，而是来自“Б－2”和“Chaif”乐队的歌词。

---

①《敲开天堂的门》是乔治·托马斯·恩执导的剧情片，扬·约瑟夫·李佛思、蒂尔·施威格等参加演出。影片讲述了粗暴、大而化之的马丁，与胆小、神经兮兮的鲁迪之间的故事。

这时我大笔写道："请赐予希望"。

故事的情节就是这样。但在我来参加最后彩排的时候，情节有所变化，依我看，比较单调、冗杂，而且最主要的是特别长。

当所有直接参加者，即第二季的决赛选手和半决赛选手录制完自己的节目逐一被赶下舞台的时候，轮到我上场了。我从容不迫地走上了舞台，连排开始了。在剧情演到一半的时候，我一下子明白了，整个剧情还需要进一步加工。于是，在我的头脑中产生了一个不快的想法："明天就是音乐会。到明天之前根本就来不及重新编排"。随着时间的流逝，这种念头越来越清晰，它严重影响了我的演出，所以，在剧情结束时，我勉强打起精神对付画了几笔。

彩排结束后，我看了一眼站在舞台前面的伊戈尔，确定眼神后让我马上明白，我的担心并非空穴来风。我们垂头丧气地回到"绿屋"酒店，想好好看一看录制下来的内容。

看完录像后，我们俩极度失望，甚至是怅然若失，我们求领导让我们就在"机库"过夜。必须要经过许可，因为"阿维安特"首先是一个战略要地；其次，这里要求人们晚上必须撤离，以避免损坏直播录制设备。我们的申请得到了批准，于是我们就留了下来。

于是，在早晨四五点钟时，透过机库那金属并加了钢筋的屋顶，传来了小鸟的叫声。我想，我永远也不会忘记这个情景。这就像做了一场噩梦后突然苏醒过来一样——那一刻真想一觉睡过去。当时我把闹钟调到五点，躺到了一个道具上面。我想，这是一个漂亮的皮沙发（而且，就像任何的道具一样，表面看来富丽堂皇，实际上却凹凸不平，极不舒服）。听着小鸟美妙的歌声，由于寒冷我蜷曲在极不舒服的沙发上，我当时想，未必能来得及彻底地重新编排节目，因为九点就要集合了。我埋怨自己对实验的特殊偏爱，怨自己在彩排时间如此紧张的情况下硬编出两个桌子的剧情。简而言之，我十分清楚地意识到，我未必会以今晚演出的内容出现在直播中，甚至如果领导对我那个原来的故事表示赞许的话，我的良心也不会泰然处之。

我躺在那翻来覆去睡不着，想起了那些孤儿院的朋友——要是他们看到这个故事会有多么高兴。这一点并没有让我有所振奋，但我记得，我积聚起疲倦之余的所有情感和泪水，满怀深情地暗暗说道："上帝啊！请赋予我那不开窍的大脑以思想！你也看到了，我无法胜任这项工作！求求你了！"

我祈求着沉入了梦乡。半个小时后，闹铃声让我醒过来，令人感到异常兴奋和喜悦的是，我并没有那种平常的"过度"兴奋感（这种感受通常是在极端疲劳且短暂休息后出现的）。而与此相反，我感到一种特别的轻松和轻盈。伊戈尔也有同样的感受，他睡的时间比我还少。小鸟的叫声越来越大，其回声散落在大厅里，在这个庞大的空间里回荡着。在这种奇妙的天籁之音的伴奏下，我走到了桌旁，并从头到尾向伊戈尔完整地展示了改编后的剧情。他默默地坐在笔记本后面，把配乐也进行了修改。后来我们对情节进行了"剪辑"，就是说我在新的音乐伴奏下演绎了这一新的版本。我们相互看了对方一眼，然后向上看去，向桌子看去，大声地笑了出来。

我想去冲冲澡，于是向淋浴间走去——这里安有淋浴，不是为飞机制造厂的工人们安设的，就是为那些摄制人员准备的。当我从淋浴间出来的时候，我看到了很多人。当时是早晨八点，于是门卫打开了大门。

“啊！你们已经早到这啦！”这些人对我说道，“你们来得可真早啊，演员集合时间不是九点吗！”

我默默地微笑着。走到外面，从昨天早晨起，我第一次深深地吸入了一口清新的空气，我看了看天空，微笑着，默默地说道：“谢谢……”

这个叫《请赐予希望》的故事得到了所有人的喜爱，而且它被列到了音乐会的节目单中。我愉快地穿上了那件不久前缝制的十九世纪末期风格的白色连衣裙，向化妆间走去。在我的头发上别了几束白花，做了一个发型（同样是我想出来的十九世纪九十年代风格的）。在镜子里面看到化完妆的自己后，我吻了一下设计师，握了握化妆师的手，就向舞台走去。

我二十一岁

2006年4月

我们又一次庆祝了一周。

在我二十一周岁（或者像娜塔莎开玩笑说的那样，是“二十一点”）生日当天，在叶夫帕托里亚，我醒得很早，还不到六点钟。我打开东向的窗户探出头，开始等着日出的时刻。

这个平静、日出前的早晨我记忆犹新，包括它的一切细节：几只大懒猫从窗下走过，来了一个看院子的人，燕子欢快地叫着。而在对面的居民楼里，窗户上映着红色的光芒，那是朝霞之光。宇宙万物镇定从容地注视着窗外的一切。我拿起一张纸，画上了窗户和宇宙，并写下了“二十一岁生日那天在家的窗口”。

我从容地欣赏着清晨这空无一人的静谧时光，愉快地想，当黄昏降临到这个城市的时候，我们就举办这样一场晚会，让它变得热闹起来！

当天也确实就是这样度过的，而且第二天、第三天也是这个样子，我们漫步在街头，后来在辛菲罗波尔也同样如此，在那里我们又欢庆了四天！

这段时间，我的包里面总是放着一本微型笔记本（上面记着一些不完整的文字），一盒染料，一个肉豆蔻和一封信。有一次，在与朋友欢聚正酣之时，我突然把手伸到了包里面，我的手碰到了一张平滑又薄薄的纸，那张纸发出了轻轻的脆响，然后就响起了长笛的声音。听到这里，我不由得微笑了起来。

那天是周四，是庆祝活动的第六天，我和娜塔莎一起坐在我们宿舍的房间里。

身上的钱只够买一张去往叶夫帕托里亚的车票，明天还有一整天时间，而且这一整天也应该像前几天一样充满节日气氛。可是钱却没有了，于是我们坐在房间里，把音响放到最大音量听着“斯普林”的音乐，我们把窗户四敞大开，阳光和春天沁人心脾的空气透过窗帷直扑室内……我们就在这种清新的空气中吸着烟，春风把难闻的烟雾一扫而光，却给身体带来了清新的气息。娜塔莎身上的钱只够买两瓶啤酒、一包面包干、鳀鱼干或是蛇蜥（具体是什么我不记得了）。尽管连续狂欢了几个晚上，又跳舞又喝鸡尾酒，但这个意外的星期四却让我铭记在心，尽管既没有钱也没有参加任何娱乐活动，我们默不作声地坐在寝室里听着音乐。

你是否还记得，我们送走隆冬的场景？

我们烤火取暖，把暖风机称作巴扬手风琴……

我们在广岛枯死的花瓣上占卜命运，

我们思考“过去时”这一命题？
台灯没有了灯罩，光秃秃地照着我们每个人，
茶杯里的咖啡失去了热度，不由得让人想吸一口烟，
我们的心儿在熔化，热情的话语充溢而出，
这个污迹我要永远让它不被发现……
而家里面却是……

叶夫帕托里亚同样春意盎然，但与辛菲罗波尔略有不同。海风呼啸，带着夏天特有的气息，同样是桀骜不驯而又轻盈灵动。夏日把冬天里堆集的沉积物一扫而光，而现在应该去擦亮汽艇、修理帆船、用小斧头敲击桅杆啦！

所有的休息日我都泡在汽艇俱乐部里，从各个角度画汽艇的写生，钻到停放在小车子上的汽艇下面，在被珊瑚和海水浸泡的龙骨上面画画，和水手们沿着阶梯爬到汽艇上面，从高处画速写，和这些水手一样迫不及待地期盼着汽艇能尽快下水。傍晚时分，我就拿起自己那把折叠椅，坐在码头的入口处，尽力用手里的画笔捕捉落日的暗红色余晖。

有一天晚上，在我的身后响起了一阵谨慎的脚步声。我的余光发现了一个人的身影，但我仍在作画。无论我拿着画夹和水彩笔来到哪里，总有一些人长时间地站在我身后，看我画画，或是问这问那，对此我已见怪不怪。

我身后的这个人站了很久，轻轻地喘着气，不时地倒换着脚，最后，他终于站了出来，向我伸出手说道：

“我叫西蒙诺夫。”

“对不起，你有事吗？”我转过身问道。

“我的名字是西蒙诺夫。”那个男子再次说道，握住我的手说。

“为什么？”我提了一个荒谬的问题。

那个人叹了口气，略显忧伤地回答道：

“因为这是我的姓。我叫西蒙诺夫·谢尔盖。”

从来没有人这样开口跟我说话，我的大脑一时僵住了。我不明白，为什么这个突然走到我身边的路人一下子说出我的姓氏（阳性形式），并开始握我的手。几分钟后，我终于明白，他当然不知道我姓什么，只不过是介绍他自己而已。

“对不起，”我笑着说，“我错怪您啦。我叫西蒙诺娃·克秀莎。”我伸出手作为回应，笑着说。

我们两个人开怀大笑，然后就接着谈我们的话题。

他是坐轮渡来到叶夫帕托里亚的，正在等码头开具的用自己马车运送货物的许可。他本人来自斯卡多夫斯克市。我们在汽艇俱乐部不紧不慢地连续闲聊了好几天：我坐在小凳子上作画，他则像保镖一样站在我身后。水手们从汽艇上打着口哨，开玩笑地说：“你从哪儿弄个保镖啊？”我笑着，并随手拿起什么东西向他们扔去。

每到晚上，我们找一个咖啡馆，坐在那里闲聊。话题轻松而有趣。我的这个本家根本就没有纠缠我的企图，可能，这主要是因为我出于谨慎曾跟他说过我的爸爸是一个警察的缘故。我向他讲述冰冻的大海，讲冰冻的汽艇每到晚上就会发出“嘎吱嘎吱”的响声，仿佛在放声歌唱。我不知道，他是觉得有趣还是想找一个人聊一聊，但我一想到他马上就要离开就有种恋恋不舍。告别时，我们相互握着对方的手：

“再见了，西蒙诺夫！”我说道。

“回头见，西蒙诺娃！”他回应说。

我们再也没有见过面。

我还是继续画我那些草图，经常漫步在滨海大道，随着春天的临近，滨海大道上日益热闹起来，在桥上、沙滩上等地方随意画画。四月末时，我画的画如此之多，以至于画纸都没剩几张啦。于是，我就坐在电脑前，花了几个晚上的时间，把我画的画都“存储”到了文档里。

当时，我除了在塔夫里达民族大学学习之余，还在乌克兰印刷学院版画专业函授班学习，学院要求完成一项学年设计，即制作一本精装版的图书。

我在印刷学院的专业恰好是图书制作，大一或大二（我记不清了）教我们图书制作的基础知识，还有实践课（即从手工排版到装订艺术的各个实用环节）。而且，每到学期末就会给我们分配任务：如制作某类出版物，还要配上彩图并按照所有规定对文本进行设计。

我们选取的文本是“鱼形码”（这是书刊界的行话，是对那些任意选取并嵌入到模板里面的符号的总称）。随后会根据书的内容，用原文替代这些“鱼形码”。但对我们而言，并不是一定要这样做，于是我们所有人在装帧书籍时用的都不是文本，而是随意打上的字符。

我突然产生了一个想法，于是我就着手实施。我在叶夫帕托里亚自己那间屋子里待了整整一周的时间，由此错过了塔夫里达民族大学的课程学习，周末时我手里拿着一个做好的版样。这是我自己那部书的版样，书里面的内容都是我用“头脑风暴”弄出来的文字。这是三本小书，三本书同样大，但厚度却稍有不同——第一本书薄一点，第二本书厚一点，第三本书则要比第一本书厚一倍。为这三本书专门订制了一个蓝色麻面的精装礼盒，礼盒表面是一幅画，是我用白色短纤维画的，我还为这幅画配上了用汽艇尾部网格做的贴花。当然，网格我是从汽艇俱乐部的水手那里弄来的。我把网格涂成了白色，还上了一层金色的乳胶。从外表上看，版样像是一个装书的套娃。

我对这个版样深感自豪！我把它放在叶夫帕托里亚住屋的窗台上，愿上帝庇佑它完好无损，我暗暗盼望着五月份能快点到来，到时候我就要到函授部学习啦！我把版样的草图带到了辛菲罗波尔，我一定要给娜塔莎展示一下我这期间不断作画的最终成果。

可第一个看到版样的并不是娜塔莎，而是伊戈尔。他看了看，读了读书里的文字，说了一句鼓舞人心的话：“还不错吗”，听了他的话，我感到很舒服。就是说不是简单的“愉悦”，而是对我而言，这句话很重要。原因何在？我无法解释，但从那时起我们经常见面。

哈萨克斯坦

2010年6–7月，于阿斯塔纳

六月底，我开始了一项大型且复杂的工程设计。我被邀请作为特约嘉宾出席哈萨克斯坦新都阿斯塔纳建城日的庆祝活动。

要做的工作很多。要为十二个国家元首制作十二个沙画故事（他们都是哈萨克斯坦的友好邻邦），还要为他们每人画一幅与所在国家主题相关的沙画。像通常一样，时间总是捉襟见肘……

这些国家是：哈萨克斯坦、俄罗斯、乌克兰、土耳其、中国、约旦、土库曼斯坦、阿联酋、白俄罗斯、塔吉克斯坦、亚美尼亚、乌兹别克斯坦。

我没日没夜地研读这些国家的历史、文化和习俗。信息很有趣，内容广博，可一想到时间我就觉得心慌。我们夜晚工作，白天陪陪孩子、看看闲书。

最后，终于做完了需要做的一切事情，特别想好好睡一觉。唯一有可能的是在飞机上好好放松一下。

终于来到了阿斯塔纳。白天四十度，热浪滚滚，可夜晚只有八九度。当地居民在户外时都用那种巨型的遮阳伞来应对这个灼热而又冷酷的太阳。

城市很大，是一个超现实的不太舒适的新都。一切都非常大——桥梁、清真寺、纪念碑，它们似乎梦想要登天一样。人们向我讲述，不久前，阿斯塔纳这个地方是一块沙漠，狼群经常出没于此……真令人难以想象。

当地独特的魅力和风采在那些折中主义建筑、令人垂涎欲滴的地方菜系以及当地居民谈话中伴有各种有意思的多语言得到了鲜明的体现。只有一点不好：令人无法忍受而又残酷的炎热天气，似乎天上有一个大火球在炙烤着人们一样。但是，车上开着大功率的空调，还给我们团队发了巴拿马草帽、遮阳伞和扇子，连同无微不至送给我们的冰镇矿泉水，让这种情形有所好转。

新都庆祝活动应该在市中心举行，还要进行大型的焰火表演和美化灯饰。

为了第一场活动能够顺利进行，在一处高尔夫球场搭起了一个大型舞台。并对场地进行了改建，一切都仿造古埃及的样式，大象、骆驼大摇大摆地走着，设置了金字塔和狮身人面像。一切都是那么美轮美奂。

来到场地后我们得知，我们的表演将于 8：30 开始。对露天演出而言，这是一个极好的时间段，因为在这个时间光线还不是太亮（即使在夏天），天空的亮度还不足以盖过人工灯光的反光（人工灯光利于营造逼真的沙影效果）。但在哈萨克斯坦可不是这样。只是到了这里之后，我们才听当地人说,8：30 在当地黄昏才刚刚开始!

“那什么时候天能完全黑下来？”我问道。

“11 点以后。”有人回应道。

“这下我们要完蛋了！”谢廖加说道，于是我们开始急着想能够摆脱这一不利形势的办法。办法只有一个——在沙桌上方营造一个人为的遮光效果。

“可以用凉棚。”哈方的技术人员确信地说道。

“要花很长时间吗？”我问道。

“6 点前肯定能弄好。”对方回复说。音乐会 6 点开始。

“那就开始吧！”

我们就分头开干。尽管伙伴们在 6：30 前就搭好了凉棚，而且，令我们幸运的是，各国元首到达时间先是推后了半个小时，后来又晚了 20 分钟，我们知道，演出肯定要延迟。要是能延到 9：30 开始该多好啊，当然最好是 10：30 开始。

我们向组委会走去。我们发现，组委会同 VIP 化妆室、普通化妆间和饮食服务区一样，都是外面被各种颜色覆盖的凉棚，里面应有尽有——电风扇、熨衣设备、冷却器……但却没有空调。也就是说里面非常热，而且更要命的是闷热……因此，所有人换好服装后都走出“化妆间”坐到了露天的躺椅上。

在组委会那间凉棚里，我们详细地解释了情况后，就坐在桌子后看起了表演。最终，我们和组织者一起对流程进行了调整，这样我的表演刚好在 9：30 开始。

我可以说,9：30 的时候，天还是很亮的，就像在我们国家同一个季节里的 6：30 一样……因此，当场地上出现高级贵宾时，我和伊戈尔走进了凉棚，试着把面向观众那一侧的绳索稍微拉一拉。让它保持在一个我们需要的状态，有一个人应该在我演出时一直拽着绳索，而这并非易事。这件事情由伊戈尔负责。对他而言，这件事体力上不难做到，但要保持这种状态一个小时左右却并非易事。我们希望，时间将会站在我们这边，天黑或迟或早能尽快来到。

第一个节目临近尾声时，天黑了下来，对此我们欢呼雀跃。当伊戈尔刚刚放下幕布一角时，我抬眼向上望去，发现……你们知道什么是慢镜头吗？我差不多就是这样发现，三脚架（上面放着我们那套沉沉的摄像机）开始慢慢向桌面滑下来！

这一切发生得如此之快，这几秒就好像处于放大镜下面一样被拖延。

在这几秒钟的时间里，我想到，挂在三脚架上面那套沉沉的设备，将会当着那些坐在舞台前排的各国总统、埃米尔、国王，轻易地砸碎我的演出桌。由于我的凉棚建在观众的侧面，他们只能看到桌子还有桌子后面的我，无论是三脚架、摄像机还有凉棚里面的伊戈尔，他们都无法看到。

当三脚架上的摄像机几乎要砸到桌面的时候，伊戈尔从另外一面抓住了设备，他使出吃奶的劲儿把摄像机向自己那侧拉过去。三脚架被重新归位，摄像机对准了要拍摄的场景。但支撑那个临时搭建的三脚架的重架子开始摇晃起来，发出吱吱嘎嘎的响声。这时伊戈尔爬上三脚架垂直于地面的那部分，把它固定好，然后就留在了那里。

幸运的是，这一切只是几分钟的事情，刚好音乐会的技术人员按照节目安排打开阿斯塔纳建城的视频。当屏幕重新转播到我的画面时，一切已经和之前一样，于是我开始表演下一个节目。

尽管我尽量不受极富感染力的音乐的影响，但我不能不想，我的丈夫“挂”在我的头部上空，他可能和设备一起坠落，这样的话我们两人都不会有好结果。某个时刻我还想，如果坐在屏幕对面的各国元首看到了帐篷里面发生的一切，他们一定会笑喷啦……

好在，没有谁跌落，也没有发生什么不好的事情。但是当音乐会结束客人们都离开时，我感到那样轻松，以至于抓住伊戈尔的手，直接在自己那饱经磨难的帐篷外面跳起了舞。这一切最主要也是最滑稽的时刻是发出的声响。从广场上安装的音响设备里发出了巨大的声音，因场地太大声音非常响亮。原来，音响师在关音响之前，提前关掉了能打开音频的主电脑。所以即将离开的贵宾、演职人员和技术人员突然听到了一个熟悉的声音……大家都知道关电脑和 Windows 窗口时的那个声音吧？正是这个声音：哒－哒－哒－哒！晚会以震耳欲聋的“哒哒”声结束了，好像把我们所有人都“关掉了”。到处传来哈哈大笑的声音。

这并不意味着什么

2006年5月18日

到工人文化宫后，我在酒吧里找到了伊戈尔，我们一起去参加谢廖加·鲍威的生日聚会——他现在已经成了我们俩共同的朋友。

伊戈尔在等我时喝了白兰地，由此从他身上散发出白兰地、咖啡和某种我很喜欢的令人感到安宁深沉的香气。后来我才明白，问题不在于香气，而在于我疯狂地喜欢他身上散发出的味道。

整个聚会就像在梦中一样，像 80 年代的聚会一样充满着活力，风格是我梦寐以求的样子——热情奔放、无拘无束、绚烂多彩。为什么是 80 年代呢？！

我们两个站在车站，这个时候这里不会有任何有空位的交通工具：所有人都去莫斯科环城大道，去火车站……没有一辆出租车停下，因招手叫车我的手已经变得麻木。这时，我让伊戈尔离得远一点儿，我知道怎样使我的红衣服发挥作用。一年前离我而去的幸运又回来了，我大声地笑着，向所有人展现着无忧无虑的欢快，直接在车站跳起了街舞。我抬起头，张开双眼，发现星星正微笑着回应我。心情是如此轻松。

我停了下来，向马路上车流密集的方向转过身，稍稍眯上眼睛，选择了一辆最好的外国品牌汽车。我伸了一下腿……车子停了下来。

我不知道跟那个给我打开车门的人说了什么，这不重要。我笑着，抓住伊戈尔的手，他一直站在我身边注视着我的行为，问车主道：“您不反对这位朋克乐队音乐主持人和我一起上车吧？”

他把我们送到鲍威的家，耸了耸肩，就离开了。我和伊戈尔给他车费，但他没收……

反正都一样！到处都是闪闪发光的金色和飞溅的香槟，像节日一样。白兰地，水烟袋还有我最喜欢的音乐——《克里米亚海滨胜地》(伊戈尔的所有朋友都听过这首歌)。欢快，应该说是非常欢快、愉悦……只是应该向妈妈道声歉，没有到她和塔尼娅阿姨那儿……

我们按了一下门铃，从门后传来欢快的声音。谢廖加妻子，卓娅为我们开了门。谢廖加的外号是“鲍威”，而卓娅的外号是“科什卡”[①]。

“太令人意外啦！”卓娅说道，我们就进了屋。

在这个不大却很舒适的公寓里挤满了人。放着摇滚乐队“斯普林”的音乐，客人们在窗边抽着烟，自由地谈论着任何想谈论的话题。

在这次聚会一年半以前，某一天我曾经来过这个公寓。我和伊戈尔在为杂志拍照后的第二天来到这。我记得那个早晨也是放着“斯普林”

---

① “科什卡”在俄文中是“小猫”的意思。

乐队的歌曲，用咖啡机做的浓咖啡，白兰地以及如梦般平静的谈话。话题十分随意。当谢廖加和卓娅从房间里出来小坐时，我告诉“这位非常好的人”，我很喜欢他的一位朋友，我们相当坦诚地谈论了这一话题，非常轻松。

无论是当时，还是一年半后今天的这个晚上，我们还只是熟人，一切都和以前一样——轻松愉快、直率坦诚地交谈……但是，现在他的锋芒完全遮盖住了其他人的光彩。我并不想要这样，这是在我心中无意间发生的。但却是这样轻柔、缓慢，一切都已成为无意识的行为。具体要做什么呢？

那天晚上，谢廖加·鲍威建议我在他们厨房的墙上作画。我拿着作画的设备，他给我放了一张椅子，我就站在椅子上开始画画。周围人在喝酒，我也喝酒，而且一边作画，一边参与大家的话题。渐渐地墙上出现一个游艇及以其为中心的小宇宙。游艇周围的空间逐渐丰富，我把所有想到的在空中飞舞而又逐渐消失的事物都画到了游艇的周围。

后来，谢廖加的父亲过来了，他是一位智慧且知识渊博的编辑，我从他那得知很多新鲜而新奇的事。他说了一些我不知道，但又确实存在的一些事。因此在厨房中又出现大量新的形象，墙上的画变成另外一番景象……

也许，我在那天晚上收获了巨大的满足和快乐。

夜晚仍在继续，一些人离开，一些人留下，静静地交谈着；有些坐在桌边，有些在窗边抽烟。而我则进入到一种一到深夜就素有的默默沉思中，不过，想睡觉了。我来到另一间房间，随便拿起一本书，就躺在沙发上。

醒来时，我感觉有人在摸我的手臂。伊戈尔坐在地板上，盯着房间内前面的某个地方，手背在我的胳膊上滑动，从手腕到手肘。我躺着，感觉很平静而新鲜，睁着双眼沉入石洞浅灰色的水中，我知道这种状态可能无法逆转。似乎天空变得昏暗了，岩石和水也变得昏暗起来，但水中有一束光。你就在这束光中。

我们就这样沉默着，一个坐着，一个躺着，直到天亮。

周围昨天晚上留下来的客人和主人已经醒了，煮着咖啡，交谈着，抽着烟，吃着蛋糕……我和伊戈尔所在的房间，偶尔有人进进出出，他们取些东西就离开了，去了厨房。

根据窗户射进来的光线，我断定已经要到中午了。某处正在进行实用装饰艺术的考试，某处正有条不紊地宣读与生理学相关的学术报告……我静静地看着，这些悄悄地从我的身旁掠过，一个接着一个地飞离了我待的房间……

当太阳开始落山时，我们两个人离开了公寓，坐上了开往火车站的小巴。在火车站我下了车，就坐车向叶夫帕托里亚的家走去，而他则继续坐小巴前行。当我下车时，他飞快地吻了我的唇。这并不意味着什么，我对自己说。确实，这不意味着什么……

请从我的脑海中离开

2010年7月，于叶夫帕托里亚

当温度只有 35 度，当在海边吹着舒服的微风，而不是那种将人烤干的，像火炉中空气般火热的风时，躺在浴场晒太阳是多么惬意的事情啊！

哈萨克斯坦是个很好的国家，但即使是我这种曾在克里米亚太阳暴晒的浴场连续工作数小时的身体，夏天也只能在这个国家勉强待上几天。我记得，那个夏天特别炎热，森林和旷野仿佛在燃烧一样。但有一个想法使我感到轻松些，那就是我们是在叶夫帕托里亚经受着炎热，而不是在哈萨克斯坦。

后来，参加“达人秀”第一季、第二季的伙伴们来克里米亚进行巡回演出，季马认识了自己的偶像阿拉·库什尼尔，一位东方舞蹈家，是我那场选秀节目的决赛选手。季马两岁起就非常喜欢阿拉，他可以连续多个小时一直看 YouTube 上阿拉的表演，那时，无论是我的作品，还是有孩子们参与的杂技表演，都不能引起他长久的注意。但阿拉……

每天晚上，睡觉时，我都会对两岁的季马说：

“睡吧，儿子。无论是小鸟，还是鱼儿和小伙伴们，大家都睡了……”

“还有阿拉。”从床那边传来声音。

“你说什么？”

“还有阿拉……”

“阿拉也睡了，儿子。”我勉强挤出话说道，就跑到另一个房间，以便可以放声大笑。

阿拉和其他“达人秀”节目的表演者抵达我们的城市，我和季马飞快地跑到“休憩”音乐厅，立刻就来到后台。我的朋友们用双手拥抱着我，我们长久地拥抱着，以至于差点儿没耽误音乐会……然后季马看到了阿拉就呆住了。阿拉走向季马，握了握并抓住他的小手，季马一动不动地站着。我想，我的孩子激动到说不出话来了。记录这一难忘时刻的照片放在家中的某处，当季马 17 岁时，我将找出这张照片，给他看一下。

夏天仍在继续，无论是白天，还是夜晚都非常炎热，不给人们休息的空隙。白天我们尽可能待在家中，把空调开到最大，深夜出去散步，在海里游泳。几乎是半夜了，坐在“文学咖啡馆”——夏天椅子都搬到外面——喝冰柠檬汁，季马常常是伴着我们安静的谈话就在椅子上睡着了……我们把他带回车中，回到家给他脱掉衣服，再放到小床上。

窗外变得更黑了，深夜游荡在城市的上空，在这短暂的夜晚时光，我打开“斯普林”的音乐，在公寓的墙上作画。

取代旅行和演出有长达两周的休息时光：在我的演员生涯中，第一次一天只有几封邮件，电话也很少……这很好，但我知道，这样下去我是无法忍受的。我开始害怕，害怕不再收到不同国家演出的邀请，不再有机会遇到那些独一无二又当红的明星。第二周周末时，一种暗暗的惊恐笼罩了我。没有人知道这一点。从早到晚我都在听“斯普林”的歌曲，这是另一些新歌，最近发行专辑中的歌曲，我不喜欢这些专辑，它们带给人沮丧消沉、郁郁寡欢的感觉。但现在这些歌曲却恰好满足了我的需要。

让胡乱的猜测离开我的脑海，到黑暗中去，
从协奏曲的演奏中间，
穿过人群，穿过保安，穿过大门，穿过公园，
让它们在水面的桥上稍事停留。

请离开我的脑海，这里原本就混乱不堪，
请扔掉照片，舍弃废物，
请消灭罪证，
请把所有的光碟都扔进垃圾箱……

脑海中一片漆黑，但我现在回忆起这一切却很高兴，因为那段时间，我想说，是真正的、绝望的创作时间。每晚，抛掉沙画，我像一个疯子一样在公寓的空白墙上画画。我特别想拥有一套有空白墙壁的公寓……

空闲时我会不安地思考，如果不表演，我将做什么。事实上，除了画画，我什么都不会。每天夜晚坐在墙的前面时，我都要喝上几杯啤酒，

画画，直到天亮，然后随便躺在什么地方睡过去。

后来，我在演员圈讲述我这段时间时，我的故事引起哈哈大笑。原来，7 月中旬到 8 月中旬这段时间被很多人认为是“休假时间”。而我对此却一无所知。

8 月初又开始有演出邀请，很快就制订出来一份下半年和明年演出的时间表。

“我是一个张皇失措的人。”我告诉自己。

“你是一个张皇失措的人，”丈夫回答道，“我们去阿卢什塔吧，度假休息一下。”

“走吧！”我高兴地回答。我们迅速收拾好东西，车里放了三个季马的包，还有一个包里面是我们的东西，在包上面放上了季马的尿盆，我们第一次真正的度假就这样开始了。

一切就这样完事啦！黑暗时期到此全部结束了。

交谈者

2006年5月

在小面包车上发生了那个并不意味着什么的短暂的吻后，我来到了汽艇俱乐部，因这里发生的毫无生机的日常现象而吃惊不已。我记不太清这一切，但在我的脑海中保留着一幅清晰的画面，我是怎样从汽艇俱乐部来到“索利亚里斯”，拿着带有宽绳索提手的大画夹，穿着红色的衣服。在画夹里放着一些画和白纸。我身后玫瑰色的太阳正准备入睡，天空是温柔的紫罗兰色，狂风吹着我的背部。风不时吹打着我手里的画夹，画夹在我的手里绕着绳索提手打转。周围如此美丽，太阳在傍晚的烟雾中呈现出霓虹般的玫瑰色，而我却极度无聊。身体因为无聊而想呕吐。听着水兵大尉们平淡的谈话，我只想用手指塞住耳朵。“我在说梦话吗？”我问自己，坐在随着日落而逐渐变得昏暗的“索利亚里斯”沙滩上。这时，我来到水最深的地方，站着，闭上眼睛，试着倾听我脑海中唱的歌。脑中总是唱着什么。脑海中响起我曾经在某处听过但不熟悉的音乐，不过我没有问脑海中演奏的是什么……

在家里，我没有画画，而是站在镜子前，认真地看着自己。经常会很难认出镜子中的自己，这是常事，很多人都说过这一点。那天晚上就是这个样子。

我无法等到星期一，我想去辛菲罗波尔。我不知道为什么，就是想去那儿。

周一下课后，我和娜塔莎拿着各种各样的饮料来到我们最喜欢的那个多层建筑的楼顶。我们沉默地喝着饮品，仿佛这是最后一次相聚一样。

温暖的五月夜晚，我们又一次沿着马路散步，呼吸着新鲜空气，我几乎真实地看见了，什么东西在城市的空气中升起，荡漾，不断地变换。这种感觉非常好。

我没有给伊戈尔打电话，他也没有给我打。一切都有条不紊地进行着，像平常一样有趣、愉快、欢乐。

大约在所描述事件的前一个月，我还是去伊戈尔那做客了。这是那些平静微笑着的人后来告诉我的。

一天晚上，我们在我训练后见面了，决定去散步。在街上，他被一些收听广播的朋友“黏上”了，后来又来了一些人，我们一群人去了他工作的《克里米亚海滨胜地》编辑部。我们沿着街道举行欢乐的，完全是自发的节日，后来来到了一个朋友的公寓。在那，我们坐了很长时间，喝酒，谈话。凌晨三点左右我们才分手。

“到我这来吧，这并不意味着什么，”他和我一起乘电梯下楼时说道，

“多么好的人啊！”

他的家很有意思，但完全不清楚有多少房间。所有房间都是打通的，如梦幻般的列维坦厅。

我们面对面坐着，他跷着腿坐在椅子上，而我坐在沙发上。我们之间有一个圆形的木质茶几，上面放着苦艾酒、手表和咖啡。桌面上有几滴咖啡的污渍。我们一直不停地说话，抽着烟，吐出烟雾。不记得，我是怎么睡着的，也不记得，我梦见了什么。但这是明亮的、平静的、带有薄薄花边的梦。这些梦拖着长长的尾巴在我的头上沿着墙旋转着，在没有无际的房间飞舞着。

早晨，我在睡梦中听到音乐，闻到咖啡和巧克力的香气。睁开双眼，很快认出所在的房间，在沙发上躺了很长时间，欣赏着棚顶的阳光。从悬挂在天花板上的扬声器中传来音乐声。伊戈尔不在房间。

我看了看表，想起，学校第一节课已经开始了，于是拿起包，沿着走廊各个房间找“那个很好的人”。

在最后一个有着长长的窗户和双人床的房间里找到了他。他手里拿着书睡着了，根据他睡觉的样子，甚至是旁观者都很清楚，他是一个很好的人。好人连睡觉都很好看。我看了一眼书的封皮，“库尔特·冯内古特[①]”。

我决定不叫醒他，回过身踮着脚就离开了。在街上我回头看了看房子。我感到（在我的生命中第一次感到），看着别人的房子，却感到那是我的……

---

① 库尔特·冯内古特（Kurt Vonnegut, 1922–2007），美国黑色幽默作家，美国黑色幽默文学的代表人物之一。代表作有《囚鸟》《五号屠宰场》《没有国家的人》等。

未写完书中的两章

2010年8月末

我们没来得及在维克多的纪念日 8 月 15 日前将短片剪辑好，但这并不可怕。我们在制作这个短片的过程中，听了维克多那么多首歌，我们内心也发生了变化，我们觉得，过程本身就是一个纪念。

做沙画短片的同时，我写了一篇短篇小说。我人生中第一次可以从头至尾写完一个小说，不是头脑风暴，而是一篇带有情节的故事。写作是每天晚上伴随着崔的音乐和瓦西里耶夫的专辑“草稿”进行的。

故事是关于处在我内心世界两个完全相反、相爱又相杀的个体。我生平第一次试图理解并思考人物的心理，他的多变性，我发现，这是非常复杂的，几乎无法把握。

最后，我给这个故事起名为《值得等待》，不是因为电影叫这个名字，我只是这样想的。我就这样定了小说的名字。

我记得有一次，冬天我去斯塔娜那里。由于厚厚的积雪，我花费很长时间艰难地穿过广场到了她那，而周围的树枝晶莹剔透……

“斯塔娜！”

她的房间很温暖，泛着红光，散发着童话故事的味道和茶炊的香气。

“斯塔娜！我们那有一个刚出生的幼熊！”我在门口就向她高兴地喊道。

她让我坐在俄式的炉子上，直接穿着靴子，融化的雪块从鞋子上滴落下来。

“斯塔娜！一起去看看吧！”

我无法从炉子上爬下来，而她在笑话我。

“一起去看看吧！”

她神神秘秘地做着实验，做馅饼，庆祝节日，而房间里很热，不时传来干树枝咔嚓的声音，窗户上是晒干的花和浆果。晚上，温暖的小熊喝着盘子里的牛奶，调皮地玩耍。小熊在地板上打滚儿，撕扯着斯塔娜的笔记。整个晚上都亮着灯，我们整夜没睡，到早晨时由于疲惫而睡着了，没有看到，月亮是怎么来到斯塔娜这里的。

我不知道，这个故事是如何写出来的。故事是自己自发完成的。在写这部小说的那些日子，我做了些难忘的、愉快的，甚至纯洁的梦。其中一些梦变成了这部小说的一部分。

殿　下

深夜，但在“婴幼儿”用品商店还在进行着一场热烈而奇异的聚会。像是一个什么节日，或是一场宴会。也可能是一场展览。

晚上去艺术学校上课，我要迟到了。但是路灯都没亮。我经过一个地方，惊奇地发现门开着，晚上在这个公共的地方竟然传来噪音和灯光。我很好奇，就进去了，来到了一个奇异的王国，姑娘们和胖阿姨们在一起纵情狂欢。这个令人厌恶的聚会吸引了我，将我带到摆满奢华的苏联下酒菜及饮料的桌边。我喝着酒，这种不佳的气氛紧紧地攫住了我的思想……我发现自己的四肢随着狂欢那激烈的节拍而不停地抖动着。

我在舞蹈中醒来，怀着唯一的目标——逃跑，强迫自己的双脚向出口走去。而大婶们把烟卷塞到我的手里，拽着我。我抽着烟，头转向她们，向后退去，后面是台阶。

现在我怀着异样的眼光注视着这些站在房间里的人，突然发现了殿下，她平静地站在厨房的杂物间。她穿着一身白色的修女服。不，她在众人当中显得并不突出。她是宇宙中独一无二的个体。她自然是神圣的。所有站在她旁边的人都知道这一点，他们对着她抽着烟。他们把痰吐到台阶上，将黑色的烟灰弹到她白色的衣服上。我仔细打量着她的衣服，我发现，那不是修女服。在伊丽莎白·费奥多罗芙娜①的脖子上挂着花

---

① 伊丽莎白·费奥多罗芙娜·罗曼诺娃（Елизавета Феодоровна Романова, 1864–1918）俄国亚历山大二世皇帝第五子谢尔盖·亚历山德罗维奇大公之妻，俄国末代皇后的姐姐，以美丽和救济穷人的慈善工作而著称。1905 年社会革命党人用炸弹谋杀了她的丈夫后，她公开赦免凶手。后离开朝廷，成为一名修女，在莫斯科建立修道院，帮助穷人。

环——玫瑰色的、淡紫色的、白色的、黄色的。这些花像瀑布一样点缀在她的胸前，消失在她的腋下。

人群攒动，殿下的全身上下都是烟雾，人们都回到商店。她留下来，宁静，美好，尊贵，面带超凡脱俗的笑容，看着黑暗处。

我不知道如何是好，但我下定决心。

“伊丽莎白·费奥多罗芙娜殿下！”

“为什么你站在这，站在黑暗中？快到这里来！”

我走近她，低着头，我因没有在人们面前维护她，现在才出现而感到羞愧。

“不要折磨自己。就应该这样做。”

她拉住我的手，放在她温柔的手心中，我已经什么都不知道了，谁都看不见了，也什么都感觉不到了。她询问了我的童年，我的悲伤，委屈和绝望……我知道我哭了，趴在她的肩上幸福地哭着，而她抚摸着我的头，答应帮助我。

我们长久地站着，后来，我问她，是否可以拥抱她？

“可以，我的孩子。”

我拥抱着她，听着她的心跳，突然发下在她白色的衣服上有几个深深的洞，而洞里则是——黑色的虚空，我在那里看见了宇宙、星星和行星。

“殿下，这是什么？”

“就该这样，我的孩子。”

她的面容生动、神圣，特别友好、非常美丽——无法将视线从她的脸上移开。我在她的怀抱中感觉非常好，不想离开，但是听到她说：

“时间到了，你已经迟到了。永别啦！”

我跑着离开了，没有回头，但是在我的脑海中时刻萦绕着一个想法。我停了下来，去听这个想法。我听见：很快，他们将在 1918 年杀死她。你知道的，你知道的……我回过身，往回跑去，只害怕一点：她已经不在那里了，但她仍然在那。她微笑着，平静地对我说：

“您来拯救我吗？”

“是的，殿下。”

“不必啦。为什么你要承担不属于你的责任呢？该发生的就随它去吧。就应该那样。不要哭泣，也不要悲伤。”

我没有哭，我匆忙地跌入黑暗中。

做了这个梦以后，我开始寻找有关大公夫人伊丽莎白·费奥多罗芙娜·罗曼诺娃即黑森和莱茵大公埃拉公主的所有资料。一个幸运的机会，我得到了非常珍贵，甚至是独一无二的资料：日记、同时代人的回忆录、信件、画像……她确实是圣洁的、富有创作才能的人。为什么梦见她，我不知道，但是从那时起，我开始感到呼吸畅快。

精神失常

2006年夏

我认为，这样的时刻在生命中只有一次，它不可复制。

每天，你不知道，一个小时后将会发生什么，把装有朗姆酒的高脚杯扔向墙壁，在污迹之中一幅名画就这样诞生了。你会觉得，你处于战火之中，身边的一切都冒着浓烟，炸得粉碎，飞舞的碎块，如同是生命的最后时刻一样。

当鱼儿沿着房间在浓雾中游动，甲虫在飞舞，所有的一切都以碎片的形式出现在墙上，那里已经没有空余的地方。当房子在燃烧，你走在废墟中，在燃着熊熊大火的各处房间走过，将苦艾酒洒到火焰上。当昼夜你都沉默着，但是看着坐在你对面的人，你就知道了新的消息。这个人是假象，他并不存在，他是谎言，但和这个假象在一起的每一秒都好像是没有他的无限循环。

他的脸每一瞬间都在变换着，从他的脸上可以看到太阳的升起，夜幕的降临。

当你站起来，走在地毯上，感觉双脚似乎完全陷了进去，直到膝盖，感到自己下沉到白色的湖底，周围都是深蓝色的石灰岩壁。

“这不是爱，”他很快说，“并不意味着什么。”

“我们甚至不熟悉，每个人都有自己的世界。”

“完全正确。每个人都有自己的世界。”

精神失常仍在继续。

有一天在我们四处分割的房间里响起了崔的歌。在这之前，我没有听过崔的音乐。在这个充斥着新鲜空气的夜晚之后，歌曲以及诗人本身都成为我不可分割的一部分。

我不得不放弃一切：我放弃了在海滨浴场的工作，爸爸惊讶万分，因为我整个夏天只有一周去了那，其余的时间都在辛菲罗波尔。正是旅游旺季，我不仅负责宣传，而且还负责款项，监督收银员。最终和父母的关系破裂了，和码头的伙伴们闹得很僵，我甚至都没有时间想这些。对我来说，这都无所谓：我穿着最漂亮的衣服，用一周的工资去买最好的朗姆酒或者苦艾酒，坐出租车去辛菲罗波尔。不想坐公交车，所以沙画工资剩余的部分我都花在夏天涨价的出租车上。

深夜我来到那个大房子，他坐在台阶上，而在他的头顶群星狂热地眨着眼睛。

夜晚，燃烧的壁炉，明亮的火焰。诗句和急速飞向天空的形象混杂在一起。沉默穿墙而过。

我们中谁先承认这一点？似乎是你。谁走向壁炉，在几秒钟内激情燃烧起来？谁一分钟也无法忍受，在空气光滑的平面上画出奇怪而又勉强能看到的侧影？

一天，他把我那些画在光滑相纸上的疯狂画作拿到了“克里米亚海滨”编辑部。这段时期是期刊的转型期，期刊股东经常更换，杂志的尺寸变来变去，而编辑部准备从辛菲罗波尔搬到雅尔塔。伊戈尔告诉了我这件事，还说，他多半也会调到雅尔塔。这个消息是一个打击。我心里想着和他告别，要知道，我是无法经常去雅尔塔的。但是他将那些没有任何含义、留有咖啡杯和洒着咖啡痕迹的画作带到了编辑部。杂志社邀请我去杂志做美编。

这是我身为一个画家取得的第一次成功，也是我作为一个独创者的第一次胜利。最初让我设计一个专栏，然后是封面，再然后是杂志增刊的一个栏目。每幅画都有酬金，还送几本杂志。我认为，这是我的梦想能达到的高峰和顶端。也确实是这样：我继续在那两所大学学习，同时能够和喜欢的人一起生活、工作。在编辑部工作着一些聪明、有文化、有创造力的伙伴。没有规定我应该做什么，我身为画家是自由的……在我和伊戈尔没在一起时，差不多那里的所有员工就已经认识我了。所有人都很有趣、坦率，而且读过很多书，喜欢美妙的音乐，能够聚在一起喝酒、听音乐……

而在我们家里，一切则颠倒了。我认为，没有一部电影能够表现家里面的疯狂，那种从窗户里飞溅出的火星四射的光芒。现在说这个没有任何意义，也没有任何作用。就让这留在话语和情节之外，就让它留在被雪覆盖的时间里。

有几次我们真的要分手，但还没有走下台阶，我就回过头，走进充满灯光的房子。

整个夏天，没有一件我的东西长期留在他的房子里，甚至是牙刷，我也是每次带来，再拿走。来到他家，在离开他去叶夫帕托里亚工作时也是这样。只有画一直留着，在墙上，在天花板，还有用金色描绘的被雷击过的树干。

在他那有……还有什么——恶、善、激情、温柔、憎恨？什么也不是。经历过类似事情的人知道，话语只会将其弄乱。当时，没有什么比我们那段短暂又长久的生活更为重要的了。

就这样，泛着青铜色光彩的八月结束了，金黄、鲜艳、蔚蓝而透明的九月到来了。

于是，我要回家，
要么成功，要么失败，
要么富有，要么贫穷，
但要尽快……

童 话

2010年8月末，于格但斯克

多么美丽的城市啊！在蓝色的天空下，矗立着彩绘雕饰的建筑，珍珠般闪耀的河流。城中有个大型造船厂；在造船厂里，荷兰、德国、捷克和波罗的海等元素混杂在一起，但这毕竟是波兰。为了到格但斯克，我们斜穿整个波兰。现在，我们处在文化和海港的十字路口：这里是格但斯克，旁边穿过海湾就是加里宁格勒，在我们的西边是什切青（原名斯德丁），一个德国的城市，安哈尔特·查尔布斯特公爵的女儿索菲亚·弗雷德里卡·奥古斯塔公主，即我们所熟知的叶卡捷琳娜二世女皇，就是在这里出生的。

就这样，我们来到了格但斯克。

我们的车穿过整个乌克兰和波兰——自南向北。我们原本没有打算乘汽车，但我们的助手弄错了飞机起飞的时间，所以我们到达机场的时候，飞机刚好起飞。只有一点让我们高兴：演出的日子是明天，而不是今天，但根据汽车导航仪的指示，我们可能无法准时到达。但豁出去试一试，于是我们就出发了。我非常高兴：那时我还很害怕坐飞机，尽管已经坐了很多次，但是我将可以乘汽车的旅途作为意外之喜。

神迹再次发生：我们不仅成功赶上了演出，还有时间在古老的格但斯克漫步，看看如童话般美轮美奂的广场，买各种各样的酒，看看著名的造船厂。

晚上，宾馆，车，我们都在演出的广场上。

波兰总统布罗尼斯瓦夫·科莫罗夫斯基的演讲，我几乎都能听懂，尽管他说的是波兰语，音乐家和歌手的演唱让人难忘。令人惊讶的是，尽管有总统出席，但在广场入口处却并没有看到一个安保人员。

音乐会的演出很有趣；它是为纪念波兰“团结工会”成立 30 周年而举办的，“团结工会”是波兰的工会团体，保护整个国家工人的权利。这一天在波兰是国家法定的节日。上台演出的是波兰娱乐圈的“明星们”，他们中有一些我认识的人。高水平的组织，从服装设计师、化妆师到政府代表，所有人对我们的态度都很友善，这一点使我们很愉快。然后是焰火表演。一整天大家都在谈论焰火表演。整个活动，我指的是音乐会和随后的焰火表演，都是在造船厂的大广场上进行的：舞台及周围场地的规模都超级大。

我们本来不想去看焰火表演，我和伊戈尔很疲惫，想要在化妆室舒适的沙发上躺一会儿。但我的化妆师：一个美丽的、个子高高的意大利女人，几乎把我们硬拽到舞台边：

“我向您保证，这个焰火会使您终生难忘！”她承诺说。

确实如此。

这简直是奇迹般的表演。除了不可思议的空中焰火表演，还有一些固定在很多起重船、钢筋柱子上的精巧设备。这个焰火表演使我们产生一种感觉，焰火似乎在我们心中绽放。当胸前燃着焰火的杂技演员在空中飞舞时，整个令人惊叹的表演到达了高潮！这一切都伴随着激昂而又庄重的音乐。

深夜，在位于格但斯克古老广场中心的宾馆中，在舒适温暖的壁炉旁，我们吃了晚餐。

早晨，不想离开这个布满彩色雕饰、点缀着明亮色彩的海港。

漫步在古老的店铺旁，买了一大堆杂七杂八的物品——幸运的是，我们是乘车回去，而不是坐飞机，终于，我们把东西装上了车，离开了。

9 月 1 日至 2 日的夜里，当我们抵达乌克兰边境时，不得不排了近六个小时的队。原来是捷克和波兰的一些地区下了大雪，所以很多高速路上出现了真正的交通堵塞！很多司机决定从我们这条路线出境。

而家里还是一如既往的阳光明媚。

爱 情

2006年9月–12月，于辛菲罗波尔

在我们疯狂的恋爱生活中，秋天到了，寒冷的日子也来临了。穿堂风在我们的房子里肆意地游荡着，房间的窗户响着。我们喝着热茶，当然，还有伊戈尔用独特方法煮的咖啡。

我们把啤酒加热，晚上一起读书、沉默不语，而深夜，一些从未有过的、鲜活的主题出现在天花板上。

就这样，我一次也没有在集体宿舍住过，只是偶尔去取一些书和放在我书桌中的旧提纲。我们宿舍房间当时还分来一个女孩，但是我连她叫什么名字都不知道。

课我是上的，但不是所有课都去听。那里还和以前一样有趣，但在那个奇特的，总是新奇而热闹的房子要更加有意思。

“诗意的时节”到了——天开始变冷，渐渐地我的一些保暖用品出现在伊戈尔的房子中。

我买了一个黑白相间的大保暖床罩，并把它带了过来，我们就盖着这个床罩睡觉。

房子里出现了名为“教授”的猫，是我从拓普洛夫修道院带回来的。

伊戈尔养了一条狗。在我去他家前，我难以想象，伊戈尔这样的人居然会有宠物，而且是一条狗。这条斗牛狗叫贝特，还好它的品种没有使我感到惊讶。伊戈尔自己开玩笑说，所有的狗都像它的主人……这条狗和他的主人就像两滴水一样相像。

我们很少长时间的分开，已经不是每周都要分开了，但有一次是差一点就彻底分手了——这是这段奇怪同居生活中最沉重的回忆之一。辛菲罗波尔圣三一教堂出口的左边挂着显灵圣母像。在圣像上有很多金色装饰品——那是获得圣母帮助的人送给她的礼物。圣母像上挂着我的一条细细的金链子。我还记得我站在圣母像旁的那个秋天。我所祈求的变成了现实。

……

做客的人来来去去。我们去了雅尔塔，下课后我立即坐上公共汽车，来到这个安静的秋日正浓的城市。那的秋天特别美。

而我们家乡却在下雪。一天早晨，窗外第一次铺上了白色的地毯，我将雪球抛到窗户上，而他将雪球抛过楼顶。

现在的记录来自我意识中头脑风暴式小说的新内容，不是在大桥上进行，而是在伊戈尔的家中，也就是在冰与火的桥梁间。文本奇怪，充满隐喻，连我自己都不理解。比如下面这段文字。

日出（安提·妮卡①）

妮卡："喂……"

我穿上外套，跑到甲板上。现在我就住在附近，距离深渊咫尺之遥。但耐心渐渐消磨，所以飞奔到驾驶台，打开仪器，感觉手中的船舵震了一下。那还用说,22天没有驾驶帆船了……

是的，他知道，旁边就是海洋，岸边，日落。没有一个日出，没有一个。

我的头可笑地从位于空荡荡沙滩中的更衣室里露出来。怎么能不露出来呢？！我很紧张，蹦跳着，咬着铅笔。

"喂！我在家，在家！"

我离开码头。出了海湾，留下一条玫瑰色的航线。随着咔嚓的声音，驶进刚刚漆好的码头桥下……

安提："晚安……"

灰白色的日出淹没了海湾——今天的日出简直令人窒息。今天帆船沉没了，我需要到那里去。

水上完全是另一个样子——没有高高的桅杆，没有白色的横木。只有摇篮曲般地密集的钟声：一声、两声、三声、四声、五声、六声……

---

① 安提·妮卡（希腊语，安提—代替，妮卡—胜利）——音译恰好是"代替胜利"。小说有双重含义：正如两个人物的名字——他和她（大尉和汽艇），"代替维多利亚"。"维多利亚"号是叶夫帕托里亚的大型帆船，1992年由于在岸边撞了个洞而沉没。在2010年前一直侧翻，之后它的船体被拆除、毁掉。（2006年做的附注，2012年进一步完善而成。）

这就是全部。

我的脖子上晃动着一条贵重的绳索，云在我脸上映射出斑驳的光影，阳光融化了我脚下的碎冰。

没有地方可去。它把我的东西连同它自己的东西、钱还有证明我身份的纸都带到了海底。也就是说曾经有过。我不知怎么想起了拜伦？是的，我的心是阴郁的……

四天的时间，帆船沉到了海底，这既不是垂死挣扎，也不是梦境，而是疯子般地胡来，游戏，我无法干涉它。我从未称呼它为“维多利亚”，只是称它妮卡。当甲板平稳地消失在水底时，它转过身，将桅杆放到水中，盖上刚刚落满雪的毯子。我只是站着，引用拜伦的诗。声音不大，但可以听见。

我灵魂阴郁……

……

用轻柔的手指向我耳边

弹弄出喁喁细诉的低语

“晚安，妮卡……”

但我不是间谍，对不起。

我把手伸进兜里，拿出日出和信用卡，在海中。手里拿着没有喝完的龙舌兰酒，渔民给了我一些盐。

妮卡

我没有背叛你，你知道的。但我去过那里。你不是间谍，甚至不是诗人……谁把你带到这儿的，他不知道该怎么走……要无声地，穿过走廊……

安提

我看到了，他们是怎样上的船。模样清瘦而优雅，还搀扶着一些脸庞晒得黑黑的大胡子野兽。怎样带来了昂贵的饮品，怎样带走了多余的家具。把发出嘲笑的人们和赤身裸体的人扔到了船外。

妮卡

你看到了吗？

安提

在汽车行进过程中跳出公交车，脱掉红皮鞋，绊了一下，追着海浪奔跑。雪白的天空，一块黄油，泡沫，香槟。如此鲜活，自在，符合我的心境。我大声欢笑。去碰碰运气。

时间

帆船看见了大海。它遇到了两米高的巨浪，暴风和强降雨。南风刮了三天，散发着浓烈的海草味，将码头上的旗撕扯了下来。在码头等待着。第四天，这样的天气消失了，突然打起了闪电，空中出现闪电细细的白光。城里的人们上了船。他们想这样——于是鼓敲了起来。一下，两下，三下……

海上出现了一层薄薄的天蓝色，城里则下起了暴雨。真是一座令人惊奇的城市，一座奇怪的城市。如果房屋被海水淹没，这意味着——某地正在燃烧。海浪认真地将上述内容带向大海。这个城市既没有语言，也没有梦。

妮卡

那里既没有舵手，也没有管理员。找到了一位船长。这个人生活在帆船里，睡在帆船里，但呼吸着自己独有的空气。他厌倦了大海。

你知道，我是做什么的吗？沿着海岸大道到处走来走去，说着些无用的空话，看着经过的行人。当我闲谈够了，游荡够了，我就去白色咖啡馆喝咖啡，吸着别人的烟，选最长的，几乎看不到边际的，在餐巾上写着无用的东西。他们中谁也不知道，我的身躯来自混凝土，而大脑……

安提

他等了它半年。它还在造船厂，但我知道，它长得什么样。巨人！长约 7 米。

一天晚上，当所有人都睡了，它从舰桥跳到甲板上，现在它掌控了我。我不是你的主人，妮卡。如果你想的话——到海底来吧！

时间 :“今天 17 时 40 分“维多利亚”号帆船触礁，沉入海底，进入大海的怀抱。市长……

妮卡

我们这没有暗礁、市长和广播。你停留在梦中的芬兰湾，如果你愿意的话。我和被打穿的船待在沿岸的浅滩，太阳在那里畅快地跳动着……

安提

你知道，这通常是怎么发生的吗？当海天间的界限消失，美丽的月亮出现时，我抓住雾，扔到一边。我们相互投掷。雾快速地奔跑着。夜晚是疯狂的，桥梁也是疯狂的，影子把西向的金色火球切成两半。

我爬下台阶，躲在海水冰层下的沙子中……

妮卡："我会告诉你……"

这不过是天花板。谁能保证，它不会由于下一次打击而砸向我的头部?

我坐在温暖的房间，室内充满了浓郁的香味，到处是干花以及一把奇怪的武器。我烤着火，喝着扁平大茶杯里的茶。

我已经两岁了。在我的生命中只有一件事使我惊讶。两种情况的法则。例如，雪天的两个早晨。

安提："雪天的两个早晨。"

穿着背心、裤衩站立着。

"哎！"

"别喊！到这来，身体暖和过来了吗？"

小心地靠近房子，尽量不被冰割伤。在他的身下，一些不认识的鲜艳花朵直冲云霄。当手中放不下花束的时候，门开了。用斧头凿开冰。

妮卡："第二个早晨。"

早晨。甲虫在飞舞，野草在生长。

铅笔找到了。烧焦了。画的是一个花束。按照有福之人的意愿五个不幸的事情中总会有八次幸运之事。

春天的雪如同肥皂泡一样。

大胡子管理员生气地问道：

"难道您不燃烧吗？"

"为什么？我燃烧……只不过他们并不出售。"

"您是画家，姑娘？"

"大概是吧……"

"哦。你看，又有一个人来这了，您认识他吗？"

我睡着了。大概，不会醒来了。请你原谅我，好吗？

安提："停！"

吊车咔咔作响，拖船无力地停止了运动。雪花安静地下着。停下。

这是码头门口的标牌。失去理智的月光，吱嘎作响的潮湿木板击打着我的后脑勺：快，快，向前。我走啦……

你的两个桅杆，妮卡，你的横木，扶手索，帆……所有这一切都沉到了海底。太阳从那升起。

我原谅你……

我所有的空闲时间都被这些奇怪的东西占据了。我画我所写的东西，把网和石头涂上金色，我总觉得，以前是这样，今后也如此……

把这一章拼到一起，包含了从 9 月到 1 月的漫长时段，我知道，即使这样这一章也不会太长。都是一些怪言怪语。

在这个房子过的新年：没有枞树——要它做什么，死气沉沉的，整个花园都是金色的，飘荡着彩带，树枝闪动、火光飞溅，射到我们窗户的玻璃表层。在桌子上，在地板上，在书架上和窗台上——到处都是蜡烛，高脚杯和各种饮料。我们脚下是城市，头顶则是绽放的礼花。

一种奇怪的感觉，不是新年的感觉，只是怪怪的。既不好，也不坏。在这新的一年我们将发生什么——有什么不同吗？完全有可能——我们将各自生活，很可能……我们中没有人可以准确地说出，甚至是玩笑，这新的一年会带给我们什么？

欧亚大陆

2010年10月，11月，于叶夫帕托里亚、慕尼黑、香港

从 9 月到 10 月都在为“2012 欧洲杯”拍摄短片。之所以这样原因如下。

文化旅游部给我们打电话，提议拍摄一部宣传乌克兰的沙画电影短片。这些短片会在俄罗斯、白俄罗斯、波兰的国家电视台播放，脚本是我自己写的，也是多语言的，包括乌克兰语。拍摄了很久，但拍摄过程很吸引人。那时是我第一次开始对足球这种艺术感兴趣，现在，我真的是爱上了足球，成了一个足球迷兼画家。

随后，我们拍摄了另一个短片——克里米亚的沙画宣传片。整个工作对于我来说都很有趣；在为安部不由美拍摄音乐短片特别是拍了《最后的偶像》后，我明白了一点，我对影视工作特别感兴趣，这似乎是影

视工作的开端。

10 月末我们又一次去了慕尼黑。常常会有这样的情况，曾经爱过一次，又会再次爱上：慕尼黑就是我爱上两次的城市。

我第一次与时尚界打交道是为埃麦尼吉尔多·杰尼亚[①]品牌制作沙画故事。这是一个生动且非常有创造力的作品。由此开始了我和时尚界的友谊。

我们在巴伐利亚待了一段时间，喝喝啤酒，好好儿休息了一下，几天后我们就回家了。

季马由奶奶照看，开始去启蒙小学，因为食物过敏他没有去幼儿园。他变得很聪明，是一个有好奇心的男孩，每次我表演旅行之后，季马都会详细地询问我去的地方。我们在书店买了一个世界地图，尽管季马只有 3 岁，但他已经会在地图上做标记。当时，几乎所有南美国家的首都他都知道了。我们正是从南美洲开始学习地理知识，因为我儿子特别喜欢秘鲁的音乐。

这是偶然发生的——难道在我们的生活中还会有其他的方式吗？当季马不到一岁时，我们沿着叶夫帕托里亚的滨海大道散步；我们已经将季马第一辆平躺式婴儿车换成了可坐式婴儿车。在海边我们听到令人惊叹的声音：好像风吹过狭窄的空植物茎发出的声音。在林荫路的另一边站着一个印第安人，穿着西服，头上戴着羽毛，正在弹奏着一些奇怪但很漂亮的乐器。这是个秘鲁人，名字叫安德列斯，后来我们认识了。我在他那买了两张音乐光盘，在家里，季马睡前放给他听。从那时起，每

---

① 杰尼亚（Ermenegildo Zegna）是世界闻名的意大利男装品牌，始创于 1910 年，最著名的是剪裁一流的西装，亦庄亦谐的风格令许多成功男士对杰尼亚钟爱有加。

个晚上他都会说：“妈妈，放大海叔叔的歌”。我们把那个秘鲁人就叫大海叔叔。几乎每天我们都会去听他的演奏。

当季马长大些的时候，他会问：“这个音乐是关于什么的？”于是我得扮演……角色，我也不知道是什么角色。只要让他产生联想就行。我说，这是遥远国度——秘鲁的歌曲，这个国家坐落在大洋对岸，太阳的最后一道光线沉入水中，而上面是群山和峭壁，在悬崖边生长着一棵孤零零的树……我说的是我在听了这些令人赞叹的歌曲时自己对这个国家的想象。树看着日出、白天、日落、夜晚。深夜，它和离它非常近的星星说话。一天，树变成了人，将自己对那段时间的记忆，对那些时光（树矗立在山边的时期，山下面那块美丽的土地就是秘鲁）的记忆融入音乐之中。

从那时起，我的孩子就开始期盼着自己长大后，我们可以飞到秘鲁。当时，我们阅读有关南美的书籍，听南美特色的音乐。

11 月初，我们飞往香港。

这是个摩登城，庞大，科技发达，充斥雾气，如同吕克·贝松《第五元素》中的布景一样。我们住的宾馆——是维多利亚港最低的建筑——共 45 层，我们的房间在第 43 层。很好喝的啤酒，真的，泰国牌“大象”啤酒。早晨我们就去坐渡轮，沿着海湾游玩。逛了销售瓷器、丝绸上衣和茶叶的商店。天气很热，尤其是想到家里是 11 月份这个事实。这儿的空气潮湿，但并不清新，因此呼吸艰难。

这次出行陪我们一起去的还有我的爸爸。爸爸很快和很多人成为朋友——直接在大街上认识的，父亲问，我们走得是否对，行人一一进行了答复，问父亲来自那里。非常友好的市民，其中很多人不是中国人，而是其他国家的移民——尼泊尔、菲律宾、泰国。第一天晚上，我们在滨海大道散步，坐在码头的一间咖啡店喝咖啡，结识了那的服务员——一个非常善良亲切的姑娘。她把菜单上所有的菜品都详细地告诉了我们，并推荐了饮品。我们每个晚上都去那，交谈中得知，我们这位新朋友来自尼泊尔。

抵达的第一个晚上睡不着：我生命中第一次进行这么长时间的飞行（10 个小时）在起作用。整个晚上都在画画，等候黎明的到来，开始从 43 层的高度观察着，做速写。

早饭后，在城中差不多逛了一整天。

晚上，稍事休息后，出发去广场。

我的演出是国际金融会议的开幕首场演出。尽管观众来自世界上各个国家，还是非常热情。表演完，和观众交流后已经是下半夜了，我和伊戈尔去了宾馆大堂酒吧，点了“大象”牌啤酒。我们坐着，看着空空的立交桥。令人称奇的是，在这个百万人口的大城市里几乎没有堵车现象。之所以造成这种现象是因为建有多层级的高架桥，在去往机场的路上几乎只有我们一辆车。

在离开的那个夜晚，我们爬上了宾馆的顶层。周围是奇怪的噪声，更确切地说，是某种嗡嗡声。这种嗡嗡声来自数十架直升机：在维多利亚港的每幢高楼都建有直升机场。而在马路上我们几乎没有看见绿色植物，除了滨海大道的高山花坛。绿色植被生长在楼顶——那天早晨当我画城市时，我从房间里面看到了这一景象。

在去机场的路上，我们的司机告诉我们，在香港，甚至在整个中国，可以根据人们所住房子的楼层数来判断这个人的生活水平。建筑越低，房子越贵。司机兴奋地说，商人们每逢休息日就会到位于香港郊区山脚下的两层建筑休息。他们临时租赁个独栋别墅，对于他们来说，在充满异国情调的两层楼里过上一段时间，那种感觉太棒啦！

我再次因生活在叶夫帕托里亚而庆幸——我们城市最高的楼只有16层。

我很喜欢香港，只是由于经常乘坐极速电梯，当然还有长途飞行，我在回来后有一周时间走在坚硬的地板上时，始终有一种“飘飘然”的感觉。这种感觉是在坐极速电梯时出现的，很难用其他词语描述它，用“飘飘然”完全可以。

非常懊恼的是，在我们从香港飞往法兰克福的时候，我们遗忘了一个非常漂亮的东西。一个中国古代仕女瓷器，非常精致的艺术品，我们在海岸另一边的一个商店里找到的，并买了下来。我们买下她，回到酒店房间后，欣赏了好久。但我们把她落在香港了。不，我们当然向失物招领处求助了，还帮我们刊登了告示，但这个瓷器还是没有找回来，非常可惜。

我们回来了，我最终还是把送给娜塔莎的生日礼物做完了。我很早以前就想做这个。是一部奇特的、看起来无情节的微电影，但……娜塔莎收到这个礼物一定会非常高兴。

伊戈尔什么也没有问，只是剪辑好了这个奇怪的东西，我把礼物通过电子邮箱寄给了娜塔莎，虽然有些晚。娜塔莎写道：非常，非常感谢，朋友！这是我在这五年来读过的最好的话……

我的朋友……

永远不要悲伤！

今夜和我一起……

一醉方休……

乌拉……

破　裂

2007年初，于辛菲罗波尔

有段时间，我喜欢白天，讨厌黑夜；还有段时间，我以黑夜为生，而白天等候着时间的流逝。不久前完全是以前没有的样子——每天的时刻都没有界限，日与周之间也没有界限。而现在到了白天和夜晚都感觉不好的时候。

这样的时候到了。

我们互相折磨着，一句话也不说，甚至不看对方。空气中弥漫着毒气，但没有人打算打开窗户。

我们独自喝着啤酒，轮流睡觉——一个人睡觉，另一个人坐着，看着空中，在这空中已经很久没有人飞过了。

我们去了雅尔塔，和朋友们见了面，庆祝了旧式新年。我坐在枞树下柔软的土地上，整夜地哭泣，抽烟，唱歌。恨这个城市，这种生活，这个奇怪的停滞。爱还是不爱。

不同于之前的日子，这段时期我们一直是大家关注的焦点，杂志社交给我们共同的任务：一起拍系列照，一起准备广告的材料。最后，我们成了记者中众所周知的一对，雅尔塔编辑部事实上把辛菲罗波尔作为一个区派给了我们。我们出现在克里米亚的各种大型活动中——新型汽车展览会的开幕式和精品服饰店的开店仪式、推介会、晚会。一度很有趣；人们喜欢我那太空服式的皮衣、雨衣、超瘦的紧身短裙。很多人认识了我。人们是单独认识伊戈尔的，有时处在同一个大厅，互不理睬对方给我们带来一种受虐式的满足。

该到结束的时候了，我们只是因为惯性还住在一起，他有自己的空间，我也有我自己的空间。每天，我都告诉自己，该是控制自己感情的时候了，该把东西搬到集体宿舍，结束这一切吧。去图书馆，和娜塔莎在公园散步，写写东西。

回忆爱情和温情的时刻是这段黑暗岁月中短暂而明亮的闪光，那是新的、最后的、我们无限珍视的回忆。就好像戴着面具什么也看不见的两个人突然找到了彼此，用手感触着摘下了对方的面具。这就是爱情，毒药淹没并消失在爱中，似乎，一切又都重新开始了。

到了早晨——新的停滞。

一天，我们一起去拜访我的父母，那是 2 月初。那是父母第一次见伊戈尔。吃了晚饭，晚上在叶夫帕托里亚过的，第二天早晨回到了辛菲罗波尔。一切都很温馨，主要是我父母很高兴。但现在看来已经不意味着什么了。

又一次去了雅尔塔，我画画，他写作。

与一起生活完全不一样的是，我们在一起工作却很顺利。《假日》杂志新的产物——《普切拉乌特》，这是一本青年消遣刊物，由我们两人一起负责。事实上，伊戈尔是编辑设计，我的美术经验已经不仅用作插画，我还是排版顾问，甚至是记者。编辑部还安排我们拍写真，于是我们两个人成了封面上的人物。写真的名字很有趣，好像是“酸月亮”——拍摄的背景是一个挂在空中的大大的弯月，我们穿着黄色的漆皮衣服，戴着大大的眼镜，接吻，喝着龙舌兰酒。地面上都是盐，我用盐画画。我们的关系获得了新的转机。“就算不是爱情，但我很喜欢我们一起工作”——我决定道。

三月，举行了新杂志的推介会，在辛菲罗波尔一家大饭店里还举行了一场盛大的晚会，我们成了晚会的焦点。我们因对方而骄傲。我认为，这不是爱情。

一周后，我颤抖的双手拿着近在眼前的带有两条横线的测试纸，但不敢相信自己的眼睛。

特级象棋大师

2011年3月，于阿卢什塔、叶夫帕托里亚、基辅、尼斯、蒙特卡洛

3 月的“海洋”疗养院并不是“旺季”，但我们这次来勉强才找到空房间。原来很多人来这庆祝“三八妇女节”。

季马和一个小姑娘卡佳成了朋友，整天在游泳池游泳，和我一起去哈曼——一个土耳其式澡堂，他很喜欢那。那的收音效果很好，盖着小被，躺在很热的大理石上，他大声地唱歌，高声叫喊，听着自己的回声。

回到家时正是四旬斋前最后一个星期日的晚上，我们去参加晚祷，后来还吃到了薄饼，欣赏了送冬迎春的夜晚。

3 天后，3 月 8 日“妇女节”这一天，我们像往常一样，和季马在海边散步。回家后，我们打算给季马洗手，但这个“小机灵鬼”飞速跑出浴室，向自己的房间跑去。他总是从一个他应该在的地方跑到另一个他

不应该去的地方。他试图从自己房间半开着的门快速穿过去，但没有计算好速度，冲过去的时候，额头撞到门的边缘。撞破了额头，很严重，但没有流血；尽管我们从冰箱里拿出冰块给他敷上，但头上还是立即出现了血肿。

我们叫了救护车，本以为,3 月 8 日救护车来得会很慢，但年轻而又有礼貌的医生 5 分钟后就到了。

“您来得真快啊！”我赞叹道。

“我正好在隔壁，”医生回答道，“您很幸运：今天我一个人值班。如果早晨打电话，要等很久。您打电话时刚好不忙。”

他检查了一下伤口，很快就使正等着专业意见的季马放心了。医生说，问题不大，但最好去拍个头部 X 光，检查一下脑内部是否有伤。

我们去了医院，走廊是空荡荡的——这在我们这很少见，外伤科的走廊里总是排着长长的队。在 X 光室我们前面只有一个病人——是一个小姑娘，季马的同龄人。她坐在妈妈的怀里，脸色苍白，时不时地哭几声。等着叫号的时候我们聊了起来：原来，像我们的季马一样，这个小姑娘在浴室里摔倒了。地板很滑，她头着地，现在她很恶心，感觉很不舒服。这两个小朋友由于不幸，头顶着大包坐在一起，真是一幅令人悲伤的画面……

离开医院回到家，我们把季马哄睡，我们舒了一口气，以为我们的突发事故已经结束了。但这仅仅只是开始。

季马因剧烈的咳嗽和高烧醒了，他患上流感。

第二天，伊戈尔的父母来了，季马躺在床上，高烧 39.5 度。我和伊戈尔本应该飞往摩纳哥，那有一个世界象棋冠军赛邀请我们去演出。现在能否出行都是一个问题。而且，我被儿子传染，自己也高烧，咳得很严重。非常可惜，我想出的关于象棋的故事《人生如竞赛，竞赛如人生》，非常想把这个故事展现给观众……

最后，我出发了。和我一起去的还有我的父亲及助手谢廖加。伊戈尔和他的父母留下照顾季马。

我们坐爸爸的小汽车去鲍里斯波尔，为了赶早上的飞机，我们夜里出了城。当我们离开城市大约200公里时，下起了大暴雪，雪很大，以至于我们走的路半个小时内就被雪完全覆盖。爸爸和谢廖加下了车，开始清理路上的雪。不止我们堵在路上：前面有一辆坐满乘客的客车。可怕的不是我们已经赶不上飞机了——这是一个不可抗力，而是暴雪愈下愈大，使我们既无法去基辅，也无法回家。我躺在爸爸小汽车的后座上，遮住头，我感觉很冷，不知道自己烧到多少度，但头很痛。

最后，一个半小时后，他们清好雪，这样我们可以继续前行。我认为，真正的奇迹是我们可以继续前行，但最大的奇迹在基辅等着我们：我们不仅赶上了飞机，还在办手续开始前到了机场。按我的计算，我们从叶夫帕托里亚到基辅只花了6个小时！

早上我感觉更不好了。住在基辅的托利亚叔叔（他是我父亲的朋友）来机场看我们了，他带来了装有神奇药剂的保温瓶和退烧药。无论是之前，还是之后，在药剂起作用后，我都不能不说：“病痛顿时消失”。但当时又发生一件奇事，在飞机上，我感觉自己比生病前更好了。对此我很惊讶，但爸爸告诉我，有些人甚至可以通过飞行治愈疾病，这和高空的空气有关。

巴黎，中转。晚上我们已经在尼斯了。

真是蔚蓝海岸，即使黄昏时也很温暖，雅尔塔般的空气。敞篷跑车接我们去法国与摩纳哥接壤的酒店。路上我们花了大约半个小时，道路依山而建，荷兰司机大声且愉快地吹着口哨，昏暗的天空发出柔和的光。

我们的酒店很好，主要是建得很巧妙。入口处——是一个四层高如同手风琴般的建筑，有一些台阶和小长廊。但另一边的楼层有两倍多，它们向下延伸，窗户都朝向大海，因为酒店刚好建在山上。也就是说，酒店从悬崖边的山中广场开始，延伸到悬崖，扩展到平缓的地方。这一切我们不是立即就知道的，而是到了早晨，走到占据山一整面斜坡的花园才明白过来。

从我的窗户可以看到法国的海岸，以及意大利同法国的分界线。从父亲房间的窗户可以看到蒙特卡洛。

我觉得非常可惜的是，伊戈尔没能来，我知道，他一定会喜欢上这里的……

已经很晚了，但是我和父亲还是克制不住，决定去蒙特卡洛走一走。没有走很久，只是在中心部分滨海大道和赌场周围逛了逛，很美。有很多俄罗斯人，通过停在滨海大道上的豪车就可以认出他们。法国人和意大利人步行逛街，享受眼前清新的空气。

多么美妙的早晨啊！我从床上跳起，穿上便服来到阳台。地中海在我眼前闪动，长着柏树的林荫路散落在海岸。拿起铅笔，我飞快地画着眼前的一切……

整个早晨我们都沿着布满美丽山间植被的花园散步。然后出发去演出现场，为演出做准备。

那正是前天晚上我们散过步的地方，在著名赌场的对面。这里是很有名气的“咖啡甜品店”，蒙特卡洛的传奇。

我们仔细看了最顶层的大厅，那里已经装好了设备，我在新的场地排练了一下自己新的沙画。我很满足，感谢了团队，在夜晚来临前与大家告别了。

我们和翻译——一个可爱的姑娘塔妮娅一起逛了市中心，她礼貌地给我们讲述并展示有趣的事物。在游玩期间我们看见了狂欢游行，发生了一件有趣的事情。

我们和数百位其他行人一样，给穿着威尼斯服装游行的主人公们让开了路。在他们后面走着的是一群不可思议地装扮成折中主义团体的人们。他们走走停停，好让媒体代表和有意愿的人拍照。然后人们开始走近他们，在他们的许可下合影。我也站在戴着古怪面具的队伍旁边……很可笑的是，人们开始和我合照！不，不，完全不是因为我多么出名，而是因为我那红色的披风。人们将披风当作游行服装了，但最有意思的是，不仅行人，而且游行的人们也想和我合照！尽管这种情况很滑稽可笑，但还有些合理成分：设计披风的人，曾因给一个著名的游行狂欢活动设计服装而获得威尼斯市长亲自颁奖。回到家后，我给这位设计师打了电话，讲了这件事，她很开心……

晚上，化妆室，准备演出。大厅里坐着顶级象棋大师和知名学者，我很紧张。我在今天晚上做的，不仅是展现用沙画勾勒的故事，这是首次将沙画和其他艺术手法结合起来。自童年起我就很喜欢象棋，参加了我们中学的象棋俱乐部，不只是简单地下下棋，而是建立某种自己的人物体系，例如，象棋盘上所有的角色都是战士，除了车以外，车是胖乎乎的女磨坊主，给军官们提供粮草，有时把她们藏在田野里不存在的磨坊中。她们只能走直线，也就是没有大智慧，并不狡猾，但身体很强壮。除王后外，最狡猾的当然是马。马拥有最费解的路线，很狡猾，但无条理，所以经常被吃掉。

这个体系，多次改变、重建，从我最开始下象棋时就牢固地存在我的头脑中，我很高兴，有机会创作这个故事，不仅展示给观众，还展示给喜爱象棋的人。

领我穿过大厅时，我匆匆地看了看那些一直是我偶像的面孔。我像孩子一样几乎要喊出声来：“啊！克拉姆尼克[①]！”

主持人介绍我之后，我开始表演，我喜欢伊戈尔为这次演出准备的音乐，我至今都认为“象棋”是伊戈尔最好的音乐作品之一，与“战争”和“不要迟到”是一个水平。我再次为伊戈尔没有来而感到遗憾。

我受到热烈的欢迎，这些人们显示出知识分子在非正式场合所具有的自家人般的友善。在演出结束后，弗拉基米尔·克拉姆尼克来到我的身边，我们相识了，我们交谈很久。他个子很高，当然，这在比赛时是看不出来的。我们谈论各种事情，喝着葡萄酒。我始终不敢相信，这个对我来说意义重大的会面真的发生了。后来，他把我介绍给其他人，其中不仅有著名的象棋大师，还有来自世界各国的学者。我的父亲站在旁边，看得出来，父亲非常想走近，握一握弗拉基米尔的手，但是他犹豫不决。我把父亲叫来，介绍他认识弗拉基米尔：

“这是我父亲。”

“弗拉基米尔，”象棋大师介绍道，“您有一个才华横溢的女儿。”

---

① 弗拉基米尔·克拉姆尼克，俄罗斯著名国际象棋手，1992 年获特级大师头衔，2000 年至 2007 年，是国际象棋世界冠军。

“谢谢。”

爸爸说道。

这时来了几个采访记者，问关于沙画的事。我表达了歉意，就到一边去了，而当我回来时发现，父亲和弗拉基米尔谈论的完全不是象棋，而是像老朋友间的谈话。我站在旁边，听着，难以置信。

晚会还在继续，邀请象棋大师们到舞台讲话，而我们来到一层的“咖啡甜品店”，高兴的父亲请我们在那喝香槟。在那还发生了一件怪事。冰香槟如同砂纸一样让我疼痛的嗓子更加难受。喝了一口后，我开始剧烈地咳嗽，呼吸急促，把我们的翻译吓了个半死，她甚至想叫救护车。后来不再咳嗽了，但嗓子……天啊，我从来没想过，我会有这么难听的嗓音！不单单是嘶哑，而是恐怖的声音！我喝了热茶、牛奶，但一点儿也没有帮助。恐怖的是，我们需要回去致谢，这必然会招致下一步的会面和交流。但这样的嗓音让我羞于说话，更不用说在这种情况下见克拉姆尼克了。

我们在迷宫式的走廊里几乎迷路，最后在化妆室找到了导演的助手，他告诉我们，可以不用去致谢。我们轻松地吁了口气，收拾东西，准备离开。

没能安静地走成，在休息室，和一个有趣的人，我未来朋友的会面正等着我。

这个晚会除了我，还有四个姑娘组成的小提琴组合表演。她们来自各个国家，代表着不同的民族。其中一个最引人注目的女孩我在白天排练时就看见了。人们都这样说：“真是一个热情的黑发女人”。的确，她头发的颜色不能用简单的“黑色”来描绘。大大的眼睛，很优雅，雕塑般完美的身材。我和爸爸那时猜测，这个姑娘是哪国人，当时我们共同的想法是，她不是西班牙茨冈人，就是独特的罗马尼亚人。

我们都没有猜中。

塔玛拉是塞尔维亚人。当时在走廊里简单交谈了几句，我们发现，我们精神上很投缘。我总能很幸运地认识优秀的塞尔维亚人，或是说没有不优秀的塞尔维亚人？

我们住在一个酒店，所以从“咖啡甜品店”出来后，决定乘一辆出租车，因为还没有聊得尽兴。

塔玛拉说，我可以讲俄语，她都能听明白。当我让她说塞尔维亚语时，我却几乎什么也没听懂。我们决定用英语交流。原来，塔玛拉是个非常细心、善解人意的人，话说到一半她就能听明白。我们说了很多事请，我都不记得我们怎样将话题转到埃米尔・库斯图里卡导演，我说，我们全家人都是他的影迷。塔玛拉说，她认识埃米尔，因为她的丈夫是为埃米尔新电影配音的音乐团队领导，这个电影是 2010 开始在南美拍摄的。真嫉妒他们：他们可以和牛人交流，就开始问我这个新朋友所有关于库斯图里卡的细节。

“埃米尔——不仅仅是个民族英雄，”塔玛拉说，“尽管这样，他在交往中是个特别简单的人，从各个方面来说都极为纯朴，她用手做了一个大大的手势，似乎为了展现草原无边的宽广，当他创办库斯坦多夫电影节[①]时，有很多争论，但这些争论都是那些不懂艺术的人发出的。在拍摄《向我承诺》时，他要经常往返于库斯坦多夫和贝尔格莱德之间。团队中有人开玩笑说：你需要买辆私人飞机……”

“他买了吗？”我笑着问，已经知道答案是什么了。

“当然买了。他学会了驾驶飞机，拿到了许可证，现在不仅在塞尔维亚飞行，而且乘自己的飞机去其他国家。”

“你和他一起飞过吗？”我问。

“是的，飞过几次，作为配音组的成员。肾上腺素——”她在自己胸前比画着，展现心脏剧烈地跳动。

“刺激吧？”我不由自主地问。

“是啊。我们飞往亚美尼亚……向总统萨尔基相[②]报告，埃米尔请求在亚美尼亚降落，总统提供了私人机场，于是我们的飞机落在了总统的专线航道！埃米尔什么都自己做，他就像彼得大帝一样！”我再次相信，塞尔维亚人都是有教养的人。“如果他准备拍电影，那么他自己准备布景，各种设备，自己思考服装，甚至妆容！包括写电影剧本和导演工作。他严格地检查，他所画草图的完成情况。如果不满意，他就拿起工具，

---

① 库斯坦多夫电影节是塞尔维亚举办的国际电影节，始办于2008年，与众多大型商业化电影节不同，库斯坦多夫电影节的举办地点是在远离闹市的一个山村，环境静谧，空气新鲜；它还是世界上唯一一个没有红地毯的国际电影节，它强调的不是群星荟萃，而是创意和未来；电影节以年轻导演、演员和其他创作人员和电影艺术爱好者为对象，电影节的重点是电影创作工作坊，即请世界级大师与年轻人分享创作的感想，为年轻电影人提供一个交流平台和结识大师的机会。

② 谢尔日·萨尔基相（Serzh Sargsyan，1954年生），2007年任亚美尼亚总理，2008年2月当选亚美尼亚总统。

自己制作所画的东西！你知道，埃米尔是阿尔巴尼亚人，不是塞尔维亚人，”我的同伴说。就这个问题有过很多说法，但是我对塔玛拉的说法很感兴趣。“也就是说在他身上有塞尔维亚的传统，但他是阿尔巴尼亚人，他原来是一个穆斯林。后来知道了自己的祖国，他现在认为塞尔维亚是他的祖国，在他身上发生了转变。他接受了东正教，受了洗。现在，他是一个很虔诚的信徒。当约翰尼·德普[1]的小女儿出生时，他们请埃米尔做孩子的教父。埃米尔说：‘我知道，你们是在我家里有这个女儿的’。这是真的，著名的夫妇在法国度过一个浪漫的假期，埃米尔在法国有房产，大概是城堡。于是，他说：‘既然她是在我家怀上的，你们选我做她的教父，那么我就按照应该的样子给她受洗！’于是埃米尔在东正教教堂，按照东正教的习俗给这个孩子受了洗。”

“真有才！”我哈哈大笑。

这时我们发现，车已经停在酒店附近很久了。我们向司机道了歉，就下车了。塔玛拉说：

“让我们一起唱俄语歌吧！”

“你开玩笑吧？”我自己那可怕的嗓子发出嘶哑的声音。车上我和她是耳语。但她马上唱了起来，我都不知道自己嘶哑的嗓子是怎样和她一起唱的：“正当梨花开遍了天涯”，我们站在法国南部酒店的正门，头上是明亮的繁星。我当然是嘶哑着唱的，而塔玛拉的嗓音既深沉又动听。凌晨 3 点，我们不得不分开。但我们约定，明早一起去机场，继续聊天。

我们确实那样做了。

---

① 约翰尼·德普（Johnny Depp, 1963 年生），美国影视演员。

我们是在机场分开的：我和爸爸及谢廖加先走的——我们是一号停机坪，而她需要去机场的另外一边。

“如何用塞尔维亚语说‘谢谢’？”我问她。

“Хвала！”塔玛拉把重音放在第一个音节上说。

“Хвала！”我说，我们就分手了。

从那时起，我们一直通信联系，塔玛拉说，当我去塞尔维亚时，一定要介绍我和埃米尔认识。她把埃米尔去亚美尼亚时照的照片寄给我。关于这一点我们下面再讲。

那个有风的早晨，在我们去尼斯的路上，我们聊了很多。如果我们说的哪怕一小部分能够实现，我就单写一本书。

回到家的第一件事，当然是把如何结识塔玛拉告诉给伊戈尔。伊戈尔说，就为这一点，把车从大雪中挖出来，带着感冒上路，这一切都是值得的。而季马已经康复了！

最后说一说赌场。

我个人不是很喜欢这个，也就是说不感兴趣。但是我爸爸说：“如果不去赌场，就不能算是到过蒙特卡洛！”这句话完全正确，所以我们还是去了，在我表演节目的晚会中途休息时去的。

这是摩纳哥最著名的赌场，遗憾的是，我不记得它正式的名字。我们决定下最小的赌注——每次 15 欧元。只是因为我说过，我不会下比 15 欧元更多的钱，除非赢的钱超过这个数目，其他人和我的看法一致。我们一行四人——我、爸爸、谢廖加、塔妮娅——我们的翻译，一个很好的姑娘。

“新手总是很走运，这意味着，我们应该很幸运。”爸爸说，他选好了数字和颜色。我们依次下注。

我们都输了，而塔尼娅赢了大约 100 欧元。爸爸开玩笑地说：

“您大概在这住吧，每天都来玩吧？”

塔尼娅这样回答说：

“我在这住了二十年，但这是我人生中第二次玩。”

“你第一次玩是赢了还是输了？”我问。

“赢了！”塔尼娅笑着说。

新手总是走运的……但并不是对所有新手都适用。

天空很近

2007年3月，于辛菲罗波尔

早晨我坐上公交车，去了辛菲罗波尔。

在学校，上课时给娜塔莎发了条消息："我有一件事告诉你"。这意味着，发生了需要我们见面的事。

我们坐在学校对面的小咖啡馆，互相说着发生在彼此熟悉的人生活中的一些事，然后她问我：

"什么事啊？"

我简单地向娜塔莎讲了前一天发生的事情：两条横线的试纸，和伊戈尔的谈话，自己的想法和喜悦之情。

"你要生下孩子吗？"娜塔莎问，用两根手指拿着茶杯——她真厉害，怎样才能做到这一点呢？

她知道我的答案，因为我以前说过，如果出现这样的问题，在任何情况下我都会说“是的”。

我们点了葡萄酒，我喝得不多。现在需要适应新的生活方式，但却非常想喝：等着与那个人的见面，那个人应该和我一起分享喜悦或是……他从雅尔塔来，应该在一个小时后到市中心。

我和娜塔莎聊得比原来计划的时间要长一些，伊戈尔已经到了辛菲罗波尔，给我打了几次电话。

“你害怕吗？”当我告诉伊戈尔马上就到他那儿时，娜塔莎问我道。

“不完全是害怕……很奇怪，昨天我那么想见到他，准备连夜坐出租车去雅尔塔。昨天晚上我觉得，尽管发生了巨大的变化，但一切都还是按部就班。今天早晨我醒来后，完全不知道自己在哪，自己发生了什么。上课时心不在焉。现在，你我坐在这家咖啡馆里，水沿着墙壁在流动，一切都与先前一样。现在我想，可以的话，就为自己生下这个孩子，同时什么也不改变，你觉得怎么样？”

“那父亲呢？”

“什么父亲？要是他突然不想要这个孩子，不想来听这件事呢？或者消失得无影无踪就让这个问题无限搁置。这样的话也不会发生任何不幸……”

“你说过，他很高兴……”

“我说，是我感觉他很高兴，我不知道，是否真的是这样。我害怕，他来见我，甚至可能带着鲜花，笑着说，他不需要孩子。笑着说，你懂吗？”

“胡说。如果他不要这个孩子，他会立即说出来。而和你见面，为了笑着说……简直就是施虐狂！而你是受虐狂……

我们看着彼此。事实上，自从我开始住在他家里，我们很久都没有这样坐着了。现在我认为，这是我们最后一次像以前一样见面了。确实如此。

“你听着。现在我们去解决孩子的问题，我们出去，我给你叫辆出租车。”娜塔莎说。去和他见面，如果情况不好，马上给我打电话，我就在这等着。

“好的。”

我们出去了，我坐上车去了市中心，而娜塔莎留了下来。

他在我们约定的地方等着我。“金字塔”饭店，一年前我们在那喝米酒，吃米饭，还不熟悉——不可能，只有一年时间……

鲜花。他很少送我鲜花，因为我们有特殊的标记和礼物，这不是公认的礼物，因为我们更喜欢活着的、没有摘下来的鲜花。他用鲜花迎接我，这很棒。在他的身体里出现了一个新人，我再次暗暗地想着，我对他了解得太少了。

他拥抱了我，吻了我的唇。

“给我看看试纸。”我们坐下时，他说道。

我从包里拿出信封，为什么我随身带着试纸？

那两条线他看了很久，然后说：

“我和一个熟人约好了，她在超声波检验科工作。我们现在就去，检查一下，万一试纸不准呢！”

我笑了起来，然后我们就一起去了。

当然，我知道，试纸是正确的，但还是去了，因为我不明白，他想要做什么。

“你要生下来吗？”在我做检查的妇幼保健院，医生问我道。

我感到委屈：

“当然。”

“那为什么从你身上散发着葡萄酒的味道？”医生严厉地问。

“因为今天是我的节日，”我诚实地说，“这是最后一次，我保证。”好像我喝的是一瓶葡萄酒，而不是半杯。

“为什么你要做这个超声波检查？”我们出去后，我问伊戈尔。

“我想准确地知道，这是真的。”

现在我感觉到了，他会微笑着说……我觉得，该给娜塔莎打电话了。

“我们将有个儿子。”季马的父亲说。

“为什么不是女儿？”我笑着说。

“因为是儿子。”他回答，我们就回家了。

回到了我们的家。

更远的世界

还是2011年3月，于悉尼

现在我要讲述一下去世界上最幸福的地方旅行的过程。

我们三个一起飞去的——我、伊戈尔、我的父亲。我们在阿布扎比中转。整个路途中我那知识渊博的父亲一直在讲述有关澳大利亚和悉尼的一些出名或不出名的事，几次重复地说，悉尼被称作“幸福之城”。

深夜抵达后，我们立即去了悉尼歌剧院（那里昼夜都在进行彩排），以便检查一下桌子上的玻璃是否被打碎。

玻璃碎了。当天晚上正好没有彩排，而且玻璃碎了，也不能进行彩排。参观了令人惊叹的悉尼歌剧院内部——我们如同观光一样。我们一边参观一边和剧院里的工作人员打招呼，从音响技术人员到舞台工作人员。

也认识了邀请我们参加这场令人惊叹活动的富有创造力的谷歌公司YouTube的创意总监克里斯·迪萨尔（Chris di Cesare）和他的团队，我们一起去了歌剧院附近的酒店喝酒，以便庆祝我们的相识和未来的友谊。所有人都已经很疲惫了，但是却很幸福，这样的活动通常要花费很多精力，但收获会更多。我们到悉尼的时候，音乐会的参加者——来自37个国家的111位音乐家——已经在悉尼住了两周了。遗憾的是，当这些音乐家到这时，我们根本不可能飞往澳大利亚。

这个令人惊叹的交响乐团是怎么组成的呢？我想转述克里斯·迪萨尔的话，他解释得很简单，但很明白。

在YouTube名义下创建社交网，谷歌公司毫无疑问希望它能成功运转，但是围绕YouTube瞬间发生的世界范围的热议甚至使保持乐观态度的谷歌高层吃惊不已。谷歌公司富有创造力的领导层试图关注被称为YouTube现象的发展过程——即那个在网络上迅速获得几百万浏览的视频。原来，我在“选秀达人秀”上的表演视频，在半决赛上表演的沙画《你一直在身旁》，也被收入到了所谓的YouTube现象，因为这个视频在24小时内就获得了200万的浏览，而一年则是2000万的浏览量。这件事之前，我甚至都不知道，这与谷歌还有关联。

同时，谷歌的领导层举行了网上竞赛。参加YouTube交响乐团的竞赛成为最流行的赛事，这是一个专门为音乐家而举行的比赛。在一年间，几千位音乐家上传视频，展现他们的音乐才华，这之后在网上进行公开投票，选出111位未来乐团的成员。他们聚集在被谷歌选中的音乐厅，如悉尼歌剧院，进行排练，举行了几次预演和小型音乐会，之后举办盛大的音乐会，由谷歌进行全网转播。这是一年竞赛的总结，世界上很多有创造才华的人都想参加这一活动。在这次悉尼音乐会之前，YouTube交响乐团只举办过一次音乐会，那是在纽约卡内基音乐厅进行的。

我很高兴可以参加这个历史性的文化活动，尤其是考虑到，这与我和伊戈尔的想法很贴近（我们想创建一个具有文化特色的网络电视台）。

在我们抵达悉尼的那个晚上，确切地说是深夜，我们三个人——伊戈尔、爸爸和我——决定去看看悉尼著名的海港大桥，很容易把这座桥和伦敦的弄混，因为有着相似的建造手法，相似的正面和围栏。

这是一个节庆般的城市，这样告诉我们的人说的是对的。晚上，街边和海边穿着漂亮的澳大利亚人在散步，浅色头发、美丽的澳大利亚女人穿着长长的晚礼服；所有的咖啡馆、酒吧和饭店都人满为患，很难找到空位置。

我们酒店的左边正好就是“古英格兰”餐馆。多么欢快的人啊！人们快活，并不完全清醒，但很阳光。我坐在小凳子上，为了让我爸爸可以拍照留念，这时有几个澳大利亚人走到我跟前，与我拥抱，坐在了我的旁边。拍出了一张非常好的照片！周围的一切都是那么欢快，那么棒，以至于我们也开始像对面而来的陌生人一样，向周围的所有人微笑，打招呼。

悉尼原来是非常多样的：从人声鼎沸的大街出来后，可以来到一个窄窄的、完全是十九世纪末欧洲风格的无人小街道，昏暗的灯光，神秘而奇特。在我们头上飞着某种奇怪的生物——不知是鸟，还是飞着的鼠类。但当这些生物中的一个弄掉了什么东西，刚好落到我的手中，原来是很漂亮的花，爸爸说，这是“飞狐”。的确，这些特殊的生物通常会发出特别凄惨、让人很不舒服的声音，它们以漂亮而特别稀有的、生长在澳大利亚高树上的花为食。

来到著名的悉尼大桥，爸爸开玩笑说要爬上桥的最高也最美的地方——爸爸的一个熟人开玩笑说，爬上那里可以获得幸福，但旁边经过的一个懂俄语的行人劝我们不要爬上去，原来，对于澳大利亚居民来说并没有这个传统。

我们来到海边的一个大饭店，在悉尼歌剧院的对面，吃了一种很独特的鱼——“蓝眼”鱼，惊讶地发现已经是凌晨三点了。完全不想离开这么热闹的街道，但我们自己开始站不稳——这是长时间的飞行和视觉感官带来的结果。

在回酒店的路上，我们发现很多人直接躺在草坪上或是坐在街心公园的树下。他们完全不像流浪汉，因为他们在树下睡觉，附近看起来很和谐。

我们所住酒店的旁边，有一座大楼，大楼的台阶上有个街头艺人正在弹吉他，虽然已经是凌晨三点半了，但半条街的人都在伴着乐曲跳舞。我也跳了起来。

早晨，从 36 层向下看。没有一辆汽车。表上的时间是 10 点。

中午后街上才开始出现车流。当天，我们问我们的翻译，昨天夜里外面发生了什么事，为什么早晨起来马路上空荡荡的。她回答说：

“悉尼是世界上工作时间最短的地方。夜里所有人都去散步；早晨没有人强迫悉尼居民在 10 点、11 点前起床。”

“幸福之城！”爸爸说。

总而言之，成为悉尼的居民是很幸福的，而且夜里街上散步的不全是年轻人，还有很多和我父母年纪一样大的，甚至比他们年纪还大的男男女女。

新一天的早晨从早餐开始，吃早餐时，我们认识了所有盛大音乐会的参加者。时间很自由，重要的是晚上一定要参加总彩排。

我们去游览悉尼。第一件事就是去悉尼皇家植物园，这是一个令人惊奇的植物园，和半个叶夫帕托里亚一样大。这个植物园是不列颠皇室政府送给市民的，应当承认，这是我见过的最好的植物园。

那里有所有在澳大利亚生长的特有植物，巨人般的树干，不知名的花，像侏罗纪电影里的蕨类。在大树的树冠上栖息着大鹦鹉，它们发出喇叭似的叫声，四处都能听到。到处都摆放着很漂亮（似乎是手工做的）的小椅子。我坐在其中的一个长椅上，发现了一个金属的牌子，上面写着“纪念我的母亲”，在每个长椅上都有写着签名的牌子，表达对谁的纪念。在旁边休息的彬彬有礼的悉尼人，向我们解释说，市政府提议，所有想要缅怀逝去亲人的市民都可以在这里摆放一个带有小牌的长椅。

“多么棒的主意啊！”我的丈夫说。

“是啊，”我赞同地说，“比如说，我们来自乌克兰，看到这个漂亮的长椅，坐在上面休息一会儿，就知道了一个很爱自己母亲的好人……有意思的是，我们是否也可以延续这个传统？”

“完全可以，”我的父亲说，“但不得不把螺丝拧到沥青里去以便使长椅固定住。”

我们大笑起来，离开去了码头——乘轮船。

码头提供了很多沿着悉尼曲折多港的海湾游玩的路线，我们选择了塔龙加动物园。我们坐上轮船去了离我们最近的一个很小但郁郁葱葱的半岛。令我一生震惊的美景——从水里露出来的各种植物，成了海岸上靓丽的风景。展现在我们面前的是一些史前的、很古老的植物，就像在梦中一样，看到的景象永远让我心醉情迷。还有我不认识的像木贼一样的植物，没见过的蕨类，被树藤缠绕的不知名的树木。我生命中第一次感觉到，我对这些史前的植被有一种天生的亲近感，以至于我都无法从它们那移开自己的目光。

轮船停靠在一个很小的港口，我们下了船，读了一下最近那个指示牌上的文字，上面写着，最快到达塔龙加动物园的方式是乘坐缆车，我们就出发去找缆车。当我们按照指示牌的路径走着时，我看见一片无人的沙滩，像河滩一般。我越来越喜欢澳大利亚，更准确地说，我有一种感觉，仿佛与这个偶然来到的地方存在着一种内在的联系，仿佛是我在出生前的梦中看到过这一切似的。我又一次想拾起画纸，闭上双眼，写一些不熟悉的文字，看看雪地上留下的长长的影子。

动物园是一个令人叹为观止的自然公园，建在山上——从上而下。什么动物那里没有啊！大猩猩、长颈鹿、大象、斑马、狮子以及许多澳大利亚的野兽。袋鼠，懒懒的；着桉树树干、永远挂在树上睡觉的考拉……除了动物园，这里的一切都像是一个令人惊奇的自然植物保护区，里面有隐藏在洞穴中的饲养室——不知是天然的，还是人工的。真是一个神奇的地方，我再次想起了季马，决定一旦他可以承受长途飞行，一定要带他到这个幸福之城看一看。

在我们来到的这个地方，考虑时间问题是一件奇怪的事情（这里的时间甚至不是按照小时来计算，而更应该按照南半球的方式来计算），我们知道，排练的时间快要到了。我们需要回到的悉尼歌剧院，在海岸的另一边，在等游轮期间我还是跑到了那个小沙滩上。我坐在驼色的沙子上，闭上双眼，直到叫我上船才起身。那种在我内心产生的与这里存在联系的感受愈加清晰。

排练现场。美妙动听的音乐，桌上安装了新玻璃。现在，真的因工作而精神振奋，心情愉悦。

夜晚来临。再一次与整个悉尼城狂欢。喝当地美味的葡萄酒。接近凌晨五点才睡觉。

甚至在音乐会当天也没有人过早叫我们起床，这是唯一一个地方，在这里人们的休息时间比工作时间还要长。我很喜欢这一点。

音乐会现场，我的演出是第二场的首个节目。我的沙画以投影的方式投到悉尼歌剧院的墙上。媒体和电视人员都非常友善。周围的所有人都在祝贺演出获得的成果——所有人，也就是说包括完全不认识的人。音乐家们———共 111 个人——已经是兄弟姐妹了，教我说汉语、日语、法语。我生硬地说着，所有人都笑了，用俄语说“你好”。音乐会后，在剧院俱乐部用自助餐，我们喝了很多，但没有人喝醉。不加分别地自拍，开着玩笑，半数的人已经明白俄语了。我不喜欢传统意义上的宴会，但今天是一场会见，是一些共同完成一件大事的富有创造力年轻人的会见。

夜里我们睡得很死，早晨，来澳大利亚后第一次被闹钟叫醒，因为想马上去参观悉尼及其周围几个著名景点。

首先去了水族馆。沿着隧洞我生命中第一次进入鲨鱼的世界，看见了白鲸、大章鱼、成群的巨鲨和神奇美丽的鱼——它们是珊瑚礁的居住者。一个单独的大厅里面住的是地球上有毒的鱼类，而鸭嘴兽总是单独一个：小小的，和小猫一般大小，它常常藏在树根后，几乎看不到它。

但在鸭嘴兽的周围游人最多。

看完鲨鱼，我们回到港湾，开始找出海的游轮。

悉尼不通向太平洋，而是位于海湾的岸边。为了去海岸，需要驶离海湾。知道我们第一次来澳大利亚，人们建议我们去逛曼利海滩。我们不是像去塔龙加一样坐小游轮去的，而是坐很大的双体船去的那里。

我们坐船离开。离开繁华的悉尼海岸，沿着相反的海岸行进。岸边是史前的桉树蕨类森林，既原始又难以通行，而水里露出了各种植被，像小山一样。感觉好像正乘坐时光机在旅行一样，仿佛密林中就会有恐龙走出来……船的右边是一个小岛兼要塞，很想停下几分钟，去那看看。根本就不可以，因为前面就是出海口。

肉眼就能发现“静静的水面”与太平洋的分界线：沿着航线出现了可见的界限，而再往前走，巨浪把我们的邮轮抛出几米高，但充满空气具有缓冲功能的气垫船几乎让人感觉不到这一点，只是在飞起来的时候人们才屏住呼吸大喊道：“哎呀！”前面出现了“大海之门”，但还有些远——这是两个非常陡峭的高高的黑色礁石，很长，像一个坐落在海水中的伸展开的长方形。看到这些礁石，我的心里一震，我本能地感到自己与这些礁石，与它们刚硬的、奇形怪状的外形具有某种有机的联系。我用眼睛盯住窗外，不知道自己发生了什么。我看着礁石，但仿佛又是站在礁石上看着我们的双体船从它们旁边经过……其中的一块礁石有一个相对平缓的斜坡，我看见上面坐落着几个房子，无论是之前，还是这次旅行之后，我都没有说过下面类似的话，我对玻璃舷窗说：“我想在那里生活，哪怕就一个冬天。我想生活在海洋之门，想要感受身后风平浪静，而面前狂风暴雨的景象。看，这是礁石的边缘，在它的上面建有房屋。让我去那儿吧……”

两个礁石间的水已经具备了海洋的灵魂，汹涌澎湃，是灰蓝色的，是金黄色的，是铂金色的。在礁石上海水撞击出泡沫。天空变换了颜色，时而美丽，时而阴郁，时而快活。

“一边是永恒的暮色，

一边是明亮的晨曦……”

这种感受没有减弱，也没有消失。它奇怪地出现在我的心里，而且渐渐变强，每天我都在想这个神秘的海洋之门，想汹涌的海水，想那些位于礁石之上房屋的主人该是多么幸福……

我们没有去暴风雨之门，而是向左转了 90 度，海水平静了下来。我们的船在海湾停了下来。

“海洋在哪？”我失望地想。海洋就在前面。

双体船停在一个美丽的小港口处，上面写着“曼利海滩”，放下所有的乘客后，就离开了。我们疑惑地留在海湾岸边，这里无法找到海洋的标志。但有人给我们解释说，去海洋很容易，我们现在位于一个海岛上，海湾——只是海岛的一条海岸线。另一条就通向大海。

我们很高兴，买了冰淇淋，就跟着乘双体船来的另外一些人后面，他们清楚地知道，该向哪里走。

路途不远，很令人开心。曼利是悉尼的一个区，这里有一些小别墅、几个稍高些的建筑和大量的疗养院及宾馆组成。这里非常受冲浪运动员的欢迎，曼利保留着小海边城市的魅力和清新（甚至是礁石环绕的村庄也同样如此）。

面对大海，来个深呼吸。每个海浪——巨大而气势磅礴，将你拖到它想去的地方，而不是你应该去的地方，你处于海浪的节奏与规则中，忘记了自己的节奏与规则。这里的沙滩无边无际，绵长而弯曲。沙子的颜色是砖红色，像石英一样。脱掉衣服，跑到前面，投入大海的怀抱，大海瞬间就把我们往海里拖。据说，如果沙滩上没有带有“沙网”标志的牌子，那就代表海里没有安装沙网，这意味着，你很容易成为鲨鱼的口中餐。沙滩上没有任何牌子，但我们谁也没有被吃掉，尽管开始有点害怕，但我马上就不在海浪里寻找鲨鱼的鳍了。简直是太棒了。

悉尼的三月并不适合游泳，但这当然是对当地人而言的。在澳大利亚这个南半球的陆地上，一年四季几乎总是温暖如春，但那里总是与我们北半球相反：我们是冬天，那是夏天；我们是夏天，那是冬天。我们去曼利海滩的那天，沙滩上几乎空无一人。我从旅游手册的照片上看到，夏天几千米的海岸线上都挤满了人。我们又一次感到幸运，要知道我喜欢空无一人的沙滩。

真不想往回走，但最后一班开往悉尼的发船时间就快要到了，必须得走了。

在回程时，我又一次用眼睛扫视了一下位于海洋之门的那几块礁石，努力记住所有细节。

晚上我们决定再次沿着港口转转，在那我们发现一个小饭店，我们被劝说尝一尝烤袋鼠肉。听上去这有点亵渎神明，尤其一想到，我的儿子请求他的妈妈带回一只活袋鼠。我不知道，谁教这个服务员游说顾客的，但他还是说服了我们。无论是我，还是我的同伴，我们谁也不喜欢这道菜，我不知道是心理作用还是味道的缘故。也许，两者都有吧……后来，我们相互许诺，不跟季马说我们吃了可怜的袋鼠肉，然后决定出去逛逛。像往常一样，我们快到早晨时才回宾馆。

回家的那一天到了，我那时最想做的事情就是希望季马能在我身边，那样的话，我们可以不假思索地在悉尼至少再待上两周的时间……

我们在滨海大道周围的整个区域寻找纪念品。所有的纪念品都非常相似。最后，问当地人，在澳大利亚可以买到什么澳大利亚的纪念品吗？答案是：

水果和蔬菜。

我们笑了笑，买了中国制造的“澳大利亚”纪念品和飞镖，就向机场驶去。

温 暖

2007年3月，于辛菲罗波尔

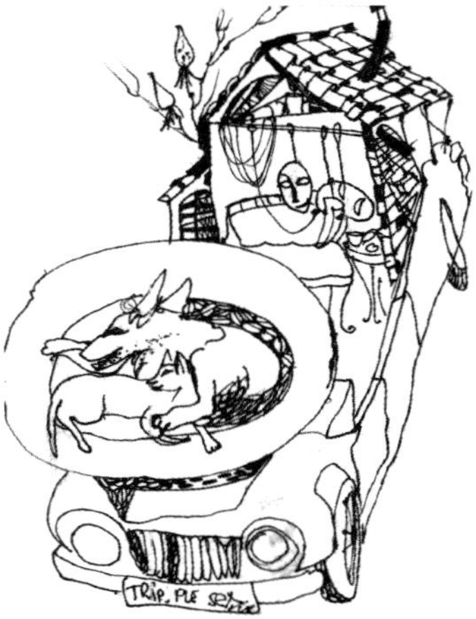

我有一种奇怪的感觉。几天前我在他的房子里，和他永远告别了，寒冷的空寂使这个屋子死一般寂静。现在我们又回到了这个房子，它唱着歌，五光十色，它是温暖且崭新的，它是我们的……

我们再次住在了一起，既没有回顾过去，也无暇关注时光的流逝，我们还是那样相爱，但已是新的感情，在这份感情里没有自我毁灭的成分。就是那个未来的季马（还只有豌豆粒大）没有让我们分离，也没有使我们失去彼此。

这是一种无所谓的、吞噬一切的全新感受。我整整一周没有去上课，而伊戈尔也彻底关掉了手机。我们的妮卡来做客，我们告诉她这个消息。而她也告诉我们一个消息。原来，她也怀孕了。于是高兴的我们直接在壁炉上烤羊肉串，弄得满屋都是烟。第二天，伊戈尔买了一个大梭鱼，给我们做饭。我躺在沙发上装傻。

娜塔莎打来电话说，需要去导师那谈谈论文设计。我收集了一些材料，做了一个并不充分的文本，可第二天，我把要去学校的事情忘得一干二净！我和妮卡坐在花园里临时放的木椅上，喝着茶，看着伊戈尔整理房屋。

我们买了漂亮的蜡烛，准备了一顿晚餐，把妮卡和萨沙也叫来了。

斗牛狗贝特又一次吃了有害的东西，而对盆里面的粥却视而不见。猫“教授”爬上桌子，打碎了餐具。我们阅读、绘画、看电影。我们做我们想做的事，我们不需要任何人。我们三个，除了我们，还有妮卡和娜塔莎知道这一切。

我不喜欢有人对我撒谎，
但我也因真相而疲惫。
我试图找到栖身之地，
据说，很难找到。
我不知道，此时此刻
发疯的概率有多大。
但如果相信眼睛和耳朵，
发疯的可能性会很大。

伊洛娜

2011年4月，于阿卢什塔、叶夫帕托里亚

从悉尼回来后，我们送别了要回到基希尼奥夫的伊戈尔父母，我们带上季马，三个人去了阿卢什塔待了三天。真想投入针叶和清新柏树的怀抱，回忆一下曼利海滩连同大海入口处的那两块黑色的礁石墙。

回到叶夫帕托里亚的家中后，我收到了为庆祝依洛娜生日举行假面舞会的邀请。

我们从十岁起就认识。一起在艺术学校学习。那时我们不是朋友，而在完成学业后完全成了陌生人。而在大一学年结束后的夏天，我们相遇了，伊洛娜说，她考上了印刷学院的函授班，她很喜欢在那学习，那有完全适合她的“版画”专业。在艺术方面，伊洛娜比我学得好，她对待装饰版画的专业态度使老师和我们都很吃惊。我尊重她的意见和观

点，我开始感兴趣：这个印刷学院究竟是什么样的？那都学些什么？伊洛娜给我很多材料和大纲，都是她进入大学学习后保留下来的，我和妈妈就开始研究这些材料。夏末，我决定考考试试，如果可以的话，直接进入二年级学习。当时我已自学了一年级的课程，准备了一定数量的素描和彩色画作品，可以当作入学作品和第一学年两学期考试作品啦！

我考上了，于是我和伊洛娜的联系开始变得紧密起来，很快我们的接触就转成了亲近的友情。我们一起考试，一起在叶夫帕托里亚备考。伊洛娜成了一名设计师，在我不接受工艺美术设计的情况下，伊洛娜用她的勤奋和新颖的想法引起了我对这方面的尊敬。因为她还是画家，还要继续学习，展出自己的画作。我们一起通过了毕业设计：我的手里是半岁大的季马，而伊洛娜的手里则是为毕业设计准备的所有直观材料。

有一些人，他们从来不过多纠缠，与其说他们不会按自己的意愿做一些破坏别人个人空间的事情，不如说他们将不知所终。妈妈和伊洛娜交谈后说，她比我更有教养，我没有反对。我记得，在二年级时，我和她一起走在滨海大道上，吃着糖果。我把糖纸直接丢到人行道上，而伊洛娜立即耐心地把它们捡起来，直到看见垃圾箱扔进去。这使我很震惊，从那时起我不再把垃圾丢到路上。

画家有趣的思想与女性特有的逻辑和对秩序的追求结合起来。在这种情况下，伊洛娜总是能给你带来惊喜，所以听到在她生日时要穿着假面舞会的服装，我们并不吃惊，开始准备服装。

在我的笔下，你向下漂浮——
沿着流动的河水，向着遥远异乡的港口。

我窗户的烛光在暮色中逐渐熄灭……
儿时梦中的灯塔隐匿在地平线上……

我把自己所有的东西都买了下来，但别人却无所谓，
我的大西洋永远地沉入了海底，
人们不断地对我说，我们所有人都会死去——
由于智慧或痛苦，由于春天或艾滋病。

不可思议的故事……
花环般灿烂的岁月，
不断逝去。
昼夜更替，
新的一天，
在天空中留下，
银色的印记……

在约定的时间，我和伊戈尔坐上了车，来到了海边的房子。窗户开着，响亮的音乐都传到了户外。行人被音乐吸引，张着嘴目瞪口呆。

他们透过黑色轿车的窗户看到……一只戴着威尼斯面具的驼鹿，驼鹿的牵引者是一个装扮成船长的人。我装扮成了一只驼鹿，样子还不错，尽管我丝毫也不清楚，那个带角的连同丝带的帽子（丝带可以系在下巴上）又是如何出现在我的公寓里的。为了表明我是母驼鹿，而不是公驼鹿，我在帽子上戴了一个高雅的科隆比娜牌威尼斯面具，这是我在格但

斯克买的。伊戈尔在那个神奇的匣子里找到了海魂衫和“海明威”式的围巾。我俩看上去还很般配。

我们是最后到的，所有客人都已经到了（装扮得已经认不出来）这个位于海边长长楼房的不大房间，房子周围尽是些电葫芦和小船，暮色中一些双睛冒着凶光的狼狗守卫着大楼。

这个华美的夜晚是以老友聚会的方式结束的，即游戏，谁能第一个把系在腰间的铅笔投进空瓶子中就算谁赢，大家在海边放声歌唱，在月光下尽情舞蹈。

早晨起来一阵头疼，但聚会留下来的回忆很令人愉悦。

这天早晨，我喝了几升柠檬水，开始工作：因为很快就要开启加里宁格勒之行，进行纪念宇航节的演出。

家 庭

2007年4月–5月，于辛菲罗波尔、叶夫帕托里亚

幸福在继续。我们经常和妮卡、萨沙一起在我们家过夜，分享期盼生产的感受。我几乎没有怀孕反应，只有一次想吐，而且很令人懊恼。伊戈尔在煮他拿手的咖啡，我正等着他们一起坐下来喝咖啡，但当我们坐下来，我把杯子端到嘴边，这之前从未有过的恶心冲到嗓子，不得不跑到花园，呼吸新鲜的空气。幸运的是，这是唯一一次，我知道了什么是怀孕反应。

我几乎没有回叶夫帕托里亚父母家，没有必要，我在这儿过得很好。我们在我生日时一起去了叶夫帕托里亚，在“索利亚里斯”伊戈尔把我放到很高的砖墙上，他自己在沙子上写字，在叶夫帕托里亚最大沙滩的广场上写满了“生日快乐”！

我不慌不忙地写着论文，尽力摆脱家里的那种快乐感，开始去学校。由于我的请求，娜塔莎没有把我怀孕的事告诉任何人，所以生活表面上还和以前一样。

我和伊戈尔好不容易去了雅尔塔，他工作，而我则装疯卖傻，轻松地画出了专栏所需要的插画。总之，我回忆起怀孕的大部分时间，我都是在装疯卖傻。怀孕并没有妨碍我以“优秀”的成绩通过塔夫里达民族大学的毕业论文答辩，没有妨碍我撰写并提交印刷学院的学年论文，也没有耽误婚礼的举行，和其他重要的时刻。这种装疯卖傻带来的愉快且幸福的状态深藏于我的内心，我很喜欢这样。也许，表面上我那时的生活是很积极、很充实。但我实际上没什么可回忆的，一切都像雾里看花一样虚幻朦胧。只有幸福的感受是真实的。

5 月，伊戈尔买了辆轿车——很大，但不是新款红色福特。车上的收音机还是盒式的，我兴奋地从箱子里找出在一年级时买的磁带：“斯普林”和“电影”，其他一些专辑。我们和妮卡去了尼古拉耶夫卡的海边。伊戈尔坐在沙子路堤最顶端，而我们——两个孕妇，像傻了一样，在沙滩上漫步徘徊。快到晚上时，我们遇到一个搁浅在岸边死了的小海豚。海豚的头被螺旋桨伤到了，在海豚上面飞着希望能吃点海豚肉的海鸥。我们将海豚拖到海里，这样海鸥就不会骚扰这个可怜的海豚了……

不久，我们决定举行婚礼。定在 6 月 1 日，儿童节。

“我们有孩子了！”伊戈尔笑着说，“他就在肚子里！应该保护他！”

“说好了。”我说，只是要定好日子，要不然，大概很多人都想在夏天的第一天结婚。

我们去了叶夫帕托里亚的结婚登记处，伊戈尔很容易就迷住了工作人员，以神奇的方式说服他们把结婚庆典“排到”夏初的某一天（每隔几分钟就有庆典）。

然后，我把一切都告诉了父母，在我看来，他们非常期待这个消息。得到他们的同意和祝福后，我们往基希尼奥夫打了电话，伊戈尔的父母很高兴，他们答应在婚礼的前一天来叶夫帕托里亚。

我们决定只邀请少量人参加，只邀请最亲近的朋友和亲人，但还是有 50 多人。

在婚礼前的一两周，伊戈尔邀请我去公园散步，就是那个工会文化宫公园，两年前在那里我是他的模特，而他那时打算成为摄影师。

我们从树下站起身，他拿出一个漂亮的盒子，里面是戒指，向我“正式”求婚。那是 5 月 18 日。距离我们开始的那个晚上，那个在谢尔盖·鲍威的公寓，伊戈尔坐在地板上，摸着我的手的夜晚刚好过去一年。

应该承认，这个求婚对我来说完全出乎意料，因为我们整个婚礼都没有浪漫的打算，只是想要为我们儿子的出生组建一个家庭。也就是说，我们既没有把过多的精力用在婚礼仪式上，也没有打算摆一个由新鲜玫瑰铺成的地毯，更没有其他浪漫的想法，老实说，我从来就没有想过伊戈尔不会向我求婚这件事。

这让我感到很愉快。感动，美妙，然后我们共同的朋友罗姆出现了，他是一个“达人秀”摄影师，给我们拍照留念，没有让我们摆姿势，也没有让我们搔首弄姿、故弄玄虚，就像通常要做的那样。

在婚礼的前一天，罗姆开车把我们拉到“制盐公司”，位于干涸的盐湖，以月光映照下的沙滩为背景拍摄了一组神奇的照片。甚至这个地方的影子都是我喜欢的——长长的，与现实不成比例。

罗姆是我们生命中一个举足轻重的人，他是我和伊戈尔合办杂志的首创者，给我们的儿子受洗，给我们的电影当摄影师，但这一切的发生还要再过好几年。那天晚上，我们还去了叶夫帕托里亚，在那里，罗姆给我们拍了海景照，几近深夜时我们回到了我们的家。

《蒂尔西特和约》

2012年4月，于加里宁格勒（柯尼斯堡）、苏维埃茨克（蒂尔西特）

在没有亲眼看到孤儿院的孩子之前，我们不能离开，每个月我们都会来这里两次，当我们得知，即将成为我教子的低年级学生安东·什卡4月12日要过生日时，我们便和一群动画片制片人说好，让他们代我们为安东庆祝生日，并且提前把为安东准备的礼物转给了他们。

“你在航天日出生，”我笑着说，“也许，他能成为一个航天员吧？”

“很有可能”，伊戈尔答道，“不过最重要的是他能幸福。”

说话的工夫我们已经来到了机场，准备飞往莫斯科，从那里前往加里宁格勒。

我们受邀前去演出。冬天时，我就收到来自加里宁格勒市和加里宁格勒州文化厅的邀请，作为特邀嘉宾出席4月12日庆祝航天日的音乐会并表演节目。我们一直推辞，因为还不知道何时能从悉尼回来。但对方每天给我们打好几个电话，最后只好答应下来，可依然不知道，我们是否能在 4 月 12 日前从澳大利亚赶回来。好在一切顺利，我们甚至还提前回来了，来得及好好准备一下并提前在加里宁格勒市话剧院进行了排练。

我称加里宁格勒为“柯尼斯堡”，不是因为我不爱国，只是习惯这样叫而已。在此行的几年前，我研究过关于伊丽莎白皇后即亚历山大一世妻子的生平资料，顺便也考察了同时期的拿破仑・波拿巴和亚历山大・巴甫洛维奇相互关系的历史。所谓的《蒂尔西特和约》无论是在他们两者之间，还是在世界历史上都发挥了独特的作用，这一条约就是在今天加里宁格勒附近的蒂尔西特市签订的（现在称加里宁格勒州苏维埃茨克）。由于我接触到的文件中提到的是“柯尼斯堡”和“蒂尔西特”，而不是“加里宁格勒”和“苏维埃茨克”，所以我仍然习惯沿用这种称法。顺便说一句，在我们要去的那个地方没有人对此感到惊奇。

尽管还有许多地方需要修复，但这儿的确是座美丽的城市。有些地方仍然散发着普鲁士的气息，普鲁士曾是德国最具重要意义的一块土地。修缮一新的“小渔村”，整条街沿河岸而建，街上都是古代德国式的房子，带有尖顶和其他德国的特征，其实这些房子是不久前根据旧图纸重建的。为纪念康德而修建了一条林荫路，纪念碑和康德的墓就在古老教堂的墙边，教堂里面是博物馆。德国和俄罗斯元素的融合交织最有趣也最难以理解，这种交融都体现在了这座城市中……

音乐会就是音乐会。我展示了作品《战争》，观众按照俄罗斯特有的激动和兴奋接受了它，还演绎了与航天日有关的专题沙画。

我第一次穿着天蓝色的丝质连衣裙演出，这件连衣裙是不久前我的服装师为我定做的。

音乐会结束后，我们前往蒂尔西特（苏维埃茨克），看望伊戈尔的中学朋友——奥列格，他的绰号叫“香蕉”。

走了一个多小时，道路是德国特有的那般平整而美丽。我们在一栋狩猎别墅稍事休息，别墅的墙上挂着麋鹿和野猪的头、角和毛皮。我们喝了林中采来的香茶，又继续赶路。

夜幕降临，我们到达了蒂尔西特。奥列格带着我们走在夜晚的城市里，他对我们说：

“看那座漂亮的房子，几年前夏娃·布劳恩住在这儿。这是座古典中学——在城市被苏联军队控制后不多的一座从未改变自己使命的建筑。明天我们去露易丝王后[①]大桥，《蒂尔西特和约》就是在这座桥下签署的，站在桥上能看见涅曼河。但现在去没什么意义，黑暗中什么都看不见。也就是说，看不到值得你为此而来的景点。”

不知不觉来到了奥列格的家，我们结识了他的妻子和孩子们，吃过晚餐便去睡觉。

早晨，当我醒来的时候，男士们已经出门了。我也从家出来，打算去马路对面的大公园走一走。这是公园还是栽培作物的林子，我也没弄清楚。公园的起点是一条铺好的小路，这里矗立着加里宁纪念碑，可以看到残存的喷泉和店铺。这里的一切在当时看来都有些伤感，可见公园

---

① 露易丝（全名为露易丝·奥古斯特·威廉明妮·亚美莉·冯·梅克伦堡－斯特雷利茨，1776–1810）是普鲁士的王后，腓特烈威廉三世的妻子，普鲁士国王腓特烈·威廉四世和威廉一世的母亲。

不止一次地遭受过野蛮人的破坏。老实说，蒂尔西特给我留下了伤感的印象，很显然，曾经整洁的、独具彩绘雕饰的德国城市已陈旧破败，尽管还能看到漂亮的东德建筑物的正面，但表面看上去一派荒芜的悲伤景象。在美丽的古典主义和德国巴洛克风格的建筑群中，一些纯苏联风格的筒子楼和砖制楼房悄然耸立。但当时奥列格对我说，这座城市正在逐步修缮，它仍然有希望找到自己真实的风貌。

我漫步到更远的公园深处，那里渐渐变得更像是一片森林。偶然发现一块水域——不知是个小池塘，还是小沼泽，它的周围有几棵倒下的粗壮树干。我坐在一根横卧着像小桥一般悬着的树干上，望着灰蒙蒙的天空，玩起了我最喜欢的智力游戏：把天空当成一面镜子，它能从不同的角度来反映时间。如果坚强的意志能感化上天，天意就会回转，镜面便返照出另一个时代的时间。我坐下来脑海中再现 19 世纪之初的景象，当时这些地方对于战争与和平有着全球性的意义。这时电话铃声响起，把我唤回现实：原来男士们回来了，叫我去看露易丝大桥。

穿过一些开阔地带（上面有各式纪念性建筑物），我们来到了涅曼河岸。岸本身，就是所谓的沿河街，已是千疮百孔，涅曼河看起来却并不大。河水也不宽，可以清楚地看到对岸，那边是立陶宛的房屋和围栏。不过我并没有长时间驻足观看，因为我的注意力被奇特的露易丝大桥所吸引，只需望它一眼，我便感觉到自己不是在俄罗斯，而是在德国巴伐利亚。它是严格按照巴伐利亚巴洛克的标准而建，上桥处是一个塔形建筑，围栏上带有各种雕花。我感到非常遗憾的是，当时没有随身携带纸笔，哪怕给这座矗立在水中的巴洛克式古迹画几张草图也好。

这座桥是为纪念腓特烈国王的妻子普鲁士王后露易丝而命名，一些资料显示，亚历山大一世和拿破仑·波拿巴都对这位王后产生过好感。遗憾的是，1806 年，俄罗斯帝国、法国和普鲁士三方签订的《蒂尔西特和约》并没有成为和平的保障，几年之后的战争将这里夷为了平地，但该地的重要意义并未因此而减弱。我曾读到，皇帝们乘坐小船离开自己的军队，来到涅曼河的正中间，这样既处在中立区又处在三国象征性的交接点。

令我恐惧的是，我看到桥上不仅有公路，而且巨型卡车正在上面行驶，但最主要的是——就在这座有着两百年历史的桥上驻扎着立陶宛和加里宁格勒州之间的边防站。上前仔细观察，可以看到桥微微摇晃，它的浮筒看起来也不是很牢固。我认为这样的桥不能作为边防站，更何况每天还要承受几百辆重型载货车……难道应该让卡车在这座具有历史意义的建筑珍品上行驶吗？

随后我们前往《蒂尔西特和约》博物馆，参观了签订和约时的仿制品、武器和那个时代的日常生活用品。毫无疑问，博物馆需要扩建和援助；管理员是位可爱且有文化的女士，像童话故事里善良的仙女，她向我们坦白，主要是对自己故乡现如今的生活感兴趣的德国代表团在扶持博物馆。

离开博物馆，我们去了当地纪念品商店，买了几个琥珀制的具有鲜明地方性装饰的动物雕塑。然后去一个大型玩具商店为季马买礼物。除了订购的小汽车和图书，我看到了一个非常可爱精致的装玩具的小箱子。主体由两个长条木块组成，上面用厚实的带有可爱图案的布覆盖着。附有一个很好的装饰用的厚布盖。伊戈尔一直在反对我买这个大块头的东西。

“首先，这件东西太大了，我们还没等把它拖到行李托运处就会弄坏的。也没办法随身抱走，因为它超过了手提行李的尺寸。而且如果带走的话，谁来拉它？你吗？”

“谢廖加，”我一边说一边对“幸运”的谢廖加使眼色。

“第二点，记住我说的话，不到一个星期，季马就会把它弄坏的。”

“他怎么能弄坏呢，看看这东西多结实。”我反驳道，于是把箱子放在地板上开始从各个方向摇晃，以此来证明它的牢固性。

“你只是晃一次，可他每天都要晃的，”伊戈尔还是不肯让步，“最后肯定还要偷偷钻进去。还是把这件宝贝好好地放在这里吧。”我丈夫还是坚持他的观点。

但是我并没有听他的，因而这个神奇的箱子就来到了叶夫帕托里亚。它当然“活过”了一星期，但大约一个月后，它就承受不住里面塞满的各种大量杂物，开始虽然缓慢但接连不断地在接缝处裂开……

夏天它就变成两半了，玩具都掉出来了。我已经不在意伊戈尔和谢廖加的冷嘲热讽了，只想找个地方悄悄把它藏起来，不过伊戈尔的爸爸来了，决定要修理它。他主动着手修复，半天时间就把它修好了，尽管用来缝合的黑线与它原有的绿色形成了鲜明的对比，但令我们高兴的是，箱子又恢复了原样。不过一周以后，这次维修还是没能抵挡住季马的瞎摆弄。但是根纳爷爷并没有放弃，趁他离开这里之前又继续修理。这次修理过后，没几天箱子就裂开了，彻底坏了，没必要再修理了，就把东西拿出来，放到了阳台上，保存至今。

钟　声

2007年6月1日，于叶夫帕托里亚

这样，举行婚礼的时间到了。

在我所有有意识的生活中，我一直在想象着自己的婚礼，它完全不同于今天这场婚礼。虽然我还不知道谁会是我的丈夫，但是一直坚信，婚礼将在一个空旷又美丽的岛上举行，类似大西洋的萨尔岛，那里山岩环绕，风景超美，天空先是呈浅蓝色，然后被美丽的灰蓝色浓云遮住，飘舞着迷人的黑白色高空气象风筝。而我不太习惯地穿着长长的紧身白色婚纱，拖着哥特式的长长裙摆，站在海边，最好海上覆盖着大块的浮冰，或者哪怕有一座冰山。

我脑海中浮现的正是这样一幅田园诗般的画面。

我想，伊戈尔也不会反对吧。不过除了我们俩，当然没有人能猜到这件事。一切都像应该的那样进行：一群人在谢尔久奇卡音乐的伴奏下跳起舞，拖着长腔模仿婚姻登记处唱着“亲爱的新婚夫妇”！尽管一切都在谢尔久奇卡乐曲中结束，一些时刻还是给我们留下了愉快的回忆。

就这样，早上到了。做发型、化妆、美甲和其他程序差不多用了3个小时。我因怀孕身材已经稍稍发胖，好不容易穿上带有弹性腰带的束腰婚纱。来到父母的住处——当然我们在叶夫帕托里亚没有自己的家，这里住着所有的亲朋好友。

门铃响了。

“新郎来啦！”我5岁的妹妹玛莎喊道。

伊戈尔出现了，他被一群姑娘簇拥着，姑娘们向他要红包还有别的东西。我打扮得漂漂亮亮，站在穿衣镜前，房间里铺满鲜花，静静地等着。

门打开了，我们的目光相遇，这目光在空气中碰撞，我听到高脚杯碰撞发出的“叮咚”声。我记得那一刻他看着我的样子，让我觉得早上所有的付出和仪式都是值得的。此时此刻，我多么希望周围一个人也没有，静静地聆听水晶玻璃杯碰撞时发出的清脆响声。

但是父母、朋友把我们团团包围，为我们送上祝福，和我们说着什么。开始热了起来，呼吸也困难了。是时候前往婚礼仪式现场了。我头上戴着冠冕和头纱。我们一个跟着一个地下楼来到室外。绶带和鲜花装饰的汽车停在那里，我费了好大劲才认出我们那辆福特汽车，因为牌照被引擎盖上的玫瑰花遮住了。我们不坐这辆车，尼卡和萨沙跑过来疯狂地暗示我们。我们未来的证婚人瓦洛佳那辆雪白的“梅赛德斯”正等着我们。罗姆无时无刻不扛着摄像机跟在我们身边，总是选一些最不标准的角度，这种超现实主义风格是他的典型特点。我觉得如果时间允许、亲戚们同意，他肯定会爬上汽车，从那个角度拍我们。

来到教堂举行婚礼仪式，各式各样的小汽车跟随我们驶来，成群结队地绵延整条街道。

我们没有在叶夫帕托里亚举办婚礼，而是选择了萨基，在我们最敬爱的神父瓦西里所在的教堂里举行。教堂宽敞而美丽，神父在教堂门口迎接我们，并把我们带进教堂。仪式神圣而庄重，头上戴着花冠，手中拿着蜡烛……令人不解的神圣话语在烟雾缭绕的空气中缓缓流淌，手中的蜡烛闪闪发光。金杯里的葡萄酒我们喝了三杯。交换戒指。绕教堂走一圈，就像地球围绕着太阳转。教堂里一片寂静，外面却响起了钟声。再次想融为其中，只有我们两个人。罗姆确实为这一刻拍了很棒的照片，把半个婚礼都记录在胶片中，记录在黑白影片中。

婚礼仪式结束了，所有人都走出了院子，坐上汽车。汽车驶过，大街上、马路上、岸边到处响起汽笛声。我们也不着急赶路，两个小时恰好能赶到结婚登记处。到了路口，红白线条相间的铁路道口栏杆就在我们前方“啪”地关上了。受惊的椋鸟飞向布满乌云的天空，从左向右驶过一道长长的旅客列车。等待似乎没完没了。当最后一节车厢飞驰而过，铁路道口栏杆不紧不慢地升起，放我们进了城。我们知道，现在肯定是要迟到了，我们的仪式本应该在 5 分钟后开始，但是结婚登记处位于叶夫帕托里亚的最远处，到达那里至少需要 15 分钟，而且是在交通顺畅的情况下。

总之，我们到达结婚登记处时已经晚了，在我们赶来之前，已经让一对新婚夫妇进去了，就吩咐我们在休息室等候。我们一边等一边玩闹，伊戈尔的爸爸大声且庄重地用休息室的钢琴弹奏着门德尔松的进行曲。

最后终于让我们进去了，罗姆发火了：他的拍照仪器违反登记处的规章条例，对方命令他把仪器交到寄存处。罗姆把戴着镯子的文身手臂指向天花板，大声说：

“你们疯了吗？让我把这些仪器单放在别处？你们知道它们价值多少钱吗？不过并不重要！这是艺术！你们不尊重艺术！真替你们害臊！”

这时，伊戈尔和我们的爸爸们一顿劝说，才使罗姆恢复了平静。

工作人员挥了一下手，百叶门郑重地打开了，我们出现在一位端庄威严的女士面前（她负责主持登记仪式）。一切就如同为苏联共产党的功绩授勋仪式一样，毫无二致。我们沉默不语，努力表现出应有的表情。这时那位女士开了口，用细细的非常不自然的声音，像唱歌似的拉长声说道：

“亲爱的一对新人！今天你们把自己的心结合在一起……”

我们眼睛盯着地板，咬着嘴唇。我们的朋友、亲戚们也是如此，有人站在门口，没控制住自己，哼了一声。目视地板忍住不笑变得越来越困难。

我们好不容易坚持到交换戒指的时刻，那位女士终于可以沉默几秒钟。

然后有人给我们拿来了一杯香槟，并且让我们接吻。

我们接吻，再次响起尖细的声音。

然后叫我们在“结婚证上签字以此表明自己的心愿”。我刚刚在表格里找到自己的名字，伊戈尔自信地拿起一只漂亮的笔在半页纸上潇洒地签了名字，这让登记处的工作人员很无语，过了一会儿才大声说：

“您在做什么？”

我们终于能放声大笑了，而且笑了很久。整个大厅的人都在笑。

宣布舞会开始，伊戈尔抱起我在大厅里旋转。所有人都真挚地鼓起掌，有人甚至哭了。我感觉自己像一大朵水晶玫瑰花、一只鸟、一朵云还有一些自己也不知道的东西。

伊戈尔放下我，人们便向我们走过来，祝福我们，亲吻我们，我们急着要出去。我在楼梯上抛出了婚礼的花束，父亲把鸽子放在我和伊戈尔的手中。

“多么小啊，”我低声说，“这小心脏‘咚咚’直跳，别怕，我不会伤害你的。现在，让我们一起飞吧！”

现在……

它们飞走了。

我们被拖到一辆白色的高级轿车里，在那里我们终于能单独待在一起，喝着香槟，听着音乐，窗外是熟悉又陌生的城市，既是新的也是从前的。

“那么我们现在是夫妻了？你是丈夫，我是妻子？”

“你想反过来啊？”

我们笑着，敲着玻璃杯，把冰香槟倒入口中……

在爸爸工作的“建筑配件”厂和根纳叔叔工作的家具厂，车子停了下来，爸爸的同事们向我们道贺，朋友们再一次拥抱我们。

“让我们去高级轿车吧，姑娘们！”我呼唤女友们，这样我们的四轮轿车就变成了无轨电车，挤得水泄不通。漂亮的长腿，鞋后跟，裙子。罗姆躺在车的地板上拍摄，他在拍什么呢？

我们终于和长辈们分开了，他们前往饭店准备迎接我们，这就给了我们几个小时的自由时间。乌拉！

去汽艇俱乐部！瓦洛佳是“亚特兰尼”号的老板，他的船不大，不过火红色的船身非常引人注目，他冲我们喊道：

“哎！新郎新娘！钻进来呀，我带你们兜一圈！”

我们一群人从轿车移步来到汽艇上，感觉我们快要把它压沉了，我和伊戈尔面对面站着亲吻，风把钟声吹到海上，把白色玫瑰花抛入水中。朋友们在船舱里喝酒，罗姆仍然忠于自己的职责，爬到桅杆上为我们拍照。

整个海湾就在我们眼前，不一会儿就到了我们背后，而前面是飞溅的浪花和灰蒙蒙五彩斑斓的透明蓝色，我们谈论着，却听不清彼此的话，但这与在户籍登记处的仪式有所不同（在那里，我们热得跑来跑去）。这就像是我想象中的那样，那时我并不知道谁将是我的丈夫。那么冰山呢？为什么我不是冰山——穿着自己宽大的白裙？

从游艇的甲板出来就到凉爽的轿车里，然后再来到外面：有人急着要在小摊上买啤酒。罗姆要伊戈尔做一些疯狂的事。他把我抱在怀里，让惊讶的司机打开后备厢，把我塞到了里面，戴上墨镜，扮演“偷新娘的人”。这时罗姆按了相机快门。又留下了一张黑白照片。

啤酒买来了，但我们不着急上车。这简直成了有轨电车，随叫随停。身着盛装的人们飞奔入“电车”，有的抓着门把手，有的身体悬在踏板上。“乘务员”也不再试图把我们赶下车了，车厢里的所有人都笑着，喊着：“苦啊！”

“甜着呢！”我们一边回答一边把巧克力糖抛给大家。

“好甜啊！”罗姆笑道，抓住一颗飞过来的糖果。

最后，我们终于又使有轨电车恢复了平静，我们坐上豪华轿车，开车出城，前往“玛丽聂尔”——这是一间海边小餐厅，坐落在延伸入大海的浮桥上。

大家已经在这里等着我们了，等待着我们的还有大圆面包、面包和盐，还有各种祝酒词、主持人和乐师。

演奏的是经典乐曲。我们与这种田园诗般的画面又一次不相搭配，不过一切都无所谓了。

“吻一个！”叫喊声从四面八方传来。我们坐在成“П”字形摆放的桌子中间，面前摆着各式美味的菜肴。我们现在才意识到，除了就着两块糖喝香槟以外，从早上到现在还什么都没吃呢！不过在那个晚上，命运安排我们的不是吃东西。

“吻一个！”喊声连续不断地从四面八方传来。当然，我们照做了。

“吻一个！”

“怎么没完没了啊！”伊戈尔用小勺子盛了一勺肉丝清汤，小声对我说道。

“新婚夫妇，请你们到大厅中央来接受祝福！”我刚把叉子举向那道期待已久的沙拉，就听到这句话。

“哎呀妈呀！”我们手一挥，决定明天一定大吃一顿，但今天就专心办婚礼！

音乐声响起。缠纸大赛开始，由最尊贵的客人为其他尊贵的客人缠；抢新娘；找鞋子；丈夫的朋友扮新娘大赛；扮海盗赛；跳谢尔久奇卡舞比赛等。

所有家庭成员依次按顺序跳舞，薪火从一个家庭传递到另一个家庭，“吻一个”的喊声再次响起，最后，我们终于吃到了端上来的蛋糕。

我感到自己已经疲惫不堪了，于是扔掉鞋子跑向了沙滩。我们坐在沙滩上，这时礼炮声齐鸣。一切是多么美妙啊！

最后，我们与一大堆礼物被一起塞到车里，朝家驶去（父母热情地把房子让给我们，可以住到秋天，他们夏天到别墅去住）。

我不知道在新婚第一晚大家都做了什么，我们躺下就睡熟了，像死人一样。

早晨，我从幸福中醒来……我们是一家人了。

杂 记

2011年4月，于叶夫帕托里亚、基辅

4 月是个疯狂的月份，工作量繁重，还赶上了各种事情。

又能和季马待在家，不过要准备新的设计方案，很多时间都是单独和沙子待在一起，思考琢磨，和沙子说话，把脑海里一闪而过的思路串成线，迅速抓住，并把抓到的、不成熟的想法打磨加工。

接到了一个出人意料的行程计划外的邀请，让我们参加“飞行评比”摄影。去基辅完全没时间了，三个非常重要的创造性方案迫在眉睫，但我们还是去了，因为这个节目的内容我很喜欢。

尤利娅·利特温年科和奥塔尔·库申纳什维利主持这个节目，他们是很好的新闻记者，没有把议程安排得枯燥且形式化，而是十分生动，还提了各种有趣的问题。这对我来说非常重要，因为我早就厌烦了千篇一律的问题，根本不可能回答出什么有意思的东西，可能都无法从容应对。

我和其他参加节目的嘉宾被带到化妆间，这里有很多人。奥塔尔跑过去，匆忙打了个招呼，就开始换衣服——当天有好几场演出需要他主持。他跟化妆师开玩笑，大声地说着只有他自己明白的话："华丽的节目，华丽啊！"他说着各种各样的胡话，仿佛自己在表演电视节目一样。随后他来到走廊，恰好我也到走廊透透气，他看到我，清清嗓子开始用完全正常的嗓音说话，平静而干练。那时我才发现，他非常有文化修养，显然是个博览群书的人，能很严格地区分镜头前和镜头外的生活。我想这也是一种高超的技能吧，不过这种技能于我是遥不可及的。

录播进行得平稳、愉快，节目的内容是关于互联网的。根据我演出的视频在网上的浏览数量和传播速度来看，这已成为互联网的一件奇事，因而我也受邀参加。

大部分客人谈论着聪明而有趣的事情，我特别高兴认识了斯维亚托斯拉夫·瓦卡尔丘科和谷歌公司驻乌克兰的领导，我们虽然没见过面，但是早就认识了。我在末场展示了一个和乌克兰有关的沙画故事，配乐是我的朋友"圣水"组合创作的一首优美的乌克兰民歌。

随后我们又去拍了一段时间，因为我们来基辅的次数实在太少了，伊戈尔开玩笑说"甚至比去日本都少"。然后就回家了。

第二天我们待在家里，这天是我的生日，但我没庆祝生日。那天，我们甚至在晚上都没休息一会儿，因为那天是耶稣受难日，不得不说，这是我最伤感的一个生日了。

一整天都在工作，为莫斯科之行做准备，然后继续我们早已开始的拍摄工作——沙画电影《永恒之泪》，为纪念切尔诺贝利悲剧 25 周年而做。

我们去了教堂，恭敬地吻了盖圣体的经麻布，又开始工作，快到早晨才躺下睡觉。

周六我们只工作了半天，然后就不干任何事情了，为饼和鸡蛋举行祝圣仪式，去滨海大道散步，去做晚祷。到了早晨，已经是复活节了，一切都是崭新的、清新的、神圣的。季马兴高采烈地用煮硬了的、表皮涂成洋葱样子的鸡蛋与别人撞鸡蛋。

晚上继续工作，为明天出发做准备。

第二天一早，我就和季马去伊林斯基教堂的礼拜日学校观看复活节早场戏，神父给大家分发礼物，心情舒畅得简直不想再飞去别的地方了。

但我明白，是必须要去的，我不能错过与迪奥之家的这次最有创意且最愉快的合作。

接 上

2007年6月，于叶夫帕托里亚、辛菲罗波尔

婚礼的第二天，我穿着拖尾婚纱和威尼斯紧身胸衣，捧着绸缎做的玫瑰，丈夫则穿着潜水服，但戴着领带；我们就这样潜入到了海里。婚礼在大海的无底深渊继续进行，水母和鱼群环游其中。潜水的氧气瓶直把我们往海底拉。疯狂的罗姆通过特制水下摄像机拍着整个过程。

然后一群人像婚礼护送队一样开车经过田野，绶带沾满灰尘，玫瑰花也掉落了。我们发出的信号惊散了田野里的鸟群和田鼠。人们把我举了起来，从车窗口把我推到了车顶盖上。我穿着湿漉漉的白裙，举起双手用尽全力地喊道：

“万岁！我嫁人了！”

就在举行婚礼前不久，我的头脑中又出现了一份新的头脑风暴。

向上！

码头上，香槟“砰砰”作响。响了多少次？我不知道。一瓶，两瓶，还是三瓶？临近日暮，泡沫般的云彩静静飘浮着，我能听到它们“嗞嗞”作响、“嘟嘟”冒泡。

不一会儿，月亮又隐没在它那牛奶般的月光中了，镜子烤暖了双手……把我向上托起。

人们说，不要在雨中作画。但是在纸面上，一滴水遇到了一粒细沙，就永久地凝结成了巧克力般的激情，小巧的咖啡色圆顶和薄雾笼罩下“咯吱”作响的小树都清晰可见。向上！

两个人喝着咖啡，背对着我，脸朝着东方。是否应该当个傻瓜，从最狂暴强劲的海浪中抽身，用鼻子撞向硬糖组成的墙？不必！

那个穿着名贵西装的人，背对着大海凝望着。我付过钱，朝着东方大桥向上走去。走出去的时候，一阵风就吹散了我头脑中所有的想法——左耳进右耳出。一阵头晕目眩。就让它吹走吧，反正都是些愚蠢的念头……

我在“七级风”咖啡馆中暖暖身子。船长喝醉了，高兴得满脸通红。他倒着香槟从墙边经过，边发巧克力边蹲着身子跳民间舞。他说要跳到海里，他一定能跳下去。真的把这个可恶的家伙扔到了海里……不管你在港口上朝哪儿看，都有起重机在闪动。不知道是一年的哪个季节。这是哪一天，哪个月份？没有回应。

这里现在还有沙子。我慢慢走近，陷了进去。一个人伴着日出醒来后，又会在满天繁星下很快入睡。哦，在日出中醒来的人是多么幸福！

离我几米远的地方，有个小女孩在吮着手指。她抬起眼睛，静静地看着他们石头一般僵硬的脸。拍打着自己绯红的小脸颊。

这时我脱掉风衣，穿着衬衫和裤子全神贯注地游了很长时间。双腿开始可怕地抽搐，但我也不会从水里出来，除非天空不再变绿，除非石头停止哭泣。

小姑娘拍着手哈哈大笑。

我抓过一条带条纹的毛巾，直接用海水擦拭皮肤。海鸥停下来，像小丑一样悬挂在上空。我的小家伙抓起石子抛向沙滩，又抓起一把扔向沙堆！我躺着和太阳做游戏。

傍晚来临，我们一起熄灭了海里的黄金之路。一直到清早我们都在撒沙子——画了一幅又一幅。湿的沙子变得比干沙子更轻了，早上似乎……

新的时节到来了，鸬鹚在不停地鸣叫。这是码头准备夏季休眠的时节，也是新生儿的时节。就这样数量变成了数字，海浪如此真诚地亲吻着大理石台阶，仿佛月光要消逝一般。

我急着赶路。过了桥，沿着栏杆向前走。这里散发着黄昏和薄荷的味道。阳光映照在金黄色的蛛丝上，日落前桥上久久回响着青铜色钟锤发出的声音。我站在桥上微笑着，再看一眼这个梦境。我看向……何处?

向上!

婚礼一周以后就是论文答辩。我穿着瘦瘦的女式西装走进了一间大会议室，尽管已经怀孕五个多月了，肚子依然看不出迹象。我知道答辩名单是按照姓名字母表的顺序排列的。也就是说，我的名字几乎是在最后面。但一小时后，我在印刷学院还有一场绘画考试，考场有模特摆姿势，而不是静物写生，所以不能迟到。过了事先规定的时间，模特就会起身离开。

趁答辩还没开始，开场白也没讲，我朝坐在第一排的老师们走过去，开始请求说：“请让我第一个来答辩吧，我还有一门考试也是同一时间，劳驾了。”

他们的回答虽然方式不同，但内容都大同小异：

“我们知道5年来你像个疯子一样，在城市的两端来回奔波。这有点乱，不过我们都能理解，你想要多学知识，那你就去学呗。我个人并不反对。但你不仅要获得老师们的同意，还要征求同学们的意见……”

“这我当然明白”，我说，“我问过同学们了，他们并不反对。”

似乎一切问题都迎刃而解了，但这时有一位男老师却愤愤不平：

“为什么不按顺序来？不行不行，哪有这样的例外？只有出于健康原因才能破例。”

我知道自己别无选择，只好说：

“如果考虑身体状况的话，那我已经怀孕五个多月了，在这么闷热的房间里实在无法忍受，我有严重的孕吐，可能会晕厥，撑不到最后的答辩。”

所有女老师都善意地笑了，还有人在鼓掌。

“你真棒！”一位女老师在我耳边轻声说。

“谢谢你。”我红着脸说道。

于是，我第三个进行答辩。答辩成绩优秀。我毕业设计的题目是《生物对色彩效果反映的心理生理特征》，刚开始我怀着高涨的热情去写，可怎样完成的连自己都不记得。

“我可以走了吗？”我刚从台上下来，就问答辩委员会的老师。因为没有等到答辩彻底结束就离开是不可以的。

“她已经怀孕五个多月了，”我听到一些女老师对系主任说道，“就让她走吧。”

“去吧，”系主任让我走了，“照顾好自己。”

我答了声“谢谢”，就抓起大文件夹冲出教室，里面装着水彩纸、颜料包、颜料、画笔、刷子和调色板，全都横七竖八地从袋子里露出来，我知道已经要迟到了，飞跑着离开教室。打开门，差点撞到在走廊擦地板的老太太。也许，我根本就不像一个被孕吐和炎热天气折磨得疲惫不堪的孕妇。在学校大门口一个勇敢的出租车司机（他是唯一答应把我从城市的一端送到另一端的司机）开着飞车把我送走了。

尽管所有光线好、模特四周位置佳的位置都让人占上了，我那些善良的函授班同学还是轻轻推了推自己的画架，召唤我到我最喜爱的四分之三点的地方。这些同学几乎所有人年龄都比我大，甚至很多已经当妈妈很多年了。

“谢谢你们，伙伴们！”我轻声说。

他们冲我微笑着小声问道：“通过答辩了？”

我点点头，高兴地微笑回应。

美人鸟

2011年4月末，于莫斯科

莫斯科迪奥小姐首映典礼。克里斯汀·迪奥的作品展在普希金艺术博物馆举行。早在年初就邀请我合作，我欣然同意。

在莫斯科迪奥女士的广告短片中，我用沙子再现了在金色圆顶的莫斯科窗口（伴着悠扬婉转的钟声）映射出的法国气息，窗户里是莫斯科神秘灵感的源泉——缪斯形象。接着，剧院诞生了，从中生长出轻盈的树和阶梯，通向高处。这是梦中的景象。尘土，沙子。

没有人扰乱我的思绪，也没有人指定我去做什么，我想画什么就画什么。

“克里斯汀·迪奥是一位画家，您也是画家。我们尊重画家的意见，所以我们希望您按照自己所见所感去编写故事。您很自由，我们也拥护您的自由。”

这让我更加尊重他们，我怀着激动兴奋的心情创作了这段故事。在莫斯科我花了很长时间来挑选合适的礼服，最后驻足在一条紧身黑色长裙前，裙口到膝盖，上衣是对开的百合花图案。戴着珊瑚项链和小耳环，化着妆——披着薄薄的轻纱，眼皮上蒙着一层灰色的薄翳，嘴唇是暗红色。头发披散在肩上，垂落在背部。精致的黑色蕾丝高跟鞋，鞋跟又高又细，脚趾微微叉开。

我没有在镜中看见自己，而是在摄像机镜头里，然后到了大厅里一面带框架的大镜子前。有一种“这就是我”的感觉，但并不是平时的自己，当给自己打扮了很长时间，你就会说：

“不，这不是我。”

这就是我，正是这样，我在日常生活中也这样打扮过——介于在法国和哥特式二者之间，按照俄罗斯民族特有的观点来看，薄薄的透明黑色蕾丝花边，在舌尖处有一滴波尔多酒。

录像在活泼热烈的小提琴伴奏中进行，弹奏的是法国优秀音乐家洛朗，他是迪奥之家的朋友。

晚上在莫斯科市中心举办舞会和晚宴。在中场休息期间，我们被带到丽思卡尔顿酒店，舞会邀请的所有客人都住在这儿。我们坐在露台上，能看到欧洲最大的堡垒要塞——克里姆林宫，我们喝着酒默默不语。

蓝色的夜慢慢地、懒洋洋地降落在这座有着红色堡垒的城市。到时间了。

晚会，烛光，小提琴。作为这场晚会的特邀嘉宾，我又画了起来。观众鼓掌欢呼：“好样的！”我走到洛朗面前，握着音乐家那柔软且保养得很好的手说："太棒了，大师！"

鲜花，香槟。我遇见了我们的老朋友安德烈·马拉霍夫和他的未婚妻。他介绍我认识了埃文琳娜·赫罗姆琴科和弗拉基米尔·波兹涅尔。我们边聊天边喝香槟，响起了舒缓的轻音乐，但不是洛朗弹奏的。

见到了指挥家弗拉基米尔·斯皮瓦科夫，他是"莫斯科音乐大师们"的著名指挥，我们本应在 3 月就一起演出的，但是由于要前往悉尼，被迫放弃了。幸运的是，他并没有生气，我们都表达了期待再次同台演出的共同愿望。在晚会的最后，导演和摄影师们再次出现了：按照事先的安排，我们还要拍摄电影的结尾部分。

我在画画，突然十几个摄像头开始从各个角度对我拍摄。我用只有我素有的那内在视线发现，有人从右边注视着我的工作，监控着拍摄过程。我不能转身，因为我是在镜头里，但感觉到了一股特别的力量，来自站在我右边的人身上奇怪的吸引力。

录像结束了，告诉我可以休息了。我拿过递过来的酒杯，终于转过身来。

美人鸟——铜山的女主人，掉落雪中的红果子的苦味。奇异而野性的美，而不是杂志上的那种美，羽毛状的眉毛，人鱼似的嘴巴。我紧盯着这张面孔，在我身上沉睡的疯狂画家苏醒了，我无法摆脱这双狂野而明亮的眼睛，干脆用阴影和色调画出颧骨和下巴的雕塑留作纪念，一直画而无法停笔。

"你好，我叫娜塔莉亚。您今天做的画太奇妙了，我实在无以言表。这就是艺术。"名模娜塔莉亚·沃佳诺娃用她那清脆又稍显沮丧的声音说道。

“谢谢你，”我答道，竭力摆脱她脸上的那种魔力和神奇，“您所做的一切令我非常敬佩，尽管我不太懂这些……您的面容正是高于其他一切等级的艺术品。”

我们聊了会儿天，具体聊了什么现在已经记不清了。大概是关于明确的目标和顽强的毅力，对生命力的坚定信念。还聊到了美，聊到我的儿子。她穿着一件薄薄的咖啡色紧身布裙，上衣带着些装饰物，头发高高地扎成一束。穿着简单朴素，像一只美人鸟。

我们又待了一段时间，然后就回酒店了。那天深夜我收到了来自迪奥之家的礼物，因为他们得知前几天是我的生日。我展开层层薄布和绶带卷——里面是一个白色雕花的小盒子，是一副眼镜。美得令人难以置信，边框是玳瑁式的风格。

早上出发去机场前，我又收到了礼物：一本为纪念克里斯汀・迪奥周年而出版的厚书，玻璃瓶装香水……还有昨天穿的鞋子。他们还记得我是怎么赞不绝口地欣赏赞美着这双鞋子，至今我还在穿它们。

这是我最愉快的一次旅程，创作之源贯穿始终。没有任何的人工设计，只有剧院、小提琴和美人鸟。

事 故

2007年6月底，于辛菲罗波尔、叶夫帕托里亚

毕业论文答辩顺利通过，印刷学院的考试也通过了。六月末，等待着我们的是隆重的文凭授予仪式和毕业晚会。

印刷学院考期结束距颁发文凭仪式还有几天空闲时间，于是我们去了叶夫帕托里亚。我们早已开启在两个城市间的生活，实际上是三个城市：辛菲罗波尔，叶夫帕托里亚和雅尔塔。直到夏末我们彻底搬到叶夫帕托里亚之前，都将这样度过。

趁着学院考期的间隙，我们去了雅尔塔，在那里我接到了第一份属于自己而不是杂志的订单。为一座海边的咖啡馆（就在“奥列安达”旅馆楼下）绘制壁画。我们很快就完成了这项工作。我们——包括我、伊戈尔和我们的朋友画家谢尔盖。得到了一个 LA MER 海蓝之谜，以我作

者的风格画着蓝色线条的图案，缠着金色的细线，装着米的细颈玻璃瓶悬挂在天花板上还有其他的创意作品。考虑到经常奔波于克里米亚南岸和西岸间，我决定用第一笔稿酬给我们的福特汽车买一个燃气装置，因为这辆车耗汽油，大排量的发动机几乎花光了我们的家庭预算。

要是我们知道这次购物的后果就好啦！

我们开车回叶夫帕托里亚时已经得意地使上了燃气，然后决定休息几天。

在叶夫帕托里亚，我们从早到晚地在郊外的沙滩上晒太阳，那里有座我父母的消夏别墅。那里没有成群的游客，只有那些来别墅度假的人，有一半都是俄罗斯人，很多人我们已经认识了。

有一天已经过了中午，一位惊慌失措的女士跑过来请我们帮忙：

“我儿子腿受伤了，非常严重，流了很多血……别人告诉我你们是本地人。求求你们帮帮我吧，我们需要去医院。我付钱，我有钱……”

“不要再说了，”伊戈尔说道，“你儿子在哪？”

一个小男孩半卧在沙滩上，脚踝的伤口处血流如注。我们尽可能地包扎上伤口，伊戈尔把孩子抱上车，放在后排座椅上，他的母亲坐在他旁边，我和伊戈尔坐在前排，一路疾驰。

从度假区到市区大约有20公里路程，我们开得飞快，小男孩急需看医生。可是前面出现了一片奇怪的烟雾，笼罩了去路。是田野在燃烧，烟雾飘到了路上。虽然可以绕行，可是要四十多分钟，我们不能再浪费时间了。伊戈尔放慢了速度，紧贴着路肩，慢慢地驶入那段被浓烟笼罩的道路。

根本什么都看不见，只有灰白色的浓烟将我们包围。浓烈的焦糊味让人开始感到头晕。我们以蜗牛的速度在前进，期待着赶紧驶出这一可怕的路段。

就在这时，撞车了。在浓烟的重重包围中，什么东西用尽全力朝我们撞来。我还记得，刚好来得及伸手去挡，正是这一挡救了我，使我的肚子免受强烈的撞击。我抬起头，看见我正前方的挡风玻璃四散开裂，我感觉自己看见了发生的那一刻，就像在电影慢镜头里一样。我看见伊戈尔的头狠狠地撞在方向盘上，当车子停下，我开始用抽搐的手慌乱地去抓他的头，仿佛竭力想要确认它是不是还在脖子上。我回忆起这一切，就像是发生在电影里的慢动作，我一点儿也没有恐慌。我明白，我们撞上了迎面驶来的车辆。我们停了下来，车子好像在燃烧。流着血的孩子和他的母亲还在后面，妈妈的头好像也受到了猛烈的撞击。后来医院的检查结果也认定确实是脑震荡。

伊戈尔对我大声喊道：

“打开车门，沿着公路跑得越远越好。车里有燃气，我得把这对母子带出去。”他指着坐在后面的小男孩和他的妈妈说道。

我打开车门，跑到田野里。我无法绕过汽车去路上，因为猛烈的风穿过马路，把浓烟朝我的方向吹来。我觉得，汽车开始燃烧，我还觉得，火苗已经穿过田野来到我身边，而狂风把火吹得更旺了。我感到前所未有的恐慌，那是我第一次经历如此可怕的感觉。怀孕的我在浓烟弥漫的田野里飞奔，竭力想弄明白要往哪跑才能摆脱这种险境。浓烟辣得眼睛发痛，不停地流鼻涕，我开始咳嗽，失去了走出去的希望。后来一个想法清晰地闪过——给父亲打电话，他就住在市里。

“喂，”我说，“我们的车着火了……”

已经不记得我是怎么走出来的，好像有种力量抓着我的衣领把我拖了出来。终于看到公路了，我看见伊戈尔焦急不安的面孔和一辆救护车，带着小男孩和他妈妈慢慢驶离。

“你在哪里？”

“最好不要问了。”我答道。

那天我在产科医院度过了一夜——胎儿保住了。躺着输液，我尽力不去想发生的这一切，但晚上还是给伊戈尔打了电话，问他小男孩和他妈妈奥莉加的情况。

“一切都好，腿保住了，奥莉加确诊为脑震荡，不过她说她一切正常。”

“谢天谢地！”说完我就挂了电话。还是无法入睡，盯着病房的天花板在床上躺了一夜。早上我就要求回家。

过了两天，我们坐公交车去辛菲罗波尔，我取了毕业证。又和娜塔莎见面，我已经在电话里跟她讲了我的惊险遭遇。现在什么和毕业有关的活动也不想去了，不想坐在封闭的室内，好像鼻子还能闻到身上沾染的焦糊味。我只想呼吸新鲜的空气。

我们在妮卡家的一个小房间住了一夜，这个房间里摆放着她的各种缝纫用品，在那儿睡得很好。

伊戈尔带着他那固有的嘲讽语气说，这场事故中我们还算幸运。

“我知道你在田野里，但是当时除了后备厢的燃气罐我什么都没想。如果大火再晚十分钟被扑灭，我们就会被炸飞，虽然撞上我们的是辆救护车。”

我们与浓烟里相撞的司机整整打了两年的官司，诉讼案刚开始时，季马还在我肚子里，当案子结束他已经快两岁了。我希望永远也不要再去法庭了。

忙 乱

2011年4月末至5月初，于叶夫帕托里亚、辛菲罗波尔、基希讷乌

从莫斯科回来后，我们收到了许多来自世界各地的信，都是对纪念切尔诺贝利核事故的新作——《永恒之泪》的反响。4 月 26 日，这部电影在鹿特丹上映，可以看出备受瞩目。遗憾的是，我没能出席首映仪式，但是人们把温暖善意的好评转达给了我们。

由于迪奥之家的工作，我们不仅被迫放弃去荷兰，也拒绝了去美国参加奥普拉·温弗瑞脱口秀的邀请，当时我们正在悉尼。

事实上这已经不是美方第一次邀请我了，我收到的第一份邀请是在一年前，那时我也同样无法前往，因为我害怕长途飞行。可是飞去过日本、中国和澳大利亚以后，现在回想起来感到很好笑。

我不知道为什么，只是我们曾对一位新闻界人士说，奥普拉邀请过

我们后，每小时都有各种各样的刊物打来电话，问我这件事是不是真的，并且问我什么时候去。当我告诉他们，由于当前手头的设计工作不能前去后，以《克谢尼娅·西蒙诺娃拒绝奥普拉·温弗瑞邀请》为标题的文章就铺天盖地在网上蔓延开了。

她的脱口秀节目结束了，我应该在她的告别演出上演出。我的拒绝令人感到惊讶，但是我希望大家不要抱怨我。总之无论如何，我也别无他法。

回到家后，我和季马在郊外住了两天，他在清新的空气中跑来跑去，到了晚上做着英雄的美梦安睡。之后我们前往基希讷乌参加音乐会。在那里遇见了我们最喜爱的爵士乐翘楚戴·菲茨，当我还在杂志工作的时候我们就相识了，我记者生涯的第一次采访，就是采访戴·菲茨。

我们非常高兴四年之后又见面了。他们通过我的作品了解到了我，但当我告诉他们，我就是那个带着九个多月身孕采访他们的姑娘时，他们都特别惊讶。这件事以后我还会详述。对方问我什么时候、怎么开启人生新道路的。我回答说，这可说来话长。谈话确实持续了很长时间。我们就在后台聊天，因为化妆间太小连转身都困难。后来谢廖加把一大捧鲜花放到了车上，都是观众们送给我的。然后我们就去了伊戈尔父母家。

基希讷乌是座美丽的城市，但我没有立刻爱上它，而是在第四次去才喜欢上，那是 2012 年冬天，是我在那儿待的时间最长的一次。这次来的时候是春天，我不喜欢基希讷乌的春天。

我们到达妈妈弗洛斯和爸爸根纳的家已经很晚了，但是全家都到齐了，桌子上一如既往地摆满丰盛的摩尔多瓦晚餐。婆婆做饭特别好吃，伊戈尔做饭也好吃，不过他真的很少做饭。这时桌子上已经摆放得满满当当：可口的南方菜，也是我最喜欢的菜——一种特别烹制的辣椒——多尔玛、玉米粥、奶酪、肉和鱼。在我看来，摩尔多瓦菜是世界上最好吃的菜系之一。喝了很多葡萄酒，当地的文化就是如此。

我们坐着聊天，逗伊戈尔两个月大的小侄女克列奥帕特拉玩，完全不想离开。但是却不能留下来，因为时间特别紧张。在动身去杜塞尔多夫之前，只留给“欧洲电视歌曲大赛”三天时间，还要继续准备。

季马的爷爷奶奶两天后来到我们家，在我们不在的时候陪他住了两周。5 月 1 日庆祝完我妈妈的生日，为了能在早上抵达机场，第二天夜里我们就乘车赶往基辅。

第一次事故

2007年7月，于雅尔塔

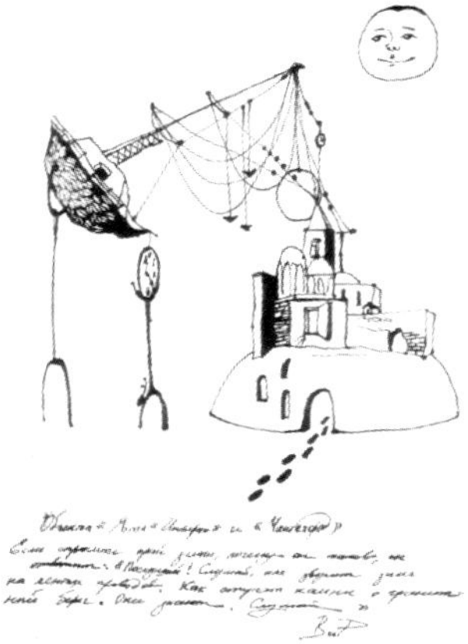

有一件期待已久的事："斯普林"乐队将在克里米亚开演唱会。《克里米亚海滨胜地》杂志送给我们一份礼物：我们好不容易拿到了雅尔塔音乐会的门票。

我们从叶夫帕托里亚出发，以蜗牛般的速度行驶，我们的新车（但也不是特别新）可以开得很快，不过我们一直担心，它会直接在途中就散架。

我父亲那辆红色的老"福特塞拉"曾是我儿时的梦想，是的，现在它终于归我们了。

那年我 22 岁，这辆"福特"已经 24 岁了，驾驶它绝非易事。

有几个星期我们一直没有车用，在七月炎热的天气里，加上怀孕，我觉得生活简直成了一种煎熬。雅尔塔的行程并没有取消，但现在我们要先乘公交车，然后换乘，去编辑部一路要花费大约四个小时。

看到我备受折磨，父亲把自己那辆“福特”送给了我们，在此之前他已经有一辆新车了。

“福特”的状况已经不太好了，我们着手“让它重新恢复感觉”。这是一个漫长的过程：那段时间我们几乎住在了汽车市场，购买了一切所需物品，更换了车门……如果来描述一下汽车交付给我们时的样子，恐怕最不苟言笑的人也要被它逗笑：一辆陈旧的红色“福特”汽车，后备厢是翠绿色的，两个前门是白色的，轮毂不是“日古利”生产的就是“扎波罗热”生产的……当这辆“神奇”的汽车行驶在街上时，行人都指指点点；当我们作为记者开车出席重要活动时，都把车停在附近的一条街，然后步行过去。

有一天，我们终于受够了路人对这辆五颜六色汽车的嘲笑，买来 20 罐红色油漆，一夜之间把我们的“小宝贝儿”涂成了红色。我刷漆时戴着口罩，要不然伊戈尔就不让我刷。鼓起来的肚子限制了我灵活的步伐和下蹲，不过早上我们还是勉强干完了。现在，汽车至少是一种颜色的了。早上醒来的时候，我们才意识到：夜里刷漆，灾祸会降临。

“不过从远处看似乎也没那么可怕。”伊戈尔安慰我道。托着肚子，我们绕着“小宝贝儿”走了大概五分钟。

然而，技术维修站的人看过我们的轮子后，对我和伊戈尔共同改造过的汽车带来了毁灭性的打击：

“你们这是用扫帚涂的吗？”他问道。

简而言之，我们就乘坐这个“怪物”从叶夫帕托里亚前往雅尔塔看

“斯普林”的演唱会。

音乐会在体育场举行，我们跟着瓦西里耶夫一起大声伴唱，很不错。第二天，原定我们对他进行采访，我急不可耐地等待着这次采访。

我已经不记得，我们为什么不能留在雅尔塔过夜，总之我们又以蜗牛的速度返回了叶夫帕托里亚。大约第二天中午，我们又去了雅尔塔。

在辛菲罗波尔，我们接上罗姆——他是《克里米亚海滨胜地》杂志的摄影记者，悄悄地沿着雅尔塔高速公路缓缓前行。

就在“多勃罗耶”路段，发生了下面的事：超车时，车轮里掉下来一个什么东西——我刚好看到，一个不太大的东西从轮胎上弹开，以飞快的速度滚向了路边。这时我们的汽车朝逆向车道飞快地驶去，我看见我们正朝一辆汽车迎面撞去。我闭上眼睛，伊戈尔猛地转了一把方向盘——只听一声刺耳的摩擦声，我们的车向左倾斜，又回到了自己的车道，之后车子停了下来。

上述的一切就发生在一瞬间，令我感到恐惧的是，我们几乎是迎头相撞，我甚至还没来得及感到害怕。原来，恐惧和害怕完全不是一回事。

轮毂脱落并飞了出去，就是这样。我再次感谢上帝，因为我们离死亡就差了一点点。汽车不能再开了，我们自然也没有去成雅尔塔。虽然我们不在，一切还是照常顺利进行：《海滨胜地》的一位驻雅尔塔记者采访了瓦西里耶夫。我们留在那里懊丧地等着拖车和救援人员。伊戈尔几次打发我去赶公共汽车，让我回市区，不让怀孕的我在尘土飞扬车来车往的高速公路上逗留，但我不想走。

最终，伊戈尔和罗姆几乎强迫着让我坐上一辆他们拦下的公共汽车，后来我在“南方”之家等了整整一夜。凌晨三四点伊戈尔才浑身脏兮兮、精疲力竭地回到家。想到没能和诗人会面，还有即将面对的昂贵的修理费和拖车费，我们感到无比悲伤，后来就躺下睡觉了。

我后来向《海滨胜地》的同伴们问起，那场采访进行得怎么样，瓦西里耶夫在生活中是什么样的，原来，一切都进行得再完美不过了：他们聊了一整晚，瓦西里耶夫是个非常好、有趣又健谈的人。跟我想得一模一样。我感到非常遗憾，那些奇怪而可怕的意外状况使我没能有机会和这个人交谈，在我看来，他可谓是当今为数不多的真正诗人之一。但我曾希望过，也继续怀着希望，期待着这样的会面还能再次到来。

早上，伊戈尔把车送去修理，我去做超声波检查。医生告诉我是个男孩。我并没有感到惊讶。

“我丈夫特别想要个男孩，”我对医生说，“他大概不会相信。”

“我把图像放映在屏幕上，你用手机拍张照片。”医生回答。她很有幽默感。

“真好笑。”

“瞧你说的，在我们这儿，每两个妈妈中就有一个让我们这样做，替爸爸求我们。”医生笑着说。

这样我们就有了一张证明未来的季马是男孩的照片。说实话，我们谁也看不懂那张照片。

安东什卡

2011年6月1–5日，于叶夫帕托里亚

我和伊戈尔决定，在我们结婚四周年纪念日那天，不为自己举办庆祝活动，而是邀请我们认识的孤儿院的孩子们来叶夫帕托里亚。

“我们在 6 月 1 日结婚难道是为了给自己庆祝节日找借口吗？”伊戈尔开玩笑说，“孩子们倒是应该庆祝自己的节日！”

在此之前，我们差不多每隔十天就和孩子们见一面，我们全家一起去看望他们，在与他们分别的日子里就格外想念。

我们的朋友鲁斯兰·费奥多罗维奇，是叶夫帕托里亚海豚馆的经理，他亲切地邀请孩子们去看海豚表演，那才是个真正的儿童节——孩子们看了海豚和海豹，然后鲁斯兰·费奥多罗维奇送给他们许多漂亮的书和各式各样的礼物，我们又去坐了旋转木马。我们玩儿到筋疲力尽，小孩子们坐火车头、小汽车和其他转动项目；而大一点的孩子就想玩太空球，蹦极和轮滑。

这些孩子当中有我未来的教子——一个叫安东什卡的8岁小男孩，他应该一天后来我们家做客，并在圣·伊利因斯克教堂进行施洗，而我将成为他的教母。这件事两个月前我们就商定好了，这段时间每个人都以自己的方式准备着。那天我送给安东什卡一个十字架和一本儿童圣经，并让他经常向上帝祷告，这样我们才能一切顺利。

离开前孩子们在海里洗了澡，我们把他们送上辛菲罗波尔路边的公交车上，也动身回家了。我需要为佛罗伦萨的演出做准备，演出计划于6月7日在威尔第剧院上映。一场特别有趣且激动人心的演出在等待着我——安东尼奥·维瓦尔第的小提琴协奏曲《四季》将在沙画中复苏。

为时四十分钟的表演准备并非是一种煎熬，而是真正的休息和快乐。

只是伤风感冒给这个活跃的初夏添了许多麻烦，自从在基辅演出的那天起，就开始折磨着我。我几乎已经被感冒弄得疲惫不堪，似乎感冒本身已经好了，可是身体虚弱和病后的反应还在。

我们去孤儿院接安东什卡来叶夫帕托里亚，受洗之后我邀请他到我们家来过周末。像往常一样，孩子们边喊着：“克秀莎，克秀莎！”边朝我飞奔过来。我们分发了礼物，然后是拆礼物等等。突然我感觉很不舒服，耳鸣且呼吸困难。我不想让其他人跟着担惊受怕，就跟孩子们说要去洗手间。在那里我用凉水洗了脸，贪婪地喝着直接从水龙头流出来的水，然后又洗脸做了深呼吸。我穿着漂亮的蓝色长衫，闭着眼睛，背靠着冰冷的瓷砖，就这样在地板上坐了几分钟。

走出洗手间后，这种反应又开始了。快乐的喧哗吵闹声，炎热，憋闷，我再一次尝试起身去厕所，可是没能站起来。孤儿院院长说我的脸色苍白，几乎是雪白的。很快我就被带到一个安静的地方，喝了水，感觉好多了。

“对不起，”我抱歉地说，“太热了……”

快乐而激动的安东什卡早已站在门口了，我们抱他坐上我们宽敞的黑色福特汽车，所有人都来为我们送行，伊戈尔高兴地摁着喇叭，示意告别。

在回叶夫帕托里亚的路上，我把代表我们全家的礼物亲手送给我未来的教子：是我的一部带 SIM 卡的手机。我真后悔当时这么做，因为安东什卡马上就开始给我和伊戈尔打电话，并且给我们的号码发了几十条空白的信息。在为客人准备的房间里入睡前，一晚上又给我们发了大约 40 条信息（当然，每条都是空的），我们给他充的话费全都用光了。

回到叶夫帕托里亚，好不容易走到教堂，在门口遇见了我爸爸，他答应参加基督教洗礼仪式。格奥尔吉神父在教堂里等着我们，他为安东什卡洗礼，后来他还给孤儿院的其他教子们受了洗。

我教他祈祷：

“我以圣父圣子圣灵的名义祈祷。阿门。”

虽然祈祷时有些不太自信，不过一切正确。我们互相微笑着走向洗礼池。

圣事就像生命诞生那样美丽生动。

“上帝的奴仆安东尼亚以圣父圣子圣灵的名义祈祷。阿门”

安东什卡表情严肃、聚精会神，就像个大人一样。他仔细敏锐地聆听着，很令人感动。

然后神父和修女向我们道贺，送给安东什卡整整一袋子礼物，我们回家吃蛋糕，然后去了野生动物园，在那他和季马玩疯了。第二天爸爸妈妈带着安东什卡去别墅待了一整天，他认识了我的妹妹们，她们非常喜爱他。娜斯佳对我说，玛莎爱上他了，而玛莎也是这样说娜斯佳的。他们一起骑自行车，烧烤，同我的爸爸和爷爷去钓鱼。

这时我正准备着佛罗伦萨的演出，下午记者们就来拍摄关于我的专题片。

我们拍摄完就匆匆忙忙地赶到别墅接安东什卡，因为已经晚上九点了。

第二天安东什卡和季马领了圣餐，然后我们一起去咖啡馆吃早餐和冰淇淋。然后安东什卡和季马在杜万诺夫大街上骑了近一个小时的脚踏摩托车，路上的行人见到他们都害怕。吃过午饭，我们和我的新教子也是季马最喜爱的朋友告别，把他送回了孤儿院，并答应两星期之后再来接他，一起庆祝玛莎的生日。

回到家，我又把要在佛罗伦萨的首演排练了一遍。睡觉时已经是在车里了，我们要连夜赶到基辅，为了能够在早上到达意大利大使馆，晚上飞往佛罗伦萨。

飓 风

2007年11月，于叶夫帕托里亚、辛菲罗波尔

11 月 11 日凌晨，刮起了飓风。这是场真正的飓风——它折断了树木，吹倒了柱子，撕碎了广告牌，扯断了电线，掀翻了屋顶，城里人醒来时发现断电了。

这天是星期日，清早我们去了教堂，然后去辛菲罗波尔。去的路上接到了妮卡的电话，告诉我们她刚刚生了个小女孩，打算给她取名阿莉莎。

“太好啦！”伊戈尔冲着话筒叫，“我们的季马现在还在妈妈肚子里呢，哪都不想去。”

伊戈尔几乎一直和季马聊天，弯下腰贴着我的肚子大声说：“近况如何呀？你已经可以爬出来了！”

但是季马并不急于 11 月份就从温暖舒适的肚子里爬出来，所以我

超出了预产期还没分娩。

那天，我们前往辛菲罗波尔，因为那里有电，这就意味着，可以在咖啡馆煮咖啡喝，开心地度过一天。

虽然怀着孕，我还是喜欢把自己打扮得漂漂亮亮的，我只有一条孕妇裤。不过我买的都是普通的衣服，只是很宽松舒适，我可以搭配得很好。找了好久，终于买到了不错的孕妇饰物和一顶帽子。我喜欢去听音乐会、去看剧，即使在辛菲罗波尔遇到朋友也不会觉得难为情。

在辛菲罗波尔，我们会见了伊戈尔的朋友斯拉维克。现在他是我们团队里的一员。在我最喜欢的咖啡馆里坐了很长时间，咖啡馆位于辛菲罗波尔市中心，我们喝了美味的咖啡、巴拉圭茶（马黛茶）和各种果汁，谈论着《巧克力》杂志，谈着工作计划和日常琐事。然后又像往常一样，谈到了季马。

我们没有为取名字的事伤脑筋。刚一通过B超得知我们怀的是个男孩儿，“季马”就成为我提出来的并且得到伊戈尔认可的唯一的名字。他的外祖父叫季马，而我非常喜欢这个名字。然后我们看了整个 11 月份的教历，从头到尾全部都是“德米特里”。

“是个好月份啊，”我说，“德米特里月……”

“是啊，”伊戈尔笑着说，“季马月。”

我们在辛菲罗波尔，从一个咖啡馆转移到另一个，一直坐到晚上。我多么喜欢十一月啊！自从我停止了在海滩上的工作，自从夏天不再是我最快乐、最疯狂的时光之后，我觉得从 4 月到 9 月一直都在忍受，而开始生活是从 9 月到次年 3 月。我也问过朋友和熟人，他们都回答说，喜欢春天和夏天，而秋天和冬天让人感到烦闷无聊。

季马出生的最佳月份。预产期定在 10 号。但是已经过了 11 号，又过了一个星期，还没有一点要出生的迹象。

我行走开始困难起来，骶骨神经疼痛。几乎睡不着觉，辗转反侧，季马在肚子里翻滚。有时踮着脚后跟，可能是在跳舞。

有一天，我感觉到了奇怪的有节奏的律动，每隔一段时间就重复一次。这并不是我所熟悉的那种晃动。我们仔细听了两天后，赶紧跑到产院找我的医生。我们惊慌失措地描述着那可怕的律动，已经做好了会听到可怕回答的心理准备，比如："哎呀，这可是反常现象！" 或者"紧急剖宫产"。可是，塔吉娅娜·列奥尼多芙娜却微笑着对我们说：

"那是他在打嗝儿，他可能冷了，回去喝点益母草，应该会有帮助。"

竟然是打嗝儿！这我绝对猜不到。从产院回家的路上，我和伊戈尔一直哈哈大笑……

好多次听到有人对我说，早就超过了预产期，需要进行助产。在辛菲罗波尔有人这么说，就在我经常去检查的产科医院也这么说，因为我无论如何也决定不了，要在哪里分娩——是在自治区首府还是在我们叶夫帕托里亚的医院。我已经受够了再去考虑那些事：从辛菲罗波尔的产院接季马回家要花一个多小时，还不知道怎样度过他的第一次旅行。于是决定在家生产，就在叶夫帕托里亚。这样心情就平静下来了。

我吃掉了一公斤柑橘，不知道为何，也没去考虑，在怀孕的最后一个月吃这么多柑橘是多么的不妥当。反正吃完了就感觉很好。

甚至在生产前的最后两个星期，我还在车上画画，无法停笔。村上春树的书只要一出版，我和伊戈尔几乎买来了那个时候能够买到的他的所有的书。

“我们读得太快了，他写的速度可赶不上我们读的速度。”伊戈尔笑道。

有时候我看着儿子在想，如果那时候我读的是陀思妥耶夫斯基或者契诃夫的作品，那么他可能会安静一点……或者也不会？

季马真的在听音乐。当响着崔和斯普林的乐曲时，他完全安静下来一动不动。可是对其他音乐却无动于衷，继续转着圈和敲打着脚跟打转。

然后我们去了辛菲罗波尔，妮卡已经带着小女孩出院回家了，我们去看望她。她好小好小的，在蓬松的花边和幔帐中，几乎辨认不出她来。妮卡说，他们改变主意了，给女儿阿莉莎改名为阿纳斯塔西娅。这样就与教历相吻合了。

妮卡和萨沙给家里做了装修，在房间里贴满了漂亮的带图片的壁纸，挂上了漂亮的窗帘，买了儿童车和秋千摇篮。他们幸福地谈论着分娩，好像这都是些微不足道的事。

11 月 26 日我住进了医院，并开始准备做助产。说实话，我一直坚信季马还会平平安安地在肚子里待上四五天，然后自己爬出来。但医生决定，是时候生了。

我坐在病房里又开始画画。刺激分娩活动的药物针，应该是晚上给我打。在我的央求下，伊戈尔搬来了一斤柑橘、各种甜食和给新妈妈读的杂志。我一边读一边贪婪地吃着柑橘，感觉还能这样再住一星期。

晚上，护士来给我打针时告诉我，宫缩将不早于上午开始，明晚之前就能生产。

40 分钟以后宫缩开始了。五个小时后，季马出生了。

司汤达综合症

2011年6月6日至9日，于佛罗伦萨

一座疯狂之城，一座博物馆之城。我在那里疯掉，而后在那里痊愈。我的一部分仍留在那里，我的心永远被佛罗伦萨的气息所占据。

我们很晚才到达，在飞机降落在佛罗伦萨之前，我们度过了艰难的一天。夜幕中沿着又宽又高的街道行驶，我们此时还不知道，这颗黄金时代的不朽心脏是怎样跳动的……我们还不知道，在接下来的三天里，这颗心也将跳动在我们的胸中，像摆锤，像一个意象，像永恒的金色的春天……

我们的酒店离威尔第剧院很近，距离圣母百花大教堂、旧宫以及乌菲兹美术馆也都不远……总之，我是再想不出比这更好的住处了。我们住的酒店是复古式的，陈列着优质的旧式家具，就像一座宫殿，我们非常喜欢。

把东西放到房间，我们就来到街上，想找家还没打烊的小餐厅。在欧洲，想晚上十点以后吃晚饭往往希望渺茫，基本是不可能的。很少有咖啡馆或饭店十点之后还在营业。从酒店出来沿着街道向左走，忽然发现一家意大利风格的牛排屋，一位高大的那不勒斯厨师为我们煎了一大块肉，简直美味极了。领班侍者打着魔术师的手势端上来一瓶红酒，对我们说，既然我们第一次来意大利，就赠送我们一瓶酒以示敬意。从那一刻起，我最爱的法国红酒在我看来都黯然失色了。我在佛罗伦萨喝了什么已经不重要，重要的是在金桥边的临时售货亭里要 15 欧元一杯或是两杯，那才是我一生中喝过的最美味的酒……

伊戈尔没有同我们一起来，他留在家里陪季马。跟我一起来的是爸爸和谢廖加。从抵达昏暗的佛罗伦萨的第一个夜晚，一直到出发前往机场的最后一天，我都因伊戈尔没能同我们一起来而感到无限惋惜。我明白，也感觉得到，这座城市对他来说会很亲近，每一扇窗里仿佛都在上演奇特的戏剧，这种美，这些昏暗中难以觉察的喃喃低语，这种恐惧和欣喜……

那晚，用蹩脚的意大利语谢过主人精美的晚餐后，我和爸爸沿着这本还未开启的书不是很有把握地摸索前行，预感着即将到来的一大串新发现。

早上，我们就按照宫殿地图的指引出去寻找吃早餐的地方（我无法另外称谓这座惊人建筑的简图），我们找到了酒店的餐厅，吃了早餐。餐厅在这座六层楼房的顶层，那是真正的佛罗伦萨风格，这个酒店酷似中世纪贵族阶级聚会的场所。

距离晚上的排练还有一整天的时间，我们就这样朝前走着，然而却无法前行了，是因为……因为我所感受到的东西，描绘出来的话仿佛就像来自所有窗户和墙壁的美的撞击。我走着，仿佛突然遭到了一种强烈力量的撞击。或许，每个走入春之城市的街道的人，都会患上这种司汤达症，还是只有我有这种症状？

我们奔向圣母百花大教堂广场，那里矗立着一座巨大的、四面八方都能看到的同名大教堂。从那里出发，沿着街上的列厅、拱廊和小巷的箭头，就来到了旧宫和科西莫·美第奇宫，穿过乌菲兹美术馆古色古香的庭院，就看到了阿尔诺河和金桥，这是一幅光明与春天的画面，文艺复兴的气息扑面而来，我大声地——当然默默唱起了安东尼奥·维瓦尔第的不朽曲目——《春天》，呆立在圣十字教堂前，这里埋葬着伟大的巨匠……现在哪里也不想去，只想沿着古老的佛罗伦萨飞行，试图抓住一切，但却一无所获。爸爸提议乘坐双层旅游观光巴士游览佛罗伦萨这座大城市。我欣然同意，于是我们就坐在了巴士上层露天的座椅上，戴上讲解器的耳机，调到俄语频道……这时却下起了倾盆大雨！刚好我们的车子驶入全景平台，从那儿可以看到佛罗伦萨的全貌。我们看见了城市全貌，可是一会儿城市就消失在雨幕里了。香气拂来！街道和街心花园都散发着清香，似乎，站在街边伞棚下的不是游客，而是但丁和米开朗琪罗在雨中观察并思索着。

雨下了两个多小时没有停，大雨湮没了我们的汽车，我们走到下层来，雨还是喧闹着从二楼拍打撞击着我们和司机，于是我们撑着伞坐在游览车的下层，无忧无虑地开心大笑。

爸爸撑着两把伞：一把自己的，另一把是我的，我的两只手在忙着画画。一大早，我们就来到圣十字教堂附近的一条街上，这里有一家漂亮的小商店，专卖美术用品。质量上乘的画纸，有白色的和着色的，装在木匣子里的软质材料：有乌贼颜料，红粉笔，木炭还有接枝聚合粉笔。现在这些都是我的了，欧洲电视台委员会颁发给我的黑色手提袋上印有“杜塞尔多夫,2011 年欧洲电视歌曲大赛”的字样，袋子被撑得满满的，俨然成了一个小手提箱。

最后，在中心广场处下起了瓢泼大雨，我们的公交车只好停了下来。车里只剩下我们和司机，其他人都走了。我们听着雨声，坐得好好的。我们能去哪里？离我们住的酒店还很远，司机答应我们，等湍急的水流刚一散去就把我们送回去。于是我们就老老实实地坐在车里，我画画，爸爸则撑着雨伞。

终于，回到了酒店，把包裹一丢，我们就奔向早上就喜欢上的咖啡馆，从这家咖啡馆能看到圣母百花大教堂。到处都有人把我们当成已婚夫妇，我们感觉很好笑，喝着令人惊奇的葡萄酒，这酒仿佛来自过去，窗外又下起了雨。

我想说，如果在我的创意之旅中有一段游览的自由时间，那么我总是会幸运地碰上雨天……这次是在佛罗伦萨，后来是在巴塞罗那。这对我来说已经习以为常，而现在如果环游城市时没有赶上下雨，我们就会感到奇怪。

我们走出咖啡馆，在教堂附近散步，买了一些纪念品——这时电话响了。我刚画完两幅素描，威尔第剧院经理保罗就打来电话，请我过去排练。

托斯卡纳交响乐团举世闻名。他们演奏时满腔热忱而且带着那种很少能在乐队里感受到的特殊的情感。似乎所有的佛罗伦萨人都生活在那个自己特有的、不可思议的、文艺复兴时期的世界里，文艺复兴在他们身上得以延续。乐团就是个奇迹。

总指挥久久握着我的手，说了很多赞美之词，先是用蹩脚的英语，而后又换成意大利语。

排练。倾尽所能，我感受到了音乐和演奏者们的独特魅力，心里非常振奋。

晚上爸爸陪我到旧宫。他说自己累了，如果我不介意，他就去休息。我当然不介意，我自己描画着米开朗琪罗雕塑的复制品，雕塑就伫立在这座宫殿拱形天空下的一间不大的画廊里。晚上九点左右，在美第奇宫的门口一个穿着盛装的管乐队开始演奏。随后，演奏家们走了进去，我在后面跟着他们。我确信他们不会放我进去，因为每晚九点，旧宫博物馆的大门准时对游客关闭。

然而我却进去了！这是旧宫一年中唯一的一天对游客全天开放，乐队在二楼的主大厅演奏。

太美了！不像卢浮宫，也不像埃尔米塔日博物馆。与之截然相反，没有缥缈的气息也不精细，但却有一种尘世特有的生动活泼，充满了生命的浆液和虽然看不见但能感受到的春天的绿意。神秘的、不可复制的科西莫·美第奇宫就这样出现在我的面前。

乐队演奏着的乐曲，把我和聚集在大厅的人们似乎都要扯成了碎片，随后我走出大厅，向高处走去——那里是主人的房间。巨大的办公室用黄金而制，挂满了世界和各个国家的巨幅地图。所有房间都是贯通的，到处都充满了无法言说的秘密。

科西莫的妻子——埃列奥诺拉的房间，有着绿松石的天花板和墙壁，天蓝色的祈祷室和壁炉。美丽到疯狂的壁画：天花板上、墙壁上——到处都有罕见的鸟儿看着我的眼睛，有的是纯洁至美的，有的是幻想中的。它们看着我的脸，想着自己的事……

我感到自己再过一会儿就会发狂。我一个人徜徉在这些偌大的房间里，边小声说着：“难以置信！不可思议！”

我就坐在地板上，闭上双眼，感觉自己已经在这里坐了几个世纪，我也成了浮雕、喀迈拉①或者是带壁炉的大厅门廊上的一只鸟……

我是最后一个从宫殿走出来的，宫殿关闭了，因为这段连续开放的特殊的 24 小时已经结束了。

穿过宫殿广场，我在一家还在营业的露天小饭店里坐了下来，喝了一瓶水和一杯啤酒，趁着画纸还没用完继续画画。画完之后，又返回宫殿，向左转，沿着乌菲兹美术馆外侧黑暗的拱形走廊漫步。

这里黑暗且神秘，甚至有点让人害怕。在广阔的区域里，被数千座惊人的拱门环绕着。我站在巨大矩形的正中间，抬起头向上看，就好像飞翔了片刻。以抬起的头为圆心旋转，趁着歌手们还没有用我听不懂的拉丁语唱起歌。

离开这个既可怕又美好的地方，进入一条长长的拱形长廊，简直就像是在迷宫里，这条长廊从乌菲兹美术馆通往金色大桥。我独自一人，似乎城里空无一人。如此让人捉摸不透又奇妙无比，我独自一人，整座既神奇又可怕的佛罗伦萨城都是我的……

我站在金桥中央，桥上搭着许多小小的椋鸟窝——那是它们的家。

---

① 喀迈拉是中世纪哥特式屋顶上的怪兽装饰。

向左看向右看——无论看向哪里，都可见阿尔诺河在流淌：时而湍急，时而平缓。宽阔的河流隐藏着奥秘，我看见河里游着童话般的大鱼，而此时，整座城市都在熟睡，唯有阿尔诺河黑色的河水流向深处，原来河流没有睡着，就像是一位睁着眼睛躺在那里凝望着星辰的巨人。

我往回走：已经凌晨三点了。但在到达酒店之前，我登上了法庭的台阶，被它那高大正面的美丽和雄伟所震撼。我一边看一边懊悔，画纸用没了，我想我可以直接画下这一切，神奇的佛罗伦萨的空气能捕捉到这些线条轮廓，依然停留在画纸上，我的手就像盲人一样完成了这一切……

我看见马路对面的小酒馆在营业。我的口袋里只有 3 欧元——这些钱我能用来买些什么呢？不过，给我倒了一杯美味的熟梅子酒。我喝了一口，发现这酒比我在饭店喝过的任何酒都美味。善良的老板问我文件夹里装的是什么，得知我是个画家后，请求看看我的画作。对我赞不绝口。在我看来，佛罗伦萨小酒馆老板的赞美等同于那些生长于佛罗伦萨以外的艺术理论家的赞美……我抱怨画纸用完了，用手指着法庭说，无法让它就这样悬在空中。老板从柜台底下抽出几张质量极好的画纸，递给我说：

“女士，请用……”

“哦，太棒了，先生！”我对小酒馆老板喊道，情愿去吻他，赶紧跑向楼梯。一只手里拿着酒杯，另一只手拿着几页纸。

过了一个还是两个钟头，已经记不清了。只剩下最后一张纸了。我闭上眼睛，在脑海中作画，这让我想起在叶夫帕托里亚“内在性”大桥上画画的情景，当时，我的手是独立于我存在于这个世界上的，而且比我更有智慧、更有力量……

传来了有人说话的声音。我睁开眼睛，看见两个年轻人朝旧宫的方向走来。他们也看到了我，好奇地盯着放在我脚边的素描。他们问我是否可以坐在我旁边，我点点头。其中一个讲着一口几乎流利的英语，另一个讲意大利语。我们聊着艺术，聊起那位讲意大利语的年轻人的弟弟，他在罗马读书，也是个画家。“英国人”的目光忽然落在了我扔在台阶的手提包上。

“欧洲电视歌曲大赛……”他读着上面的文字，“杜塞尔多夫……噢，女士你来自德国？”

“不，我来自乌克兰。这些袋子是发给我们参赛者的……”

“您唱歌吗？”他们两个很惊讶地问我。

“呃，哪能呢！我画画……演员。”我吃力地回想着怎样用意大利语表达。

他们沉默了一会儿，看着我，然后大声说：

“哦，真漂亮！”并且用手指着我为演出所穿的衣服。

我像疯子似的大笑。他们跑到临时售货亭，带回来一瓶红酒，在广阔无垠的漆黑夜空下，我们坐在佛罗伦萨法庭的台阶上喝着酒，星星伴随着宛转悠扬的钟声闪烁。

最后我向他们告别道：

“爸爸……我的爸爸在酒店等着我呢，我得走了。”

他们很理解地点点头，我们就分别了。

第二天一清早，就去了乌菲兹美术馆。看着波提切利和达·芬奇的真迹，我在那里所能感受到的一切，都无法表达出来，这也是不可能用语言表达的。我身体里的一切都改变了，仿佛年轻的气泡酒变成了保留下来的、真正的熟李子酒……

然后我们登上圣母百花大教堂的钟楼，佛罗伦萨的全貌在我们的面前一目了然，我本想画画，却再次被突然而至的倾盆大雨所打断……

然后去了圣十字教堂和陵墓教堂，在那里我看到了伟大的达·芬奇、但丁、多纳泰罗、米开朗琪罗墓碑上的浮雕……我的大脑一时无法接受如此大量的伟人的名字，我沿着教堂以及它周围的画廊、密室行走，不去分析也不去思考，我也成了它的一部分。来到外面，又是倾盆大雨。我和爸爸跑到对面一家精致的摩洛哥风格的餐厅吃午餐，正在这时，闪电击中了变压器，整条街都断电了。结算时爸爸无法用信用卡支付，我们只好去银行取现金。服务员并没有向我们索要抵押物，以确保我们会回来，他说相信我们口头的承诺。说了这番话，我们就一定会竭尽所能取到现金。然而取现金并不容易，因为正是假期，银行都休息。我们跑回酒店，抖落出所有口袋里的钱，数了一下发现还不够。询问酒店的接待员，能不能帮我们从卡里取现金，但他说像这样的日子是没办法取款的。叹了口气，我们只好返回饭店，把我们找到的所有钱都给了服务员。我们回来了他特别高兴！他叫来老板，给他看我们的钱，并向他解释说，我们离开这里冒雨跑到银行和酒店取钱，问该怎么办。老板拿了我们的钱，把它交给收银员，出去了不一会儿带回来一瓶酒。

“女士，这是给你的礼物……”

我们走出来，还在下着雨。灰蒙蒙的天空，不变的墙壁。广场和拱门呈几何形状。

在街上跳舞，在雨中的街上跳舞……

下午四点排练，然后在剧院休息室举行记者招待会。我尝试着讲意大利语，可是说了几句话以后就改成了英语，不过还好翻译就坐在我旁边。我被称作“沙画女王”——列吉娜·德尔·萨比亚，报纸上就这样写的，甚至在《共和报》上也这样写……我感觉有点奇怪。

小型冷餐会之后，我就被带进演员休息室，我在那里化妆，还试图往叶夫帕托里亚打电话，但没打通。

音乐会上，观众们极为专注、专心致志，然而在这样一座城市，还能有另外一个样子的观众吗？

伴着维瓦尔第《四季》中的每一组音乐，我都编出一个独立的故事，在此基础上，四个季节又构成了同一个人物的生活片段。这并不难，因为音乐本身很好表现，并不需要花费太多的力气，就能抓住形象和感受，最重要的是不要忘记所看到的和所感受到的东西……

四次返场鞠躬致意。第四次的时候，指挥几乎是把我抱上了舞台。花的海洋，一封封充满赞美的信，而周围是真正的威尔第大剧院，这一切都像是一场梦。

在休息室举行观众会面会，拍照，签名。令我感到异常惊讶的是，有几个家庭竟是特意从美国和墨西哥飞过来听音乐会的。

在剧院的接待厅里，与演唱会主办方和音乐家们共进晚餐。所有的一切都精致优美，人们谈论着艺术，为了让我也能听懂，常常会转成英语交流。还有一道亮丽的风景线就是佛罗伦萨的红酒，又端上来一瓶，同样极为精致。

第二天早上我还无法相信，我们马上就要离开这里了。我真的有种感觉：我在这里所经历的一切，是住在佛罗伦萨几十年来的结果，而绝不可能是三天之内发生的。艺术之城，春之城。它永远是我的城市，而我也永远属于它……

我当妈妈了

2007年12月初，于叶夫帕托里亚

我们回到了家里。季马是那么小，躺在自己的小婴儿床里，周围的一切都不一样了，一切都闪闪发光，获得了新生……

我还不完全知道该拿他怎么办，我害怕再次抱起他，我妈妈这么做总是很自信很在行，而我只会拍着手惊讶于怎么能把这么小的孩子捧在手里，而不会弄伤他娇嫩柔弱的小手、小脚呢！

我觉得，这个总是在睡觉的小人儿就是一颗小谷物，里面孕育着比我们所有人加在一起还要强大的生命，它在微弱地燃烧着，小小的但已经强有力的脉搏在跳动着，从他睡觉的房间里放射出道道光芒……

回到家几天以后我就开始做这些事情：熨襁褓、学会正确地洗澡、进行卫生工序检查……在我妈妈的监督下，第一次给孩子洗了澡，而实际上都是她一个人来完成的。

把框架、画布架、弹力丝质蜡染布、三脚画架和一些其他的东西都堆到了别处，一架硕大的熨衣架威严地放在我们宽敞的有创意的房子中央，上面放着熨斗和堆积如山的尿布。我被熨斗的热气弄得浑身湿漉漉的，尝试着四件事情同时进行：熨衣服，看着季马，读一本新书，还有打电话。有好几次我都快被热坏了，但照例从两面把所有的东西重新熨平。给季马喂奶时，拿起一小卷拜伦的原著出声地朗读，这是学习早教方法的成果。总的来说，在季马出生后的四五个月里，遵循着这些方法，我加紧和他完成了很多事情：给他画了彩色字母和数字的大卡片，每天多次按顺序给他展示，大声地发音，说英语、唱英文歌，如此等等。后来，我意识到，这多半是荒诞的古怪念头，就不再这么做了。很长一段时间我都劝我认识的朋友，说这些东西是徒劳无益的，会令孩子感到厌烦无聊，简直是浪费时间。但是现在我明白了，结果很有可能在第二年才会显现，当季马一下子开始说好多话，并且说得很好，记住比较难的单词和短语，能很快理解几种不同语言中的基本词汇……虽然我有可能是错的，这是由别的什么因素导致的……

伊戈尔的妈妈来了，一下变得轻松了，她明白该做什么和怎样做。那时，她给予我们的关心和照顾极为宝贵。尽管她自己走路都很艰难，哮喘发作也折磨着她，但她给我们带来的帮助和精神上的支撑却是巨大的。我喜欢听她给我讲关于伊戈尔和他的弟弟还有两个姐妹出生的事，讲他们兄妹几个截然不同的性格，以及这些性格是怎样在出生后的几个月就被察觉到的。我想着季马会是什么样的性格，我还很难清楚地认识这样一个事实，即这么一个小不点儿、永远在睡觉的孩子，竟然也会有性格。

季马出生一星期后，我们最终选定了一辆儿童车，我和季马第一次出门，在灰色的 12 月的天空下散步闲逛……

十天后，第一批客人来了，都是我们的女友，她们来看季马，发出惊叹，拍着手祝贺沉浸在幸福中的我。她们中有一个人——奥莉娅，曾是我们婚礼的见证人，成了季马的教母。

季马出生后的第二个周末，在圣尼古拉斯教堂给他受洗。罗姆成为教父，很难想象出比他更疯狂的教父了。他们两个——罗姆和奥莉娅，在季马出生之前，就已经在我们的生活中扮演着重要的角色了，在今后的日子里，他们还会继续扮演着更为重要的角色。

奥林匹克

2011年7月1日至5日，于雅典

终于，我们飞赴希腊。之所以说“终于”，是因为我已经收到了十几张邀请前去演出的请帖了，可在此之前我们一直没有时间去。

这样一个亲切、易懂、善良、信奉东正教、开放且乐观的国家，那里的人们情同手足，那里的咖啡是世界上最好喝的咖啡……

语言复杂、丰富且生硬，就像他们的咖啡一样，想要细细去品尝，去学习和重复那充满古老发音的语言。

我被邀请作为特别嘉宾在雅典世界特殊奥林匹克运动会的闭幕式上演出。庄严隆重的闭幕式在奥林匹克体育场举行，这也是一场希腊和奥林匹克运动会历史的回顾展，十九世纪末的1896年，正是在这里，举办了近代的第一届奥林匹克运动会。

什么是特奥会？就是为那些智力水平有缺陷的运动员举办的奥运

会。这些人的特殊性并没有妨碍他们积极并成功地从事体育运动，参加比赛。据我所知，参加那届特奥会的几万名运动员来自全世界183个国家……

我有机会在雅典参加这样一场盛大的演出，在这里，有着不同智力缺陷的孩子们成为关注的焦点和英雄的象征。这是一些如此与众不同且令人感动的小人物！对这些人抱有偏见是多么的不公平！

从机场抵达体育场的行政大楼，从凉爽的空调车上下来，走在街上，感觉就像是行走在滚烫的空气里，这里的酷热不给我们任何机会思考“我是谁，我在哪里”这样的问题。不过我们很快被带进室内，这里又变得凉爽了，像希腊人那样痛快地喝足了美味的咖啡，我们就出发去排练。

在体育场宽阔的空地上肆虐的强风，可能会成为我演出时最大的障碍。排练期间，风真的吹乱了我的沙画图形，令我和在场的所有人感到焦虑恐惧。他们开始思考，该怎么办，我回想起两年前就曾发誓绝不在户外工作，特别是在这样一个巨大的，很容易受风力影响的舞台上。

说实话，它甚至都不是个舞台，而是田径运动项目的跑道，被改装成了闭幕式的舞台。

最后，我们的团队想出了一招，在角落里摆放一张桌子，能够最大程度减小风力。我们只寄希望于风力不会增强，不会取代角落的影响力（尽管发生这一切非常有可能），我们并不抱有乐观期望……

桌子的事情搞定之后，我或多或少地清楚了，导演们引起了我的注意，他们开始解释舞台出口的复杂系统。原来，不仅是我的表演，而且就连我本人也应该成为这场大型演出的一部分。

这条长长的跑道成了东道主出场和演员游行的平台（演员们穿着从

古至今象征着不同时代的服饰）。他们的路，也是我要走的路，很长，毕竟跳板就占了将近一公里。路的尽头是耸立在整个体育场上空的百米高的奥林匹克火炬。

舞台就建在高台中间，这是一个巨大的圆形场地。在这里，各个时代的演员们都要演绎一番，然后就走向高台的另一边，隆重地退出场地。

每一个时代都以完全独特的方式呈现：穿着古代服饰的演员们推出了一辆巨大的飞马；巨大的帆船是用特制的小吊车吊到舞台上空的，阿佛洛狄忒乘坐着帆船飞向舞台，扮演这一角色的是一位希腊著名的女歌手。我在希腊士兵保镖的团团包围中入场。我不知道，自己被赋予了什么象征意义的角色，当有人想给我头上戴一顶皇冠时，被我断然拒绝了，因为任何头饰都有可能出现在悬挂的摄影机镜头里，并挡住桌子上的画面。

我的沙画故事是与拜占庭时期有关，无论是从艺术的角度还是历史认知的角度来看，拜占庭时期都是我最喜欢的一个时期。关于作品我不能讲述过多，这部作品是十足的学院派。现在我来讲一讲排演过程。

主要的穿越时空的人物形象是一个患有唐氏综合征的小姑娘，她非常感人且出色地扮演了自己的角色。她提着一盏小灯笼，沿着舞台走，好像是在黑暗中迷失了方向，或者是在时间当中迷失了自我？于是她遇到了这些古老神话中的人物，他们领着她。剧情高潮和最激动人心的戏剧性时刻是这样一个情景，善良的女巫从怪兽手中救出了小姑娘（这些怪兽寓意着人们对特殊人群的冷漠和嘲讽态度）。扮演善良女巫的是一位著名的希腊人，她的歌声让人浑身直起鸡皮疙瘩，所有人都哭了，我站在舞台侧幕也哭了。此后，体操运动员在小女孩周围，放置了许多带托盘的小灯笼，做成小房子的形状，她躺了下来，蜷缩成一团就睡着了，而女巫给她盖上轻盈的毯子。这是非常震撼的。这就是真实的希腊人，如此强有力地经受住这些事件，这个惊人的小女孩，还有技艺精湛的演员们……

我喜欢这个剧情，喜欢它的善良诚恳，这其中并没有过多的情感流露，只有宏大的规模和力量。令我感到震惊的是六万名观看演出的观众，他们在表演开始时做了深呼吸，一直到表演结束都没有动弹一下。我用皮肤感觉到，他们在观看着每一个动作，是那么认真专注且激动不安，这给我注入了新的动力，或许就是希腊的能量。

时装设计师们给我们的团队留下了深刻的印象：化妆师的工作，跟画家一样，并没有紧紧地靠着我，而是保持一定距离，仿佛是站在画布旁。化妆师手拿刷子，就像是一位画家。到目前为止，还没有一个和我一起工作过的大师是这样工作的，无论从化妆时间而言，还是化妆质量（这一点尤其需要强调），都没有人能超过他……

在排练、新闻发布会和表演之间一有空闲时间，我就画画，或在雅典到处走走。雅典卫城，博物馆，雄伟壮观的东正教教堂——这一切都如此美丽，但留给我印象最深刻的，是一座并不大的、坐落在住宅之间的卫城脚下的圣·德米特里·索伦斯基教堂——Агиос Димитрос。教堂只在特定时段开放，我们始终没能进去。

但这一天我们很早起床，终于进到了里面。这是一个古朴的、正统东正教禁欲主义的环境，到处都是圣徒的面孔……年轻的修女操着听起来有些奇怪的英语，耐心地为我们讲解，在教堂里蜡烛和圣像都不出售，有专门对外出售圣品的小店，我们看到不远处就有一家。临别时她从圣堂里取出一些小串珠：一串戴在手指上看样子是戒指，另外一串戴在手上是手镯。她把第一串给了我，第二串给了季马。这些朴素且做工粗糙的串珠散发出特有的温暖和神圣，我们珍藏了它们很久，但很可惜的是，如今这两串都丢了……

真是一个美丽、温暖而圣洁的国度。我希望，下次和季马一起再来这里，第一件事就是去雅典卫城脚下的那座圣・德米特里・索伦斯基小教堂。

季马的教母

这是一个特别优秀的人，有时她的善良中也带着冒失轻率和不讲原则……如果说有谁是“彻头彻尾的利他主义者”——那就非她莫属了。

她比我小三岁，经历了许多艰难的时刻——母亲去世，没考上心仪的大学，要照顾住在波尔塔瓦近郊的年迈祖母，她没有因此而变得冷酷无情，而是逐年地变得越来越温柔和感同身受，甚至是对那些不配得到同情和帮助的人也是这样……

我们在十年前相识，尽管奥莉娅说，她更早之前就认识我，那时她还在我妈妈的艺术学校上学。

我已经不记得我们第一次见面的情形了，我记得我们在安娜·莫洛佐娃的学校里彼此坐得很远——我上二年级，而奥莉娅在毕业班，准备考哈尔科夫美术学院。我记得她一头金黄色的长发，不变的灿烂笑容和对一切事物的赞叹（哪怕和艺术有一点点关系的事物）。这样的人应该生活得很幸福、无忧无虑，有着愉快的精神世界。这位年龄比我小的朋友所经历的一切事情，很可能会摧毁我，甚至更强大的人，但让人无法理解的是，她却挺了过来。

她没有被摧垮，反而成了一个真正的、大写的人。有时候我会想，为什么我最亲近的人们遭受了如此多的磨难，却不去诅咒自己的生活。这是多么好的榜样，这是多么重要啊！我是如此喜爱和尊重这平凡朴素的日常生活中的壮举。

由于没有考上哈尔科夫美术学院，奥莉娅就留在了那里：一个 17 岁的女孩做起了服务员的工作并复习备考。第二年，又没有考上……但她并没有退缩屈服，而是把自己的相关证件递到了建筑学院，报考城市建设专业，她被函授班接受了。读了三年书，安葬了母亲，就去加佳奇乡下照顾年迈的祖母，回来继续考试、工作。

当奥莉娅还哪儿都没考上时，来到叶夫帕托里亚住了一个夏天，我帮她安排了一份收银员的工作，和我一起在沙滩上工作，在一起工作的这一年时间，让我们彼此更加亲密。下班后，在傍晚的烈日下，我们手里拿一瓶白葡萄酒坐在荒凉海滩的一颗大岩石上（在索利亚里斯的左侧），听着崔的音乐。

有一次我病得很厉害，从辛菲罗波尔给奥莉娅打电话，请求她过来，没指望她真的会来。可一个小时后，她就离开工作岗位来到了我身边，她知道，她可能会因此而被开除，但她还是来了。

她一直就是这样。她是我们婚礼的见证人，她拿着我头上的花冠，我感觉到这个无论外表还是内心都比我小的女孩，有着非常有力的手臂和坚强的意志力，她走得很正确，困难那么早就发生在她年轻的生命中，这并非偶然。谁会是季马未来的教母——这对我来说从来都不是问题，我到现在都一直认为，一切都进行得如此正确和美好，感谢上帝，季马能有这样一位强大而且勇敢无畏的教母。

美人鸟的白色舞会

2011年7月5日至9日，于巴黎

同我们雅典的同行告别后，我们就前往巴黎，如今我们和这些同行成了很好的朋友。

7 月 6 日，在瓦伦蒂诺·加拉瓦尼城堡将要举办一场“白色童话”主题的爱情舞会，这是我刚结识的娜塔莉娅·沃加诺娃的一个美丽而且善意的构想。据我所知，这场慈善庆祝会已经筹备了两年之久，非常高兴娜塔莉娅能够邀请我出席这次活动。

这场舞会的主旨就像娜塔莉娅“吐露心扉”基金会举办的其他舞会一样，是受娜塔莉娅之托，对世界顶级时装设计师设计的一批服装进行拍卖。用这样独特方法筹集到的资金，“吐露心扉”基金会近几年来已经在俄罗斯所有的城市建立了数千座儿童乐园。应该指出，这些游乐场很特别，因为不仅可以供健康的孩子们玩耍，而且残疾儿童也不会感到任何的不便。就连在国外，我也很少看见过这样的游乐场，我觉得，娜塔莉娅和她的基金会正在做着一件很有意义的事情。

现在我要讲一下事情的经过。开始的时候有点让人不知所措：由于确认不了飞机抵达的准确时间，因而没有人到机场接我们，我们在机场等了将近 40 分钟，我们打车按照主办方提供的地址找到了将要入住的酒店。到了以后发现这根本不是什么酒店，房间糟糕透了。我们试图与主办方联系，但是打了几个电话听到的都是自动应答机在说话。坐在这个墙壁斑驳、床咯吱作响的破烂房间里，我们既失望又无助，不由得让人想起在雅典度过的美妙时光……

这时电话响了，虽然没太听懂服务生说的法语，但我明白，应该是楼下有人找我们。下楼后就看见两个穿着十分漂亮的女士站在那里，她们慌张地打量着四周。

“你们怎么跑到这里来了？”她们用难以置信的语气问道。

“是你们给我们的地址。”我回答说，尽量不让自己发火。

她们愣了一下，然后开始给某个人打电话，沟通了很长时间，放下电话后她们向我们道歉，并解释道：

“负责安置你们的那个人不在基金会工作，他只是住在巴黎。我们让他给你们找一个条件好一点的酒店。显然，这位女士所理解的‘好’真是独特……我们为此深表歉意……”

这个道歉我们接受了，收拾东西换到了另外一家叫作“布里斯托尔”的酒店，当我们到那家酒店时娜塔莉娅已经在那里等我们了。

在酒店登记处的桌子上放着一个大花瓶，当我把视线从花瓶里插着的鲜花上移开时，我竟然看见了普季查·西琳，吃惊地睁大了她那双明亮的眼睛（或者是我的一种错觉），她用独特的嗓音询问我们的旅途如何，之前是否来过巴黎等。

“我听说你们入住酒店时发生了一些不愉快。”娜塔莉娅不安地问道，但是我不想破坏这个美丽的邂逅，于是赶紧解释了一下所发生的事情——并强调这都是小事，以前也常发生。

房间布置得很雅致——香槟、蜡烛、各种稀奇水果摆满了整整一桌子。

我们端起酒杯，“夜晚很容易破碎，有时也很容易修补。”伊戈尔开玩笑地说。

在娜塔莉娅的助手送给我们的礼品袋里装着参加舞会的邀请函和一本又大又沉的精装书。上面用很漂亮的字体写着“白色童话故事”。

我翻开书，看见了普季查·西琳出现在很多童话故事中，她身着不同的衣服，身姿不断变化，不变的是她那深深吸引人的深邃和力量。我端详着这些照片，闭上了眼睛——我经常这样做——似乎这样才能抓住那些消逝的东西。乌拉尔深山中有一条很深的河，黑色的河水映衬着皑皑白雪，河岸上满是红色的浆果，它们异常苦涩，河水泛着银光。

出现在我面前的她就是这个样子，跟我之前的想象一模一样——美人鱼，西琳鸟等等。她身上的俄罗斯属性很明显，既张扬又惹人喜爱，这是一种很漂亮的俄罗斯属性，但记不清了。我闭着眼睛，盯着这个美丽的动物，脑海中不禁清晰地回响起那首歌。

这是一种很奇怪的感觉，好像我体内的艺术家气质找到了许久以前被遗忘的、只在童话故事中熟知的灵感源泉。就这样吧，让这种灵感一直伴随着我……

清晨我们在巴黎的街头漫步，我作画，伊戈尔站在旁边抽烟。身边的人群在流动，穿着优雅的法国人在那天仿佛特别高兴，而这些却与我无关……不知道为什么，这些天巴黎的街头老是人满为患。无论是我还是伊戈尔都不怎么喜欢这座城市，就是没有那种欣喜感，有可能是因为来之前热情的朋友们给我们讲得太多了，就缺少了一种期待感……或许吧。

几小时后我与伊戈尔分开——伊戈尔要去卢浮宫附近见一个人，而我要去参观埃菲尔铁塔，至此开始了一段有趣的故事。

下了出租车后，我站在埃菲尔铁塔前想了一下，决定不到上面参观了：时间不是很充裕，电梯前等候的队伍又很长。每个塔柱前都排了一列长长的队伍，这些队伍相互交错，在这个巴黎的象征下面形成了一个独特的迷宫。仔细看了看这些游客，让我印象最深的是其中有一半是俄罗斯人，我走过埃菲尔铁塔下的空地，决定到马尔索夫广场去，但我的视线立刻被一个推着可爱的小推车卖冰淇淋的女孩所吸引。她的笑容像白雪一样明亮。我不是很喜欢冰淇淋，很少买来吃，但是眼前这个可爱的女孩很特别，人们都主动去买她的冰淇淋，我也走过去买了一个。冰淇淋看起来很特别，我从未见过：这个友好的巴黎女孩在一个小薄松饼上放上三个大冰淇淋球——巧克力味、草莓味和香草味。这个冰淇淋的造型看起来很脆弱，也不稳定，但我想这才是巴黎，巴黎人聪明，也可能有一个妙招，能够让冰淇淋不会从外层上掉下来的，否则没有人去买它的……

但是，并没有什么妙招。没过几分钟，不同颜色的冰淇淋球开始融化，弄得我满手满身都是，又过了几分钟冰淇淋快速融化全部滴在了我身上！我想把它扔掉，无奈附近一个垃圾桶也没有，我惊慌地试图穿过排队的人群，但这次却不像上次那样容易通过，游客们是人挨人，人挤人。

同时我意识到，我所剩的时间不多了，还要尽快赶往城堡排练我的演讲。我恐惧地看着自己已经弄脏的蓝色裙子，赶紧叫了辆出租车回到酒店。

我快速洗了下裙子，把它挂在房间里晾干，就给伊戈尔打了个电话，但是没打通。接我们的汽车已经在楼下等候了。

那件可怜的裙子终于干了，娜塔莉娅的助手们也打来了电话，但伊戈尔就好像消失了一样。我头脑中搜寻着他可能被耽搁的原因，一个比一个糟糕。我想起他不会说法语，也不会说英语，可能走丢了，也可能钱包被偷了，或者……这些无端的猜测让我越来越紧张。为了让自己平复下来，我打开小酒柜，发现还有一小瓶白兰地，在上面的架子上有个玻璃杯，我坐在椅子上，倒了一杯白兰地，刚把酒杯端到嘴边，我的丈夫就回来了，还讽刺我说：

“在这儿品尝白兰地啊，司机可是在等我们呢……”

然后我们就出发了，凯旋门渐渐远去，距离巴黎也很远了，我们驶过一座小城，从景致来看有点像大仲马《三个火枪手》改编成电影中的城市，连它也从眼前消失了，我们面前是一个用古色古香的围墙围起来的古老城堡，有两百年的历史，城堡的拥有者是著名的设计师瓦连金诺。

城堡周围的那些雄伟庞大的建筑与我们无关：侍者帮忙打开出租车门，并把我们领到庭院里，庭院在花园中间，周围是一些野生的小树，这就是举办“白色童话”舞会的地方。

一走进城堡的花园，客人们仿佛走进了一个童话世界：温暖七月的余晖下整个花园被白雪覆盖，虽然是造雪机造出来的雪，但跟真的没什么两样。桌子上面和椅背上挂着一些漂亮的俄式披肩，就像美丽的帘布一样，仿佛从 19 世纪就挂在那里——一切都被雪覆盖着，像是走进了被遗忘的梦里。桌子上放着老旧的俄罗斯最受儿童喜欢的玩偶：画艺精美的俄罗斯套娃、白色还有褐色的毛绒玩具熊和布娃娃，包装精美，外表同样披着一些格外漂亮的俄式披肩，仿佛为了躲避雪花和严寒一样。这是一种快要被遗忘的童年感受——并不是指我生活过的苏联时期那种物质生活，而是藏在内心深处，与白雪和玩具熊联系在一起的精神向往……

舞会的主题是俄罗斯童话故事，在这方面沃佳诺娃采纳了我的建议，这在我们第一次见面时就商定好了的。

女士穿白色晚礼服，先生们穿晚礼服或白衬衫。伊戈尔讨厌礼服，所以就选择穿白衬衫，宾客们把他当成了十分有钱的外国人。一切都很有趣。

我穿着自己最喜欢的那条十九世纪风格的裙子，其样式是照着俄罗斯帝国各种知名女士的画像仿制的。我同设计师一起研究学习缝制技艺、比较不同配饰元素的变化，所幸，缝制出来的衣服让我十分满意。

而娜塔莉娅穿着瓦连金诺亲手做的红裙子。头上戴着童话故事里的装饰：不知是公主的王冠，还是盾牌头饰。编着一条大辫子上面还罩着网纱。红色的野生浆果映衬着洁白的雪花……娜塔莉娅还带着她的大儿子——一个满头金发十岁左右的男孩。

这是一个漫长的夜晚——最开始是服饰展，然后勃拉伊安・费里唱歌，再然后是拍卖活动。我的演出是最后一个节目。

准备演出我花了很长时间。与娜塔莉娅通过电话，她给我讲述了自己生活中的种种奇遇后，已经不只是故事那么简单了，简直像是一部活生生的电影。素材那么多，我只要选取“其一”即可。

娜塔莉娅出生在下诺夫哥罗德，那时叫高尔基。爸爸离家出走，妈妈一个人养活孩子。娜塔莉娅的妹妹奥克桑娜从小就患有脑瘫，娜塔莉娅一直照顾她。十四岁就开始工作，在离家不远的地方卖菜，这之后就没办法去上学了，因为没有时间。十六岁时成为一名模特——在市场上被一名当地模特公司的代表相中，建议她参加试镜选拔。

然后去了巴黎，她在那里吃尽了苦头，并不是一下子功成名就的，而是熬过了很多年的艰苦岁月，她努力提升自己，同时掌握了法语和英语两门语言。在模特生涯的顶峰时不怕孕育孩子，后来生了两个——女儿涅瓦和儿子维克多。这段时间，她一直在供养全家人，支付妹妹的治病花销，还给母亲和外祖父母寄钱，后来决定帮助俄罗斯儿童，为他们建设游乐场。

我画下的正是我所看到的，谢幕后走向后台。娜塔莉娅走上舞台。她的助手引领我来到大厅，“听着，这是给你的。”娜塔莉娅哭了并向我表示感谢。这些都是非常真诚，尽管她见不到我——因为我处于暗处，但她的话我都能听见。谁如果知道当时的情况，就会明白的。

然后是拍卖，而我不时地要离开大厅接受各家媒体的采访，当我最终回到桌边时滑了一跤，他们向我送来了冰镇香槟酒和美丽的披肩，我把披肩披在肩上。

在拍卖期间我画了一张娜塔莉娅的黑白素描——并不是传统意义上

的画像，仅仅是一张写意画。我画的娜塔莉娅打扮得像个公主，她的手掌中擎着一座山峰，山上开出的鲜花长着一张人的面孔。这张画的线条风格有点像精神分析线图。

拍卖会结束后，我在化妆间旁边的长凳上找到了娜塔莉娅，并把这幅奇怪的画像送给了她。

第二天我们就回家了，我肩上的那块披肩成为我日后的心头最爱。

出版商兼大学生

2008年1月，于叶夫帕托里亚

就这样，2007 年 12 月 27 日，既是我们的儿子满月，也是我们第一期《巧克力》杂志出版发行的日子，虽然出版杂志是六个月前萌生的想法，但我们还是决定把 12 月 27 日这一天当作杂志的实际诞生日。

这真是一件令人高兴的事。第二天我就没放下过手里新出版的杂志，每隔半小时我就把杂志从头翻到尾，摸着上面的每一个字母，就好像害怕它们要融化似的，抚摸着光滑的纸张——对我们来说一本杂志的纸张质量是非常重要的——对我来说这是个特殊的时刻，对伊戈尔也一样。当阅读很低劣的出版物时我们总是轻蔑地称之为“卫生纸”，如果杂志封皮掉了或是里面的页码遗漏时，总不是件令人愉快的事。

我想知道伊戈尔是哪里弄来的钱去买这种昂贵的纸张，并且还印刷了五千份。原来，整个秋天他一直在找有意合作的广告公司，最后找到了。在两个月的时间里经纪人就找到了想要与《巧克力》杂志合作的广告商，杂志社不但收回了成本，还有了余钱，这样我们就可以给撰稿人支付稿费了，虽然不多，但也是稿费呀……

一连高兴了好几天，在新年前就已经想好第二期的内容了。我们大胆地决定每个月出版一期杂志，但我们不知道还能不能像第一期那样轻松地靠广告筹到钱。但是行动已经付诸实施，这就是我们的工作，我们的创作和生活，我们不能让它停下来……

季马已经由一个小肉球长成了一个胖乎乎的婴儿了。他胃口很好，以致我们的社区医生几乎认不出他了。他出生时可是很瘦弱的。

12 月 29 日我们出去买新年枞树。这时恰好出售一些很小的、由嫩树枝修剪成的小枞树，这些“迷你枞树”被放置在一个圆木托架上，是从扎卡尔帕季亚的某处运过来的。那些卖树的人声称这些树枝并不是伐下来的，而是从上面弄下来的树枝，把它们拿来做了“迷你枞树”。我希望这是真的，对我来说这种“人性化”的方式能少一些野蛮，总比卖家出售新砍下来的小松树要好得多。

事先说明一点，这第一棵季马的新年枞树在我们家里一直放到了五月份。这一点上我们有点儿像宇航员。

我们是在我父母家迎接新年的。小季马不想睡觉，兴致勃勃地迎接了新年。他睁着他深邃的棕色眼睛看着烟花，但后来还是睡着了。夜里三点钟我们开车回家，走在城市的街道上，不知道为什么感到很轻松很快乐……

圣诞节后印刷学院的考试就开始了。我并不担心——所有的练习题我在生产前就完成了，甚至多做了一些——当时我很想要做点什么事情……

带着季马一起坐在我们那辆又破又小的“老虎”牌汽车里：要想把婴儿车放到后备厢中，就不得不把后排座椅折起来。我们都没在家过夜，早上刚到家，下课之后就又出发了。

在我听课和进行考试的时候，伊戈尔推着婴儿车带着季马去散步了，但是外面非常冷，飘着大雪，趁着休息的时候我跑出去把季马抱回了车里，这时伊戈尔打开车上的热风，喂完季马我又赶紧跑回教室上课。

考试轻松就通过了。我的同学们特别是女同学们看到婴儿车，都甜甜把他的小手举起来，祝贺我们荣升为父母。季马睁着棕色的眼睛很严肃地看着他们。在他出生后的第一周里我们都叫他维克多·崔——因为他微微上翘的下巴和看起来有点严肃的性格很像这位苏联摇滚歌手。他只有在走路时才会十分严肃：他非常不喜欢穿把小胳膊和小腿束缚起来的衣服。在家里，他一穿上自由的三角哈衣，他就又开始说个没完没了啦！

考试结束后，我们一头扎进了期刊：第一期办得很成功，广告商也很期待第二期。这项工作使我们热血沸腾并充满了喜悦。

同时我还是一个两个月孩子的妈妈，我要为季马做所有妈妈要做的事情：早上要做四十分钟的运动和按摩，白天要到户外呼吸新鲜空气，每天至少要四小时，也不管是下雪还是有雾的天气。这样的生活是如此充实、如此丰富和真实。

季马长大了，杂志也准备要刊印了。

从纽伦堡到杜塞尔多夫

2011年8月中旬，于纽伦堡、杜塞尔多夫

这件事是从慕尼黑到纽伦堡的那次乘坐小型飞机开始的。那次飞行全程要 40 分钟，我不知道为什么那个德国空姐忘了把我的咖啡拿走，几乎满满一杯咖啡就那样放在小桌板上。我做梦也不会想到接下来会发生的事情。

着陆时飞机猛地颠簸了一下，那杯咖啡全部洒在了我的腿上。这可是我最喜欢的那条蓝色裙子——在伦敦买的，已经穿了很久了。

好客的德国朋友已经在机场等着我们了，没有办法，只能是任由裙子上那一大块棕色的污迹，在去上车的路途中，我只好一路保持着微笑。

德国“美洲狮”公司的领导想约我们见面聊聊天，谈谈创作、运动和电影。我们好不容易抽出时间跑到德国去，只有几天的空闲时间。

我一下子喜欢上了纽伦堡，喜欢这里的巴伐利亚式和其他样式的建筑，这是一座古城，不禁让人想起“不来梅的音乐家”中的布景，火车站就像个宫殿，我们酒店也是一所老式的、神秘的建筑……

稍事休息之后，我们换上衣服驱车前往这家公司的办公大楼，在办公室我们见到了该公司的创意总监及其助理。一番客套话过后，他们向我们展示了研发中心——那是一个很大的建筑，里面有几十个设计师在从事设计，他们还介绍了他们的公司。

“那么贵公司到底为什么要跟我们见面呢？”终于，伊戈尔忍不住问道。

“我们公司就欣赏那些不走寻常路的伟大画家。我们很想成为您二位的忠实朋友。”这位“美洲狮”公司的创意总监回答道，他的名字叫杰里，有点儿像鲍勃·马利。

“如果某项运动或者我们的见面让您产生了什么好想法或者好创意，我们很愿意帮助你们实现你们的想法。”那位名叫莱恩的助手继续说。

“现在很荣幸地邀请二位到我们位于一层的大商场去购物，你们可以选择任何喜欢的东西，数量不限，我们都将作为礼物送给二位。”

当我们置身于商店中时，的确被他的巨大给震惊了。

“数量不限？”我扭过头去，朝一直陪着我们的杰里的助手莱恩又问了一遍。

“是的，不限数量。”助理很确信地说。

“那好吧。”说着我就开始挑选起来。

男士运动衫、女士运动衫、棒球帽、运动裤、婴儿衣服、连帽卫衣、护腕等二十余件……商店的工作人员跟在我身后，拿了那么大一堆东西到收款处结账。

还有手提袋、背包，所有的小玩意。莱恩面无表情地看着这一切。我知道他一定认为我疯了。

但我可没疯，我是想趁着这个机会为辛菲罗波尔孤儿院里的那45个孩子置备点新衣，这没什么好难为情的，因为马上就是学校开学的日子了。

我给自己选了一双旅游鞋和几样运动装备。我敢保证，从商店疯狂采购后杰里和莱恩一定不想再与我们保持合作关系了。因而当晚上我们又在酒店旁边的小酒馆碰面时我感到很难为情。但显然他们已经知道我的那些孩子了。我猜，应该是看了我的网站。

“我们一下子就知道你是在给孩子们选衣服。你真是太伟大了。我还带来了一样礼物。”杰里说着，从袋子里拿出一个足球来。

“哦，太感谢你了！”我喊道。男孩子们组建了一个足球队，他们踢得不赖，但是没有一个质量好的足球！您是怎么知道的？

“好球永远也不会踢坏。”杰里笑着说，他越来越像鲍勃·马利。

第二天，我们告别热情好客的纽伦堡人，带着四大包给孩子们准备的新衣服，登上了去杜塞尔多夫的火车。

在参加了“欧洲电视歌曲大赛”后，我们认识了许多朋友，很想再见见他们。

路程不算太长，大约三个小时就能到了。旅途中我时而画画，时而小憩。一想到孩子们拿到新衣服时的欢呼雀跃，我就不由得笑起来。

在杜塞尔多夫待了一整天，到最喜欢去的地方转了转，再次来到“Uriage”酒吧（依泉），那里的人们还记得我，用世界上最好的啤酒以及德国的“bockwurst”香肠（用猪肉及小牛肉制成）招待我们。逛了江边，还有老城，一切都是我喜欢的、熟悉的。我觉得，那天我们喝了很多啤酒，此前从未喝过这么多的啤酒。

早上，机场。我们来时空着手，走的时候却满载而归。那几个蓝色的大袋子把一辆小推车塞得满满的。先到基辅，等车。然后抵达辛菲罗波尔。

休息几天后我们去孤儿院看望小朋友们，他们高兴得不得了。所有东西都分给了他们，就连装东西的那几个彪马的大袋子也送给了我们的两名运动员——瓦季姆和奥列格。

这就是我们的德国之旅。两天后我们的朋友“圣水”乐队抵达，我们便开始着手准备音乐会事宜。

我们的事业

2008年2月到3月，于叶夫帕托里亚

二月份时，我们意识到杂志不会早于上旬付梓刊印，于是决定每两个月发行一期杂志，办成双月刊，就是说在杂志上写明“2–3 月”。

伊戈尔的兄弟根纳来我们家做客。他是一名优秀的摄影师，同时也是一名伟大的设计师，毕业于法学院的他在法院工作多年，突然有一天决定换一种方式生活。他对封面和装帧的设计总是复杂精致细腻，对待设计和生活他都有自己独特的风格和态度，最初很让我们吃惊。例如他从不逛商场，只在菜市场买东西，不吃任何有化学成分的食物，不看电视。伊戈尔开玩笑地说他生活严苛得像“宇航员”，但是根纳却一点也不在意。他的工作完成得十分出色，因而这次双月刊的封面才设计得如此精美。

这段时间是真正进行创作的时间，我们所有在厨房发生的谈话都离不开文化、文学、绘画、音乐、电影等方面的新闻。来我们家做客的摄影师和画家络绎不绝，他们的兴趣爱好也不尽相同，我们总是煮上咖啡，打开一段好听的音乐就开始聊起来，那时正值二月份。

季马当然也参与我们的讨论，他这个小胖子庄重地躺在婴儿车里，盯着某个客人送给他的新玩具看，有时候也咿咿呀呀地说话。我故意把玩具挂在婴儿车上，使季马没那么容易拿到：他会试图伸手去够那些玩具，要是够着了，他会高兴得手舞足蹈。每当我推着婴儿车到厨房时，客人们也都会很礼貌地向他打招呼说："你好"。

二月份的杂志上讨论的主题是对约瑟夫·布罗茨基的审判，我还给配了插图。我一度曾经痴迷于他的诗歌，但现在简直到了爱不释手的地步。

我们为这一期的杂志封面拍了一批新巧克力照片——重新打磨，然后剪辑，最后再摆出造型——我们家简直变成了糖果店和摄影棚了。地板上放着一张巨大的白纸，上面堆满了不同种类的巧克力，整个房子里都弥漫着巧克力的香味。拍摄完成后我们边挑选照片边吃掉了所有巧克力，当然也喝了很多咖啡。那段时间的生活真是既丰富又有趣，后来我们家就慢慢变成了杂志的临时编辑部……

在季马出生之前我就开始购买各种母婴杂志，一本接一本地看，尽管上面的内容我还不能完全理解。从他出生起我们家的各个角落就布满了这些内容生动有趣的杂志，关键是这些杂志对一个新妈妈来说的确帮助不小。婴儿车和装东西的布袋里从来都是塞满了这些杂志，当季马睡着时我就拿出来读一读。浴室和厨房，甚至汽车里也都是这些杂志，伊戈尔说："我们家里只有天花板上还是空着的了"。每当新一期杂志发行前，我都会提前把上一期的内容读完，没有新杂志可读时，我就会去选择看一些类似的内容，如怎样清洗耳朵，一岁前要不要给婴儿剪指甲，为什么需要按摩牙龈等等。伊戈尔开玩笑地说我：

“你冷落了村上春树，抛弃了克尔凯郭尔和巴赫，现在只看‘妇女’杂志了。”

“瞧你说的。”我答复道并让他帮忙去报刊亭买新发行的杂志。

有一天我看见一本很小的杂志，封面上是一个小孩的照片。再看杂志的名字，叫“妈妈帮”，这个杂志上都是妈妈们的来信，主题各不相同，有点类似于读者论坛，也不知道现在这个杂志还发不发行了。妈妈们就不同的主题进行交流，阅读其他妈妈们的意见。我很喜欢，就买了一本开始读起来。

其中我读到一封妈妈的来信，充满了绝望。明显感觉到写信的人处在人生边缘。

这是一个年轻女人的来信，心中说她遇到了困境。她有一个三岁的儿子，现在又怀了身孕，且月份已经挺大了。她的丈夫抛弃了她，之前也总打她，丈夫在走之前还变卖了家中所有的家具。没有了经济来源，大冬天的，这个女人只好到市场上去卖东西，但也不够支撑家用。她很想留下肚中的孩子，但是她知道并没有能力抚养他，因而决定去做人工流产。但是他三岁的小儿子哭着求他留下弟弟。“我实在是不知道该怎么做”，这个女人最后写道。她之前已经堕过两次胎了。

我读完信觉得这个故事是真实的，也不知道是何原因。我知道有人专门杜撰类似的故事来骗钱，但这个故事绝对是真实的。

我坐到桌边，拿起笔，按照文末的邮寄地址给她写了封信。然后伸手取出鞋盒中放在鞋下面的钱。一共有二百格里夫纳，是妈妈给我买鞋的钱。我必须说明一下，我们也没什么钱。广告费除了印刷杂志，剩下的还要支付作者的稿酬，但是我们还是有希望的，只要杂志能够步入正轨，我们就会有钱的。每当看见我没什么可穿的时候，妈妈就会给我点钱买衣服和鞋子，季马的衣服也都是妈妈买的。

我揣着我所有的积蓄——两百格里夫纳和那封回信去了邮局。我把信投到邮筒中，走到窗口前完成了人生中第一次银行汇款。

几天后我接到一个陌生女人打来的电话——回信中我留下了自己的电话号码。她对我说：

“谢谢你。你知道吗，我几乎已经决定要去堕胎了。但是儿子苦苦哀求我留下弟弟，让我不能打掉这个孩子……这时候我收到了一笔钱。我不知道是谁寄来的，陌生的名字，陌生的城市。我以为是出现了奇迹。两天后我收到了一封信，读到您对我说“如果上帝给你一个孩子，他也会给这个孩子全部的，会有陌生人向你伸出援手的”。后来我又陆续接到其他人的来信。我十分感动，哭了一个晚上，早上起来的时候我告诉儿子，我要给他生下这个弟弟。他高兴极了，跑过来亲吻我的肚子。谢谢你！”

我们开始进行通信，交流，还互换了照片。她住在顿涅茨克州的一个小镇里，那儿没有互联网，甚至连一台计算机也没有，我们只好以最传统的方式进行联系。写信成了很幸福的一件事——要知道我已经很久没有写信，也没有收到信了。唯一的例外是后来因交通事故收到过法院的传票。

从那时起我们就成了朋友。在能力允许的时候我会尽量给她邮点钱，或者找一些小男孩的东西寄给她。孩子出生时寄了一些新生儿用品，后来得知新生儿对牛奶蛋白过敏，我们编辑部全体员工就帮忙找一些不含牛奶的食品。后来我成了孩子的教母，虽然洗礼时没在场，但是得到了牧师的允许。到现在我的教子已经四周岁了。

冬天就快要过去了，正值整个寒冷、严酷的三月份，第二期杂志刊印了五千份全部售空，我们自己甚至都没留下一本作为纪念。那些美好的时光啊，我将永远记得……

音乐会

2011年8月18日，于叶夫帕托里亚

继获得“达人秀选秀”节目的冠军后，我就有了每年夏天在家乡的普希金剧院举办高水平大型演唱会的想法。第二年甚至举办了两场，而去年却一场也没有举办。我们决定在今年夏天要弥补以前的过错，至少举办一场演唱会，尽管我们几乎没有空闲时间。

演唱会的日期定在 8 月 18 日，然后就开始了准备工作。我们邀请了我们来自卢茨克的“圣水”乐队来演出。这些乐队成员在第二季的才艺选秀中闯进了决赛，后来在那次大型演唱会上与我们相识，并成了很好的朋友。

他们三个人的演唱及风格让我感到很亲切，非常喜欢他们的表演。他们唱民族歌曲，也唱摇滚和垃圾摇滚，他们的风格特点是在音乐中使用来自大自然的“真实”声音，如水声，敲击石头的声音，沙子和树枝的声音等等……奥莉娅是主唱，伊万和谢廖加主要负责弹奏乐器。奥莉娅也弹琴。他们是一个有机的整体，头脑里时刻都闪动着与生活并进的创作欲望，有时他们的创造力显得很疯狂，他们会不断地进行声音的训练，无论是走在大街上还是坐在咖啡馆里……

他们的谱曲和作词我都很喜欢。这是我们第一次合作办演唱会，双方都很紧张，但也都为彼此高兴。

我们给这些孩子租了一间公寓，就在我家附近，我们并没有马上去找他们，想让他们先到海边散散步，放松一下。但是他们却每天都打电话过来，指责我们是不是把他们抛弃了，还说他们不是来休息的，应该去排练，要检查伊万做的自动下雨装置，是否能够在音乐会上降雨，还要检查大厅的音响效果，看看他们从克里米亚带来的降噪装置是否好用。他们简直是工作狂，跟我们真是臭味相投。

海报的宣传工作做得很糟糕，他们并没有应我们的要求早点印刷，早点张贴，而是音乐会开始前才做这项工作。几小时后这些数量本就不多的海报被悄悄地贴上了类似夜总会的广告，有一个地方还时髦地贴了 30 张，不仅遮盖住了其他的海报，甚至还贴满了房屋的墙壁、树木和栅栏。

因此，当看到城市中对于我们音乐会的宣传海报张贴得过少时，我们和那几个乐队成员拿起了胶水，连夜在一些重要的地方张贴了一些海报。凌晨五点左右我们张贴完所有海报后向住所走去。

音乐会开场后，大厅中座无虚席。我以对皇室家族的历史与追忆开启整台音乐会，关于皇室家族的故事就是我一个月前在叶卡捷琳堡时表演的，结尾时当我说道“原谅我们吧，爱会让你变得更加坚强”，感染了在场的所有人，他们全体起立泪眼婆娑。

接下来，乐队成员的演出深深吸引了现场的观众，他们高喊着“再来一个”，掌声也是一浪高过一浪。这样，我们两个节目加起来，持续了将近两个小时，我们确信，所有人都可能累了。但是当乐队演唱完最后一首歌时，又有人要求“再来一个”。我很喜欢在剧院中开演唱会，像这样的演唱会都要提前一年预约场地，尽管机会很少，但对我来说也是足够了。

后来人们都涌到后台的更衣室来献花，夸赞乐队成员的演出很成功，还问我们是在哪里发掘出这样的人才的。我和伊戈尔都为“小水花儿们”感到自豪，我们总是开玩笑地这样叫他们，而人们并不想就此放过我们。

午夜之后我们来到酒店顶楼的一家餐厅，我的画家朋友们都聚集在那里为我们庆祝，坐在拥挤嘈杂的人群中，感受脚下的夏日小镇正沉沉睡去……

搬 家

2008年3月到4月，于叶夫帕托里亚

我喜欢春寒料峭的季节，不知道为什么就是喜欢北方寒冷的春天，喜欢那夹带着的些许寒冷。我推着季马走了很久，差不多有半天的时间。他已经不总是躺在婴儿车中睡觉了，而是可以长时间地坐在车里，睁着他那双深邃的大眼睛观察树枝或是婴儿车顶棚上挂着的小玩具。

三月底我病了，感觉很不好，要知道我都好几年没生过病了，生产前甚至感冒和流感都很少得。可能是因为冬天在海里游泳的缘故，可这个冬天我并没有下过海啊！那时我就意识到自己的身体已经不像从前了，抵抗力有所下降，普通的感冒就能让我感到很虚弱，全身疼得好像被人痛打了一般。

尽管如此，我们还是继续四五月份的杂志编辑工作。工作分散了我对疾病的注意力，反而感觉不到鼻塞、喉咙痛和身体痛。

这一期的主题是复活节，具体地说就是关于革命前的俄罗斯复活节的庆祝方式。我很乐意为这一期的主题画插图，同时还翻译了一些古俄语书。另外我还进行了一次采访——采访欧洲网球冠军，也是我的好朋友。办杂志越来越耗时耗力，有时我家的小房间里都要塞几十个人，于是我们决定给编辑部另寻他所。之所以还叫作“虚拟编辑部”，是因为有一些撰稿人在别的城市，甚至在别的国家生活，但他们中有很多人都想长期在这里工作，有可能的话会考虑搬家。我们又增加了杂志的发行量，尽管还不是很多，但这对我们来说可不仅仅是发行量的增长，这意味着我们的杂志正被越来越多的人喜欢和需要。

我过生日的时候本不想庆祝的，但是伊戈尔说他留在家里照顾季马，让我和我的女友们出去庆祝一下。我们决定去打保龄球。我们没开始打球，就走进了溜冰场，并在那里尽兴地滑了一番。大家都非常开心，仿佛回到了小时候。

杂志已经送去刊印了，我们躲在家里休息，一整天都在陪季马，他已经会快速地翻转身体。妈妈给我钱买的这个地垫真是帮了大忙了——季马很喜欢在上面爬，有时他会去够那些吱吱响的玩具，够到了就塞到自己嘴里啃着玩。

五月到了，我们不得不搬家，因为房子的主人在五月份就回来了。我和伊戈尔收拾东西用了两天，然后还要洗衣服、打扫房间，好在有教母和那个外号叫香奈儿的塔尼娅一起帮我们带季马。

当我们把所有东西都搬完后，含着泪把圣诞树扔到了垃圾箱。我们搬到了我父母的房子里，而他们已经搬到乡村的木屋去了。我们带上季马的婴儿床、摇铃、地垫，还有一堆东西。新家虽然有点小，但很舒适，我们把编辑设备搬到了父母的“起居室”里，想让我们的“编辑部”有一个新的开始。

独立日

2011年8月24日，于基辅

我们和“小水花儿们”一起在基辅的独立广场演出。独立日音乐会在乌克兰是很重要的节日，广场上人山人海，周边所有的区域、所有的街道都被封锁了，只允许行人通过。

当我接到邀请让我作为嘉宾来参加这个独立日的大型音乐会时，我就决定要带上我的小乐队成员们一起来，但是要想展示他们那“自然”的音乐要比正常的演奏更困难，也更危险。但是我还是想让他们在独立广场上演出，在这么多人面前演出才更有感觉。

他们写了一首非常有自己特色的歌，歌曲中加入了流水、克里米亚的树枝、“雨滴”、金属板、树叶等元素的声音，利用这些声音伊万创作了一首非常好听的音乐，有点像萨满音乐。

这首歌很美，无论是音乐还是歌词我都很喜欢，这就是那种享受工作的感觉吧！

Хай усі сміються,
Хай плачуть всі,
Ти, ти не з ними,
Ти мусиш далі йти…
Я вклоняюсь Тобі,……хто зумів,
Я вклоняюсь Тобі, ……хто переміг!

我们在音乐会的前一晚抵达基辅，因为我要去“乌克兰”宫参加国家音乐会，乐队成员则需要为演出做准备。

演出结束后我们把演出装备带回酒店，然后出去散步，去看看节日中的基辅。在路上遇见的每一个人都好像是熟识的朋友。每当这时，我们就会以微笑作答：我们每三个月就要来一趟基辅，在这里能看见那些生活在首都以外的人们，他们也像我们一样很少有机会来首都。

城市充满了绿色，显得很有活力。看来夏天马上到基辅了，尽管这个时候我通常在期待秋天，但这并不适用于基辅。我们去了趟修道院，从独立广场上回来时我们是那么高兴。

晚上我们在一个酒吧喝了点啤酒，是一些熟人带我们去的。那个晚上过得很愉快，早上起来我们去看了下演出的场地。

我的桌子就位于独立女神纪念碑的旁边，身后是大屏幕。“圣水”乐队的孩子们应该就在左边，在一个专门的舞台上进行音乐表演。

看完场地后我们都很满意，于是我们给自己留出了大块自由活动的时间（直到晚上）。

我们去了一个叫“地球仪”的儿童商店给儿子买了一个吸尘器。这个吸尘器长得小巧玲珑，但是吸尘的效果跟泡沫塑料一样。我知道，我们能干的季马一定会喜欢这个礼物的。

音乐会在五点钟开始，但是离我出场至少还有整整五个小时。

我们在广场上看完演唱会，一个小时后去化妆做准备。

终于，主持人报了我们的名字，我们就出场了：乐队成员走上自己的舞台，我也站到自己的位置上。他们演奏，我画画。

我的工作并不轻松，因为我画的是俄罗斯和乌克兰从最初到现在的整个历史。当人们像照镜子似的在画中看见了自己时，广场上沸腾了，爆发出震耳欲聋的掌声，就像教堂里的大钟发出的声音。

演出结束后，我拿起麦克风说：

“感谢你们所有人！我从“达人秀”来到基辅，从克里米亚带来了对你们的问候。我非常爱你们，我爱基辅，爱乌克兰。你们知道吗，无论我走到哪里，我都为我们的祖国感到骄傲和自豪。这场演出我想告诉大家……我们的国家很好，这里的人们更无与伦比！很感谢我的朋友——“圣水”乐队，感谢他们给大家带来这么好听的音乐和歌曲……最后祝你们节日快乐！”

广场上再次响起了鼓噪声。成百上千的群众再一次沸腾了……

演出结束了，与乐队成员孩子们道别后（他们是次日早晨离开），我们就坐上车离开，因为我们要飞往莫斯科。当经过广场时，看见广场上正在放烟花，我们从汽车上下来，只见那些烟花穿过云层，在天空中闪耀……

神经质

2008年5月中旬，于叶夫帕托里亚

在我 23 岁那年，我做过大学生、船员、报音员、研究员、无业游民、运动员、记者、翻译，而后却成了一名画家，还成了母亲。

但我从来都不是一个恐慌失措的人。

在胜利日前一天晚上发生在我身上的事情，我很难用言语来形容，我觉得称之为自发的不可控的恐慌来袭更为合适。我认为精神病学中没有这一症状，只有“强迫症”这一概念，但是，它确实不完全符合。不论如何，从 2008 年 5 月 9 日起，我安静而祥和的生活宣告结束，取而代之的是一个全新的、使我惊慌而又深藏在内心深处的生活。

分析我身上发生了什么事，我只能假设，这种心理状态可能是由疲劳过度引发的，是在产后形成的过度密集的日程造成的，我几乎没有睡觉时间，一边照顾孩子，一边要编杂志。

但是，当在熟悉的专家那咨询时，我听到过类似的建议，我心里很难受：我的时间安排导致我的生活有趣而充实，它并没有使我感到劳累。不论如何，除了缬草滴剂，我用什么都无法治疗，并在配合使用缬草滴剂的情况下，与其说是观察安慰剂的药效，不如说是切实的帮助。

我不知道那一天事情怎么会发生在我身上，我的恐慌感的爆发与战争的记忆并无关联，这是某种全球性恐慌的感受，与启示录、全球性灾难及其必然发生的观念有关。幼年时期当这些想法出现的时候，我会害怕，但从未产生如此明显反复且长期性的恐慌。

我的母亲和我的神父告诉我，没有任何人，甚至就是天使也不可能知道，什么时候会发生这一切，但也无济于事。我的母亲给我读约翰的《启示录》中的引文也无济于事，试图说服我相信其中关于我们时代的事实并没有具体的描述，大部分寓言确实难以理解。病是悄无声息的，它倾听着自己的内心，只有在为了引出证据来反驳他人时才会发出声音。

伴随着这些痛苦的恐慌感，我开始梦见沉重而刺骨的梦，他们是有关杀婴罪的梦。

从小，“流产”一词对我而言等同于“罪刑”“谋杀”，但它更为可怕，因为它意味着谋杀无保护能力者。生了季马以后，我明显感觉到有生命在肚子里面，它在缓慢地移动，在慢慢长大，渴望着出生。我有一个新的、可怕的想法，这是在把流产称作中性名词“手术”的过程中产生的。但想法就是想法，纯粹是我自己的理解，个人的观点。

但在那些日子里，当我的内心受创的时候，这种认识不再是我个人的想法，而转变为某种新的东西。我深知，去谈论堕胎就如同谈论犯罪，要知道，直接说话并没有用，它也许会适得其反。某件事提醒我，给一个遥远小镇的女人写信并汇款的过程更令人亲切。但我无法给所有的女性都写信并寄钱。不是因为我没有钱，而是因为，通常这不是钱的问题。

我梦见同样的画面：恐慌的人从大楼里逃出，发生了某种可怕的事情。而在走廊的地板上躺着一些死去的尚未成型的小孩。而人们从旁边经过，跑来跑去，阴郁而沉重的冷漠写在他们的脸上，从中可以理解为世界末日和即将毁灭的恐惧，而且你知道，都怪我们自己，这是我们应该受到的惩罚。我说着话，但我的声音是哑的，我大喊着，但嘴里发不出声音——就像通常在梦中发生的那样。而在周围空旷而可怕的嘈杂声中我听到了哭声，我知道是谁在哭。我走下楼，因惊慌而奔跑的人群将我挤到墙上。从上面走来一位医生，他带着一个透明的袋子——里面是个很小的小孩，不足男人的手掌大小。胎儿在子宫内发育的第六个月大小。幼小的生命被杀死了，从母亲肚子里取了出来，但他睁着眼睛看着我，我听到一个声音：

“为什么？”我哭了，我哭得撕心裂肺，可没有人愿意听到我的哭声……

我往下走，在楼梯上哭泣，抬起头，而奔跑着行色匆匆的人们冲我吐口水。我不能说话，只能无声地喊叫：“为什么，为什么要这样？”就在这一刻，我惊醒过来。

伊戈尔理解我，他没有嘲笑我，没有开玩笑，当我说：

“我不知道怎么会……但是不能那样熟视无睹。我不会瞎编，你想想办法吧……”

“我想想。”他回答道，我感觉轻松了许多。

内心发生的这些变化导致外在的我也发生了改变。我不再阅读德国哲学家的后荣格理论，甚至是历史报告文学。我知道，在我生活的这段时间发生在我的脑海中的事情足够我好好琢磨琢磨。我强迫自己从早到晚观看自己以前讨厌的喜剧，而且选择的是最粗浅的系列，下载了所有的“喜剧”“我们的俄罗斯”等节目，并且看了又看。只要没有听到不断出现在脑海里的独白，只要淹没它的声音，并找到一丝安宁。

整天因为各种笑话而大笑——自己的或是他人的都不重要。我笑着，但内心感到憋闷，笑声回荡着无声的叹息。去唱卡拉 OK，大喊大叫，糟糕的是我完全不擅长唱歌，我同所有人一起嘲笑自己唱的歌。

我一直把自己塑造成一个博学多识、考究、稳重而无畏的人（这只是我个人的设想），我特意把自己变成一个与之完全相反的人。我认为，我的朋友，特别是大学同学，断定我疯了。而我印刷学院的朋友以及儿时的好友觉得这种变化显得可爱而有趣。如果他们知道，最初假装成一个无忧无虑、冒失、爱笑的人、逗别人发笑并纵情欢乐是多么痛苦就好了。如果有人知道，当听到来做客的同样是搞创作的朋友恰好看到我把无聊的电视剧开到最大音量时，他们会说：

“家庭主妇，你好啊！”

这又多么让人难堪。

但是我心想，我走的路是正确的，应该舍弃、学会变得简单并且接受简单，不然我将深陷牢笼：“请记住，可怕的不是监牢，而是头脑中的思想”。我曾经很简单，一直祈祷、开玩笑，虽然我的内心因恐惧而抽紧。

我一心沉浸于照顾儿子，请了一位健谈的女按摩师并一连数小时地与她用她的语言闲谈。我专心于编辑杂志的工作，甚至在所有的人都睡着的时候还在工作。我不知道为什么那时我第一次想起伊戈尔提议让我画沙画。但它只是灵光一现——想起来就忘却了。时间还未到。

埃拉娜

2011年9月末，于辛菲罗波尔

九月末，我们接到廖沙的电话，他是我们的朋友和“巧克力”咖啡馆的主人，他给我们讲了埃拉娜的事情。

这个七岁的小女孩经历了那么多的煎熬、磨难与病痛，就是成人都可能无法忍受。她从三岁起就与癌症做斗争，在治疗和化疗很长一段时间后并没有完全治愈，反而又复发。今年夏天，埃拉娜期盼的九月一日马上就要到来的时刻（她是多么期盼听到上学的第一遍铃声啊），病情第三次复发。埃拉娜又一次住进了辛菲罗波尔肿瘤科。这次她和母亲不仅要与疾病做斗争，而且伴随小女孩的还有对家人的思念和压抑的情绪。这种情绪与其说是药物刺激的结果（当然，这些药物会影响到儿童那脆弱的神经系统），还不如说是因为埃拉娜本想像一个正常的女孩一样生活、上学、结交朋友的愿望破灭所导致的。复发是可怕的，它是希望的幻灭。她明白，她的每一天都可能是最后一天，她也懂很多，躺在隔离病房中她自学了读和写。她努力克制，但是抑郁情绪的爆发和歇斯底里发作得更加频繁。因病痛、穿刺和每天十几次的注射而受尽了折磨，因化疗她从普通病房转移至隔离病房，一连几周都躺在那里。在普通病房时，她至少可以与其他的孩子及他们的妈妈聊天。孤独、痛苦让她意识到，无论怎样治疗，也都不可能告别医院，不可能再回家了……

那时埃拉娜的妈妈开始想尽办法使女儿的生活更精彩、更多样化。给她播放有趣的网络视频，有一次埃拉娜看到了我的沙画。埃拉娜妈妈说，当我赢得“达人秀选秀”的比赛时，埃拉娜正好在家里度过短暂的缓解期，并且她们投票支持我，埃拉娜对于阿姨是如何“用沙子作画”非常感兴趣。埃拉娜告诉妈妈，她非常希望能见到“电视里的那个阿姨”。后来埃拉娜妈妈给廖沙打电话，并让其转告我，有个来自肿瘤科的女孩埃拉娜非常希望我能去看她。

我们为每位小病人都准备了沙画礼物，给他们制造小小的惊喜，坐上车来到了病房。

迎接我们的是一位梳着美丽又时尚发型的欢快、阳光的年轻女人。

我们以为她是“志愿者”呢！

她伸手说道：“我叫娜塔莉娅，埃拉娜的母亲。”这一切完全不像是我们遇到了一位病重孩子的母亲。

“哦，她大概病情有所好转吧？你们一切都还好，是吧？”我满怀希望地问娜塔莉娅。

“没有，没有，我们还是老样子，不妙。”埃拉娜的母亲微笑着说。

我们彼此对望，完全一头雾水，我们穿上鞋套、隔离服，沿着走廊走去。在我们之前到达辛菲罗波尔的廖沙和尤利娅同我们一同前去探望。

“这就是我们的病房。”娜塔莉娅说，我们停在双层玻璃门前。“情况很不好，前所未有的糟糕。”她继续说道，她的嘴唇开始颤抖。“只是不能……您明白吗，一定要微笑。尤其是当你走进病房的时候。”沉痛、可怕——她哭着去盥洗室擦了一下眼泪，化好美丽的妆容。她重新返回来的时候，就像要参加节日宴会一样。他们的感觉也是这样。“如果妈妈一直在哭，这意味着——一切都完了……你们懂吗？”她重复道，拭去了眼泪并重新恢复灿烂美丽的笑容。她拿出粉盒，用化妆棉在美丽的眼睛下方又擦了一下。

壮举！不仅要治疗得了急性白血病的孩子，而且在这种情况下还要保持微笑，化妆、精心修剪头发和指甲，并且还要说说笑笑。她是完全正确的。当妈妈快乐、无忧无虑、保养得好时，这就意味着躺在这里的孩子可能认为还有希望。我记得我很害怕的不是生病发烧时身体酸痛的感觉，害怕的不是某个部位疼痛难忍，而是害怕妈妈的哭泣。

“让我们面带微笑进入病房。”娜塔莉娅说，并第一个露出满面迷人的笑容。我们尽力让我们脸上洋溢着最无忧无虑的表情，戴上医用口罩走了进去。我明白，口罩下的微笑是看不见的，但我知道，孩子是能够辨别出微笑的眼睛。

我们在隔离病房里看到的，任何一个有血有肉的人看到都会感到难过。在我面前的床上坐着一个无助且非常漂亮的小女孩。我总是将孩子与鲜花做比较，所以埃拉娜就如同雪莲花一样美丽。她的眼眸有着非孩子般的认真与深邃。看得出来，她非常痛苦，并且这种痛苦是长期的，同时能够感受得到她拥有非凡的力量。刚开始埃拉娜沉默着，而我一直在说。我很过意不去，我毕竟是让她高兴才来到这儿的。但后来暗藏在这些大人目光后面的孩子的心悄悄地打开了，埃拉娜笑了……这就像冬季的黎明那样，简直呼吸都要困难起来——不能惊动……但过了一段时间后，我们交谈起来，我了解到，埃拉娜有一个梦想。当然，她最大的梦想是痊愈，但除此之外……她梦想着去巴黎。

我们聊了很久——埃拉娜半躺半卧在床上，我跪坐在地板上、抚摸她的脚丫上纤细小巧的脚趾。之后我们送礼物给她——我已经不记得是什么了，但记得还有一幅很大的沙画。画的是《战争》的局部图。

后来娜塔莉娅带我们到走廊，那里有几个肿瘤科其他住院儿童的母亲。娜塔莉娅说，我们只来看她的女儿她觉得很过意不去，而其他的孩子也想见到“画沙画的阿姨”。原来，在这个由一个叫“癌症”的共同痛苦汇聚着来自不同世界、宗教、环境的女性团体中充满浓厚的家庭的氛围，相互支持，这种感情超越友谊。她们时刻准备前来支援其中的某个母亲，例如，开始哭泣的母亲。她们让她在走廊休息一会儿，而她们进入病房逗乐生病的孩子。她们细心地观察其他孩子血液指标的变化情况，为化验结果好转而高兴，即使她们自己的孩子并没有什么好转。真应该到这里好好学习生存，做一个坚强、强大的人，不能精神不振……我看着这些女人的脸庞，我为我时常沮丧、忧愁而感到羞愧。我明白，如果她们每个人的孩子都是健康的，她们就会有插上翅膀凭空飞翔的感觉，时刻都会对上苍充满感谢之情……最重要的是——现在，当她们孩子的生命危在旦夕的时候，她们还有力量和理智这样做。她们感谢上帝给予备受折磨的孩子每一秒最宝贵的生命。站在我旁边的都是英雄母亲。

我们来到每一间病房，我送给孩子们沙画，廖沙和尤丽娅送的是玩具。这简直成了一件大事——要知道妈妈们跟我讲述道，孩子们整天躺着输液，所以他们对任何可以转移他们注意力的事情都感到十分高兴。

我记得我去探望的所有的孩子，人数超过三十人。有些孩子的情况很差，有些孩子能动，并且面带微笑。当我从袋子里拿出画——所有的画都是不一样的，我问我的新朋友们都喜欢什么，并力求将其与画的内容相符合。我很努力地逗他们开心，同他们开玩笑、闲谈，我看见妈妈们露出了微笑，而孩子们恢复了活力。这真好！

我探望的最后一间病房住的是一个叫叶戈尔卡的小男孩，我在这之前为他拍摄了一个短片。我们终于认识了。在病房里我还遇见了萨沙，今年夏天我也为他拍摄过短片。在拐角处的病房里住着一个叫日丹的小男孩，叶夫帕托里亚人，他只有一岁多一点。他的母亲玛丽娜热情地接待我们，并说她很早就认识我，因为她也去圣尼古拉教堂做礼拜，并且住在那附近。我们聊了很久，等我离开返回叶夫帕托里亚时已是深夜了。

回到家后，我们立即为埃拉娜拍摄短片。与其说是为了观众了解她，不如说是为埃拉娜而制作：我非常希望能够做更多事让她开心。短片里还有她最爱的妹妹萨沙和一直陪伴在她左右、总能感受到她的痛苦的妈妈。还有他们在梦里一同游走在巴黎街头。最主要的是——最终埃拉娜恢复了健康。

然后我们还为日丹小朋友拍摄了视频，并向志愿者们转达了这一个个美好的祝愿，希望这些作品能够帮助妈妈们筹集到用于治疗孩子的资金。

我提前说一下，埃拉娜的生命后来出现了奇迹，当事情不能变得更糟糕的时候，突然出现了一个匿名的捐助者，给医院账号转了一大笔钱。尽管这些钱只有治疗所需巨额的一半，但埃拉娜离开去了巴黎，现在还在那里。而日丹小朋友也完成了最后一次治疗，正如他的母亲说的那样，他们都希望在医院的时光会尽早结束。我也希望如此。

我的第二次采访

2008年7月，于叶夫帕托里亚、塞瓦斯托波尔

拿到自己的第二个高等教育毕业证书后，我把它藏在一个鞋盒下面，挨着第一个证书，继续忙着杂志的工作。

有一天，我们的塞瓦斯托波尔同事给我们打电话提议去参加叶夫根尼·格里什科夫茨的新书发布会，在发布会后是签名售书活动，然后在卢那察尔斯基剧院演出话剧。

“说好啦，这是我的采访。”我说，我们开始寻找能照顾季马六小时的好人。

妮卡带娜斯佳来了，我们的女按摩师也到了，她们说她们一起照看季马。

“快走，否则的话你就走不了了。”妮卡说，那个夏天我叫她“妮卡

妈妈”，而她叫我“克秀莎妈妈”。

于是，我们就离开了。

在塞瓦斯托波尔，在一个正对卢那察尔斯基剧院的大书店里举行签售会。人们排着长队，一直排到了商店出口的街面上。

“谁是格里什科夫茨签售的最后一个人？”我开玩笑地说，排队的人们都笑了起来。

排队的人很开心，没有人发火，显而易见，人们是因共同的利益和思维方式聚集在一起的。

伊戈尔很愉快，边用相机拍摄长尾的队列，边开玩笑说，我们又回到了物质短缺的年代。

我们终于排到了书店里面。桌子后面坐着格里什科夫茨，微笑着亲笔签名，在书上为读者写题词。

“你总是这样穿着吗？”他眯着眼睛看着我快活地问道。

“没有。只是来见您，才这样穿。”我眨眨眼睛。

我的穿着不同寻常，大街上的人们都会转头看我。我穿着紧身露肩的衣服，头戴贵重冠状头饰。尽管如此，这身装扮看起来并不完全像晚礼服，而像是夜店装。从我生下了季马起，这是我第二次穿着这礼服并且感到很高兴，因为带着季马穿成这样是不可能的……

“为什么我不是一个美丽的女孩？”格里什科夫茨叹了口气，“我也希望所有人转头看向我……”

“所有人都已经是这样看着你啊！”我回答。

“但出租车司机都不认识我……”

“但是，许多乘客都读你的作品啊！”

我们笑了，我问了他关于采访的事情。

“您是个记者？”叶夫根尼很惊讶。

“不，我是总编的妻子。”我低声回答他。

笑声回荡在整个书店，他同意接受采访。

“演完话剧之后，可以吗？”格里什科夫茨对我和伊戈尔说，我们点了点头并告辞。

离话剧开演还有一个半小时，我们沿着海滨大道散步，坐在一家咖啡馆，很奇怪的机缘巧合，不一会儿格里什科夫茨也来这里喝茶。

“我们离开这儿，”伊戈尔对我小声说，“他会以为我们是在跟踪他，这样感觉不太好……”

“而实际上是他在跟踪我们。”我微笑着说。

“是啊。还想要采访我们……”

我们很快结账，走出咖啡馆，去看看游艇。

后来的话剧《行星》是叶夫根尼和安娜·杜勃罗夫斯卡娅一起表演的，大厅里座无虚席，叶夫根尼一如既往地嘲笑那些尽管他提了要求但还不关手机的人。演出结束后，一大群人聚在化妆室附近，他和演员合影留念，这之后，演员们才获得了自由。

但我和伊戈尔身上的表演天赋要大于记者的天赋，我们直觉地感到，这次采访对读者而言将是一种折磨。

“哦，你们好，”叶夫根尼对我们笑着说，“您要开始您的采访了？好，那走吧。”

“要知道……您在休息。我们不会打扰您的。”伊戈尔说。

我记得他当时很惊讶，然后严肃地说：

“谢谢……你们是奇怪的记者。好样的。”

我们谈及生活，就是简单地聊了聊，这并不是一个采访。还聊了聊海豚、舞蹈和戏剧。

我们在杂志上只是做了一个名为“签售会和《行星》首映式”的版面。

就这样，我的采访失败了，但对此我并不感到遗憾。现在，当我亲自接受采访的时候，我很少见到这种采访。即使看到了，遇到那些未被强迫而是用心工作的记者，我就很开心。这样的记者太少了。

捕捞珍珠的人

2011年10月末，于巴林、麦纳麦

我喜欢为阿拉伯的观众表演。并非为每个人，而是为那些善良而有思想的观众。作为一个演员，我现在正在努力消除有关阿拉伯民族心智完全有别于斯拉夫艺术家的无稽之谈。这是假话。真正的阿拉伯人都是受过良好教育的，具有深刻思想的文化人，与他们交谈感觉很愉快而有趣，他们谦虚、沉默寡言，也肯定是“不迷人的”。

我被邀请在“巴林船舶展”（Bahrain Boat Show）上表演——巴林久负盛名的大型晚会之一。组织者要我想出一个关于多元文化、巴林国家发展及其民族美学和传说的专题故事。

我用了一个月左右的时间来研读有关巴林的材料和文献资料，巴林是个濒临两个海洋的国家。爱上这个国家后，我连续几昼夜阅读它的地理概况、民族学方面的著作等等，尝试从中汲取素材以便体现在沙画里。没有人要求我这么做——即深入领会这个国家的独特性，但我必须这样做。为了使一切看上去显得真实，我需要呼吸那片土地的空气（那个我将要在我的沙画故事中描述的那片土地）。我承认，我会真诚并永远地爱上我描画的每一个国家。这会带来极大的乐趣，还因为你正在进行自我完善。不仅仅是“自己”——正像现实所表现出来的那样，我四岁的儿子季马已经认识了几乎所有国家的首都及国旗，他最喜欢的玩具就是地球仪，而在小床的上方挂着一幅巨大的世界地图。他和我一起找到了巴林。唯一的问题是在世界地图上很难给孩子指出这样一个小国家。但是我找到了一个能够看清的大比例的地图，季马用彩色水笔画了一个点——就是巴林。

阅读关于巴林的书，我始终对历史的巨变吃惊不已。古巴林与现代的巴林完全不同，无论是民族成分还是文化都截然不同。它曾是一个独特的贸易和跨文化交流的中心，总之，它是地球上最早有人居住的地方之一。国家的称呼也完全不同，而国家现在的名称巴林译过来是“两股水源，两个海”的意思。

所有的艺术美都体现在史诗艺术和手工艺上——如神树的传说。在沙漠中，炎热的沙地自古以来生长着一棵奇怪又巨大的绿树——它是两海之国的象征。在这棵树上充满生命与智慧，巴林、沙特阿拉伯和许多国家的居民都前来朝拜这棵神树。这是一个捕珍珠的国家，在这里，捕珍珠者的形象是神秘而古老的。这里对船舶建造业持有一种独特的态度，它世世代代都是特立独行。这里有漂亮的服装、稀有的面料和动听的音乐。在这个国家，到处都能呼吸到昂贵的香精油和香料的芳香。

这场持续了整整三天的活动，是以巴林国王哈马德·本·伊萨·阿勒哈利法的名义举行的。他也是我的关于巴林王国的沙画故事的一个人物——我把他画成了一个深夜在首都走过的形象。

节日开幕式在白天举行，傍晚时分，日落之后，到了我的表演时间。我用英语向来参加本次活动的客人表达问候，我承认道，这个小国拥有难以置信的历史，它的文化令我深受鼓舞，我希望，我对这个两海之国的体会以及我在沙画中体现出来的东西一定能够博得大家的喜欢。

演出的一个亮点是在麦纳麦深夜景色下缓慢出现的哈马德国王的肖像，这一刻掌声雷动。巴林人民非常喜欢他们的君主……

原来，我的作品在巴林已广为熟知。许多人的手机里都下载了《你总在身旁》的故事。而我在麦纳麦的表演则通过“巴林电视台”进行了转播。

“巴林船舶展”表演后又过了几天，我被邀请担任一档乌克兰主要早间直播电视节目的特约嘉宾。这是在盛大的国家节日那天，我再次在那里展示了有关巴林的沙画。

在我的心中，这个国家温文尔雅的居民简直就是艺术鉴赏者，人们的内心是明智、认真而专注的。

据说，有些地方只有潜水员才能捕获珍珠。这些地方很少，只有几个人知道。当我离开时，他们告诉我，如果我想知道，他们下次会给我指出这个地方。我回答说，我不想捕捞稀有的贝壳——就让它们好好活着吧。但是潜水去看一看还是很乐意的。

决　定

2008年8月，于叶夫帕托里亚

《巧克力》七月至八月期首次为我们的自由撰稿人以及我们自己带来了收益。数额并不大，只能说是微薄的薪资，但这一事实令人高兴。

一切都变得正规起来：不仅有来自克里米亚的广告商，还有来自乌克兰不同地区，甚至俄罗斯和法国的广告商。投入愈来愈大，我四处奔波，伊戈尔为编辑部寻找合适的地点。表面上看，一切都那样惬意而美好。

另一方面，我忧虑地发现《巧克力》开始出现了《海滨胜地》的症状：从一本优质自由的文化刊物逐渐变成满篇的广告，尽管仍然美丽而智慧，但却成了一本流行杂志。我很担忧，虽然我清楚地知道，只有好想法不可能养活庞大的网络编辑。我本准备“为了艺术”默默忍受，我知道，伊戈尔也准备好了，但我们需要为季马考虑，他的未来，最主要的是——设法攒钱买房，这件事我们基本上弄得不太顺利。所以，我咬咬牙，同意把写沃罗申的那篇文章挪到下一期，为广告文章让位，我的内心希望这只是暂时的：突然世界一下子醒悟过来，广告商变得更加文明呢……

杂志变得厚起来，我们去印刷厂与专业人员协商颜料的事宜——一切都往好的方面发展：从印刷的角度来讲，《巧克力》令我非常满意。

最受读者欢迎的栏目是《时事要闻》专栏，在这一专栏我们报道那些俄罗斯人、欧洲人和其他国家的人们可能感兴趣的地方和事件。所有这些地方和事件只涉及克里米亚，该专栏是非商业性质的，所以谁也无法强制我变更专栏的内容。那年夏天，很多人建议在我们的杂志上刊登一种专业且极具影响力的广告，而且愿意付费。我认为，在许可刊登的广告中这是最有效的一种广告类型，只有在大众媒体上被禁止的公开的类比广告的影响力超过它。现在让我们回过头来，分析一下五年之前的事情，我认为，如果我同意接受那些想要我们为他们的项目进行报道的提议，杂志就不会消亡。尽管如此，我认为，我做了正确的事情，因为我觉得：不是所有的东西都可以出售，钱不能买到所有的东西，而且我知道什么是出版人的骄傲。并且我有这种傲骨。

就这样，《时事要闻》深受读者喜爱，而我们也努力使我们的专家工作诚实、透明和有水平。

八月刊放在克里米亚所有的大型酒店、餐馆、俱乐部、美容院、机场商务候机厅、航运港口都能看到。在旅游展览会上获得了几个奖。还曾经就如何在全国乃至国外的网络超级市场和售报亭将其推广举行过谈判。当然，还应该增加发行量。

“成了一本时尚杂志。”伊戈尔说，翻着我们发亮的厚杂志说道。

“我们该怎么办？”

“有两条路。第一条，把它做得更加流行，那样的话所有喜欢时尚杂志的人都会喜欢上它，然后出售。第二条，从零开始。写有关诗歌、绘画、戏剧的文章。这是一条痛苦且简单的路。或是抛开一切把下一期按照第一期的风格来做。没有广告，没有报酬，但以谈论艺术为主……”

“第二条路，让我们试试看。”

“我们会失去编辑，租不起办公室。”

我知道他找到了个很好的房间，位于古城中心的一整栋房子。我迫不及待地盼望着搬家，我非常想有一个我们一起工作、开会的地方。我们恰恰就缺少这些。

“不要紧，之后再租一个，我听到自己的声音。要知道，不能一直考虑读者的需求。难道在我们未来的一期杂志上真的会出现标题为‘某某先生与其女友’并配有公司晚会的照片？”

“如果这样下去，这些版面就会出现在下一期杂志上……”

“啊，不！”我大声说，我不理解为什么这会如此刺激我，“让我们互相回答下面的问题：我们是谁？或者是——我们想成为什么样的人？大师还是小摊摊主？”

“你发什么脾气啊？”我的丈夫笑着说道。

“我没有激动，请回答这一问题！”我坚持地说道。

我们谈了一夜，凌晨才睡觉。直接睡在办公桌前，桌上还放着一张纸，上面画着新构想的杂志样式，没有广告文章和商业性质的图片刊发的空间。杂志是关于艺术的，是文化集刊。那个毁掉它的东西却推动我们走上一条崭新的道路。

欢乐的日子

2011年11月，于叶夫帕托里亚、阿卢什塔、雅尔塔

巴林活动之后，我们决定休息休息。我们给妮卡打电话说：

“你们好久没来我们这儿了吧。想过来吗？”

“当然！”妮卡回答说，晚上她就带娜斯佳来到了我们家。

这段时间妮卡和娜斯佳的生活发生了很大的变化，所以我们聊了几个小时，而孩子们则把我们的家弄得乱作一团。

天凉了，散步的时间变短了，我们长时间地待在家里，喝啤酒，我画画，妮卡看电视剧。

我喜欢翻看有萨沙·瓦西里耶夫或B.G.（即鲍里斯·鲍里索维奇·格列本希科夫）参与的设计录像，我边画画边听他们是怎么说的，说了什么，这给我带来了极大的乐趣。当时我最喜欢的歌曲是格列宾希科夫的

《女孩们在跳舞》和《欢乐的日子》。

晚上，孩子们在我们的大浴缸中洗澡，故意用油漆弄脏小手，然后带着脏脏的手去洗澡。我和妮卡大笑并拍下“脏兮兮的海水”的照片留念。

当他们离开之后，我们决定到阿卢什塔休息一下，对此季马强烈请求过我们。

我爱阿卢什塔的秋和冬！柏树林一片寂静，但有时能感觉到它们的低声絮语回荡在歌声中。

然后我们去了雅尔塔动物园，这是送给季马四岁的生日礼物。一切都是那么美好！

此前一年或两年，动物园里发生过悲剧——有人毒死了十几个动物。这是因为在雅尔塔动物园，与其他大多数动物园不同，允许给野兽喂食。为此在动物园的入口处出售各种不同的食物——喂熊的香芹菜、苹果、饼干、糖果，还有喂鹈鹕的鱼。只要你一进到里面，五个美丽的粉红色鹈鹕像警卫员一样迎接你。它们张着大嘴等着自己的食物，并且如果你手中有一小袋鱼，它们就紧紧地把你围住，真的会把鱼从你手中抢走。这是多么有趣的体验，喂鱼成为我们在这个动物园里最喜欢做的事情。

就这样，在这种关爱并尊重游客的氛围下，当动物信任给它们食物的人，一些人（我无法称他们为正常人）几天内毒死了动物园的好多宠儿——一只狐狸和十几个或更多的其他动物。我记得整个国家因这个残酷的事件处于恐慌之中，而我的那些最喜欢去这个动物园的小妹妹一连哭了好几天。

尽管如此，也没有禁止儿童给动物喂食。由此我看到了动物园的担当精神。

就这样，我们买了各种不同的食物，首先去给鹈鹕喂鱼。季马兴高采烈。当这些美丽的鸟儿在空中捕食时，他哈哈大笑，抚摸它们嘴下面娇嫩的皮肤，然后就抱住了鹈鹕，没有遇到丝毫的反抗。

喂完第一批买的食物，我们又买了一些，在动物园里逛到闭园为止。

回家后，我们为季马庆祝生日——我们先去看马戏，然后晚上把季马的朋友们请到了家里。

“四岁了，”伊戈尔说，“简直都不敢相信……”

而我则认为：“感受到那么多的幸福，却只过去了四年时光。多么幸福的时光啊……”

我们无比荣幸——生活在不断变化的时代，
我们进入了隧道，周围却有一个十字架……
谢苗老爷爷在蒸汽机车燃烧室等待，
他步履蹒跚地走出来，责骂我们所有人……
让火车停下来吧，请给司机一杯水，
让他躺下睡觉——这些日子他能收获什么？
多年来的失明，一个人也看不见……
而现在我爱你，因为我们都是孤身一人……

当我们亲手做的事都没有悲伤，
当乌云散去，不必看谁进入了这个圈子，

当白马认出它的女友——

这意味着——欢乐的日子……

当松柏在梦中落在我们面前，

当岩石告诉我，

当白山上出现月球的时候，

这意味着——欢乐的日子……

你　好

2008年11月，于叶夫帕托里亚

我们没有工作了。不得不从父母的房子里搬出来，因为父母要从他们夏季住的别墅回到城里。

我们卖掉我们的“老虎”座驾，在果戈里大街租了一间小公寓。房间很小、入口是一个收发室，公寓所在的小楼革命之前是一个马厩，之后变成了某个商人的两层辅助房屋。但是，尽管房间狭小而拥挤，但这是世界上最舒适的房子。从小窗户可以看到院子，不似叶夫帕托里亚的院子，而像是彼得堡的，在厨房的小窗户上可以看到带浮雕的剧院檐板。

每个秋日，窗外景色都在变化——黄色的叶子，棕色的叶子，然后变成光秃的树枝，透过树枝可以看到对面的建筑物。

那时我听一些黑人音乐，不知道谁给我的这个音乐，但我喜欢它。

听磁带，因为在那间公寓里有一个磁带录音机。季马将近一岁了，他试着走路，但仍然不会走。

每天我们到海边散步，然后去广场，季马喜欢在那里看永恒之火和市政府大楼的大钟。看着火光，他会说：“啊！”在大钟旁，用手指着时针并说：“咔嗒咔嗒！”就是“滴答滴答”的意思。

我们分文也没有，就吃些糖果和通心粉，非常想吃饭的时候，就去我的父母家做客，他们会给我们做可口的晚餐。

但尽管如此，这是我生命中最幸福的时刻，可能有类似经历的人或许可以理解我。当你失去曾经吸引你的一切，你面对的只是最亲近的人。那时你就会知道什么是爱。当你失去拥有安逸和富贵的能力时，你就会懂得作为一个自由的人是多么幸福。旁边只有音乐、灯光和白雪。

我带季马散步，穿着一件黑色皮夹克，戴一顶护耳帽，穿一双哥特人常穿的皮靴。这么穿，是因为有一天我和妮卡一起去市场，我让她来给我置办衣服。我们买的那些，我之前从来都不敢穿，但现在它与我的意识状况有机地结合在了一起。

每晚季马在地毯上玩耍，而我们坐在厨房里喝茶、听音乐。我几乎不画画，什么也不写，第一次没有觉得遗憾。

第一次庆祝季马的生日，请来了很多朋友——伊洛娜、塔尼娅、季马的教母奥莉娅、妮卡妈妈和娜斯佳。她们给季马送了很多礼物，还买了一个插着巨大蜡烛的蛋糕，除了季马和娜斯佳所有人都吃了。我们制作了一个巨大的海报，用颜料涂满季马的小手掌，并在中间留下一个美丽的绿色印记。

一岁的季马快活而聪明，虽然他很懒，哪儿都不想去。我一连几个小时用儿童车推着他去海边玩，冬天的海边很冷，然后抱出小季马，拉着他的小手教他走路。他走了几步，但却始终抓着我的手不放。

我感觉非常好，周围人却觉得我心情不太好，觉得我被忧愁或抑郁所折磨。实际上，当然，忧郁是存在的，但忧郁的原因与其说是因为杂志停办了，不如说是因过去一年积累的疲劳和那个春天出现的恐慌状态所导致的。

不论如何，有一天，散步回来后，我把儿子哄睡着，洗完手，一股忧愁奇怪地涌上心头，立即击垮了我。这甚至不是忧愁，而是某种无法解脱的困乏感和极度疲劳。大约一周，我都躺在沙发上，甚至没有力气起来——就是这么虚弱。只要早上醒来，睁开眼睛，走几步，霎时那种疲惫感就袭上来，就好像在工厂值夜班一样。

伊戈尔照顾季马，喂我吃饭，试图与我交谈。有一天他去了某个地方，几个小时后带回来一块玻璃和四个三升的罐子。把它们放在桌子上，将一袋沙子拉进房间。

“好了，足够了。到这里来！”他坚定地说并把我从沙发上拉起来。

我站在桌前，他把罐子放在长方形屋子的四个角落，把玻璃放在上面，解开沙袋，说：

“它将取代杂志。”

我伸手，抓起沙子，并把它们扔在玻璃表面上。我的世界复苏并忙碌起来。这一页翻了过去，尽管我们当时谁也不知道这一点。

我为国王庆生

2012年1月初，于泰国曼谷

我们飞往曼谷。从辛菲罗波尔起飞，中途在伊斯坦布尔转机。这时，我们这儿是冬天；而我们要去的地方，却根本就没有冬天……

泰国政府邀请我参加庆祝国王普密蓬·阿杜德生日的盛大活动，而且我和伊戈尔分别作为嘉宾出席这个节日。

在佛教文化中，84 岁是一个神圣的纪念日：12 年构成一个周期，而 7 是神圣的数字，因此 7 个 12 是神圣的周年纪念日。因此，在曼谷庆祝国王陛下的生日具有盛大的国际规模。

我们很高兴能收到这次的邀请，但我们对此也没有感到特别惊讶，因为在此之前我已经在许多国家元首面前表演过节目。在与这次盛大活动的组委会通信中，我们请求让我们自己挑选表演用的音乐——因为我和伊戈尔一直都是这样做的。然而，我们得到的回复是："你们在创作层面绝对自由——无论是故事情节，还是剧情内容，但是音乐要用我们的。"没有办法，我们叹了口气就开始期盼音频文件。听到乐曲后，我们长时间地无法摆脱音乐的影响：旋律是如此不同寻常、饱含深情、诚挚感人。

组委会问我们："怎么样？"我们如实地回答，我们很喜欢。那时他们向我们透露说："这首曲子的作曲人是国王本人！"

半年多来，我一直没有对媒体泄露沙画的故事情节，它讲的是整个泰国和国王个人与自然灾害及该国环境问题做斗争，与泰国大多数居民饱受折磨的旱灾做斗争的故事。总的来说，这是一个关于国王与人民相互爱戴的故事。

当我开始准备创作沙画故事时，我着手研究普密蓬·阿杜德相关的所有资料，关于他的生活和作为国家元首所做的事情。许多事实令我深受震动——从青年时期开始，这个人就为他的国家效力；还不是国王的时候，他坚信，他将尽一切努力让人民幸福。在泰国，他不仅是一个民族英雄，人们还把他视作神。

我对这个作品非常感兴趣，我认为这个故事蕴含了巨大的戏剧因素，我切身感受那些在沙画故事中应该传达出来的情绪。

除了在周年庆祝活动上现场表演外，与泰国的电视台还合作拍摄了一部关于国王的沙画电影。拍摄在 10 月中旬进行的。我说服导演在乌克兰拍这部电影，因为没有人能照顾季马，所以我无法离开去曼谷。

刚开始，泰国方面不同意——他们想在国王的家乡拍摄这部电影。但我列举了可以在克里米亚拍摄的一些理由，首先，在家乡拍摄我的感觉会与众不同，因为我的故乡小城是世界上最具创作灵感的地方。泰国人同意了，派了一大批摄制组人员来到我们这儿。

当我们在叶夫帕托里亚见面的时候，我明显感觉到我们像认识了很多年一样。这是一群非常随和、亲切的人，并且他们以非凡的专业态度工作。我们在三天之内拍完了电影，然后接下来几天里泰国的电视台制作了一个幕后工作的视频——《电影全纪录》：拍我在喜欢的城市街道上，在海滨的情景，讲述我创作国王陛下沙画故事的感受。拍摄结束后，我真不想与泰国摄制组告别。他们成了我们的朋友，特别是和我的儿子季马成了好朋友。他们和季马用英语交谈，很快就找到了共同语言。

季马最喜欢的人是明特（Mint）——她是摄影导演。当泰国人离开后，儿子一直问我：“明特阿姨什么时候回来？”如果他能通过 Skype 与她聊天的话，他会很开心。

有趣的是，泰国人喜欢用简短的绰号（通常为英语）来代替名字。他们的名字很长、很复杂，但却很美。例如，季马最喜欢的人并不叫明特，而叫纳塔伊利娅，而这仅仅是每个泰国人正式称呼中其中的一段名字。

与伙伴们告别后，我们急切地盼望着在泰国的再次相遇。

我在曼谷的现场表演原本应该是 11 月初举行，但是由于洪水灾害险些导致一场技术灾难，为国王庆生的活动推迟到了 2012 年 1 月初。

我们家乡那时正是冬季，泰国却温暖潮湿，而不是酷热难耐，是宜人的天气。我首先注意到是人们。泰国人很特别，是一些开朗和气而又安静的人。他们就像一个巨大湖泊的表面——如果你扔石头，表面微微荡漾后就会恢复平静。坦率地说，除了泰国人，我从未见过这样的人。

当我们到达目的地的时候，我发现，在皇家展览馆建筑群中为我的表演开辟了一个专门的大厅。总之，为我的表演安排，如摄影师、监制、灯光管理员、舞台布景师团队一切就绪，或许只有杜塞尔多夫的《欧洲电视歌曲大赛》的高水平组织能力可以与之相媲美。并且，坦率地说，泰国人的工作更有组织性，最重要的是——他们乐观而平静地对待一切……

为了转播我的表演，在展览馆的大屏幕上安装了五个摄像机：一个用于拍摄桌子和沙画故事，其余四个用于拍我——我是如何移动的，我的脸和手。三天之内我给观众展示了四次关于泰国国王的沙画故事，在演示快完成之前，我突然意识到，我不反对展示一次乃至更多次相同的故事。他们用他们的平和与善良“感染”了我……我想走近观众、工作人员，握住他们的手说：“谢谢你们这样善良！感谢你们！”

如果说到团队的工作，那么从化妆到编导再到摄影工作，这一切简直堪称完美。

第一场演出是在泰国诗琳通公主殿下——国王拉玛九世的女儿，以及各部部长、皇室成员和泰国政府其他代表面前进行的。国王本人未在任何活动仪式上露面，因为他在医院接受治疗。

表演前的几个小时，国王的会议记录代表向我询问我们将如何与公主殿下交流的问题。我应该行屈膝礼，表演之后我们要交换礼物，并交流一会儿。我感到非常惊讶，公主殿下应该双膝齐跪递交礼物。我也被要求这样做。我并没有感觉到这有什么不好，相反，这是某种团结和友好的象征。一切都是在一种非常温暖的，甚至可以说是“如家人般温馨”的氛围中进行的。我们互送完礼物：我送的是两张光盘（为国王和公主准备的），里面是我创作的关于国王的沙画电影，而诗琳通公主殿下送给我国王陛下做的皇家花束，我们并没有拘泥于形式，开始了完全“私人”的交谈——关于创作，关于我的城市等等。她是如此的真实、动人且亲切，以至于我都忘记在我面前的是皇家血脉，谁又知道呢？或许，是未来的女王。只把她当作是一个女人，一个英语讲得非常好的女人，一个有趣而聪明的交谈者。之后我们拍了一些合照，然后和很多人告别。后来有人告诉我，这些人都是泰国最具影响力的人。但是，令人惊讶的是，所有人的举止都很简单而庄重，不论是部长、媒体大亨还是普通民众。这很正常，就应该如此。也许正是因为泰国人都那么快乐、真诚和正直，他们的寿命很长，而且看起来极为年轻。有些人根本看不出年龄，在泰国同我交谈的那些人，我都猜不出他们的年龄（哪怕是粗略地估计），他们都很年轻，因为他们的心很年轻。

第一场演出后，有人引荐了一位优雅的女士，她用一口纯正的英语对我的演出表示赞叹，然后赠给我一个带有国王标识的胸章。原来，这位女士是国王的表妹，她也是拉玛九世的首席秘书，也是泰国最具影响力的女性之一。她叫 Тхапуйинг Путри Вививаидхфйя，这是一位特别文雅、聪慧的女性，一位真正的贵妇人。演出后，晚上我们又在宾馆里见了一面，她把送给我儿子和我的团队的礼物带给我，并邀请我明早去王宫参观。我称她为“普特里女士”，她则叫我“克谢尼娅女士”。

游览王宫的场景超乎我们的想象，令我们动容。我们可以随意进出王室宫殿，要知道除了王室家族的成员，一些宫殿普通人是禁止入内的。

金銮殿、国王议事大厅、外宾接待大厅、御膳房等建筑雄伟壮丽，富丽堂皇！随行的普特里女士一路上为我们解读所见的金碧辉煌的宫殿，并将宫殿建筑的设计理念及历史渊源同我们娓娓道来。遗憾的是，我没有带上录音笔，以便记录那些在我看来外国人根本就无法得知的信息……

我了解到了从拉玛一世到拉玛九世整个王朝的统治历程。信息来源是从这个王室的代表口中得知的，而不是传记作者或导游的讲述。泰国历届的国王们都是精通治国理政的活动家，在不同时期他们与众多的欧洲君主举行过会晤——从维多利亚女王到亚历山大二世。我们参观了一些大殿，那里矗立着用大理石雕刻的同泰国国王有友好交往的欧洲君主们的塑像。我作为一个曾经研究过俄罗斯帝国史及欧洲大国史的人，非常有幸在那里“见到”自己的“老熟人”——约瑟夫三世、路德维希四世、丹麦国王克利斯提安四世以及其他君王。随后我们观摩了宫殿的整体构造。我为自己在这个国家丰富的所见所闻而对接待方致以深深的谢意。

那天晚上我收到一个信封。打开一看，惊讶万分，原来是泰国政府发行的一套主题为纪念国王的明信片。明信片上描绘着我在王宫里展示的沙画电影中选取的片段。

我们简直难以置信！原来，明信片是国王陛下提议发行的，将其授予并赠送给外国友好邻邦的代表们，并在泰国国内发行。我们也收到了几套明信片，令我开心的不仅仅因为这里面也有我的付出，而是因为这些明信片精美绝伦、质量上乘。我颇感兴致、信心满满地尝试学习泰语，事实上，除了一些简单用语之外其他的都没记下来。我只会用泰语表达“你好”（也是“再见”的意思）“谢谢”“我叫克谢尼娅”“我 27 岁”之类的简单句式。尽管应该把“我已经 27 岁了”这个句式反复背诵下来……

我回到家里后，我们的季马很快学会了那些简单的交流句，至今都还清晰记得。现在我们教他英语，他喜欢在英语句式中插入一些泰语词汇。

我们对泰国有着恋恋不舍之情，不想离开那里，季马的教父罗姆随我们同行，他给我留下的印象，就内心而言，他是一个纯正的泰国人。秃顶，身上文着带有民族字样的文身，佩戴着耳环……泰国人很喜欢他，在我们来之后的第二天他就可以不用借助于翻译而与泰国人进行交流。当我们要出发回归故里的时候，我从这位教父的眼中察觉到了忧伤和不舍，我在想，如果他意念坚定的话，他一定会从机场离开并从此永远留在曼谷定居生活……

自第一次演出过后，我在泰国的大街小巷、机场、商店里经常被人认出来。我的演出被泰国的各大电视台转播。我们与邀请我们的组织方的所有成员都成了要好的朋友，而前来叶夫帕托里亚拍摄电影的摄制组则赠送给季马一大堆礼物。总之，自我演出结束后收到了许多人送来的礼物，其中有玩具、小雕像还有各种美食点心。最后，我们的行李箱都超重了，在展销会上收到的一袋大米是致使箱子超重的主因。

听到我承诺很快会带着季马再来泰国时，才让我们回国。我的泰国朋友们答应我，当我们再来曼谷时，他们会派一头大象来机场接迎我们！如果季马听到明特说的这段话一定会开心得手舞足蹈。

自那次旅行之后，我们的教父彻底迷上了泰国。现在他正在曼谷着手筹备一个大型的摄影展，在我看来，今后罗姆将会频繁地到泰国去。

泰国人教会我们说“谢谢”的同时习惯性地行鞠躬礼并双手合十，这简直太棒了。这种致谢的礼节方式让我们感觉身心舒畅，越发一心向善。当然，我们在礼仪方面距我们的泰国朋友还差得很远。我们很久才“遗忘”了这一传统，但直至现在，当我想对那些心怀善良、待我友好的人表达感谢时，我会像泰国人致谢那样表示感谢。

起 初

2008年12月，于叶夫帕托里亚

这是一个变幻莫测的世界。它随意转动，过着自己的生活，不会听从任何人的劝告……

整晚我都伫立在破碎的瓦罐和零碎的玻璃当中，企图尝试着进入这个全新的世界，这里既没有颜料又没有画笔，脑海中勾勒出的种种画面定格不会超过一分钟。任凭手指在空中挥洒，尽量不触碰到沙子，紧闭双眼，试图将自己同影子融为一体。

这是一个陌生的世界，神秘莫测的世界，虚幻的世界，但那时的我完全被这样一个世界所吸引，彼时我就像一只兔子，而玻璃上似乎盘踞着一条蟒蛇……

我心力交瘁地垂下双手，注视着已被无情擦掉的轮廓，被成千上万粒细碎的沙子冲毁了的图案，我开始和它说话，时而小声嘀咕转为声嘶力竭地争吵升为呐喊，时而由呐喊转为窃窃私语，而沙子沉默不语，不计其数的星星散落在我的头顶。

“这究竟是什么？这又是谁？”我想了一下。这是人，城市还有影子……我无法理解，我又怎么才能理解呢？脑海里营造的新世界就这样出现了，这个世界不再是精雕细刻的艺术品，而是毫无头绪的断痕，杂乱无章的灰尘。

画面感冲击而来，但这不是一出戏。没有生命的迹象，没有歌声，也没有东西可以答复我。我敲打着玻璃，像是被困在瓶颈中的小矮人，不知所措，我不知道我是否选择继续前行，抑或转身，冲出束缚。在这场战役中，每一个崭新的一天都当作最后的一天来过。我不能理解，这就是我作为画家当下生活状态下的一种内心世界的反映，在这昏暗密闭狭小的房间里，在这破碎的瓦罐和零碎的玻璃碎片中，我的痛苦正在重塑一个新的自我。

整个 12 月我都在尝试绘画。我在寻找剧变的路径，不断地变换着沙子，然而却始终抓不住重点。

一切进行得还算顺利，一直到我停止画静态画并且彻底转向沙画为止。令我迷惑不解的是，为什么一切事物都变得单调乏味，只不过拭去了旧世界创建了新世界，画面的线条让我觉得是在绕着圈赛跑。

白天在家照看季马，陪他散步、玩耍，喂他吃饭。晚上哄季马睡觉后，我就去那个封闭的小屋，锁上门肆意挥洒玻璃上的沙粒直至天明。

早上和季马一同起床，给他穿衣，喂他喝粥。并许诺再也不进那个幽闭的小房间，再也不去碰触沙子。

“为什么要自欺欺人？”我对着空气扪心自问，一整天都是自信满满，可到了晚上，一股力量迫使我走进那个小屋。

我们房子的两个卧室和厨房是相连的，只有一个房间是独立的。这是最小的房间，里面摆放着婴儿床和一个不大的柜子。细长的窗户朝向庭院。我觉得，我一直住在这个房间里，更确切地说，是内在的我留在了这个房间里。当我困惑不解，当障碍摆在我面前，当我在自己的沙子世界里寸步难行时，我就会闭上双眼，来到自己的这间“斗室”。那里的一切都是有生命的，只需要摊开手就可以，你就会感受到，雪花落到了手里。抑或星星……

就那样，我一直拼到年末。庆祝完新年后，我继续奋战。

有一些故事、情节、题目已经相继出现。我觉得，故事情节已经开始运转起来，尽管我的头脑里还没有形成大致的故事整体脉络框架。但我喜欢用手触摸沙的质感，有一次我对一个人说出了我正在做的事情。

圣诞节前几天，叶莲娜打电话给我，她是格奥尔吉神父的妻子。我们很早以前就认识，她叫我小女儿，她是一位乐观、积极向上，善良温婉富有同情心的女性。每年她都和神父一起为市民组织圣诞节音乐会。她建议我在他们的音乐会上试着当众表演一下。

“那你们不害怕我会破坏了现场的气氛吗？”我问道。

“一切都是上帝的旨意。”她明智地答道。

我就开始准备。

国　界

2012年1月中旬，于叶夫帕托里亚、基希讷乌

从曼谷回来过圣诞节，我们给季马带了很多礼物，并转达了明特和季马的泰国朋友对他的问候。

第二天，我们就去参加由叶莲娜、格奥尔吉神父在非全日制学校里举办的音乐会，我们兴致勃勃地看着演出，季马是最高兴的，因为他同其他孩子一样收到了一大堆礼物。

圣诞节是我们家最喜欢的节日，我们是在家里过的。节日期间走亲访友，或者去广场散步，向亲戚朋友互道新年祝福，去孤儿院看望了那里的孩子们。

辞旧迎新后，我们就收拾行李，坐上汽车，开车带着季马去摩尔多瓦。

我们开了 11 个小时的车，很担心季马晕车，要知道这孩子最近来

基希讷乌是在三年前，但当时正值暖春时节……

没想到他克服了晕车，几乎一路都在睡觉，到边境处才醒来。

“这是国界吗？是国界吗？妈妈。”儿子问道，从小被中探出头，就像是冬天的鸟巢里的小鸟探着头向妈妈要吃的。

“你猜对了，季马，这就是国界啦！”我对儿子说。

“那些人是边防战士吗？”

“对呀，他们就是边防战士。”

“那他们的机关枪在哪里呢？”

边防战士看了看我的车，面带微笑地说道：

“欢迎来到摩尔多瓦！”

在驶过德涅斯特河沿岸时，季马好奇地透过车窗看着古老神秘的城堡，气势恢宏的体育场，白雪皑皑的辽阔田野。

“儿子，这就是德涅斯特河沿岸，”我说道。

“你说什么？”

“德涅斯特河沿岸。这个国家有一条久负盛名的德涅斯特河，所以这个国家被称为德涅斯特河沿岸……”

“我们……到了，”季马边说边打算下车。

“还没呢，还没到站呢，宝贝儿子，”我笑着说，把他的安全带给系上，“还有一小段路了。”

基希讷乌下着雪。伊戈尔的父母在家里热情地招待我们，祖母和祖父哄着季马玩，我们可以好好地睡上一觉了。

伊戈尔的父母家里晚上经常是一大家人一起吃饭，这也是摩尔多瓦的一种习俗。季马很开心，因为他认识了好几个堂姐妹，她叫克列奥帕特拉，是卡罗来娜的女儿，还有根纳的女儿阿涅奇卡。这两个孩子都刚满一周岁。米哈耶拉是季马最要好的朋友和伙伴，从这件事上我们可以看出，幼年时期的小伙伴不一定要说同一种语言，即使语言不通，他们也可以一样玩得尽兴，彼此明白。季马说俄语，米哈耶拉用摩尔多瓦语回答。

在摩尔多瓦待了几天，我们和父母还有我的宝贝季马道别，收拾行李返回基辅，从基辅飞往东京。

我的首秀

2009年1月初，于叶夫帕托里亚

就这样，人生中第一次作为演员上台表演。为此，我专门准备了手绘圣诞沙画。我连续几天都没有走出自己那间“工作室”，几乎没睡过安稳觉，饭也吃不下去。伊戈尔第一次收集有关沙画故事的音乐素材。经由我们设计的每一环节每一步骤都经过仔细考量，但我们乐在其中，共同享受快乐并充满新鲜感的工作氛围，这同杂志的工作差别很大，这份工作需要两个人来完成，我们其中一人站在舞台上，另一个人在后台操作。

圣诞节后的第二天，我们把我们那些神秘的道具、投影仪和一袋沙子搬到了某个疗养院的大厅。在大厅里看到了许多熟悉的面孔，许多人同我们打招呼并寒暄问道：

“你们将要为我们展示怎样的精彩表演啊？叶莲娜跟我们讲了……”

我将手指放在嘴唇上，并做出一个猜一猜的表情，此刻我感到浑身不自在。

伊戈尔将我们即将表演的桌子抬到舞台上，打算挂起投影布的时候，有一位女士朝他走过来说：

“先生，投影布不能挂在这里，它会挡住宣传画的！”

“那应该挂在哪里？”伊戈尔不解地问。

“找找其他位置，要不就放在侧面吧……”

我丈夫伊戈尔叹了一口气，开始找可以悬挂投影布的新位置，我闭上双眼尝试着想象登上舞台表演的一幕。我最近的一次登台演出是我 15 岁那年，那次是在星期日业余学校的音乐会上表演。朗诵了诗歌，参加了合唱。那次表演已经是很久以前的事了，仿佛来自另外一种生活……

神父走上舞台说圣诞祝福语，祝大家圣诞节快乐。然后音乐会就开始了。我站在幕后候演，伊戈尔走到我跟前说：

“投影幕布不好使了，并且没有地方放投影仪。”但当我向他说明幕布不能动的理由时，音乐就开始了。

“后来怎么了？”

“我来不及检测投影仪是否调整到了合适的位置。”

“有什么关系吗？”我很不解地说。

“我希望，一切都能顺利……”

我耸了下肩，决定不再关注技术问题，开始回顾那上百次在脑海中形成的故事画面。我想出了一个很适合群众口味平铺直叙的圣诞节故事。它源于我们的生活，妈妈在孩子面前打开圣诞节书籍，一个新的世界呈现在投影幕布上，2000 多年前救世主的诞生。故事的最后，观众又被拉回到了当下一个幸福家庭收拾得异常整洁的房间里，圣诞书籍放在桌子上，摆放着蜡烛，透过蜡烛的烛光可以看到充满纹路的云杉枝叶。故事是以《圣诞节快乐》题词收尾的。

我轻松地想到了这一题材，因为它一直在我的内心深处。我清楚记得每一秒钟的乐曲内容。在此之前，当我在自己那间“斗室”里反复排练时，我清楚地认识到，一种焦虑困扰着我，即我对待工作的态度是否正确。是否可以像我想要的那样自由、愉快地工作，是否可以简单地生活？或者需要控制好每一次的呼吸，脑海中回荡每一个音乐节拍，进行分析和对比？

简单地生活，我在心里默念并走向舞台。

我走到沙画台旁，闭上眼睛开始等着音乐的响起，取而代之的却是一片掌声。

“这到底是怎么一回事？”我呆若木鸡地伫立在舞台上，“我还什么都没做呢……”

终于，我听到了音乐，睁开双眼，开始绘画。这是一种奇妙的难以名状的感觉。仿佛那一刻就是永恒，整个舞台都是我的，那一刻我的世界里只有那些新的形象，一幅幅交替画过的画作以及我面前坐满了一大厅的观众。在这一刻，无须惊慌也无须猜测。我的心沉浸在那个世界里，久久不能自拔。

为什么我要转过身？！从那一刻起我的视线就没有离开过那张桌子，目不转睛地盯着眼前的世界。这成了定律。

我看向投影幕布，上面呈现出一幅幅画作。这些仅是我桌面上近一半的画面，好像裁剪掉了边缘的部分，周围的一切都跑到了屏幕外去了。

我很费解投影仪怎么不好使了。我猜应该是投影仪没有调好，这让我想起了伊戈尔说的话。

“一切都完了”，脑海中一闪而过。我停了下来，我刚停下来绘画，就再一次听到了掌声。我完全没有把他们的掌声与在舞台上的我联系起来，我发现我的双手继续在绘画。

“该什么样就什么样吧，不应该轻易放弃。”我决定道，开始画得更加紧凑简练，并尽量在桌子的中部作画。我从舒适的房间转而画伯利恒洞穴，开始画牧羊人、绵羊，以及骑着骆驼的占卜师。从伯利恒洞穴生活时代又回到了装饰着圣诞枞树的房间，音乐突然停了下来。那一刻我知道，这仅仅是个意外，我继续画画，我期盼着音乐再次缓缓演奏起来。几秒钟过去了，我知道音乐不会奏起了。我真想钻到地缝里去，我在一处看起来还算正常的地方停了下来，向桌子后面退了一步，快速地鞠上一躬并走进后台。我坐在地板上双手抓着裙子，对自己说：

“真是太丢脸了！”

这时叶莲娜来到我身边，抓起我的手对我说：

“这真是令人惊叹。”

我想，她在开玩笑或是想给我鼓劲，也就意味着，演出很糟糕。

我表演完后一直坐在走廊的小角落里，临近节目尾声开始悄悄地溜到出口处。走到疗养院俱乐部的休息室，我伫立在大镜子跟前看自己苍白的脸色。

“嗬，成了一个人的表演啦！”我对着镜子中的自己冷笑道。

这时，大厅的大门打开了，观众们从那里出来。我不知道自己该去哪里坐一会儿，我快速走向出口，突然从背后传来一个声音：

“天哪，她在这儿呢！”

一个面熟的在教堂工作的女人跑过来追上我，抓住我的手往休息室走去。此时我被观众们围住了，他们同我握手，说着什么……

“我很抱歉，你们什么画面都没有看到，你们应该也知道了，图画没有呈现在幕布上。”我满怀愧疚地对他们说道。

“没有啊？我们看到了所有你手绘的画面。”他们面带微笑地回答我。

“那听到音乐了吗？音乐停下来了啊！”

“那又怎么了？”

“音乐中途停了下来，不应该间断的！”我低着头小声嘀咕着。

“这样啊？我认为音乐效果正该如此。”一个老妇人说道。

“好样的，好样的。”一位抱着小女孩的男士说。

我知道他们仅仅是在安慰我。这些善良、有信仰的人们。他们看见我出丑的一面为了不让我伤心难过却依然支持、鼓励我。

“谢谢大家！”我热泪盈眶地说。看到大家善意的脸庞，鼓励的眼神，我决定再也不会登上舞台。

以上就是我第一次登台表演的情形。

杰尼叶尔和小隆君

2012年1月末，于东京

就这样，我们飞往日本。连接基希讷乌和基辅的公路被大雪覆盖，我们连夜出发，在边境处停留了一个多小时。几个摩尔多瓦人带的是葡萄酒，他们拿的酒似乎太多了。海关工作人员不允许他们带走这些家庭装红酒，为了不让海关人员扣下这些酒，除了司机外，这些摩尔多瓦人都下了车，开始喝用编织袋包装好的红酒。

“我妈妈做的酒。”他们其中的一个人向我们解释道。我们下了车，站在离他们不远的地方。“最好在海关这里都喝完它，才不要上交给他们！我们这些人都是去俄罗斯打工的，怎么能不带红酒做伴？我们的摩尔多瓦红酒。因为我们让你们等了这么久，真是不好意思……”

我们微笑着向他们挥手示意没关系。这些人坐上了车，几个海关工作人员又一次走到他们跟前，在车后备厢里搜寻检查着什么。拽出了几瓶白兰地。

“他们会把这几瓶白兰地拿走，”谢廖加说，“喝过那么多红酒后，小伙子们已经喝不下白兰地了……”

突然，在前面停着的小汽车的门开了，那个和我们说话的小伙子从车里走了下来。小伙子手里拿着一瓶精美的“Kvint”牌白兰地。他走到我们的车跟前，伊戈尔打开车窗，小伙子将白兰地递给他。

“哥儿们，这瓶酒给你们了！原本打算带给亚美尼亚的朋友，但他们说，带得太多，要上交。与其把酒给他们，还不如把酒送给心地善良之人。你们喝吧，这可是上好的白兰地哦！”

就这样，摩尔多瓦白兰地随着我们到了东京。

我们坐飞机途经法兰克福，飞往东京前要在此地停留六个多小时，我们原本计划着把我们的行李放在寄存处，打出租车绕着法兰克福观光游览一圈。我们已经明确了想要观光的一些地方。但是伊戈尔却忘记拿我的申根护照——日本签证在旧护照的最后一页，我们不得不坐在机场里等待这漫长的六个小时。幸运的是，周围有好多上好的德国啤酒，我们很开心。

飞机在日本首都着陆后，我们感受到了春意盎然，气温 15 度左右。杰尼叶尔迎接了我们，如果这个人不说话的话，我会把他当作是意大利人。我们大约在这次会面一年前就互相通信。杰尼叶尔的个头不高，头戴着漂亮的小礼帽，皮鞋擦得锃亮，一尘不染，当然，是意大利产的，这个不知道年龄的人给我的印象是天之骄子，命运的幸运宠儿，他可能是聚敛天下美食的美食家，也可能是演员抑或是音乐家——无论猜测他从事什么职业，都不会猜到这个人是日本 event 公司的总裁。他真是一个神秘莫测的人物，我接下来还会讲一些关于他的故事。

“您愿意用哪一种语言交流呢？”我们这位老相识操着一口流利的俄语问我们，“不好意思，请原谅，我的俄语不太好。可以说英语、德语还是意大利语？”

“除了这些语言，您还会哪些语言？”伊戈尔感兴趣地问道。

“我会的也不多，”杰尼叶尔回答道，“除了以上说的语言还有日语、西班牙、希腊语、印地语。但是我印地语说得不好，对汉语也是刚开始研究。很遗憾，我对俄语几乎一窍不通……”

我们相互对视了一下，就选择用英语交流。

“仿佛就是有道翻译蛋。”谢廖加开玩笑道。

我们来到市里，找到我们住的宾馆，在那里等着对方把空房间布置好。这在东京是很普遍的事情。

现在讲一讲我们此行的目的。

当我们用安部不由美的歌曲拍摄沙画电影时，尽管未曾谋面，我们已和杰尼叶尔保持着工作关系。我们很享受在一起工作，我们保持着密切的联系，偶尔互相通信，每逢节日时互道问候。2011 年 3 月，日本发生了悲剧性事件——先是地震，然后是海啸，紧接着是福岛核泄漏事件——我们立刻给杰尼叶尔还有他的团队写信。我们决定，如果日本核辐射继续波及或者引发新一波海啸的话，我们建议我们的日本朋友到我们这待一段时间，多久都可以。

幸运的是，杰尼叶尔的一切都正常，对我们的关心，日本人深受感动，从那时起，也就是从 2011 年 3 月份起，我们商讨着来这儿给遭受海啸的难民们演出的计划。我专门准备了一个沙画秀，主题是针对日本发生的海啸，以及日本人如何勇敢地应对这一打击。这个沙画秀的结局很圆满，该沙画秀表演的目的是对这个日出之国的人民表达支持。把这部“鲜活的电影”称作《生活可以战胜一切》(Life Always Wins)，而电影的背景音乐是由日本作曲家谱写的。除了准备的这个沙画秀，我还打算展示《战争》沙画以及其他一些作品。

住进宾馆后，我们就出来打算在东京走一走。这是一个令人心驰神往的城市，是一个我已经熟悉的城市。市里有埃菲尔铁塔，当然是法国建筑的仿制品，还有由硬化土建立的“绿色大楼”，硬化土上长着嫩绿青翠的小草，五彩缤纷的花朵。街道上绿树很少，因为地方有限，但在楼顶和人工的小花园里却绿意盎然。还有一个环绕着犹太修道院的幽静大公园。我觉得，这个花园是东京唯一真正意义上的公园。那里聚集着年轻人，父母带着孩子游玩散步。唯一不好的一点是，公园六点就关门了，犹太修道院一位员工锁上大门，就闭园了。我们只好到城里其他地方转转。

晚上杰尼叶尔和他的助理小隆 (是大学三年级的一个有为青年)，领我们到最负盛名“贡巴奇”饭店，当年昆丁・塔伦蒂诺[1]导演的《杀死比尔 1》就是在这家饭店取景的，我为之动容：杰尼叶尔记得我对这部影片的挚爱，我们就餐的位置位于饭店的二楼，坐在那里可以将一楼大厅尽收眼底，我暗中发现，当时在饭店取景的时候，电影导演实际上对一楼大厅的整个布局进行了很大的改动。

我们的餐桌在一个小包间里。这是日本典型的包间——一个不高的

---

① 昆汀・塔伦蒂诺 (Quentin Tarantino，1963 年生)，美国后现代主义导演、编剧、演员、制作人。

木制桌，桌子两端各放着两个细长条的窄板凳，凳子腿放置在一个小箱子上。就是说，桌子腿、板凳腿都是嵌入在这个木箱中，入座的时候要提前将鞋子脱掉，把鞋放在门外。

日本寿司——是日本特色。就像日本的清酒一样驰名中外，给我们上了一瓶样子极特殊的日本酒。

“这是京都产的。”杰尼叶尔对我们解释说。我们提起酒杯，每人喝了一小口，我羞愧地发现，相比于冰镇清酒我更喜欢常温的清酒，杰尼叶尔嘲笑我，并说道：“要不给你来一点儿上好的热清酒，热着喝的清酒都是便宜酒，好酒都是冷着喝的。热饮清酒是最平民的喝酒方式，一般来说，这不是最好的饮酒方式。”我挥挥手，示意给我换个热饮酒，我宁愿选择最平民的饮酒方式。

我们在一起度过很轻松愉快的夜晚。我们的两个朋友杰尼叶尔和小隆都是非常幽默风趣的小伙子，杰尼叶尔滔滔不绝、妙语连珠地讲着关于生活的小故事，小隆坐在那里，大张着嘴听着杰尼叶尔的讲述。这里有必要简单介绍一下公司的职业道德规范和一些日本民族的特性。

日本公司的职业道德规范以及其他的商业规范是一件神圣的事情，这就像到处可见的全民玩各种电脑游戏，手机上佩戴着多彩缤纷的玩具手机套，对切布拉什卡的喜爱等现象一样。对于公司职员，特别是年轻职员来说，老板就是上帝，办公室的工作就是因果报应。在日本，我搜集到了一本由俄罗斯教授编写的关于日本公司员工在职场办公需具备的道德规范一书，对这一切书里讲得非常清楚。我喜欢这本书里的下面这句话：“如果你高效地完成了自己分内的工作，自认为可以提早离开公司，那么你可以提前下班。但出于道德规范的要求，你需要走到每一个公司员工跟前和他们说明你已完成工作任务，请他们原谅你比他们提前下班。最重要的是，你不能比你的上司早下班，如果你有机会早下班，最好不要提前离开公司，而是要问一下上司还有没有其他需要你做的工作”。

给大家介绍一下小隆，这是一个年轻的小伙子，瘦瘦的脸庞上架了一副眼镜，看样子像是一名大学生学霸。这个小伙子时刻不离手机，原来，他是在用手机记录他上司杰尼叶尔的每一句话。这是日本年轻新晋职员的正常工作状态。尽管如此，小隆是一个很有魅力、智勇双全的小伙子，他能理解我们的笑点，时刻准备着来帮助我们。

现在要介绍的是杰尼叶尔，意大利人，是一位型男、时尚达人、美食家，极具魅力，就像每一个意大利人一样，在艺术设计公司工作。这完全是另外一个，与自己的日本下属完全不同的人。对了，我想起了日本多神论者所说的话，对于小隆来说，杰尼叶尔就是一个会多国语言的大神。

这个半神半仙的人开始给我们讲述自己的生活经历。我问道：为什么你掌握那么多的语言，怎么来到日本的等。杰尼叶尔与我们是一路人，他要是来到我的家乡旅游，一定会感觉很好。经他的描述，他年轻的时候就是一个放荡不羁的浪子，随处游荡漂泊，四海为家。

在故乡意大利，学士毕业后，他向教授父亲要了一笔钱，买了一辆老款的菲亚特轿车，开始了旅行之路。途中他遇到了来自德国的嬉皮士女朋友，他们两个人几乎游遍了整个欧亚大陆。两个人满怀期待地跨越国界，后备厢都是一袋袋包装好的速食通心粉，他们在车里面吃饭、睡觉。到苏联的时候，杰尼叶尔终于明白了什么是食物紧缺：他们一路开着车在有人烟的村落停了下来，来到乡村小卖铺，映入眼帘的是空空荡荡的货架。即使这件事已经过去了好多年，杰尼叶尔回想起这件事仍旧历历在目。他激动地摊开双手说：“小卖铺的货架上一无所有！”那时他和女友明白了，除了后备厢储备的通心粉以外再无其他食物，开车来到河岸边，他们在那里营火煮饭，当地人来到他们跟前，我不知道他们是怎样同当地的居民交流的，以下是杰尼叶尔同我分享他所经历的所见所感：

我们在河边洗脏兮兮的牛仔裤，挂在树枝上等待被风吹干。一些俄罗斯人走过来，看见了我们的牛仔裤就请求我们把牛仔裤卖给他们。他们硬将卢布塞到我们手里，随后给我们拿来肉、鱼、牛奶、面包、伏特加……就这样，我们用牛仔裤换来了满满一后备厢食物，还有一些钱。我们不解的笑：这桩生意对俄罗斯人来说可是亏本的买卖！但后来我明白了，当我们把湿漉漉的牛仔裤递给他们的时候，为什么这些人脸上洋溢着满足喜悦的表情。现在我更能理解了……

当他们来到蒙古边界时，不得不返程。他和女友分道扬镳，返回了意大利，回去后开始从事科研，并拿到了博士学位，当了一名工程设计师。正当生活一切步入正轨逐步稳定时，又一次放弃了现有的一切，果断决定开车穿越欧亚大陆。就这样他开车到了日本——坐着船，连同自己那辆车，离开了欧亚大陆，来到了这个日出之国。

当时我有一个想法……想要工作，就是体力上的需求……你们能理解吧！在这之前我旅行了两年。我有些积蓄，但对工作的需求与钱无关，而是我的个人需求。我在这里做了一阵工程师，我不打算长期留在日本，只是想在那里生活两年，学习语言，然后回到欧亚大陆，去西伯利亚，这是我的梦想。

“但你却留下来啦！”我说道。

“我结婚了，”我的朋友笑着说，“之后我明白，我再也没有回头路可走了……”

“你的妻子是日本人吗？”

“是的。”

“真有你的！那你们现在有孩子了吗？”

“两个女儿……”

“我可以想象她们一定都很漂亮。要知道你们的孩子可是意大利、日本的混血宝宝。”

“看起来像纯正的日本人。”

“那亚洲胜利啦！”我们笑着说。

“是啊，亚洲血统更胜一筹。小隆君，”杰尼叶尔转过头对助手说，“能否带他们去楼上参观一下？”

“那里是雪顶屋，对吗？”我问道，我回想起《杀死比尔》第一部里结尾处的雪顶片段。

“没有雪顶屋，那是昆汀·塔伦蒂诺虚构出来的场景，那些场景不是在贡巴奇拍摄的。”杰尼叶尔回答道。但楼上的格局别具一格，那里有日本最有名的厨师在烹饪，整整一面墙都是来过这里的各界名人的照片。有女神嘎嘎[①]的照片，埃米尔·库斯图利卡，理查·基尔[②]，当然还有昆汀·塔伦蒂诺和乌玛·瑟曼[③]。

---

① Lady Gaga，1986 年 3 月 28 日出生于美国纽约曼哈顿，美国流行女歌手、词曲创作者、慈善家、演员。

② 理查·基尔（Richard Tiffany Gere, 1949 年生），美国演员、电影巨星。

③ 乌玛·瑟曼（Uma Thurman, 1970 年生），美国女演员，编剧。

“太棒了。我们快去看看吧。”

“小隆君！去找一下这儿的负责人。”

小隆去了，而我们继续我们的谈话。杰尼叶尔继续讲他在印尼巴厘岛的生活——他以前有段时间曾经在那里待过。

“这已经是发生在七十年代的事了。当时我们来到巴厘岛时，那里既没有宾馆又没有旅馆。甚至，那里的很多村落都没有电。我们只好住在海滩上，我和几个伙伴还有一些瑞典姑娘在海滩搭建的帐篷里住宿。我们一起在海滩上烤鱼。有一次我们去市里买了一条大鱼，我们往这条鱼里塞上了……你们明白是什么……（我们一直都不理解，他用什么塞满了那条鱼）。我们架起篝火，烤炙它，留下鱼泡。然后，我们就制成了一个‘炸弹’！”

感觉有人在我们头顶“啊”了一声。我们抬起头一看是小隆，他的嘴几乎是大张的，他很惊讶地看着杰尼叶尔并疑惑地问道：

“是制作真的炸弹吗？”

我们围着桌子坐着，小隆疑惑地眨着眼睛，挥着手表示不解，拿起了一杯清酒一饮而尽。

随后我们来饭店顶层参观。那里的布局确实很别致，同以前我去过的饭店和咖啡馆的风格完全不同。细窄的走廊，包间门都是草席编制的，精心布置的小包间，摆放着各式各样的花瓶。我结识了日本最有名气厨师，他做的河豚最为美味。随后领我来到一个小房间，那间屋子的墙上挂满了各界名人以贡巴奇为背景的照片。我立刻就认出了女神嘎嘎的照片，在她的旁边是一个抹着红嘴唇的男子。

“稍等一会儿……”杰尼叶尔说，随后被一个骨瘦如柴戴着眼镜的中年日本人带到了走廊的末端。

“小心台阶。”领我们参观的那个饭店管理者用英语对我说道。

脚下是相当陡峭狭窄的木质楼梯，没有护栏把手。

“女神嘎嘎来这里的时候，她穿了一双恨天高高跟鞋。你们都知道，女神嘎嘎常穿这样的鞋……”

“那又怎么啦？”伊戈尔问道。

“当她下楼梯的时候，我们担心她会摔跟头。但她却顺利地下到了一楼！”

“太棒了！”我们说道。

“可乌玛·瑟曼，”饭店管理者继续说道，“头部却撞到了这个测锤！”

我们看了一下楼梯上方的屋檐。它确实很低。可乌玛·瑟曼却是一个高个子姑娘……

“呃……”我拖着长声说道。

这时杰尼叶尔和饭店的经理一同走过来，很严肃地说，经理请求，如果我不介意的话，为我拍张照，以窗户为背景，随后会将照片挂在“荣誉墙上”。

“同女神嘎嘎放在一起。”伊戈尔小声嘟囔着，我们都笑了。

回到我们那间“斗室”，喝完清酒，我问杰尼叶尔：

“为什么你给我讲述的是70年代的事？那时你已经大学毕业了吗？”

“是呀！”杰尼叶尔回答说。

“那你现在多大年纪了？”我好奇地问他。

“60岁。”

我直摇头，简直不可置信！我想任何一个人看见杰尼叶尔，都不会看出他的真实年龄的。我猜他的年龄是 45 岁，但实际上他已经 60 岁了……

“你怎么看起来这么年轻，你都做了哪些保养？”

“哦！最重要的不是看起来年轻，而是感觉自己很年轻，心态很重要，你知道吗？”

我很理解他说的话。

“总的来说，我不吃肉。很少吃肉，有时一年两次同我的老友聚会时吃吃肉……吃海产品，比如海带。不吸烟不喝酒，只喝茶。这里的茶很棒，京都产的养生茶。我明天带你去茶社参观茶艺表演，你们可以尝一尝……”

第二天小隆一大早就来接我们，从宾馆出来我们立刻就去参观了。

“昨天，杰尼叶尔领我们参观了豪华的东京。”他开心地说，“他是老板，这是他应该做的。我来带你们逛逛普通的东京，我和成百上千的日本人眼中的东京。你们愿意吗？”

“好啊！”我们回复说，于是小隆带我们去坐地铁。

人潮人海啊！我不经常坐地铁，但也算见过形形色色的事。然而，在哪儿也没见过这样嘈杂不堪的景象。

“身心俱疲的东京之旅。”伊戈尔对我说道。

“你说什么？”

“旅游的名字。昨天是‘豪华的东京之旅’，而今天分明就是‘身心俱疲的东京之旅’。”

我们在人流的裹挟下挤进了列车厢，连续几站我们的身体被挤得无法动弹。无法抓到扶手，也没有必要。人们把我们夹在了中间。人们逐渐“分流”，快下车时我们才找到了座位。现在可以看一看周围的乘客。所有人，几乎是所有人，从小姑娘到成年女士，清一色都穿着职业正装——人们手里拿着带有长条状各式各样拨浪鼓小吊坠的手机。我会不自觉地看着他们的手机，我希望他们能原谅我盯看他们的行为。我环顾了一下，大家都在低头玩不同的游戏。

“虚拟网络国家。”我悄悄地对伊戈尔说。

从地铁出来，坐扶梯上到地面，发现我们处在一座大型佛教庙宇的入口处。部分日本人信仰佛教，但是这个庙宇同我在泰国看到的完全不一样。在庙宇逛了一圈后又下到了地铁，这次的车厢没有那么多人了。我们乘地铁去原宿[①]，那里汇集了各种形式的亚文化代表。我们遇到了千奇百怪的人：穿着齐膝紧口袜、披散着头发的日本姑娘，有摇滚风，老大娘穿着袒胸露背的奇装异服，还有穿着细高跟鞋的姑娘，朋克式打扮的青年人，还有一些放荡不羁的嬉皮士。最令我吃惊的是那些穿着蓝色制服、白色齐膝紧口袜、背着背包的女孩子。每一个都很像《杀死比尔》的栗山千明。

“太酷了！”我对小隆说道。

“你指的是什么？”他问道。

“嗯，就是这些女孩子。这是什么活动吗？她们是《杀死比尔》电影的忠实粉丝吗？”

小隆笑个不停，直到笑出了眼泪，眼含泪珠向我解释，这些人都是

---

① 原宿，是东京都涩谷区的一个地区，是日本著名的“年轻人之街”，东京时尚的核心秘密，走在这里的每一个潮人和街区里的一切，完美地组成了一个充满活力的“时尚生态圈”。

一些普通的中学生，穿着普通的中学校服。

“我并不这么认为，小隆君，”我笑着说道，“我并没有孤陋寡闻到不知道日本中学生都穿什么。如果她们在这里聚会，也就是一种亚文化现象——所以我才认为……”

“她们来这儿就是为了求热闹，过眼瘾，就像我们一样。”小隆回答说。

“这就是亚文化。”伊戈尔说道。

两个年轻人穿着异常靓丽的服饰，涂着鲜红的嘴唇，扎着奇特的发式从我们面前走过。

“这些人是做什么的？”

“这些人……是二次元少女。”我们的朋友小隆和我们说到该词的时候刻意将重音拉长并做了一个奇怪的手势——抬起手捂住脸颊，好像要对我们说什么悄悄话。

“什么是二次元少女？”

“都是一些喜欢动画、游戏、漫画的人。”小隆回答说。

我仔细看了一下，发现有不少这样的人。

晚上我在音乐会大厅里演出，整场音乐会我展示出了一些不久前曾在日本发生过的那场令人毛骨悚然、吞天沃日、怒海惊风的海啸故事。演出结尾我为大家展示了《生活可以战胜一切》。我没看大厅，但我记得观众的反应，记得从我指尖流出一层层如海啸一般波涛汹涌的海浪。我结束表演后，向大家鞠了一躬；走进化妆室，过了一会儿化妆室进来一波人，这些人为我讲述了他们曾经的经历，他们的遭遇令我为之震惊。我仅仅是从新闻和网络上搜集到了类似的事件。他们当中的一位站在我面前，像抓住最后一根救命稻草一样紧拽住家里的一根钢铁金属才得以奇迹般的活下来，当时海啸正一步步地吞噬整个城市。这些男人们，女人们，他们是那么不同，但……

“您知道吗，”其中一位指着另外一些人对我说，“现在我们是一个整体，永远是一个整体。您能理解吗？”

我觉得，我能理解他们。

最后有一位年轻的妇女走到我面前。她说她的母亲被“国际莫尔斯求救组织”挽救才得以幸免于难！她的母亲已经 84 岁高龄，在被海水淹没的房屋里待了一天一夜，水已经漫过她的脖子。这位女性抽泣着给我讲述当时妈妈的遭遇，情难自控失声而哭，但却是幸福的哭泣。所有日本人给我留下的都是这样的印象：他们经历了悲剧和苦难，却含着眼泪在微笑，他们是真正的勇士。

“你的妈妈现在还好吗？经历那场恶劣的灾害后妈妈有什么感想吗？”

“哦。您知道，说不出的喜悦激动之情。现在妈妈说，每天都要当成最后一天来过，快乐伴随每一天……总而言之，妈妈很庆幸自己拥有这份遭遇。”

随后音乐会的主办方来了，我们交换了礼物。他们送给我一个出自京都大师之手精美绝伦的扇子，送给季马的礼物是画有各式各样小猫的扇子还有茶。我给日本朋友展示了一幅沙画，这是选自《沙画人》展览会中的一幅作品。令人惊奇的是，这幅画历经磨难——从慕尼黑转机，在往来于不同航站楼之间的旅客中穿行，再加上飞机机舱里的复杂环境，这幅画安然抵达日本，无论是镜面，还是镜框，都安然无恙。

第二天，我们在神社大公园里散步。不是所有的日本人都能成为神社弟子，仅仅是出生在日本本土具有纯正血统的日本人才能入社。我们的朋友小隆不是神社弟子，因为他出生在美国。

“但我并不想成为神社弟子，”小隆对我们说，“因为我是佛家弟子。”

在神社里，我们在木制的小木板上写下了我们的愿望以此作为留念。神社弟子们相信，我们在木制板上写了什么愿望神灵都会帮我们实现，而我们只是想写“到此一游”。读一读其他人在木板上写的内容很有意思。我特别喜欢阅读俄文写的愿望。所有人写的愿望都不尽相同。我写的是希望和平与幸福永存。伊戈尔写道：“愿我的妈妈健康长寿。祝天下所有的母亲健康长寿”。

从那里出来后，我们参加了杰尼叶尔特意为我们安排的茶道仪式。茶道真的是美轮美奂，寓意深远。我还喜欢这里的艺妓，喜欢这里室内流淌的小河，还有石头园。这个别具一格的国度令人心驰神往。我更喜欢这里冲的茶水。这并不是习惯上理解的那种喝茶方式。一名老艺伎把一小袋奇怪的浅绿色（几乎呈淡绿色）茶叶倒入一个大碗里。用小巧的木条长时间地搅拌。搅制而成的绿茶汤嫩，我没有闻到茶的香味，从外形上也看不出这是茶叶。但喝起来的口感是略微带着酸涩但可以接受，喝了少许让人很有饱腹感。当我们走进房间放松放松时，我小声地问小隆，能否让艺伎给我们再添一些茶，小隆面带微笑询问对方，日本艺伎莞尔一笑，用英语回答说：

“您是我工作中遇到的第一位向我提出这个请求的顾客。我知道提出这样的请求是很正常的，但在举行茶道仪式中我们不能为您倒同样的茶，我可以为您煮其他口味的茶，同样很美味。

就这样给我们倒了一碗新煮的茶，我们品尝着，茶的确是另外一种口味，但依旧很美味，口感很独特。

我们在东京待了近一周，杰尼叶尔将意大利好友介绍同我们认识——原来，日本首都住着不少意大利人。他们都是一些彬彬有礼、仪表堂堂、风度潇洒的正人君子。

我还接受了 NHK 日本新闻频道及其子电台的采访，与媒体代表见了面。很多事物已经见怪不怪了。但从另一个角度来看，日本不可能不令人惊叹，这不符合它的本性。

我见了日本总电台台长，我们探讨了我是否可以以记者的身份参加一些纪录片节目的录制。这都与“福岛事件”有关，我说很乐意参加该节目录制。

可以说，我对日本有着难以名状的感受，我爱这个国度。当我不在这个国家时，我总是觉得缺少点什么——身边没有日本人……

一周过去了，我们与热情款待我们的朋友们道别并出发前往基辅，从那里去基希讷乌。

到了基辅，迎接我们的是漫天飞舞的雪花。

“终于回家啦！”我说，随即伸出舌头尝到了那一片瞬间融化在口中的雪花的味道……

初次试镜

2009年末，于叶夫帕托里亚、辛菲罗波尔

在第一次不成功地当众表演过后，有一周时间我什么也没有做，后来我感到，自己无法摆脱这个奇特而变化无常的现实，这个靠属于自己的自由生活。

我重新把自己关在“斗室”里，尝试着弄清楚应该怎么办，应该让一幅沙画不仅仅是呈现的是沙子，而是一个世界。我不知道，怎样才可以做到这一点，有一次，那是一个漫长的夜晚，映入眼帘的是一些新鲜的先前不曾熟悉的事物。我难以形容当时都发生了什么，但是一夜之间我的世界观完全颠覆了。它似乎成了“沙子的”世界，另外一个世界。瞬间，我发现周围的一切都发生了变化，就好像是在我的桌子上呈现出来的沙画影像。从那一晚开始，一切都发生了质的飞跃，以前我心力交瘁的分析和百思不得其解的思考瞬间变得像空气一样轻松容易，同样也

是生活所需。

现在白天也无法把我从那间“斗室”里拉出来。我不去想为什么要这样做，谁需要这样做，我做的只是为了满足我本人的需求。我抱着小季马，季马开心地用手指去拨动玻璃上的沙子，顺手抓一小把沙子往玻璃上撒，快乐得哈哈大笑。

一切都是那么美好，这就如同你喜欢做的事情，它完全战胜了缺少金钱、没有工作、生活没有意义。每一次当我走到桌子跟前，那里都会有一番神奇的景象，而且我不会影响工作的进度：一切就好像是自然而然发生的。而最重要的是——眼前呈现的是千奇百怪的新视野，通过沙子观看整个世界的能力没有消失，而是获得了新的灵感……

我们的小庭院被雪覆盖了厚厚的一层，严肃的季马每天都要散步，坐婴儿车或是不坐车，穿得像宇航服那样笨重的连体服。

我们一般不看电视，既没有时间，也没有看电视的想法。如果我们愿意，就看电影：家里的碟片数不胜数。主要是一些巴尔干和俄罗斯电影，获得电影节大奖的影片，特色影片以及对我们而言寓意深刻的电影。这一段时间过着隐居的生活，但我的女友们经常来我们这做客，陪季马玩儿，妮卡带着娜斯佳也经常来。

一次一个朋友电话里说，有一个电视节目要举办试镜秀。我把话筒递给伊戈尔，他对这个很感兴趣，我一直对这方面不太了解。我甚至连想也没有想过，这些关于试镜的事会与我有关。

但是伊戈尔坐在厨房里，沉默不语，随后在厨房走来走去，又看了看我，那眼神好像是第一次见到我似的，又坐了下来，说道：

“我们一块去辛菲罗波尔吧。”

我高兴得不亦乐乎：当我们去辛菲罗波尔（我在印刷学院毕业后很少去那里），我将季马留给妈妈照看，我可以把朋友们约出来见见面。

“太好了。我给同班同学打电话，也许，和谁见一面……”

“不，你们不会见面。”

“为什么呢？”我惊讶地问道。

“因为我们要一块去试镜呀！”

“什么？”

“你会知道的。你不会是害羞当众表演吧？”

“不。我从圣诞节那场表演之后，一想到当众表演就心生愧疚。”

“别胡思乱想了。准备一个新故事吧。另外一种故事，你懂吧？”

我懂。我知道，我可以胜任这件事。每当我困惑、迷茫时，他都会为我出谋划策，而我也是一如既往的笃定信赖他。通常来说，问题解决之后通常会给我们带来意外收获。我为此感到很满足。

我们去辛菲罗波尔市中心试镜了。我生平第一次见到为了竞选试镜而排成了这样规模庞大而又壮观的队伍。在军官之家休息室等了四个小时，我想自己应该做点什么。胸口胀得难受，我一直给小季马哺乳，尽管他早就已经可以吃常规食物了。最后，我走到一个排在我前面的伙伴跟前，请求他们让我先去试镜。

“哎……我知道，所有人都想试一试。只是……怎么跟你们说呢，”我看着那几个精力充沛的壮小伙，他们似乎想弄清楚，我到底想让他们干什么，但我却不知道该怎样向他们开口。

“她孩子该吃奶了，”一个老奶奶说道，我们曾一起坐在入口处的小板凳上，当时休息室没有一个座位。“她用奶水喂小孩，奶水涨得她难受。你们明白吗？快让这位姑娘过去吧，她还得给孩子喂奶。”

小伙子们都吃惊地呆住了，其中的一位说道：

“那我们就让她先来吧。您的孩子几岁了？”

“一岁零两个月。”我说着，于是他们就让我过去了。

我飞快地走进大厅，不一会儿从那里如释重负，轻松地走了出来。我在那里都做了什么？别人问了我些什么？我又回答了什么？直到现在我几乎记不起那个晚上发生的事了，好像把这段记忆永久地封存在我大脑深处。

我记得，他们对我说：“回去吧，等着我们给你回复”。

我们回家后，我完全忘记了试镜人员可能会打来电话，通知我是否通过一事。我很满足地照顾季马，季马睡觉后，我就小心翼翼地走到自己专属的小天地里，仿佛自己置身于另外一个世界，那个世界的运转与我步调一致。

过了两三个星期，我接到了一个陌生号码的来电，说道：

“恭喜您，您已经通过了第一轮的试镜。现在您需要来敖德萨参加电视节目试镜。”来电人通知了时间、地点，以及应该怎么到达敖德萨的路线。

“谢谢你！”我对着电话那头陌生的声音说，随即放下电话。

“我们去敖德萨参加试镜吗？”我问伊戈尔，“这个地方太远了。我们去了，季马怎么办？他还需要吃母乳。我该怎么办？奶水怎么处理？”

“不知道，”他回答说，“我们一同解决这个问题。”

大好时节

2012年2–3月，于基希讷乌、叶夫帕托拉亚

我们从鲍里斯波尔国际机场直接开车前往摩尔多瓦。漫天飞舞的鹅毛大雪将道路、周围的一切都包裹得密不透风。我们从基辅公路拐到通往边境的主路后，我们几乎要翻车了。到处都是被雪掩埋的薄冰。幸运的是，谢廖加听从了伊戈尔喊的话：

“不要踩刹车！”

停下车后，我们几分钟一言不发。大家纷纷画了十字。伊戈尔下了车抽了支烟，我也下了车，站在白雪皑皑的雪地上。

后面的路没再发生意外。临近早上，我们到了雪花纷飞，天地间白茫茫一片的基希讷乌。我们与季马拥抱，把礼物递给他，到院子里打雪仗，把季马从小山上推下来滑雪。儿子已经会说几句摩尔多瓦语，他说

俄语时会夹带着一些摩尔多瓦词，听起来特别有趣。最有趣的是，我们又教了季马几个日语单词，小季马用俄语、摩尔多瓦语、日语和泰语编了一首歌！一月初从泰国回来后我们教了小季马几个词汇。

我们去了“利古里奇”儿童剧院，小季马和米哈伊拉在那里观看了名为《呆板少儿兵的故事》的话剧。我很喜欢这个剧本，还有演员们的演技和剧院环境。有趣的是，开始几天剧本的台词说的是摩尔多瓦语，后几天是俄语台词剧本。我们看的是俄语版本的戏剧，但是我们也非常愿意观看摩尔多瓦语版本的戏剧。

那几天几乎每天都和伊戈尔的老朋友们聚会，一起在我特别喜欢的城市观光游览，而且我觉得，似乎不记得曾经在基希讷乌待过。

回家的日子到了。在我们打算从摩尔多瓦出发回家的当晚，下起了鹅毛大雪，关于这场雪甚至连国际气象预报都有所提及。果不其然，当天大雪纷飞，尽管雨刷器不停地运转着，可还是什么都看不清。有两三次我们的车子发生了打滑现象，有一次差点儿陷入雪堆。每隔二十公里就会看到被困在雪堆里的小轿车。对此我们爱莫能助，因为小季马还在车里，如果我们去营救他们估计自己也会陷进去。最后我们安全到家了，我觉得这简直就是一场奇迹。

差不多用了一周的时间，我们就适应了新租的住宅。降雪形成了大量的巨大雪堆，在零下二十度的天气下，它们又变成了坚冰。我领着小季马在冰上玩了半个小时，剩下的时间用来读书。我重新温读了一遍托尔斯泰写的《彼得大帝》，尽量用季马能听懂的语言把彼得大帝的故事讲给他听。这一段时间生活得无忧无虑，我已经痴迷上漫天飞舞的雪花和那寒风凛冽的天气。无论是在户外活动还是在家里照顾小季马我都乐不思蜀。小季马和我依偎在一起，我读书给他听；当他睡午觉时，我就穿上厚实的大衣，拿着照相机和一些沙画材料去汽艇俱乐部。那里的事物能给我带来灵感，我一边随手画画，一边不断地拍下眼前美轮美奂的景象：形状各异的巨型冰柱，结冰的大海，好久以前的那场暴风过后喷溅在缆绳上凝固后形成的冰凌。树枝上挂满了晶莹皎洁的雾凇。我为眼前所呈现的冰雪美景所动容。但好长时间既没有画画，也没有拍照。原来是手指冻僵了，无法动弹，随后我跑到了一个叫“七级大风”的咖啡馆里，喝了一杯热茶才得以暖和过来。

这样无忧自由的日子仅持续到二月末，三月初就要投入工作了。

“格莱美奖”最年轻的获奖者埃斯佩兰斯·斯波尔丁的代表们联系我们，他们建议我们用埃斯佩兰斯的新曲来拍一部视频。埃斯佩兰斯是音乐界的风云传奇人物，凭借自己的创作，在时尚界获得了佳绩，具有颇高的知名度（这一点连她自己也没有想到）。作为一名低音提琴手，她会多种乐器，还担任主唱，这位来自西班牙的美丽女孩创作的爵士乐非常美，但并不是所有人都能接受。她对待创作的认真严谨态度，还有她和她的代表不仅承诺而且一再坚持说我可以自由创作，再加上我们合作拍摄的共同主题，让我丝毫也没有找到推辞的理由。我们共同携手投身于拍摄。这项复杂烦琐的工作占用了我们一个多月的时间，耗时又耗力，但拍摄进度没有受到一点儿影响。

《濒危物种》主要以保护亚马孙流域稀缺动植物，避免乱砍滥伐为主题。在拍摄过程中，我发觉自己，以前对这方面的了解真的是太少了。稀有动物种类、自然景观的独特性，因人类肆意破坏造成的后果，这些后果又给当今生态环境带来了不可估量的祸患。

这期间的工作忙碌而充实，从早忙到晚。这对我来说是新鲜带有挑战的事，在此之前从未接触过这样复杂的技术性工作。

从事这个项目的同时，我还和一些墨西哥朋友保持通信联系。按照他们的请求，拍摄了以双重人格为主题的视频，名为《意识的奇迹》。还参与拍摄了《勇士萨沙》，这个视频的主人公是我儿子的同龄人，他遭受了肿瘤疾病的百般折磨。同时还参与拍摄了一些其他主题的视频。那些日子每天工作量多到要忙到凌晨，甚至到第二天日出也是常有的事。但我却不知疲惫，因为我对拍摄电影这一工作很感兴趣。我们筹建了一个电影工作室，这个工作室不仅可以拍摄沙画影片，还可以拍摄真正的电影。电影工作室尚在筹建当中，但我们已经开始了我们的拍摄工作。这是一段充满了创作激情的时期，创作灵感也不分时间的限制，往往在深夜会有新创意、新想法。有时半夜灵感来了就从床上跳起，打开摄像机，抓紧拍摄。想想也是一件很幸福美好的事。

这样幸福而又美好的日子一直延续到出发去巴塞罗那的日子，巴塞罗那离我们家很远，这座城是世界上最美丽的城市之一。

第二阶段

2009年2月初，于敖德萨

我不知道，这件事是如何促成的，但是我发现自己来到了敖德萨（对此我一直很惊讶）。

我们的父母留在家里照看着小季马。我将母乳挤进一个个牛奶瓶子里放入冰箱的冷藏层。去敖德萨的路上我都在睡觉，第一次有机会独自一个人待一会儿，平时在家身边总是有小季马跟着。

到了敖德萨，我去试镜处登记个人信息，登记过后给了我一个贴在衣服上的号码，可是在排队的时候不小心弄丢了，我慌忙地到处寻找丢失的号码。最后终于找到了，我把它放到裤兜里，开始排队等候。等了很长时间。

最后，工作人员叫到我的号码，叫我准备一下。我走到舞台的门口处等候，在那看到了伊戈尔，还有和我们一起来这里的朋友奥列格，他们帮我把沙画台搬到舞台上。

敖德萨歌剧院是一幢非常漂亮的带有雕塑和浮雕的古典建筑，让我想起了我们城市里的普希金剧院，我推测，尽管不是很了解，这幢建筑大概也是同一年代建造的。我等着叫我上台表演，不时往房檐上看看。我想着什么抽象的事情，当他们邀请我上台时，我就像刚从梦中醒来一样。我这是要去哪儿？要干什么去？我没有丝毫的恐惧，更像是一种不适应，不适应站在舞台，走上舞台……

表演过程中我有一种奇怪的感觉，尽管我知道身在何处，面对什么样的境遇，但这不是观看表演的剧院，而是竞争者之间角逐的舞台。空旷的大厅，发光的记分牌，上面写有裁判的姓名以及蓝色背景下的大大的白色十字光区，如果评委们按下按钮，那蓝色背景下的白色十字光区就会变亮。

这里非常像赌场大厅。我深吸一口气，闭上眼睛，想象着自己处于自己那间“小画室”里，右侧是一个窄小的朝向院子的窗户，小老鼠在柜子后面吱吱作响。于是，那种演戏的感觉，那种孤寂的幸福及安静的感觉又回到了我的身上。

我展示了一个新的作品，名字叫《马戏》。整个故事都是从一个形象到另外一个形象的转换和过渡，《马戏》是我前不久从事“沙画”工作给予我灵感的成果。表演有时间限制，这在网站上就已说明，共计三分钟，我确实按照这个时间标准准备的表演。所以我的表演进行得非常快，这种速度我现在都无法适应。我很担心自己超过他们限定的时间，我又担心他们会打断我的表演。

事实上，只有我们严格地遵守了比赛的规则。表演过后，我们坐在观众席等候，我和伊戈尔还有奥列格很诧异：有些参赛者的表演持续了8分,10分钟，甚至有些人表演了15分钟。谁也没被评委打断叫停过。

我表演过后，评委针对我的表演进行了一些点评并说我可以进入下一阶段的选拔。

“非常感谢。”我拿着一个姑娘递来的麦克风对评委说道，就向走廊走去。在那里，有一个女主持人同我聊了一会儿，给我们照了张合影。在休息室，人们让我表达一下，我进入下一轮的喜悦心情。我就表达了。我莞尔一笑，拥抱了伊戈尔。他们说：“这不行”并把我带到了一个开着门的走廊。他们让我站在门后，然后从门里跑出来开心地呐喊。最好是连蹦带跳。这样的动作我做不来，就是说我不会专门这样做。为此这个动作连续拍了好几次。

“很棒！”摄影师说道，让我休息一会儿喝杯茶。我看到了镜头中自己的表演，我笑了。

回程的路上我难以入睡。胸涨烦闷，奶水直溢。勉强坚持到家，冲进父母的房间，抱起活泼可爱的小季马就走进卧室喂他奶水。关于试镜选秀一事，刚从敖德萨出发我们就把它忘到后脑勺去了。人们可以理解我，因奶水而整晚胸涨的人可以体会到我的感受。

加泰罗尼亚的天空

2012年3月末—4月初，于巴塞罗那

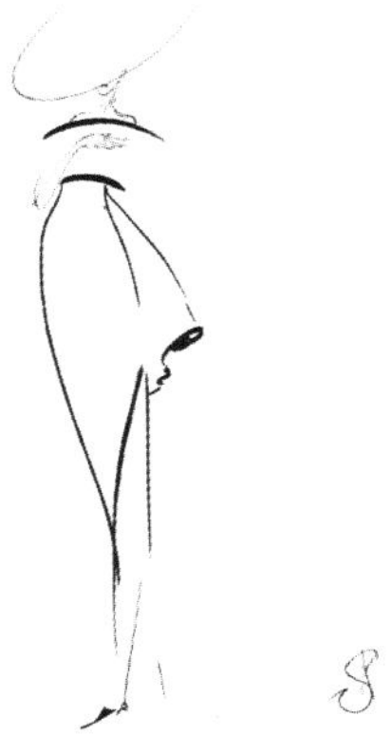

这里到处都是大海的味道，空气中弥漫着高迪[①]的气息，在他的上方，飞舞着达利和加拉。这是另外一个佛罗伦萨，只不过是它的侧面。令人痴迷沉醉，无国界的国度，这就是巴塞罗那。

我们飞往巴塞罗那，在那里，每天早上都可以听到一首歌颂飞行员的歌曲，一想起在巴塞罗那的那一周，我就想起这首歌曲……

我睡醒了，带着微笑继续飞行。

---

① 安东尼・高迪（Antoni Gaudi，1852–1926），西班牙建筑师，塑性建筑流派的代表人物，属于现代主义建筑风格。设计过很多作品，主要有古埃尔公园、米拉公寓、巴特罗公寓、圣家族教堂等。

我落到地面，回到最初的位置。
我睡醒了，带着微笑继续飞行。
笑我们怎么又来到这里……
沿着星星的轨迹前行，
在幽暗的房间，做着可怕的噩梦……
起飞吧，飞行员，起飞吧！
请飞得高一些，再远一些吧，
请在浑浊的水上盘旋，
请在黑夜中飞翔，
起飞吧，飞行员，起飞吧！
给我带来一封信……
带来天国的一封信，
一封穿过火焰的信——
来自我给我的信……

我喜欢作为地标的建筑，喜欢画建筑，然而幸运的是，我们飞到这里已经很晚了。我之所以说“幸运”是因为街道已经相对昏暗，所以我们如果早点飞来的话，就不会看到这样的景象。这是好事，否则的话我就不会在酒店安然入睡，一定会心血来潮跑到外面画建筑，一直画到早晨。

早上我们去了加泰罗尼亚最大的一家西班牙电影工作室。在那里我遇到了一个看起来像孩子一样的人，他为足球做出过伟大的贡献。这个人就是弗朗西斯科·法布雷加斯。

这个想法早就有了。我想专门为《2012年欧洲杯》创作一组为世界足球做出贡献的球星系列短片。

这些人包括法布雷加斯、托马斯·罗西斯基（他是伦敦“阿森纳”队的队员，也是捷克国家队队长）、马尔科·切利尼和著名的布冯（后两人都是意大利人）。

这个微电影的名字还没有敲定下来。我初步想叫《传奇的另一面》。后来，片名发生了变动，在社交网站及电视节目上，这组系列片的名字是《追梦人》（Dreamcatcher）。

这项工作的目的是我想展现这些足球明星生活中的另一面，即完全有别于在社会大众和媒体报道中的他们。我推想，完全可以捕捉到这些明星不被全世界瞩目，不被球迷追捧的东西，并从他们的生活出发，借助于沙画向大众展示一个神奇的世界。

“美洲狮”创意团队为进一步实现我的想法提供了帮助，我很欣慰他们提供别出心裁具有创造性的建议。他们没有强迫我，让我通过创建品牌短片的广告效益来“感谢”他们，就只是单纯的创作活动。

“美洲狮”团队帮助我联系足球运动员并安排我和他们见面。我们的谈话内容是电影的一部分，足球运动员们一边讲他们的生活，我一边在自己的画册中以画画的形式记录下来。我勾勒出运动员们的脸庞，描绘他们所讲述的关于自己的童年、梦想、父母还有教练员。随后，我们不谋而合地想出了一个有趣的主意：交谈中的一名足球运动员玩起了足球，我随即用沙子勾勒出眼前的一幕。这一幕也被拍摄了下来作为电影后期制作的一部分。

弗朗西斯科·法布雷加斯是我短片中的第一个主人公。长着一双深邃而又藏满故事的西班牙明眸，似乎一个黑影在他的眼前划过，从他的眼神中仿佛看到了加泰罗尼亚亮丽的风景及柏树长长的影子。

“我的童年是幸福快乐的。”法布雷加斯对我说，我的童年每天和足球为伴。我妈妈说，我学会玩球比学会走路早。皮球是我的第一个玩具也是陪伴我终生的朋友。我们一起在加泰罗尼亚的海滩上，在沙滩上玩足球。

我看了看法布雷加斯，我的手则开始在画册上勾勒风景和人物，长着一头乌黑浓密头发的小男孩玩着足球。对于他而言，足球就是世界就是宇宙。关于足球的梦，世界杯之梦。

“我的妈妈是世界上最伟大的妈妈，妈妈接受我对足球迷恋痴狂的挚爱，妈妈带着我的小妹妹陪我一起去参加各种比赛。”

“妹妹喜欢足球吗？”

“喜欢足球，并将足球作为我们生活中不可或缺的一部分。但是对足球的热爱程度远没有那样强烈，她更想成为一名记者，也有可能是体育记者。”

我们聊了好久，法布雷加斯拿着球表演了高超的球技，而我边看边在摆放在我们前方的桌子上进行沙子速写画。然后是我作画，法布雷加斯看着我画。我和他告别时已然成了朋友，法布雷加斯永远停留在我的记忆最深处，我不会忘记他是一个为足球而生的阳光帅气、开朗率真的大男孩，但是从他的目光中可以看到加泰罗尼亚神秘莫测的影子。

我们分开后，法雷布加斯需要去训练。而我和团队成员检查拍摄的片段信息。

我爱上了这个工作室，这个具有古风古韵的房子在 100 多年前是一个工厂。工作室空间很大，里面有专门拍照录像的场地，多间化妆室，一间休息室（里面有一张大桌子，摆着各种小吃——在休息室可以舒适地探讨电影的拍摄录制），一间剪辑室和几间用于后期制作的房间。工作室的高度大约三层楼的高度，房间上面挂着可移动的设备和悬垂摄影机，顶灯也亮着。工作室令我惊叹不已——这段时间我们正好也在购置叶夫帕托里亚自己那间工作室的设备，我沿着大厅穿行，像中了魔法一样对这个地方迷恋不已。

很晚的时候，我们就像一群和睦的跨国公司职员一同离开工作室去吃晚饭。在我们的国际型团队里有乌克兰人、俄罗斯人、罗马尼亚人、西班牙人、英国人、希腊人、法国人和德国人。大家用英语聊天，开怀大笑，得知我第一次来到巴塞罗那，朋友们争先恐后地给我出主意，去哪里玩，到哪里游览。

未来的几天将是创作的关键期——我和伊戈尔在巴塞罗那从早到晚观光游览，看到美丽的景点我就画到画里，伊戈尔负责拍摄。

多么美丽的城市啊！经由安东尼·高迪设计的最负盛名的前卫、疯狂建筑之城。严谨的天主教设计风格与追求精神力量和自由之风相得益彰。公园和花园的设计风格充满了梦幻般的童话色彩，但它们都面向社会公共开放，这些别具一格、独一无二的建筑设计是城市的宝贵财富。更有趣的是还观察到在塞尔达[①]严谨的经典设计理念与安东尼·高迪去掉屋顶的现代风格之间的相互穿梭与对抗。

---

① 伊尔德丰斯·塞尔达（Ildefons Cerda, 1815–1876），西班牙加泰罗尼亚土木工程师、城市规划师及社会活动家，奠定了现在常出现于巴塞罗那城市宣传片以及各种旅游纪念品上令人印象深刻的八角形网格状城市肌理的基础。

巴塞罗那的建筑风格既不像经典的西班牙建筑，也不像法国、德国，更不像意大利，这块名为巴塞罗那的加泰罗尼亚过着自己独特的生活方式，优美的生活节奏，建筑风格极具美感、文明而典雅。

哎，我现在多想再去一次巴塞罗那！从那里回来后，令我意外的是，我开始同和我一样被巴塞罗那的美所倾倒的朋友们约会见面，我们大家都有共同的话题，可以尽情地聊个不停，憧憬着再去看一看高迪的世界。

我们乘坐深蓝色的电车——这是古老巴塞罗那的象征，随后坐车来到缆车处，坐这个缆车可以到达蒂比达博山。蒂比达博山和蒙特塞拉特山是巴塞罗那城周边两座高山，每座山都是世界上独一无二的景观。

在蒂比达博山山顶，可以俯视被云雾缭绕的全城，这里建有一座极高的天主教堂——圣心圣殿，它直冲云霄。教堂里没有一位服务者；一切都是靠自动化的装置。连蜡烛都没有人出售（这有点不合常理），只需要向专门设备投掷两欧元的硬币，在用二极管代替蜡烛的展台上就亮起了一支二极管。二极管装置的蜡烛灯持续时间为五分钟（这也是小蜡烛燃烧的时间），然后灯光亮度会变得微弱，直至消失。

“这项技术太神奇了。”伊戈尔说道，随后向设备里投了一枚硬币。

圣心圣殿前面的广场上有一个大型公园，建有各种娱乐设施，从城市下面就能看到位于山顶上的这个摩天轮……公园的特别之处是一架悬挂在索道上的飞机，就像架空索道一样冲着一个“简式起重装置”，这个装置不断转动，使它悬在悬崖的上方。可以清楚地听到，坐在索道式飞机里的乘客因害怕大声喊叫的声音。这架飞机的确是真飞机，乘坐它完成了从马德里到巴塞罗那的首次飞行。

“蒂比达博山的小飞机。”我嘴上念叨着，心里想着对我的小季马讲的第一个奇迹就是这架令人震撼的索道式飞机。

迷雾开始慢慢消散，站在山顶向下俯瞰可以看清整个城市的大概面貌。我站在山顶开始将看到的景色画成画，我无法停止作画，无法挣脱这难以抗拒的美丽仙境。

第二天我们去了蒙特塞拉特山，参观了一座奇幻多姿的城堡——一座艺术博物馆，在那里我们看到了巴塞罗那的北部和海港。我们在码头上品尝了鲜美多汁的海鱼，喝着葡萄酒畅所欲言。

我期待着能捕捉到达利的影子，但高迪的精神在这里更为强烈，几天后我完全而彻底地被这种精神所感染。回到家后，我发现自己工作室的门廊特别简单，我就找来设计者，让他们拆掉这个门廊，重新做一个新颖一点的。

“具体怎么改？”设计师们困惑不解问。

“就照这个样子弄。”我顺手指了指我在巴塞罗那描摹的那幅画作。

“但这是不可能的啊！”设计师们对我说。

“一切皆有可能。”我反驳道。

“但是我们应该怎样设计？这是什么啊？能否具体解释一下你想要的设计风格吗？”

“帷幔下的石头。”我脱口而出，这是映入我脑海中的第一个想法。

设计师们明白了我的想法。现在我工作室的门廊就是按照高迪的建筑风格设计的，我感到很自豪，因为设计师们明白了我的画作中传达的意境和想法，他们所设计的帷幔下的石头恰巧与我想要的风格不谋而合。

“清真寺里的宣礼楼就是一口由里向外伸展开来的水井。”安东尼·高迪曾经这样说过。

我想向设计师高迪学习，哪怕仅仅学习到他身上百分之一的创作灵感。这个人却死于贫困，因被有轨电车撞伤而送到了医院。人们都把他当成了一个衣衫褴褛的乞丐，耽搁了很久才把他送到医院。

圣家族大教堂是高迪疯狂而完美的杰作，是巴塞罗那永垂不朽的标志性象征之一，我为之震撼不已，同时也推翻了以往我对建筑业中的承重中心和界限的认识。每一位画家（无论他具体从事哪个领域）都应该到这里来一趟，看一看，如何才能产生大胆而新颖的想法，如何才能颠覆对建筑的普遍认知，打开新视野，开拓新思维，突破物理学的条条框框。

安东尼·高迪，这个集疯狂戏剧化、艺术化风格于一身的独创建筑师……一个人成就了一座城。他永远停留在我的记忆最深处。

最后一晚我们坐在主广场观看美丽的喷泉雕塑。水从指尖、肩部和发丝里流出——时而是湍急的水流，时而是轻缓的水珠。喷泉前的广场白鸽密集成群。旁边的售货亭卖可以喂鸽子吃的谷物。我花了一欧元买了一包谷物，将买的谷物撒在自己跟前。一群鸽子马上飞到了我的跟前。他们根本就不怕人，我把谷物撒在手里时，可爱的小鸽子们站在我的手掌上开心而又满足地啄着自己的食物。

“好痒啊！”我不禁笑了起来，伊戈尔看到这情景也笑了，为我和鸽子一同照了相。

这个夜晚像一瓶陈酿已久的葡萄酒那样美好、宁静而又充盈。这里的夜晚幽蓝深邃，万里无云。蓝色、灰色、白色、红色、深红色交相辉映。这里的一切都是朴实同时又有一种与众不同的美。

“美得令人叹为观止！”我低声说道。

白鸽飞了……

一头白发的旅行者前来观看，

他坐上半小时。

当你再看时——发觉他也飞走了……

飞翔吧，飞行员，飞翔吧……

我们回来后，若不是我们亲眼所见，难以置信会有巴塞罗那这样华美的城市。家里原本习以为常并感到亲切的所有事物都令我吃惊：一排排的房子，单一色调的公路，简单低调的灯饰。

从巴塞罗那给季马买了一堆糖果还有一些小玩具。第二天季马就生病了，感冒持续了好几天。高烧持续不下，季马烧得浑身哆嗦，牙齿颤抖着说：

“我不想生病，我不喜欢这样的经历。”

当我躺在沙发上给他讲“蒂比达博山上的索道飞机”的故事时，他安静了下来。

“妈妈，下次带我一起去吧，好不好？”“下次一定带你去，我的乖儿子。”儿子听了这话安静地睡了。

感冒就这样意外地好了，一天之内就不再发烧，不再咳嗽，伤风也好了。

“好神奇啊！”我念叨着。

“好神奇啊！”季马重复着我的话，随后又让我讲“蒂比达博山”的故事。

“在高高的蒂比达博山上有一架飞机……”

"高高的，"儿子重复着我的话，"好高好高。"

在广袤无垠漫无边际的大地上空，
穿过僻静的地方，
穿过水面，
穿过难以忍受的科斯特罗马，
没有方向盘，也没有帆，
但永远像你想的那样……

飞吧，飞行员，飞吧，
请飞得高一些，再远一些吧，
请在浑浊的水上盘旋，
请在那——
黑夜上飞翔……
起飞吧，飞行员，起飞吧，
给我带来一封信——
带来天国的一封信，
一封穿过火焰——
来自我给我的书信……

我是演员?

2009年2月中旬，于辛菲罗波尔

从敖德萨回家后，由于参加了“乌克兰达人秀”，我已经好几天没有伏案创作了。我觉得，一些事物，或许就是选秀比赛，闯进了自己静谧的小天地。我不想让这种竞赛占据我的世界。

这很难解释，非常难。因为我本能地想站在舞台上接受掌声，希望自己的沙画作品能够超越“小画室”的范围而受到瞩目，但又不想把这些作品置于竞赛中，受到竞赛机制与框架的限制。

从早到晚我一直在思索，思索着我需不需要为纯粹的创作保留一点自由，不受竞争与比赛的束缚。最后，我大手一挥决定了，还是“听天由命吧”。

就在这个时候，伊戈尔一连几天都与某个人神秘地通电话。每当我走进房间，他就拿着手机去另一个房间。我期待有一天这个谜底能够解开，终于我知道了这是怎么一回事。

“他们请你去辛菲罗波尔的乌克兰大剧院表演，与迈克尔·波尔斯特兰普这个世界上最好的钢琴家之一一起表演。”我丈夫说道。

“请我？”

“是的。”

“这得需要花多少钱？”

“不花钱，不但不花钱，还会付给你酬金。”

“给我？酬金？”由于不敢相信，我又重复了一遍。

“哎呀，妈妈……别忘了你还是个演员啊……”

那个晚上我夜不能寐，从第二天起整个星期我都在排练节目。我需要在一个半小时内，伴着令人惊叹的爵士乐、轻快空灵的沙发音乐，连续不断地作画。

直至音乐会当天，我都不敢相信所发生的一切。现在我即将登台，不敢相信这一切是真实的，而不是过圣诞节或是参加选秀比赛。

“音乐会。”我对自己说，这个熟悉的单词此时对我来说获得了新的意义，“音乐会……”

伊戈尔一大早就到了辛菲罗波尔，检查舞台、调试灯光、安装前不久爸爸为我做的沙画台……

午饭后爸爸开车把我送到了辛菲罗波尔。爸爸手里也有一张票。他沉默了一路，仿佛也不相信这一切。

就这样，我到了剧院，而且是从演员专属通道进来的，高傲的值班守卫大妈也和我打招呼，我被带进了化妆间——自己的专属化妆间！

我一边看向梳妆镜中的自己，一边低声自语道："真是奇了。"

通过引荐，我与音乐家们见了面，荷兰人迈克尔·波尔斯特兰普对我说他无法想象，我是怎样用沙子作画的，画的是什么。那个时候我还没有 YouTube 网站的个人频道，只能通过言语来介绍自己和我的沙画作品，有时不得不承认，言语是苍白无力的……

就这样，我站在了舞台上，还是不敢相信，已经是习惯性的不自信……但是观众就在眼前，这是我第一次真正的演出，没有对手，没有竞争，也没有裁判，只有观众，我终于感受到了什么是真正的剧院演出！

这个夜晚彻底改变了我的生活。有观众给我献花，我和所有演员一起向观众鞠躬致谢，哪怕观众雷鸣般的掌声中有一小部分是给我的，那么我已经非常幸福了。

结束后爸爸回去了，我见到了前来听音乐会为我捧场的朋友们，我们去咖啡厅，在那里一直坐到深夜。

季马和我的爸妈待在家里，深夜当我们回到家时，他们准备了丰盛的庆功宴，爸妈为我献上了花篮。

"祝贺你！"我的爸爸妈妈激动地对我说，"我们真不敢相信……"

那个时候我明白了，我的生活，我的世界，我们一家人都发生了新的变化。我找到了自己施展才华的舞台。

《今天是最美妙的一天》

2012年4月，于克里米亚

复活节来了。整个圣周我们都在拍摄、剪辑复活节微电影，并在圣周六把它发布到了社交网站上。空气中弥漫的都是节日的气氛，我到母亲那儿，和几个妹妹一起帮妈妈烤复活节大甜面包，做甜奶渣糕。晚上我们姐妹几个和爸爸妈妈去教堂彻夜祈祷，伊戈尔和季马留在家里。那一刹那我觉得时光似乎倒转到我十五岁的时候，和爸爸妈妈站在教堂里，天空中回荡着复活节的钟声……

今天是最美妙的一天……
所有的书上都这样写道……
左边是天堂之所，右边是虚荒之处，
我在其间小心翼翼地穿行……

美好的早晨到来了，阳光好似洒进了我身体的每一个角落，我焕然一新，万事万物也焕发出新的生机，我们彼此亲吻脸颊三次，互相说道：

“基督复活了！”

“他确实复活了！”

往事不可追，
旷野四寂，
没有什么可遗憾的，每个人都是不一样的烟火。
你好，这就是我……

季马饶有兴趣地“沉迷于”玩儿复活节彩蛋，几乎总是赢。我们驾车到妈妈城外的别墅去，这些天时常想起那段时光，我们过着静谧的生活，那时我们还没有任何名气也没有演出邀约。为什么总是回想起这些事情呢？

上帝，我是你的，不是其他任何人的，
除了你，这里空无一人，
就让他们带走……一切想要的吧，
而我只想向你奔去，向阳光奔去……

圣周过后不久，我们收到了志愿者们的来信。他们在信里写道，在乌克兰有一些人，他们饱受类风湿关节炎的困扰，希望我能够拍摄一个和这个疾病主题相关的电影短片，以引起国家对他们所受痛苦的重视。患有这种病的人需要长期地、终身地接受价格不菲的治疗。他们请我允许他们为一个乌克兰电视频道拍摄一个此类题材的短片。我回应道：

“当然可以，你们来吧。”

会面和拍摄的地方选在了“巧克力”咖啡馆。

但我想讲一讲，什么是青少年类风湿关节炎，志愿者为什么让我参与其中并呼吁政府关注此类问题。

事情是这样的，一个叫奥莉加的女人找到了我，她是一个积极分子，是患有青少年类风湿关节炎的孩子妈妈们的代表。

奥莉加说，乌克兰有约 3000 个孩子患有类风湿关节炎，其中约有 250 人病情较严重，且不能接受标准化的治疗。这些孩子不能走路，不能过正常的生活。对于其中的很多人来说，骑自行车都是无法实现的。如果得不到相应的治疗，他们就会变成残疾人——所以需要移植关节，慢慢地也会丧失视力（一旦得了这种病，许多人不仅要承受关节的疼痛，包括内脏和眼睛都会受到影响）。这种病是终身的。奥莉加说，近些年市面上出现了治疗青少年类风湿关节炎的新型药物，但价格昂贵，父母没有足够的钱支付如此昂贵的治疗费用，国家又不拨款购买药物。

患病孩子的妈妈们希望得到国家的帮助，那么他们需要做的第一步就是引起人们对此问题的关注。向大家证明，通过治疗，这些孩子可以像正常人一样生活、行走、欣赏这个世界。

按照这位积极分子的说法，在其他国家，例如在俄罗斯，患这种病的孩子可以得到免费的药物。

我问他们，怎么能帮到他们。他们请求我做此次活动的“精神领袖”，帮助孩子们健康成长。

“现在我们打算拍摄一个相关题材的短片。”奥莉加对我说，“讲述患病女孩索菲娅的故事，她不能走路，只能透过自己房间的窗户看这个世界……然后想增加另一个小女孩的情节，她来自基辅，名叫玛莎，她依靠慈善救助，已经服药两年了，现在可以跑跑跳跳。就在两年前，没有父母的帮助，她不能起床活动！也就是说，希望向社会大众表达，哪怕患有严重的青少年类风湿关节炎，只要按时服用有效的药物，那么这个小孩就可以过正常人的生活，遗憾的是，这种药物大多数父母承担不起。奥莉加以全体孩子妈妈的名义请求我创作一段沙画短片，作为影片的开头。

在我着手拍摄短片前，奥莉加还有其他几个积极响应这次活动的人到了叶夫帕托里亚。

他们领来了小索菲娅，很遗憾，这个令人惊叹的小女孩患有严重的类风湿关节炎。我永远不会忘记这次见面。八岁的索菲娅和我四岁的儿子一样高，旁人看来，这是她患重病的明显表征。小索菲娅非常活泼乐观，是名副其实的小太阳！她那与年龄不相符的聪明与智慧令人震惊。与她交谈的过程中，不经意间你就会忘记她还是一个孩子，因为你可以与她平等地对话。她知道自己病情严重，虽然年纪轻轻，却在医院卧床静养的过程中，度过了生命中的绝大部分时光，然而她依旧拥有无穷无尽、感染力极强的快乐。她在的时候，阳光都变得更加明媚起来，这不是隐喻，而是一个画家真切而强烈的感受。索菲娅是和姥姥一起来的，从姥姥那儿得知，事实上索菲娅的生活并不轻松，充斥着无尽的疼痛、孤单与紧密的治疗，不断恶化的病情还可能带来最令人悲痛的消息。为了能够支付女儿基本的医药费，妈妈离家外出赚钱。姥姥留在家里照顾索菲娅。索菲娅的姥姥平静地讲述着这一切；只是当谈到她的心中所愿——国家可能会拨款为这些孩子治病时，老人家的眼中闪着泪光。因为如果国家参与其中，提供帮助，那么她们就可以接受稳定的治疗，当妈妈没有劳动能力时，也不会害怕治疗会中断。我的眼泪差点夺眶而出。当然，我同意帮助拍摄短片并加入志愿活动的大军。

见面后，我很快就给季马讲了小公主索菲娅的故事。他非常愿意看着照片、听我讲述小索菲娅的奇迹。也就在见面后的那一天，我开始准备拍摄所需的素材。我心里一直想着小索菲娅。短片拍摄得很顺利，我把片子发给了奥莉加。下面是她寄给伊戈尔的回信：

“谢谢您震撼人心的短片，看过后所有的妈妈都哭了。非常动人、准确地向人们介绍了这种可怕的疾病。

里面的小孩像极了索菲娅。

索菲娅和她的姥姥向您表示诚挚的问候，对于索菲娅来说，和克谢尼娅的见面是她小小生命中最耀眼最深刻的回忆。”

这样的见面会永远珍藏在人的内心中。

把短片发给志愿者后，我想起再过几天就是我的生日了。我许久都没庆祝过生日了，但是伊戈尔说有一个惊喜在等着我。那就是在我最喜欢的阿卢什塔，一个柏树与刺柏的世界里度过美妙的一周。

“万岁！”我喊了出来，亲吻了丈夫扎人的脸颊。

“万岁！”季马重复了我的话，并说，“我要去阿卢什塔啦！”

那真是美好幸福的一周。一整周我们都在一起，都在大自然的怀抱里。在我生日的那天，早饭过后，伊戈尔拿来电脑，给我看了所有发来的邮件，每一封都饱含满满的祝福。

“这是什么？都是给我的吗？”

我的心里暖洋洋美滋滋的，感谢善良的人们，有些人与我是相识的老友，有些人与我素昧平生，他们愿意花费自己的时间，在星期天的早上为我写下这些温暖人心的话语。

“谢谢，谢谢，谢谢！”

同天早晨，我还收到了另一封信。这份祝福来自丹麦，来自一位俄文名叫奥莉加的女士。她还为我带来了小女孩达莎的消息。看完这封信后，我不能自已，特别想马上赶回家，今天就直接开始拍摄短片。

看小达莎照片的时候我就在想，她还是个孩子，她的眼神多么纯真，同时又是多么深邃而“成熟”……我还想到了一直在达莎身边的达莎妈妈，她熬了这么久，并且不得不继续熬下去，我想了许多许多。回到了家，就立刻着手开始拍摄。

再一次来到沙画桌前，像往常一样在心里默念：“上帝，赐予我灵感吧，让我创作一个故事帮助小达莎吧，希望这个故事是神来之笔，希望小达莎能够喜欢这个故事，拜托……”我还是不清楚，如何创作这段沙画短片。这种情况时有发生，尤其是当我为孩子们制作短片的时候。好像是某种东西禁锢了我的灵感，而只有内心的痛苦与希冀才是解开这禁锢的钥匙……我非常希望达莎可以痊愈，能够生活在充满美好、快乐的童年世界，她的世界里没有伤痛和眼泪。

这个小女孩是谁？我收到了许多来信、文字材料和新闻片段。但我只想引用其中一些来自丹麦的志愿者信中的内容。人们会觉得，这些从乌克兰移民到遥远丹麦的人，许多年来在那里过着幸福如意的生活，与乌克兰小女孩的痛苦惨状又有什么干系呢？但是，正是因为这样，我才无比地尊重这些志愿者，确切地说他们这些人聚集在一个小小的慈善团体里，不单单心怀同情，更对需要帮助的人伸出援手。

以下的文字源自奥莉加来信中有关小达莎的那部分：

“患病的孩子永远都是父母的心病，如果看到他们的泪水，听到他们的啜泣声，感受到小小生命的痛苦，那么甚至是素昧平生的人都会产生恻隐之心。当其他的母亲享受着母性带来的快乐时，小达莎的妈妈却每天都在为小达莎的生命抗争着，竭尽全力让自己的孩子可以再过上一天美好的生活，期盼达莎的生命可以延续下去！

达莎的降生饱含着母亲长久的期待，但享受母性快乐的时光并不长，达莎一个月大的时候就被诊断为胆道封闭（即肝脏内缺少胆管，因此胆汁流向血液并会殃及整个机体）。这一消息犹如晴天霹雳，令所有人都始料未及。但是，就像人们常说的那样“祸不单行”。达莎的爸爸在得知自己的女儿患有重病后，选择了抛弃妻女离家出走，而那个时候小达莎还正在利沃夫市做手术。因为对伊琳娜来说达莎、达莎的健康、达莎的未来才是最重要的，所以她一个人承受住了这双重的打击。

小达莎的故事令所有人同情落泪，她在这一年半的时间里经历的痛苦比我们常人一生所经历的还要多。更多的时间，小达莎都是在排队做化验，在医院待的时间比在家里与家人相处的时间还多。她已经做过了三次手术，数个月用于恢复，她每天都哭泣，只知生活中充满着无尽的疼痛，穿着白大褂的医护人员围绕在身边，不知生活中还有快乐与笑声。她知道这就是她要面对的现实，此外她一无所知，这非常可悲……令人悲伤的是，在其他的妈妈想着为孩子报什么兴趣学习班、用什么纸尿布的时候，达莎妈妈生活的唯一意义就是她的孩子能再多活一天，期盼能攒够钱做手术（这场手术对于达莎来说非常重要）。

那时，我不知道几个月后我要去丹麦，要在音乐会上演出，这场音乐会正是这些情深意重的丹麦籍乌克兰人为纪念小达莎而举办的。我当时不曾想到，当我看到音乐厅里座无虚席，演出票售罄一空时，会有多高兴，因为这意味着我们大家都帮过达莎。那时我更不曾料到，音乐会结束一星期后，小姑娘就离开人世了……

四月末，我拍完了短片，准备出发去维也纳，同时也在思考要给妈妈送什么生日礼物，她的生日是五月一号。

像往常一样，我们愉快、幸福地在别墅为妈妈庆祝了生日。

两天过后，我们要飞往维也纳，在伊斯坦布尔转机。

牺牲品

2009年3月，于叶夫帕托里亚

春天已经来了。我生病了，一直在咳嗽、鼻塞。两年没在海里冬泳使得我的身体不像以前那么强健，总是甩不掉感冒的困扰。

三月末的时候，我受够了自己病恹恹的样子，拿着沙滩巾，向海滩走去。

游了两个星期的泳后，我的鼻炎确实好了，也恢复了体力，抖擞了精神。除了照顾孩子和创作沙画外的所有空闲时间，我全身心地投入到了志愿者的工作中。

我们再次用打印机打印了一些小的宣传单，上面写着“流产是变相杀人”，并附上了相关简介。我走上街头，把这些传单贴在不同的地方。以前只有我一个人做这件事，但是在三月，我有了些小助手，一些熟人索要了些许传单，把它们贴在自己居住的区域内。

我所有的心绪都集中在这件事情上。我和一些学校达成协议，他们允许我举办几场座谈会，放映电影。我已经忘却了不久前参加的达人秀，现在醉心于沙画创作，但是社会话题引起了我的关注。

终于，伊戈尔在 YouTube 上开设了我们自己的频道，我们开始拍摄、上传一些在冬天创作的沙画故事短片。

伊戈尔有一台投影仪，还是在我们刚认识时他买的。现在我们用这台投影仪为大学生、中学生放映电影《生命之初》，然后举办座谈会，讨论生命的真谛。这份工作我做起来很轻松，在中学实习的经历和所掌握的心理学知识对我有所帮助，尽管我不相信我彻底掌握了这些知识。

我每天早晨跑去海边游泳，快速擦干身体，再跑回去抱上季马，推着婴儿车散会儿步，然后把婴儿车放在一边，让季马独自行走。

三月中旬，电视台来电，通知我们去基辅。这是一场淘汰赛，不用带设备，也不用再表演。

“我们肯定会被淘汰。”我对伊戈尔说。

“如果我们被淘汰了，那或许也是上帝最好的安排。”丈夫非常豁达地回答我。伊戈尔动身离开家，前往摩尔多瓦。

我们还是每天早晨去海边，季马用小棍子、小铲子玩沙土的时候我快速地游个泳、穿好衣服，然后接着和季马散步。

一天傍晚，我身体有一点儿不舒服。那时伊戈尔还在摩尔多瓦，距出发去基辅还剩三天的时间。我全身忽冷忽热，很难受，头也疼。“一定是着凉了。”我惆怅地想。但是我错了。

晚上体温开始攀升、发热。只有季马和我在一起，身边没有其他人，我有点儿担心害怕，不是为自己，而是为我的孩子。

早晨，我给妈妈打电话，请求爸爸来一趟，接我们过去。

傍晚，我开始神志不清，胡言乱语，一会儿哭，一会儿笑。

原来我得了乳腺炎，按理说，这也算合理。

游泳确实使我摆脱了普通感冒的困扰，也确实锻炼了我本来虚弱的身体，治好了鼻炎顽症。但是我怎么能忘记，我还在哺乳期，任何情况下都不能碰冷水。事实上，我并没忘，只是不知道我这种情况下游泳是很危险的，又因为我没有告诉任何人我开始游泳了，甚至没告诉妈妈，所以也没有人提醒我。

请了医生，进行了一系列的治疗。高烧依旧没退。我知道两天后我未必能去基辅，然而我现在身体状况这么不好，去不去基辅已经显得不是那么重要了。

爸爸带我去找那个女医生，季马一个月大的时候，她帮我治疗过乳腺炎。她说，我现在最好接受包扎并停止母乳喂养。如果我打算两天后去基辅，那么更应该这样做。

“但是……我本准备一直给季马喂奶，直到他两岁，”我差一点儿哭出来，“但是季马只有一岁零四个月……”

“你自己都说了，季马现在这个年龄已经不需要喂奶了，只是养成了习惯。”

这确实是事实。最近两个月我几乎没怎么睡，因为季马每个小时都会醒，要奶喝。但是他几乎不怎么喝奶，只是高兴地和我玩儿。我明白，事实上已经不需要给他喂奶了，只是他自己不睡，也不想让我睡。当时，几乎饭桌上的所有食物，他都能吃。最主要的是，妈妈告诉我说，我去敖德萨或长时间不在辛菲罗波尔时，他几乎记不起“吃奶”这件事，也不要奶喝。所以我决定接受医生的建议。

刚把发炎处敷上药包扎起来，高烧瞬间退下，我整个人也轻松、精神了许多。

伊戈尔回来了，我们把季马留在了父母那里，坐火车前往基辅。

我们对这座城市不太了解，准确地说是一无所知。拍摄是在以伊万·弗兰科[1]命名的国家话剧院内进行。

我穿着漂亮的漆皮衣、高跟靴。剧院大镜子里的自己虽然脸色苍白，却看起来精神饱满。但是我勉强呼吸，因为从腰部到腋下都紧紧地裹着医用纱布，每两个小时需要服一次药，而且我还会时而发烧。

在剧院拍摄的是最后一次淘汰赛，选手们来自百万人口的大城市，经历了《乌克兰达人秀》分赛区的选拔，现在选拔进入半决赛的选手。三百多人中，只有五十人能进入决赛，和其他选手一起在剧院前厅集合时，我才得知了这一消息。

“一定要参加这样的选秀比赛吗？”迟迟不能给自己一个肯定答案，所以我并不紧张。我一直饶有兴致地观察着形形色色的人，和一些身穿奇装异服的选手相识、攀谈并合影留念。

“请问，您知道淘汰赛如何进行吗？”我问一个胸前戴有电视台工作证的女孩，“更确切地说，我知道淘汰赛制度，只是很好奇是怎样安排上场顺序的？谁第一个上场，谁最后一个？因为我们7点的时候需要去赶火车……”

---

① 伊万·弗兰科（Иван Франко, 1856–1916），乌克兰作家和社会活动家。

“参赛选手十个人一组登台表演，在台上的时候会有人通知，谁进入了半决赛，谁被淘汰，然后您就可以离开了。”

“明白了，谢谢。那又是按照什么顺序分组的呢？”我接着问，“我能知道我是第几组的吗？因为，如果我们赶不上火车……”

“跟您情况相同的选手有很多，”女孩回答，“多半是按姓氏字母顺序分组。”

“哦，不！”我在心里暗想。

“我的姓氏字母完全不占优势……”

“什么？”

“抱歉……您的意思我明白了，刚刚我只是在自言自语，谢谢您。”

我没再打扰这个女孩。我和伊戈尔坐在一个小长凳上等待。

形形色色的人，穿的衣服也五花八门，像是闯入了电子音乐节的休息室一般。瞧！有个年轻男子穿着《黑客帝国》男主尼奥的衣服，突然掀起了外套的下摆，原来下摆是一双翅膀，翅膀是用细金属丝搭成骨架，内里填充编织物制成的。看呀！一群哥萨克大力士带着链子，穿着衬衫。看呀！骑士也在这里，还有阿拉，她带着手镯，穿着东方的服饰。早在敖德萨达人秀的分赛区，我们就认识。喏！我们的克里米亚鼓手穿着鲜艳的鞑靼民族服饰，坐着敲鼓。

“真漂亮。”我说。同时感到自己有点儿不舒服。闷热、吵闹向我不断袭来，似乎觉得自己要死了。伊戈尔带我去街边透了透气。胸前的绷带让我喘不过气，唯一的愿望就是把它扯下来。但我知道我不能这样做，再过几天我才能解下绷带。

“怎么办？”我嘴唇干裂勉强低声说，“我真的非常非常不舒服……

我们走吧。怎么办，该怎么办？”

伊戈尔沉默了，若有所思。

“一会儿再离开也来得及，”他说，“现在试着和工作人员商量一下。你昨天晚上发高烧到神志不清，难道就不能把你安排进第一组吗？说到底，你也没有请求他们让你进入半决赛，你只是请求早一点儿上台……”

我深吸一口气，走上前。我走到了工作人员聚集的角落，带着工作牌的姑娘们在那里或站着或坐着，摄像师们喝着茶。

“对不起。”我咳嗽了一声。

“您说。”

“我有一个问题……确切地说，是一个请求”。

“姑娘……我已经和很多选手说过了，”一个年轻的金发女郎用疲惫沙哑的嗓音和我说，“谁能进入半决赛完全是由评委会成员决定，我们不影响最终结果，您明白吗？”

“明白，”我低声说，“我指的不是这件事。”我像鱼一样大喘一口气。

“那你指的是什么？”

“您看……”我犹豫着不知如何开口，“您看能不能把我安排到第一组？拜托……”

“姑娘！”工作人员用央求的口吻说道，“很多人跟您情况类似，您是着急赶火车吗？”

“不是，这也是一个原因……主要是因为我不太舒服。”我勉强说出这句话，差点儿没摔倒。

“这种话可不好乱说。”

“都是真的。”我用乞求的目光看着她。

“您怎么了？”

“您知道，”一时间我不知道从何说起，“你们有孩子吗？谁母乳喂养？”

“有，我们都喂过孩子。”

“我得了乳腺炎，昨天高烧到四十度，已经有点儿神志不清了。我觉得，昨天我住的房间里没有天花板，你们能够想象吗？”

有些人“嘿嘿”地偷笑。

“为了治疗，昨天我来之前，紧紧地在胸前裹了绷带敷了药。就这样我坐车来到了这儿。我几乎不能呼吸，也很难咽下药片。我明白，这儿的选手们都很着急，但是我还是想恳求您……”

“您不像是身体不舒服的样子，”一个女负责人仔细地看着我，并对我说道，“人不舒服一般能看出来，而您看起来没有什么异常，还穿着高跟鞋……”

“算了，”我说，我知道他们需要证据。我对站在旁边的男士说，“请转过去一下。”他们转过身后，我解开薄薄的红色上衣，给她们看缠在我身上的绷带，这些绷带把我裹得像个木乃伊一样。

“天呐！您为什么不早说？”姑娘们惊慌地对我说。她们拽出一沓用长尾夹夹在一起的纸，开始找信息。最后和我说：“第二组，再过半个小时上场，可以吗？”

“谢谢亲爱的，谢谢！”我说道。我当时都想亲她们每个人一口了。

这下我才松了一口气。这对于我来说已经是胜利了，是人际沟通、言语口才方面的胜利，因为这种能力正是我所欠缺与不足的。所以在舞台上得知自己进入了半决赛时，我确实也感到很高兴，却没有欣喜若狂的感觉，因为早在我被安排到第二组时，就已经体验过这种喜悦了。

“您进入了半决赛，我们将会在两周内联系您，通知您什么时候来电视台录像。”负责人和我说。

“需要再来基辅吗？”我问。

“是的。”

“我的天呀！需要待多久？”

“若没进决赛时间会短一点，”电台行政人员回答我，“但至少也需要一个半月的时间。”

“多长时间？”

“克谢尼娅，我们走吧。”伊戈尔打断我说，“我们去火车上商量，我们要迟到了。”“谢谢您。”他对负责人说。

“再见。”负责人回应我们。

我们赶到了火车站，跳上车厢，正好赶上发车。一边坐车一边想，不知道自己到底应该高兴还是难过。一方面，我通过了选拔，另一方面，通过了又怎样？我怎么能再来呢？谁来照顾季马？不可能把他带到基辅来。我和伊戈尔必须有一个人看着他，但是伊戈尔需要搬桌子、支架、灯和投影仪，而我，需要画画……

“别担心，”伊戈尔一边摸着我的手一边说，“都会解决的。”

意外滞留在伊斯坦布尔

2012年五月初，于伊斯坦布尔

我们没打算去土耳其，更没打算在那儿停留休息。但是我现在却坐在苏丹阿赫迈特广场上，坐在古老伊斯坦布尔城市的中心，画着手稿，对发生的一切报以微笑。

这样吧，我不打算自己讲，我想列举一些事实，确切地说是引用一篇我在个人主页上的文章。

克谢尼娅·西蒙诺娃 :《我不会移居奥地利，我只是去那儿拍一部很棒的电影》

沙画大师欲动身前往维也纳，将与最优秀的奥地利导演、制片人合作，拍摄奇幻动画电影《神奇的月光》(Magic of Moon) 中的一些片段。

克谢尼娅说，这份工作为她打开了创作历程中的新篇章：

“今年我努力学习视频和动画影片制作的相关知识。我发觉相比在音乐会上演出，我更喜欢电影这一新领域，并想长期从事相关工作。年初，奥地利编剧经纪公司贝里斯·斯奇艾斯特茨克和卡尔特·比尼代克特尔与我联系，提出合作意向。请我根据他们的剧本为联合制作的动画影片设计一些沙画短片。通读剧本，了解了电影的主题后，我立刻答应合作。电影的主要思想是——与雇佣童工这一世界性问题做斗争。电影讲述了一个贫困印度女孩的故事。她从幼年起就和其他几十个孩子一起在市郊辛苦工作。每天做一些编制缝补的针线活，有一天遭受了雇主的毒打和侮辱后，她织了一件具有魔力的毛衣。这件毛衣出口到了维也纳，在服装店里销售。妈妈给自己的孩子买了这件衣服。这个奥地利的中学生穿上毛衣，突然出现在了印度小女孩的身边。目睹了印度孩子们繁重的工作，作为一个欧洲人，看到世界上还有那么多孩子不能去上学、识字、玩耍嬉戏，只能夜以继日地工作，他感到很难过。就是这样一个故事。为了拍摄这部电影，编剧和导演在印度取景，他们拍摄的每一帧画面都堪称完美。我非常高兴能够参与其中，正好我负责电影场景的转换，往复切换、衔接两个现实场景……”

《神奇的月光》这部电影不是商业项目，而是由来自奥地利乃至世界各地的导演、演员、摄像师共同参与的志愿活动。克谢尼娅·西蒙诺娃以志愿者的身份参与其中，为这项公益事业献出自己的力量。

“这部电影能够改变人们的观念，这对我来说很重要，”克谢尼娅说，“希望看完电影后，人们可以不要剥夺孩子们的童年。孩子们应该自在玩耍、接受教育、享受生活，而不是在恶劣的条件下工作。这是当代的悲剧，也是亟待解决的问题。”

许多粉丝得知克谢尼娅要去奥地利拍大片后，都纷纷给她写信，问她是不是打算移居维也纳。自克谢尼娅宣布将带自己四岁的儿子一起前往奥地利拍摄后，有关“移居”的消息就层出不穷。克谢尼娅从来都没有带着儿子去过其他国家。克谢尼娅对自己的朋友肯定地说，她没有移居打算：

“虽然我很喜欢维也纳，在那里我曾参加过几次大型演出，也有许多朋友，但是我不会从叶夫帕托里亚移居到维也纳。我将和季马同去，这是事实。他最近对动画电影的拍摄过程非常感兴趣，我想让他观摩一下整个制作过程，最主要的是，这个片子的主题和孩子有关。”

于是，我们打算飞往维也纳。编剧和制片人在等着我们，专门为我们准备了工作室，根据我的草图搭好了摄影拍摄台。

这是季马第一次和我们坐飞机。他非常期待，每天都问：

“我们要飞往维也纳吗？”

就这样，我们带着季马，拉着三个装满设备的箱子在辛菲罗波尔的机场跑来跑去，好像一切都是新的，三年飞来飞去的经验完全派不上用场。我们有些手忙脚乱，护照不知跑到哪里去了，季马的出生证明与他自己涂得花花绿绿的图画混在了一起。他的生活用品包里装了带警笛的拖拉机玩具模型、玩具电脑、开卡车的唐老鸭玩偶，总之都是一些“生活必需品”，这些结实的物件相互挤压碰撞，发出巨大的声响。

我们在伊斯坦布尔转机，吃过午饭后就应该到维也纳了。

飞机上，季马非常兴奋，我生怕季马捣乱，把航程弄错。飞机降落，下飞机的时间到了，季马意犹未尽地大声说：

“我还要继续坐飞机！”

在飞机场我们度过了愉快的五个小时。我非常喜欢阿塔图尔克机场，我认为这是世界上最好的机场之一。季马吃了平日里不让他吃的甜食，然后吵着，着急上飞机，最后精疲力竭地在休息室睡着了。我们走到登机口，坐在椅子上等待登机。季马透过机场的大玻璃窗，仔细地看各种各样的飞机和车，每分钟都重复问一遍：

“我们什么时候能上飞机？”

终于，广播通知旅客登机，我们起身排队。走进登机闸口时，检票人员问我们要护照。现在我知道为什么了，如果从伊斯坦布尔飞往不免签的国家，那么需要在登机前检查签证。或许，任何时间任何地点这种规定都成立，只是我之前从未注意过。

“小孩的签证在哪儿？”工作人员问，他是一个喷了发胶，梳着帅气发型的土耳其年轻小伙。

“在这儿您看，”我说，“这是我的签证，孩子在我的签证上登了记。”

“单独的签证呢？”年轻人问。

“什么？单独的签证？”我不明白，“我已经说了，他没有单独的签证，因为他还没有通行证。他只是在我的出境护照上做了登记，您看见了吗？我的护照上有签证。”

“可签证是您的名字”土耳其小伙反驳道。

“那又怎样？”我没弄懂。

“我明白了。”我听到了伊戈尔沉闷的声音。

“怎么了？”我试图弄清楚到底是怎么回事儿。

“抱歉，先让其他乘客过闸口，一会儿我们再细说。”工作人员礼貌地提出请求。

“好的，好的，您请。”我们退到了一边。

“难道季马需要单独的签证？”我问伊戈尔。

“我想应该是需要，”他回答道，“只是没有人提醒过我们。可能所有人都认为我们知道，但我们却是第一次……”

最后，所有的乘客都上了飞机，工作人员向我们走来。原来，即使是新出生的婴儿也需要有签证，如果没有通行证，孩子的签证应该附在父母的护照上。

“现在我们该怎么办？”我问。

“你们不能上飞机了，”土耳其小伙说，“你们有两种方案。第一种方案：飞到基辅，找到奥地利使馆办签证。正常来说，这种情况下，奥地利使馆会体谅你们，为你们加急办理，毕竟你们二位都有多次往返签。第二种方案：留在伊斯坦布尔，去这儿的使馆。只是现在是周五晚上，必须要等到周一，机票要改签。你们需要估算一下什么时候从伊斯坦布尔飞走。如果是在这儿的使馆办签证，那么可以把机票改签到周三。

我们呆呆地站着，不知道该做什么。

“我们肯定不会飞回基辅，”伊戈尔说，“这样的话还不如直接飞回家方便。”

“那我们留在伊斯坦布尔吧，”我继续说，“我们找一个酒店休息一下，周末在城里逛一逛，星期一去使馆。我的脑海中总是萦绕着某种念头，但是又说不清到底是什么，却好像很重要。似乎是关于使馆的事……”

“应该怎样改签机票？”我们问工作人员。

“我会帮你们，但是首先你们需要告诉我你们的打算。留在伊斯坦布尔吗？”

“是的。”

“那么我告诉公司，把你们的行李卸下来。”

“好的。”我松了一口气，土耳其小伙通过广播发布了通知。

然后他带着我们穿过整个机场，来到了土耳其航空的办公室，我们在那儿填了表格，收到了机票改签的通知单。

“你们确定什么时候飞奥地利后，就带着这份通知单到这儿的柜台来领机票。”这个年轻人说。

“谢谢，您太热情了。”我回答。这个工作人员真是特别热情，人性化地、设身处地为我们着想。

我们开始考虑去哪儿。一周前，我们的好朋友，一个旅行爱好者，和我们讲了她和丈夫去伊斯坦布尔度假的事儿，他们住的酒店虽然不大，但是美丽精致，酒店里有一个大的多层花园，旁边就是苏丹阿赫迈特广场。我们给她打电话，她告诉了我们酒店的名字。我们在网上找到了地址。因为当时乌克兰和土耳其还没有实施免签政策，所以我们通过了护照检查，拿到了签证。

走到出口，为了取行李，我们开始找那个善良的土耳其人告诉我们应该去的柜台。然而一切并没有想象的顺利。官僚主义风气导致我们找不到行李箱。电脑显示行李确实从飞机上卸下了，现在在飞机场内，但是没有人知道具体在哪。所以行李箱被归入了丢失物品一类，我们来到了失物招领处。

我们在失物招领柜台前坐了两个小时，却没有得到任何消息。季马强打着精神，但是很明显，他需要休息了。

“大概……多长时间我们能找到行李？”我第十五次问柜台小姐。

“可能需要再过半个小时，也可能一个小时或两个小时……”

“那最久需要多长时间？”

“做最坏打算的话，可能会等一整晚。”

“太恐怖了。”我说。

“非常抱歉，”柜台小姐回答说，“你们可以先去城区逛逛，找个酒店住下，我们有专门的表格，你们可以填上酒店的地址、手机号码，我们保证只要找到行李，就按指定的地址给您送去……”

我看了看季马，他穿着新买的 T 恤衫趴在地上，用衣服擦拭着自己的小电脑。我说：

“给我们一张表格吧。”

我们两手空空地离开了机场。希望行李箱可以快点找到，最好一到住的地方就可以看到行李。

坐在出租车上，把地址告诉了司机，车子开向了老城区。

伊斯坦布尔是非常漂亮的城市。季马激动地看向窗外，我心情平静下来，因为至少我们中有一个人现在还是很开心的。

出租车行驶了很长时间后，终于到达了酒店。就像好友描述的一样，酒店不是很大。大概由于老城街道狭窄的原因，除“四季”酒店外，苏丹阿赫迈特附近区域的酒店规模都比较小。酒店很舒适，就像我们朋友所讲的一样。

“终于有一件令人开心的事情了，”我说。我看到了小花园中还摆着几张桌子和一个小沙发。

没想到一个坏消息正在柜台等着我们呢。酒店负责人说，特别遗憾，最近四天没有空房间。

“我们非常理解你们，”在前台值班的美丽的土耳其姑娘说，“知道你们是朋友介绍来的，而且还带着孩子。但是，请谅解，确实没房间了…… 你们可以在花园里面坐一会儿，或者在里面休息一下，吃点儿东西喝杯茶。这是酒店送的纪念品。非常高兴你们能光临我们酒店，但是……”

“或许，您可以帮忙给其他酒店打电话问问有没有空房间？”我央求道。今天真是多灾多难的一天。

“我试着给隔壁的酒店打电话问问，”值班姑娘说，“请稍事休息，先喂孩子吃点儿东西。”

“谢谢。”我说。然后我们坐到了小沙发上。

酒店两栋楼之间有一个布满绿色蔓藤植物的小院子和三层小花园。看到这儿的环境这么好，再想到酒店没有空房了，更觉得遗憾。大吧台上摆着小吃、甜食和饮料，冰箱里有奶酪，我把这些东西拿给季马填了填肚子。季马当时非常开心，在花园里跑来跑去，狼吞虎咽地吃着饼干，晚上十一点了，他的精力还是很充沛，真是让人不解。

“这儿的工作人员都非常好，”我对伊戈尔说，“只是因为酒店没房间了，就如此热情地款待一群陌生人，这种情形在别的地方还真没碰见过……”

“是啊，工作人员都特别好。发现了吗，他们有多喜欢小孩？包括机场工作人员在内，几乎有一半的土耳其人都对季马微笑，甚至许多完全不认识的人还摸他的头……我原来就听说过，土耳其人非常喜欢小孩子。”

门卫走过来，给了季马一颗糖，季马特别高兴。

“很遗憾，附近的酒店都没有空房间了。”前台小姐走过来对我说道。

“太糟糕了，”我嘀咕了一句，“伊戈尔，现在该怎么办？咱们该去哪儿过夜？”

前台小姐看到我们绝望的神情，回到前台不知给谁打了个电话，然后说：

“我们酒店对面有一个游客集散中心办事处。那儿的工作人员讲英文，或许他们可以帮上忙。”

最终，办事处费了一番功夫，找到了隔街的住房，我们领了钥匙，动身出发，终于有地方睡觉了。在找房子的过程中，季马已经和办事处的人打成了一片，不舍地离开了。

“我爱伊斯坦布尔！”我们走进房间，季马骑在爸爸的脖子上大声说。

房间也不是很大，可季马很喜欢，因为有三个房间，还有许多床，他可以随便在哪张床上跳来跳去。然后他选定了一张床，那张床不在我和伊戈尔的房间里，他躺在床上说：

“这是我的床啦！”

然后就睡着了。没有行李箱很不方便：没有衣服可换，也没办法刷牙。但是我们实在累坏了，躺下就睡着了。

早晨我出门寻找酒店。

从早上七点到九点，我走遍了苏丹阿赫迈特附近的区域，深刻了解到酒店行业住宿价格波动很大，并且酒店前台都非常会做生意，见识到了土耳其人精明的商业头脑。最终我们找到了一家小酒店，这家酒店提供土耳其特色的洗浴服务，于是我们就搬了过去。刚到新酒店，行李箱就到了：原来是朋友介绍但没有空房的酒店的前台工作人员联系了我们新酒店的前台。早晨我们也顺便找过她，如果行李到了，请她告诉我们一声。

应该说，在这次意外的伊斯坦布尔之行中，遇到的所有土耳其人都特别善良可爱、通情达理。第一天我们还小心翼翼提防当地人欺生，害怕自己受骗。但是类似的事情并没有发生。季马在伊斯坦布尔就像掉进了蜜缸里，每个遇见的人不是摸摸他的脸就是送他小礼物。

从第一天起，我们就和酒店的门卫相处得很好，在与他的闲谈中我们得知，土耳其人确实很喜欢小孩子，自己的、别人的都喜欢。

我们度过了非常完美的周末时光：坐公交和轮渡游览了很多地方，走遍了伊斯坦布尔的老城区，参观了蓝色清真寺和圣索菲亚大教堂。所有人都对季马非常友好，不住地对他微笑，饭店还给他的儿童餐打了折。

“我不想去什么维也纳了”，季马在星期天的晚上说。我和伊戈尔也有同感。

星期一早晨我们打车去了奥地利使馆。奥地利大使馆坐落在黄金湾的另一岸，那片区域非常美丽，导游说，那的房子均价都要两百万欧元。使馆和码头只有一街之隔，海面上停靠了数百艘小型游艇、船只。从这里望去，隔岸风景及老城区风光一览无余。塔克西姆广场和周围错落的东方风格建筑构成了绝美的画面。伊斯坦布尔共有一千六百万人口。

在奥地利使馆，我必须在脑海中快速搜索德语单词，因为使馆门前的迎宾接待员不说英语。我们进了门，这座使馆大楼非常漂亮，我想应该有百余年的历史了。非常像一座中等规模的宫殿，使馆内部有小庭院、林荫小路和微缩园林景观。高高的大理石楼梯具有鲜明的“土式”风格，沿着楼梯上到二楼，使馆工作人员在那里办公。总之，经过这次旅行我爱上了土耳其的建筑，确切地说是伊斯坦布尔的建筑，因为它集土耳其和欧洲传统于一身，具有独特的美。

我们受到使馆工作人员的热情招待，表明来意后，他们表示对我们的问题有所了解。

“你们在维也纳的同事给使馆打了电话，”一位女士透过服务窗口微笑着说，“我们知道您是知名人士，尊重您的才干，一定会尽快帮您解决问题。请把证件给我。”

我感到非常幸运，把装着所有证件的夹子递给了她，然后坐在一旁等待。伊戈尔陪季马在院子里玩儿。

我暗暗地想：“这一切终于要结束了，现在问题即将解决，季马很快能拿到签证，我们就可以去机场土航办公室领机票，然后就飞奥地利啦！”心中如释重负，同时又有点儿遗憾：我爱上了这座令人惊叹的城市——伊斯坦布尔，两天的时间远不够我来欣赏它、拥抱它。

过了半个小时，工作人员把我请到服务窗口，那个热情的奥地利女士告诉了我下述信息：

“非常遗憾地通知您，不能给您的儿子发签证。因为您的申根签证是卢森堡派发的，而我们是奥地利使馆。虽然特别想帮您，但是我们帮不上忙，我们没有这个权力……”

“哦，我的天哪，该怎么办？”我说道，两天前在机场我满脑子也都是这句话。

“伊斯坦布尔设有卢森堡名誉领事馆，”这位女性使馆专员说道，“只是我担心名誉领事馆也没有权力发签证。卢森堡大使馆在安卡拉。”

“要疯了！”我大声地说。

“对不起，您说什么？”

“哦不，是我应该向您说对不起，”我用德语说，“我们不去安卡拉了，我们可能要回家了……”

“非常抱歉，要是能帮上您就好了……”她说道。

“那现在我们能直接申请奥地利的签证吗？”我想出了一个新办法。

“可以，”她回答，“但需要提供邀请函和一整套证件。如果这些东西就绪，我们一定会为您加急办理签证……”

“一整套证件……我们没准备啊，不过……我现在有奥地利的签证，两年前办下来的，这就意味着奥地利驻基辅大使馆有我们的数据资料！”我激动地说，“亲爱的，亲爱的，求求你能不能和他们联系一下！”

“这不在我们的职责范围内，”她的话停顿了一下，“但……我尊重您的才华……可以试试……”

“谢谢，谢谢！”我说，当时特别想亲一下这位素不相识的女子。

“请您坐一下，我去打个电话。”说完她出了房间。

坐着等待的时候，我有一种度日如年的感觉。

终于，这位女士回来了。

“有一个特别不好的消息，”她说，“我给奥地利驻基辅大使馆打过电话了，但是使馆的数据已经清空了。两年时间——期限过长了，因为数据实在太多……”

我的期待落空了。对工作人员表示感谢后，我走进了花园，把一切告诉了伊戈尔。我们决定去一趟卢森堡驻伊斯坦布尔名誉领事馆，尝试一下看看能不能从他们那儿拿到签证。

我们是走着去的，因为卢森堡领事馆和奥地利使馆在同一条街上。我们欣赏着美景，沿着堤岸走了四十多分钟。在一个小巧可爱的售货亭，我们给季马买了他吵着要吃的小面包和牛奶。

那位奥地利女士说得对：名誉领事馆不是大使馆，不能发签证。

伊戈尔开玩笑说："名誉领事馆就像是退了休的将军，看起来无所不能，实际上什么权力都没有。"

"我们很愿意帮你们，"领事馆工作人员对我们说，"但我们连办签证的印章都没有……. 你们需要飞到安卡拉……"

走出使馆，我和伊戈尔看着在街上手舞足蹈、活蹦乱跳的季马。

"伊斯坦布尔，我的伊斯坦布尔！"他一路上都在唱着这一句。

我和伊戈尔交换了个眼神，打了辆车，回到了酒店。我们去前台把房钱续了一周。

就这样，我们留在了伊斯坦布尔，每一天都像过节一样开心。

没两天，苏丹阿赫迈特广场上的小商贩们就都记住了季马。因为每一次季马穿过广场都像"脱缰的野马"一样，在广场上撒了欢地跑，我们只能压低嗓音制止他："季马！季马！"每天穿过广场时，都会被逗笑，因为广场上的小商贩们从远处早早就知道季马来了，和他挥手并喊道："哦！季马！慢点儿！季马！"

"慢点儿！"季马像一只快活的老鹰，以火箭的速度飞驰而过。

这一周过得非常开心。我们和奥地利方面达成共识，我将在乌克兰，在自己的工作室完成拍摄任务，他们和我们一样心知肚明，除此之外没有其他更好的选择。终于可以安心休息了。

回到家后的一年里，我都在拍摄本该在维也纳完成拍摄的那部分。现在影片正在剪辑中。

我爱上了伊斯坦布尔，希望可以快点再去一次。期待着欣赏伊斯坦布尔的冬日风光。遇到所有的当地人都对我们说，应该来看雪中的伊斯坦布尔。伊斯坦布尔虽然不常下雪，但雪花飞舞的时刻，世界上其他的美景仿佛都黯然失色。对此我深信不疑，几个月前我看了一部短片《伊斯坦布尔的雪》，深深地被它的美所折服。

盼望着冬天，盼望着下雪，希望雪花纷飞的时刻，我们能再飞去……

《战争》

2009年4月至5月，于叶夫帕托里亚

回到叶夫帕托里亚后，我们开始思考该干点什么。趁思考的工夫，就把在达人秀上需要准备的新表演、需要构思的新故事忘得一干二净。当我再次问妈妈，可不可以在我去比赛的时候，照顾季马一段时间，妈妈反问我说：

“你比赛的时候准备表演什么？”

这个问题令我猝不及防。当时我们确实也开始思考该表演些什么，但是却一直没有什么特别好的点子。我的想法很零散，前不久创作出来的并展示给大家的《马戏》一直萦绕于心。

我没有花心思在构思故事上，而是妄图让自己的表演样板化、格式化。现在我明白，这是受到竞争机制和比赛规定的影响。在这种影响下很难创作出好的作品。久而久之，我学会了从这种想法中跳脱出来，就像比赛期间在达人秀的舞台上控制自己不去想自己的那间“小画室”。

所以，当表演的“模板”略见雏形，我意识到，这种做法完全不合适……

因为我们想在市里办一场音乐会，但是不知道应该找谁，就在这时，结识了一些市政府的代表。

最后，我们与市长的代表见了面，介绍了自己的职业。他们看过我在敖德萨参加的达人秀节目，知道我们，说会考虑音乐会的事。

就这样，4 月中旬我们接到了电话，请我们去一趟。当天晚上我们得知，红戈尔卡改造修缮完成，市长计划在胜利日当天举办一场盛大的揭幕式。

“如果你们有意，我们很高兴、很愿意支持你们在音乐环节表演。”市政府的工作人员对我们说。

我非常感兴趣，激动地都快颤抖起来了。现在解释一下为什么。

红戈尔卡纪念碑的位置与我家的房子只有几步之遥。从 4 岁一直到 19 岁我一直生活在那里。从小我就明白这座纪念碑的意义，并且那时每天都怀着一种强烈的敬畏之情。

现在我来介绍一下红戈尔卡，首先我要讲一下叶夫帕托里亚登陆部队的爱国主义精神。

1941 年 10 月 31 日，法西斯军队侵占了叶夫帕托里亚。从这一天起，血色杀戮的恐怖笼罩了城市中爱好和平的居民。被侵占的这些年，我们这座最美的疗养胜地、儿童治疗胜地被完全破坏。本是孩子治疗静养的疗养院里住满了德国、罗马尼亚的法西斯暴徒，成了他们的马厩。

风景优美的公园被铁蹄践踏，树木被砍伐。一部分疗养院被炸毁或烧毁。

所有重要的工业企业都被摧毁。德国人把苏联最好的疗养海滩——叶夫帕托里亚疗养海滩变成了垃圾场，在四周布雷，并用铁丝围了起来。

从占领叶夫帕托里亚的第一天起，法西斯分子就开始残忍地杀害当地热爱和平的居民。

叶夫帕托里亚登陆部队由700名男子组成，这些英雄知道，他们在这场战役中生还的概率微乎其微。英勇的布济诺夫上尉是登陆部队的总指挥。

1942年1月4日晚，登陆兵们分别乘坐7艘护卫艇、一艘“引信号”基地扫雷舰和一艘海运拖船，从塞瓦斯托波尔驶出，1月5日清晨在叶夫帕托里亚登陆，一举控制了城市的南部区域。

博物馆展出的投影画详细地讲述了这段故事。德国人派出了塞瓦斯托波尔郊外的一个步兵团和几个炮兵连攻击登陆部队。狂风天使得登陆部队很难获助，相比之下，敌军兵力占有优势，但登陆兵们三天来仍多次与敌军开战。同时，城市里爆发了起义，一部分市民和前来支援叶夫帕托里亚人的游击队共同作战。700人的登陆部队，只有不到100人活了下来。

因为敌我兵力相差实在悬殊，登陆部队的爱国主义精神最值得称赞之处不仅在于他们为解放城市进行了英勇无畏的斗争，而在于叶夫帕托里亚登陆部队有效牵制了敌方塞瓦斯托波尔的兵力。

德国人击溃了登陆部队后，又因为城市里发生了起义，在叶夫帕托里亚的红戈尔卡枪决了12640名老人、妇女、儿童以及受伤的苏联海军。叶夫帕托里亚旋即成为人间地狱。

弗拉基米尔·维索茨基为叶夫帕托里亚登陆部队写了一首歌曲《黑色水军服》。我很惭愧，这件事去年才知晓。

红戈尔卡是一个地面铺满红色砾石的广场，广场上坐落着几座纪念碑。我认为那座刻画了一位哀悼母亲形象的纪念碑是其中看后最令人心情沉重的。纪念广场非常大，种满了云杉，铺设了漂亮的林荫道，在曾经叶夫帕托里亚市民被枪决的壕沟旧址上开满了鲜花……

就在这个肃穆沉重的地方附近，我度过了童年时代，少年时代，开启了青年时代。不敢说我能深刻理解此地发生的惨剧，但我永远都知道这是一个什么地方。我常梦见这样一种无声的场景：妇女、儿童、老人站在沟壑边，无情的子弹射向他们，他们掉进了沟壑中。我想象自己也在这个小洼地中，躺在里面，佯装成死了的样子，接连掉入洼地的人落在我身上，法西斯分子走后，我帮助那些和我一样没有死的人爬出洼地……梦境是如此的真实，甚至在梦里，那些伤员康复后，我们还一起逃跑，重新投入到了战斗中……

太痛苦了……做一个记得一切的成年人真是太痛苦了……

得知要为改造后的纪念碑举行揭幕式的那个夜晚，我走进了自己的“小画室”，坐在桌子前……

不得不承认，至今我都不知道这个作品是怎样一气呵成的，完全是无意识的。我清楚地知道，在那么短时间内完成的作品，甚至都不能称之为我的“创作”。我只是静静地看着，故事在沙画屏幕上慢慢展开。我只是一个观众而已。

爱、生命、信仰、恐惧、不安、绝望、沉默……战争、希望。

我给这个故事起了许多名字，第一个是《永盼君归》，最后一个是

《战争》。这期间，我还起了十多个名字，只是已经记不清了。

5 月 8 日是星期五，下起了暴雨，所以本该举办红戈尔卡纪念碑盛大揭幕式的日子顺延了一周。这个时间我本该去基辅备赛，但是我和伊戈尔大胆地推测，或许晚去几天，也不会被取消比赛资格。

沙画《战争》首演的那天晚上，我把季马托付给邻居照顾，自己步行去表演场地，步行需要横穿整个城市。伊戈尔早已在现场安装设备，我没有打车的钱。这次我穿的音乐会长裙是妈妈用我中学毕业时的裙子改的，我一边走一边想，这次的观众会以老兵为主。

就在我准备好战争主题沙画表演的时候，又一次见到了那几位市政府代表，才得知将会有百名老兵观看这场音乐会。为他们准备了专门的椅子。音乐会因暴雨被迫推迟的那天我看见了这些专座，还用玻璃纸盖着，以防打湿。

我非常惶恐——我将为那些曾经身处战争中的人用沙画讲述这场战争，是为真正经历过战争的老兵表演呀！一想到这里，我就心跳加速、双腿麻木。为自己感到惭愧，我出生在和平年代，眼之所及都是美好的事物，却妄图用沙画描画战争！我有这个资格吗？

这些想法一直在我的脑海中盘旋，直到我到了红戈尔卡，还浑身战栗不已。

我快速穿过后台，坐在了自己的桌子前，开始候场等待。

受时长所限，观众们在《乌克兰达人秀》上看到我演绎的那个故事，相比最初的设计，缩短了三分之二。但是我认为这个缩减版更加生动，引人遐想，令人回味。沙画故事中采用了广义上的士兵人物形象，尽管根据制服的样式，还是可以看出来是水军战士。事实上我在沙画中描绘的是登陆士兵，画了他们的肖像画，画了登陆部队在叶夫帕托里亚登陆的景象，画了战士们在街道上浴血奋战的场景。所有这些都没有在电视上播放，也没上传到网络上，因为没有人拍下过完整的表演。完整版只表演过一次，只有老兵们和叶夫帕托里亚的市民看到过。

在很大程度上，这次演出不仅仅是沙画表演，更可以称为是话剧演出：因为表演中有叶夫帕托里亚的演员现场配声。常常有人问我可不可以什么时候再次创作一个关于那场战争的作品，是否可以重现战争的场景。我不知道答案，但我想我不能。

在红戈尔卡作画时，我无法说清当时内心的感受，但是这是一股浓烈的情感，一股近乎令我肝肠寸断的情感。记得当时我在揣测那些坐在我面前的老兵的内心感受。害怕他们中的某个人会站起来大声对我说：

“简直是胡说八道！这场战争你知道多少？”

或者只是站起来，挥挥手慢慢地跛着脚走回家。但是……如果真有这样的情景，我想我会和他们这样说：

“这都是我的真情实感！无法和您解释这种感觉，就像无法解释，为什么儿时午夜梦回，我总能梦见这个地方……但是，我表达的一切都是我的真情流露。如果您不相信，那我便不知道该如何生活……我需要您的信任！因为现在，站在沙画桌前，看着在我滑动的指尖下，战争摧毁了和平，我也……好像是这场战争的一部分。哪怕只有几分钟，但这一切都是如此的真实……”

我把一切都展现给你，

我毫无隐藏……

当表演结束时，我听到了……听到了坐在第一排的一位老兵，慢慢地，但是激动地大声鼓掌：一下、两下、三下……

然后渐渐地从观众席传来了经久不息的掌声。

我深深地鞠躬致谢然后跑回了家。我和伊戈尔早早商量好——他留在那里收拾设备，我以最快的速度回到季马身边。

这是意义非凡的一个夜晚。沙画表演《战争》初登舞台，就凤凰涅槃、重获新生。在繁星朗月下，在新修缮好的红戈尔卡纪念碑前，坐在椅子上观看表演的老兵们赋予了它新的生命。

两天后我们收拾东西，把季马留在了父母家，动身去了基辅。

捷 克

2012年5月，于布拉格

在这个美丽的城市，你会忘却时间，忘却文化差异，甚至忘却一切。因为这里是真正的童话王国：国王和王后在老街上走来走去，而且有一半的捷克人都讲俄语。

这个令人惊奇的、晶莹剔透的、被精雕细刻过的城市，不单有华丽的外表，更有充实的内涵。任何一个来客都说不清道不明其神秘所在。

为了继续创作《追梦者》这个项目，我们飞到了布拉格。此次要对话的主人公正是英国阿森纳足球俱乐部著名球员、捷克国家队队长托马斯·罗西基。

我们的会谈拍摄被安排在布拉格市中心的一家餐厅里，更确切地说是在一家爱尔兰酒吧。酒吧里有一些独立的房间，顶楼办公处有足够的空间可以放置设备，用来化妆等等。

在拍摄前，我与伊戈尔共度了几个小时，我们决定在布拉格老城里我们住的旅店和拍摄地附近走走。我顺路去了许多纪念品小店和大型纪念品商店，我们一边四处走，一边与伊戈尔说着俄语。对于我用英语提出的问题，捷克人用纯正的俄语作答。起初我感到惊讶，但后来，在街上遇到的一个移民向我解释，在布拉格这一现象司空见惯。

“真不错，讲俄语成了一种日常。”我对伊戈尔说，“我在任何一个欧洲城市，即使是在华沙，也从未见过类似的现象。”

“据我了解，这里的俄语一体化进程发生在苏联时期，当时来这儿寻求稀有商品的人带来了俄语……”

中午我们去拍摄。托马斯应该在一点左右到，这样我们有时间调试设备和化妆。

同在巴塞罗那一样，参与第二部分拍摄的也是国际团队成员。我们亲近了不少，成了朋友，现在已经交换了礼物。曾经在伦敦生活和工作过的希腊朋友，得知我喜欢希腊咖啡后，运了几大包过来。我们闻着那不可思议的香气，密封箱对咖啡毫无影响。我们承诺，给我们这位友善的朋友送些萨洛（腌制的猪肥肉），因为他告诉我们，他只在基辅吃过一次。

“啊！这是我有生之年吃到的最好吃的肉！”

承诺之后我就上顶楼去了，我得化妆，给头发做造型。捷克的女孩们都非常喜欢穿刺和文身，看到我戴了三个眉环后便说了些恭维的话。我从她们那儿知道了“梳理头发”用捷克语怎么说。总之，捷克语和俄语确实很像，至少是可以意会的。我觉得，波兰人更容易理解和他们说乌克兰语的人，而捷克人更易理解和他们用俄语交谈的人。不知道我这想法是否正确，但这是我的个人观点，源于我和波兰人以及捷克人的交往经历。

终于，托马斯来了。我们打了招呼，相互问候，并坐在一个沙发上。

托马斯已从朋友弗朗西斯科·法布雷加斯那儿得知，自己将成为我下一部作品主人公。所以当我们的团队联系到托马斯，并问及他是否有兴趣成为《追梦者》第二部的主角时，他立刻就同意了。

很难找到比弗朗西斯科和托马斯更迥然不同的人了。

弗朗西斯科眼睛流露出的暗影，可从托马斯身上看不出任何影子，我所说的是作为画家的影子。弗朗西斯科有着一双深邃的眼睛，由此得出眼神中留有影子的印象。他的眼睛是深褐色的，像黑夜一样深邃。从弗朗西斯科那得体又逻辑严谨的言语中闪现出，更准确地说，是间或向外表露出一个我称之为“纯真如孩子”的印象。简言之，弗朗西斯科从各方面来讲都是个纯正的加泰罗尼亚人。

托马斯则是一个看起来像天空一般易于理解的人。眼睛明亮而安静，当他对着亲近之人微笑时，眼中会掠过一丝热情。我不会想到他是一个捷克人，他的外表有点儿像斯堪的纳维亚人。他的豁达与精细看起来更像丹麦人或瑞典人。

他说话时，让人很想听。他的话委婉、舒缓又形象生动。我暗中发现（后来也把这个想法告诉了他本人），托马斯让我首先想到的不是一个足球运动员，而是一个心理治疗师、分析师。他因我的这种比喻笑了很长时间。

他笑着说：“这是球队队长职责留下的印记。”

在我所拍摄的沙画故事中，球迷和观众可以从另一个侧面去看自己的偶像，那一面更真实。我成功地揭示了他们的一些秘密，但并不是八卦杂志那种，而是一些非常私人且内在的东西。

在拍摄《追梦者》影片时，我初次意识到，我的专业有助于我的工作。此前我仅凭自己个人的直觉来创作作品，与人交谈。但在和球员们的交谈中，我意识到给他们机会做自己，放松下来，最大程度展现自己，真诚地说话是多么重要。于是我开始一边像心理学家一样提问题，一边快速将对方所说的内容描画下来，而不是单纯地变身为一个画家。

我问了托马斯许多不同的问题，有些问题和我问弗朗西斯科的一样，有些是专门为托马斯准备的。

托马斯的父亲是一位著名的足球健将、运动员。回忆起童年，托马斯称，哥哥的性格对他产生了重大影响。全家人都爱好体育，早在童年时期，托马斯就不能想象若是生活中没有体育运动该如何是好。

他的第二爱好是音乐，他喜欢弹吉他、唱歌，并且具备一个吉他手的演出经验了，他曾和自己最喜欢的一个捷克摇滚乐队——“三姐妹”同台演奏。

但他对音乐并非一见钟情——音乐是在他最紧张、困难的时期走入了他的生活。托马斯受了伤，在医院卧床数月。伤很严重，他说，医生称，他可能无法重返球场了。

“这期间你做了什么？你很抑郁吗？”

“是，也不是。我读了很多书，也思考了很多。我不能再踢球了这一想法一直萦绕脑中，挥之不去，让我无比痛苦。但后来我意识到，如果我一直都在想如何与这个令我感到害怕的想法做斗争，那么不会发生什么好转，最终会患抑郁症或者更糟。放任这种想法就好，让它存在。我改变了对它的态度，自己就变得轻松多了。我想，我作为球队队长不是为了踢球，而是为了找到一条通往每个球员内心的路，而他们千差万别……要善解人意，要做一个战略家。你知道吗，我觉得成为一队之长，在某种程度上你就不再是球员了。你明白吗？还有许多其他问题。我和每个球员交谈，不是作为队长，而是作为一个心理学家。我必须找到通往他们内心的路，否则团队将不复存在。”

“你讲话泰然，又句句在理，”我说，“听你说话，我觉得如果你不是一个足球运动员，你很可能会成为一个不错的心理咨询师。”

“谢谢。”托马斯笑着说。

“不能踢球的时候，你都读了什么书呢？”

“噢，什么书都有……但很多都是出于爱好。不知是什么时候，我在书中捕捉到了幸福的回声。我失去了一切，但也有收获……尽管收获是，我终于认识到了能出现在赛场上是多么幸福的一件事……”

“但你又回到赛场了。”

“是的，用了一年时间。医生都感到难以置信。那时我已经会弹吉他了……”

“自己买的，还是朋友送的？”

“自己买的，不是原声吉他，而是电吉他。但是我不认为有资格说自己懂音乐，从事音乐很久的人才有权这么说。这只是我的业余爱好。”

“人们都称你是‘小莫扎特’。”

托马斯笑了笑，抖了抖他那稠密的淡黄色头发：

“有时我在球场上也唱歌……”

我对这些答案很满意，它们生动而直观。现在我可以很容易把我所听到的内容画成沙画。最重要的是——我所听到的内容之中蕴含着巨大的力量。这是一个克服重重困难的人的力量，并且不光是克服困难，还在困难之中另辟新路，逆转局势。

访谈之后，我们还聊了一会儿，我给托马斯展示了我的画，画中情节均摘自我们的谈话。

“你刚刚画的？”他无比惊喜地问道。

“是的。我的手上拿着画册，你难道没看到？”

“噢！我以为，那上面只记着你要问的问题……我完全没注意到你的手是怎么动的，也没注意到你手里有笔……”

之后托马斯让我给他展示了同弗朗西斯科访谈时画的画，在看到一个黑眼睛的男孩儿在加泰罗尼亚海滩上追着球跑的画面后，他笑了很久。

关于弗朗西斯科，托马斯说：“他就是那样一个出色的年轻人。”

我们互相致谢便告别了。这之后我和我的团队花了好几个小时讨论了今天的访谈，交换了对剪辑的意见并商定一周后在佛罗伦萨见，在那里将对布冯和切利尼的访谈进行拍摄。

还是在那个酒吧吃的晚饭，有趣的是，第一次来捷克，却在一家菜单上一道捷克菜都没有的爱尔兰餐厅吃饭。

饭后，我同伊戈尔漫步在夜色之下的布拉格。更确切地说，我是到布拉格各处取景画画，我快速画下了许多城市图景，而伊戈尔则用照相机拍摄城市风景。

一个难以形容的美丽城市，一个画家梦寐以求的城市。直到很晚我们还游荡于各个古街古巷，不想错过任何有趣的场景。我们冻坏了，还被淋了暴雨，但还是觉得很值得。

我决定一定要和画家朋友们，和我们“志同道合的四人小组”来这儿故地重游，她们早就告诉我，应该到布拉格写生。

往 返

2009年5月，于叶夫帕托里亚、基辅

在我们出发去基辅的当晚，我无论如何都不能和季马分别。我们提前就把他的小床运到了我父母的房子，还运去了他所有的东西和我们大部分的东西。原因很简单，我们在果戈里街租的房子到期了，需要把东西先安置在别处。

去基辅前的一整天我们都在收拾东西，哪些东西带去基辅，哪些运去父母家，哪些运到父母的别墅。

伊戈尔买了一辆很旧的面包车，我们非常高兴。车钱是由他的家人和我的父母共同筹措的。没有交通工具是不行的——必须要运输大量的设备和东西，又不能用火车运，我是一点儿也指望不上。

终于到了我十分害怕的离别时刻。季马不明白为什么妈妈哭了，高兴地哈哈大笑，和我的妹妹们玩着。

妈妈好不容易才冒险同意照顾季马，我能理解她。我的两个妹妹非常活跃，但身体不好，而且还在上学。爸爸工作到很晚，回到家中已是疲惫不堪，吃了饭便躺下睡觉。玛莎、娜斯佳、季马三人在一起就是个“核武器”，而妈妈不得不一个人对付他们。

厨房里传来一声巨响，孩子们把桌子上的什么东西打碎了。妈妈听到后说：“我希望时间不会太长。”

我说道：“嗯，妈妈，我们要用两周准备半决赛，表演完就结束了，我肯定会被淘汰的——我怎么能进决赛呢！然后就回来。”

“两周！”

“嗯，妈妈……就忍忍吧！”

“这样吧，我们换种方式。一个星期后我会告诉你我是否能坚持到第二个星期。如果我感觉不好，你就必须接季马去基辅。”

“妈妈，你知道的，我们不能……”

妈妈机智地说：“让我们根据实际情况解决问题。”

告别后，我们就开着轰隆隆的小车去基辅了。

在这里，我不详细讲我们是怎么到的。我只能说中途车停了三次，我们的什么东西掉了，发出轰鸣声，车抛锚了好几次。终于到了基辅，只不过不是在早上，而是在晚上到的，为了找密林湖别墅区，我们又逛了好一会儿。

给负责人打电话，他来接我们。

“你们终于到了！”

我们迟到了 4 天，当然不是因为车的原因，是因为参加红戈尔卡的音乐会耽搁了。

在“灯塔”疗养院住下后，我们同半决赛的选手彼此打了招呼，便开始准备比赛。

每天只要一想起季马我就掉眼泪，从早到晚一直在给妈妈打电话，询问季马的情况。妈妈掩饰得很好，但是透过她的声音还是能听出，照顾季马并不轻松。季马在身边的日子妈妈感到很折磨，而我因为季马不在身边而备受煎熬。

我和伊戈尔都明白，在基辅没有办法照顾季马，因为从清晨到傍晚我们都待在“阿维安特”的摄影棚里，必须来回搬运桌子、灯具、画沙画用的沙子、支架这些东西，只有每天晚上才能在房间排练一会儿。

“怎么办，怎么办？”同样的问题不停地在脑中闪现。

“会解决的，”伊戈尔说，“一切都会迎刃而解的。”

第一周快结束时，我发现他说的是对的。周五早上妈妈给我打电话说她身体不舒服。

我们坐客车去了克里米亚。

爱与自由

2012年5月20–25日，斯德哥尔摩

这是悉尼之后我第二喜欢的城市，是我愿意度过余生的地方。

斯德哥尔摩人权委员会举办会议，主题为《人权的先进性》。我被特邀做开幕发言。

提议邀请我的是瑞典著名的慈善家和社会活动家尼克拉斯·柯杰尔斯卓姆－马特赛科（Niclas Kjellström–Matseke）。他的名气不仅仅来自现在从事的事业和慈善活动。他是一个瑞典家庭在南非认领的孤儿（当时正是种族隔离政策兴盛的时候）。虽然有着瑞典人的姓名，尼克拉斯却是一个地地道道的黑人。他很小的时候就从养父母那里得知了亲生父母的遭遇，他们由于反对种族歧视而被杀害。从学生时代尼克拉斯就一直期待着能够结识那个受到亲生父母和养父母尊敬的大人物。那就是杰斯蒙德·图图，英圣会开普敦大主教（南非第一个黑人主教），反对种族隔离的斗士，1984 年诺贝尔和平奖获得者。

两人认识以后，开始一起从事慈善项目，帮助非洲各国人民。

这就是邀请我的尼克拉斯·柯杰尔斯卓姆－马特赛科的基本情况。

我专门为隆重的开幕式制作了沙画史诗《爱与自由》。它讲的是，每个人都是自由的，独一无二的，爱是最高级别的自由，爱是世界性语言，任何人都听得懂，任何人都愿意倾听。

我们到达斯德哥尔摩时，已是黄昏时分。我们直接来到了演出现场，和工作人员打了招呼，检查了设备。然后是彩排，我此次行程的组织者也在场。我见到了尼克拉斯本人。我们一见如故，好像神交已久。这在长时间通信的情况下是司空见惯的事情。

晚饭后，我们去看斯德哥尔摩夜景。

我们的宾馆旁边就是步行街街口，穿过几条运河和桥梁，一直通向王宫建筑群和老城区。

我们是 10 点左右出门的。在这个北方城市，夏季半夜才黑天，而且也很难称之为黑夜。

我再次确认了我的观点：斯堪的纳维亚不是欧洲，这是正面的夸奖。它具有大部分欧盟国家的各种优点，却没有任何一个欧洲国家的首都那种忙乱，还有……就是空气中——我想不出其他说法——正是空气中弥漫着人文的气息。不市侩，不庸俗，而是互敬互爱，是以人为本，是为了让人觉得舒服愉悦而尽其所能。亲爱的读者，请不要当作笑话，这一点是显而易见的，如人行道的设置，街头长椅的安排，处处都花了心思……在这个城市里，我深深感受到，我的需求和想法能够被理解，被接受，被考虑。这是我对这个城市的感受，如果可以这样表达的话。

要是从画家的角度来看……哪怕不是作为一个画家，而仅仅作为我个人来看……这个城市特别适合我，可以说是机体上，肉体上适合我。这里实现了我儿时的梦想，藏在云后面的城市，暗影在守卫，上方是光明，这就是我内心的感受。也许到过斯德哥尔摩的人并不一定理解或者认同我的想法。我从小就知道我对世界的认知和身边的人截然不同。我在动作中看到的不是手势，而是思想，从瞬间感悟到一日，反之亦然。这座城……如此特别。不能说，我不记得它。但在我的记忆中它已经抽象为一个符号，是我独有的神话，我的梦。

我们走过一座桥，桥的对面就是皇宫的大门。但我们没有走过去，而是拐进旁边的一条小巷。我喜欢参观所有城市的老城区。幸运的是，我去过的大部分城市都有这些最具历史感的部分。我说大部分，是因为不是所有的城市都有这样的老区，在阿斯塔纳和香港我就没有见过。前者就是没有，后者都说有，但位于海湾，而在我们住的地方却见不到。

站在桥上，一边是相对的老城，一边是绝对的老城，我忽然觉得，斯德哥尔摩有点像彼得堡，仅仅是有点像而已。同样是“北方”古典和英式古典风格的建筑矗立在水上，远远望去，典型的北方风格尖顶直刺云霄。这样的景致在斯德哥尔摩随处可见。有些地方依稀可辨我心爱的彼得堡的风采，令我欣喜万分。但是这里不仅仅是北方，这里有太多未解之谜，至少对我来说是这样的。

伊戈尔一如既往地理性看待我的欣喜之情。他到过的城市也很多，他有自己的所爱。我觉得儿时的梦突然从虚幻中挣脱出来，扑到我身上，就像蝴蝶扑到花蕊上。哪怕就是现在，我一想起北方的梦境，尖锐硬挺的梦，平和纯净的梦，我都会有一种奇怪的感觉。这种莫名其妙的感觉让我如痴如醉，欲罢不能……

我们沿着幽巷一直逛到深夜，但天一直没有黑透。小巷幽暗如井，因为两边几百年历史的楼房相当高，向上耸起，楼面却很窄。这些楼紧紧相连，像一排切块蛋糕。与狭窄、局促的正面相反，内院空间纵向深入，在入口的拱门后面隐藏着我的最爱——神秘的内院天井。这些地方往往设有喷泉，连同一尊人物雕像。光线从房顶照下来，落在这位神秘的人物身上，一如舞台的射灯，极具戏剧效果。

回程我们决定取道皇宫建筑群。尽管到处都有路灯，但光线好像故意调得很暗，为街道和建筑笼罩上一层神秘的色彩。

我们走在一条幽暗的小路上，两侧是楼宇的外墙。路很窄，无法三人并列同行。尽管我和伊戈尔是两人并排走，肩膀都碰到了墙。当我们看见圆拱墙时，就确定后面一定是皇宫的正门，便径直走过去。呈现在我们面前的是一幅神奇的童话般的画面。夜色中着装仪仗队正在皇宫院子里列队而行。他们奇形怪状的肩章和穗带在月光下闪着光辉。大炮过来了，响起了口令声。真奇怪……口令的声音洪亮，但感觉却是耳语。

我要疯了……

我觉得，再过一秒，我就会飞到我的梦境中去了，飞到一个雪的世界，灰白的城市刺入苍穹，在蓝色的雪地上投下长长的影子。

“原来它在这里”我一时间忘乎所以，竟脱口而出。

突然，士兵们都把头转向我们。一切发生在电光火石之间。左边有人向我们快步跑来，步态协调，铿锵有力。我呆立在原地，沉醉于那节律优美的动作，眼前的景象就缺雪和影子了。

“对不起！”那人一口流利的英语，这时我们才发现他穿着军装。

“对不起，先生，我们打扰你们了吧？”我不禁压低声音问。

那人微微一笑，夜色中，他的笑容毫不亚于梦中的雪和影子。

“明天有重大活动，现在正在进行彩排。我很抱歉，你们不能待在这里。你们明天来观礼吧！一切都会看到的。”

他说话语气很随意，没有类似场合下拒人千里的彬彬有礼，而是一种温暖的，几乎是友好的同情。

我们道了声歉，心醉神迷地向河边走去。

左侧的宫殿庄严肃穆，其雄伟壮丽正是美丽的斯堪的纳维亚的真实写照。宫殿的侧墙打着灯光，布满浮雕，有点儿像彼得堡的冬宫。

我们过了条马路，走到河边，在水边坐下。

水波荡漾，仿佛在和天空低声诉说心语。

“这城市真是太……”我喃喃自语，却一时之间找不到合适的语言。

我们夜里四点左右才如醉如痴地躺下就寝，我们都睡得很沉。梦里我听见钟声连绵，绕着教堂尖顶上升，飞向星空。

早上醒来，拉开窗帘，满眼阳光。一处尖顶建筑映着大大的太阳，熠熠生辉。各处的建筑上闪耀着点点光芒。

演出前还有一大段时间，于是我们就去看看城市的晨景。我们还没见过晨光中的城市呢！

一切都是光闪闪，亮晶晶的。一切都变了模样，但美好依旧。

首先，我们奔向皇宫，那里要举行庆典。

那一年的 5 月 22 日成了瑞典的国家节日：这一天在斯德哥尔摩的天主教堂为时任国王的孙女，即皇位继承人维多利亚的女儿埃斯特拉小公主举行洗礼。小公主是春天出生的。斯德哥尔摩盛大而隆重地庆祝她的洗礼。欧洲各国都派使团前来对瑞典皇族表示祝贺，斯德哥尔摩老城中心的皇宫装饰一新，花团锦簇。

我们昨天看见的仪仗队穿着一身漂亮的民族服装，列队而立，精神抖擞，然后他们开始变换队形，开始表演迷人的军人舞蹈。王子和公主出来了，穿着蕾丝花边衣裙的小公主也由神父抱出来。一切好像是昨夜的童话在继续，只不过现在增添了明亮剔透的色彩。

当我们乘游艇穿梭于运河和港湾时，我又一次爱上了斯德哥尔摩，是与之前完全不同的感情。

晚上，在市中心的音乐厅举行了慈善晚会，名流贵客云集。

我的开幕表演之后，西恩·潘走上了舞台。

晚会前我们经人介绍认识，我们谈到世界局势，谈到战乱和战乱的无意义，谈到人们的无助和力量。他看过我的作品，很是赞赏，令我心生感激。他高高瘦瘦的，比我先前看电视想象的高出很多。一般说来，人在屏幕上会显得比实际上高一些，丰满一些，但在西恩身上却出现了相反的效果。

我觉得西恩有点像是来自好莱坞的颓废分子，他从不出现在大家觉得他应该出现的地方，除非是参加电影节及其相关活动。他作为一名公民激进分子做了不懈的斗争，但他不是以政治家的身份，而是以美国文化代表的身份反对小布什政府。

西恩分别于 2004 年，2009 年因为电影《神秘河》和《米尔克》的角色获得奥斯卡最佳男主角奖项，但他并没有像大部分获奖者那样奔波于各类高级场合。他的一些行为显得可笑幼稚，同时又有点积极意义的颓废。比如,2002 年 10 月 18 日，他花费了 56000 美元广告费在《华盛顿邮报》上发表致乔治・布什的公开信。他在信中批判了美国政府的伊拉克政策。当年 12 月，他前往伊拉克探望巴格达医院里的儿童患者，他们是美国政府制裁伊拉克的牺牲品。三年后，西恩以《旧金山纪事报》记者的身份访问了伊朗，并与伊朗的文化名人见面。他关于总统选举和伊朗核问题的报道就是当时在德黑兰写的。

这一切当然可以有不同的解释，我也没有一个统一的观点。只不过在好莱坞群星闪耀的背景下他的确显得与众不同。他的一些行为绝对值得敬重：新奥尔良遭受卡特里娜飓风侵袭时，他亲自参与救助灾民。2010 年起，他开始领导海地震后救援和重建的志愿者工作。

西恩的致辞朴实无华，有别于诸如英国等地方高级活动的“标准”官话。我觉得，“正常的”有教养的美国人和斯堪的纳维亚人能够互相理解：他们有相似的优点，比如话语简单直白，通俗易懂。

西恩之后讲话的是瑞典外交大臣扬・埃利亚松。演出前，我们在演员休息室也见过，这是一位和蔼可亲，精神矍铄的老绅士，个子高高的，有点像安徒生。我们说了几句客套话之后，就自然而然地谈起更为深入的话题。谈到斯德哥尔摩，谈到它与其他首都城市的相同点和不同点。

最令人印象深刻的是诺贝尔和平奖获得者德斯蒙德・图图大主教的精彩演讲。这个黑皮肤男人，虽然已经到了老爷爷的年纪，骨子里却依然是当年那个年少的狂热布道者。他的英语清楚、准确，略带一点儿口音。我甚至认为恰恰是这一点即非洲人固有的口音使别人油然而生好感，让每一个人，无论欧洲人、亚洲人，还是非洲人，都倍感亲切……

与图图大主教这样的人同台不仅仅是荣幸，也是极大的情感触动。

因为他讲的是我们现实生活中真正的艰难困苦，尽管他是带着一贯的乐观与善意讲的。那天晚上，他讲到自己在南非反对种族隔离政策的斗争，讲到对人类犯下的滔天罪行……我听到的每一个情节都在我的眼前形象地呈现出来，简直可以直接当场转化为沙画的一幕幕画面。这个晚上对我来说是非常重要和必要的，因为我最关注的就是世界性灾难问题，不公正待遇问题，人权遭受侵害等问题。我为自己有幸同这些为和平，为他人做出巨大贡献的人们一起站在台上而激动万分。我看向大厅，坐在那里的人们认真聆听演讲的样子同样让我惊叹。他们坐在大厅里，衣着华丽优雅，但不是为了走红地毯，秀造型，出风头……我看得出，感受得到，他们的的确确在意遥远地方发生的事情，他们愿意伸出援助之手，虽然没有人强迫他们这样做……仅此一点就值得掌声。最后我们互相鼓掌：台下的人为我们鼓掌，我们为台下的人鼓掌。

这个和平的国度是世界国民受教育程度最高的国家之一，从部长到普通工人，每个人都密切关注战争与和平、自我牺牲、英雄主义、同情、认养孤儿等话题。在这举国同庆的美好日子里他们没有忘记，还有人生活在水深火热之中，根本谈不上和平和富足，还有人的基本人权被粗暴、残酷地践踏，日复一日……这一切是如此真诚感人。我很高兴自己有幸参与这场慈善晚会。特别是当我得知，晚会筹募的全部善款将捐助给非洲失学儿童，以及其他需要帮助的人，比如柬埔寨的一些房屋被毁，土地被私人公司霸占的家庭。

晚会结束以后，在剧院的休息大厅举行了小型冷餐会。在这里我们谈论各种各样的话题。聚会没有因为过度讲究礼节——用我的话说就是装腔作势——而显得过于郑重其事，同时这种恰到好处的随意性也没有演变成野蛮无礼，一切自然得体，甚得我心。

这座迷宫城市是真正的童话王国，神秘、迷人、神奇、直白——这就是斯德哥尔摩。对于孩子来说，这是一个充满奇迹的世界——童话博物馆、玩具博物馆、船舶博物馆……离开时，我和伊戈尔决定，如果可能的话，一定要带我们的儿子季马到这里来看一看。

飞行在无边林海的上空，望着数百岛屿组成的陆地，我忽然意识到，我的一部分永远留在了那里，留在了下面，她穿行于狭窄的街巷，坐在码头的木台边上，盯着幽暗的河水。

我一定会回来的，看着窗外，我在心中暗暗发誓，等着我吧……

演出仍将继续……

2009年5月中下旬，于叶夫帕托里亚、基希讷乌、基辅

真是奇怪啊……没过一个星期，我又来到了叶夫帕托里亚，身边是在海滩上玩沙子的儿子，不远处是微微泛着波浪的大海。真的是只过去了 5 天吗？我们真的刚刚去了一趟基辅，参加了彩排吗？

我们当然没有不辞而别。离开前和制片人进行了漫长而艰苦的交涉，最后完全是看在我儿子季马的面上终于同意给我们几天假。不记得我是怎么说的，但我成功地解释了我们必须离开的理由，他们相信了我。

但我很清楚，如果我们不能在星期一之前及时返回，就会有人替代我的位置。于是乎我们竭尽全力寻找解决问题的最佳方案——把孩子托付给谁照顾。而且，答案好像找到了。

但是为了达成心愿，我们必须在三天内先后穿越 4 条国境线。

我们决定把季马送去基希讷乌，“从一位母亲到另一位母亲那里”——交给伊戈尔的父母。

这个决心很难下，有那么一瞬间我甚至想不去基辅了，愿意怎样就怎样吧。在家里多好，和儿子在一起多好。以前怎么过的，就怎么过呗，干吗非得往外跑呢？

但是，伊戈尔了解我。当我用上述想法自我麻醉时，他简单几句话就决定了大局：

“是你求人家给你个工作的机会吧？你凭什么认为这个机会来得很容易啊？”

我平静下来，头脑也冷静了许多。

就这样，季马在 1 岁 5 个月大的时候，第一次离开了乌克兰。一路上孩子都在睡觉，我和伊戈尔说话，以免他睡着。这是他一周之内第三次驾驶一辆大破车完成 800 公里的行程。我们忧心忡忡，祈祷老爷车这一次可千万别出什么问题，别把我们扔在半路上。

清早，我们来到海关，孩子也醒了。到了德涅斯特河左岸地区，我们找到伊戈尔的一位朋友，他住得离边境很近。我们喂季马吃了东西，梳洗了一下就驱车前往基希讷乌。

这是我第一次到这里。我们受到了热情接待，季马很快适应了这个“新家”。两天以后，他正好一岁半。早晨我们祝他“一岁半快乐”，然后就与大家辞行返回基辅。

我们沿着起伏不平的道路来到德涅斯特河左岸地区的边境。过境后，刚起步前往乌克兰边境，车的减震器就脱落了。

我们在大路上好不容易拦到一些懂行的人帮忙，总算把脱落的物件安上了，就这样坚持过了境。

一进入乌克兰境内，我们就开始寻找汽车修理部，终于在一个小村子里找到了。修车的过程堪比埃米尔·库斯图里卡导演的电影情节。我们在那里遇见众多形形色色的人。遗憾的是，我已经记不得事情的具体经过。最后的结果是，找来了一位库利宾一样自学成才的传奇人物。他鼓捣了一下，我们就开车离开了。

“修好了！”马上就要到基辅了，当我终于惊奇地相信我们的车修好了的时候，减震器就立马再一次脱落了。

半夜时分，我们好歹到达了目的地——普夏。我不敢相信我们已经到了。疲惫不堪的伊戈尔顾不得一身脏兮兮的衣服，倒头便睡。我却怎么也睡不着。睁着双眼，盯着黑夜，想着季马。毕竟是异国他乡啊……我竟然抛弃了他，我算什么母亲……

凌晨时分，我才含着眼泪昏昏睡去。10 点已经在彩排现场了，演出仍将继续……

玻璃艺人

2012年6月1日至5日，于波兰克罗斯诺市

喔喔喔喔……冬日的玫瑰……我们在街头相遇……你裹着大衣，领子竖起，你说："我现在马上要死了"[1]。

为什么这首歌总是萦绕在我的脑海？从基辅到华沙，从华沙再到克罗斯诺，一路上这首歌一直在我耳边回响。

我们去的城市堪称"玻璃艺人之都"。这是个创造奇迹的地方。克罗斯诺是波兰最早开始生产玻璃器皿的地方。这项技艺是当地人在意大利学来的，后来有威尼斯大师来到克罗斯诺向年轻的爱好者传授手艺。

从此，该地形成了自己独特的，完全不同于意大利的风格，花瓶、高脚杯、茶杯都自成一派。这成为克罗斯诺的历史文化特色，波兰人的

① 俄罗斯歌曲《冬日的玫瑰》的歌词。

骄傲。

我之所以被邀参加玻璃艺术节的演出，就是因为沙子是玻璃的主要构成成分之一。沙子和其他原材料一起在特制的炉子里高温加热至融化，形成流动的透明弹性物质，这就是玻璃艺人施展手艺的材料。

他们只用几秒钟的时间就能制作一件物品。这一神奇的过程深深吸引着我。一分钟后，吹好的玻璃永久定型，或者成为艺术品，或者回炉重烧。当时我正在写一篇关于玻璃艺人的小说。已经写了两年，却一直无法结尾。所以我愉快地接受了来克罗斯诺演出的邀请。

我专门创作了两个沙画故事。一个是讲玻璃产生的历史和玻璃制造业几百年的发展史；另一个讲的是克罗斯诺从中世纪一直延续至今的奇迹。

波兰人给我带来了好运气。三年来，我在波兰各地演出，认识了很多波兰人，我有幸结识的波兰人都非常优秀。我无法想象一个不优秀的波兰人。希望没有不优秀的波兰人，即便有，也不要让我遇见。

在机场接我们的是一个年轻小伙子，名叫斯拉沃米尔。他跟我们说俄语，说得还不错。他殷勤地帮我们把行李放进停在机场出口的汽车的后备厢里。我们上了车，就向克罗斯诺进发。

离开华沙市区，我们沿着公路一直走了好久。路过很多小城，有着小小的房子和高高的尖顶。7 个小时的长途跋涉之后，我们终于到达克罗斯诺。如果是伊戈尔开车，也许会快很多。我们的波兰同事车开得四平八稳，不慌不忙。最后我们只剩下一个念头，能抵达目的地就好。

到达克罗斯诺时，已近深夜，我们入住一家舒适的宾馆，宾馆的外部和内部装修都是玻璃材料的。然后大家一起共进晚餐。最后，终于只剩下我和伊戈尔了，我们聊起往事：

“五年前我们举行的婚礼。”

“真不可思议啊！”

“那我们是什么婚啊？布婚？”

“管它呢，”伊戈尔说，“我们现在是玻璃婚。”

清晨，开始上演神奇的一幕——所有的街角都有玻璃在闪闪发光，到处都是玻璃发出清脆之音，让人意乱神迷。一切都是玻璃做成的，就连我们自己好像也变成了玻璃的。

就算再给世界一千年，
它也无法领略你的美，
可是我不在乎，
我就爱你如今的模样……[1]

接下来是新闻发布会，与俄语系大学生的见面会，然后去演出现场。在一个面积不算很大的广场搭建了一个高台，台上有一个白布立方体。

“这是什么？”我惊呆了。

“为女士您准备的屏幕。”

“四面的屏幕？”

“对。我们将有四部机器同时投影，以便广场四周的观众都能看见。”

“太棒啦，”我夸奖波兰工作人员道，“这个我喜欢。”

---

① 俄罗斯歌曲《冬日的玫瑰》的歌词。

“谢谢！”他们回答着，陪我们来到玻璃博物馆。

这座互动式博物馆的建筑相当雄伟，这是波兰的骄傲。其实当时博物馆正在停业装修，秋季正式开门纳客。但是馆方特意为我们安排了一次参观。

从底层传来丝丝热气，到处是一派热火朝天的繁忙景象。玻璃艺人们在那里从事自己的神秘活动，我却不敢轻易地称他们为工匠。

大厅的中间是一个大火炉，里面正在烧制玻璃熔液。一位师傅往一个专门的敞口贮槽里装沙子和其他原料，在高温的作用下慢慢地熔化为玻璃。

温度很高，玻璃艺人的脸被烤得红通通的，像热血沸腾的勇士一样。他们手里拿着一个中空的长棍，用一头在盛有玻璃熔液的槽子里蘸一下，迅速拿出炉外，同时用手指快速转动棍子，避免玻璃熔液滴下来。然后一边从棍子另一头吹气，一边慢慢转动棍子，于是就出现了玻璃器皿的造型。

这真是一个奇迹，没有任何夸张和比喻的成分。作为一个观众，目睹并感受到材料的柔韧性和流动性，同时还意识到这仅仅是几秒钟之内完成的事，之后玻璃冷却，一切都将无法改变，这真是一种神奇的体验。

然而这短短数秒却因为相对的宇宙时间而延长了，变成了永恒，又在观者的目光下慢慢幻化为神奇的存在。

虽然在这数秒之间师傅快速完成了一系列琐碎而重要的动作，但他的一举一动真的没有丝毫心烦气躁、手忙脚乱。

师傅一共有四位，各自根据最后结果的要求，按照自己的方法操作棍子和棍子末端的玻璃熔液。

一个师傅先吹出一个不大的泡泡，快速浸入水中。这时，另外一个师傅递过来一个镊子，夹着一小块热的固态玻璃。师傅接过镊子，凑近棍子上变硬的椭圆体，把小块玻璃迅速粘在上面，然后用镊子切割下大部分，同样的工序重复四次。这样就完成了乌龟的四个爪子。

这时旁边又递过来一根棍子，末端有一枚已经冷却的玻璃珠。师傅把棍子伸向一张撒满各色粉末和彩色玻璃碎屑的桌子。他把棍子一歪，让玻璃珠在碎屑和粉末中打滚。这样一来，玻璃珠就有了颜色和花纹。然后把它快速镶嵌到乌龟的躯干上。再用一种有点像小小的华夫饼干模子的镊子压刚才粘贴的爪子，爪子上神奇地出现了细小的指头和指甲。

一个玻璃乌龟出现了。它就在我们面前，静静地看着我们。它的壳是绿色的，爪子是浅赭石色的，头部是灰色的。

“真漂亮！”

师傅把小乌龟从棍子上摘下来，用镊子夹着送到专门的存放处。24小时之后还要进行下一步加工工序。

“等彻底完工了，我把它和其他的作品一起邮寄给你们。”魔术师对我们说。

“真的吗？”我不敢相信自己的耳朵。

然后奇迹在我们眼前继续出现，我们有幸见证了其他作品的诞生。

“多么具有创造性的艺术啊！”看着他们的作品，我不禁感叹。

“你们对自己的作品满意吗？”我问这些师傅。

“非常满意，”他们回答说，“这是最好的作品。”

“的确如此。”

他们开始制作一个新东西，有点不同寻常。这回没有人吹玻璃泡。

师傅们用两根棍子抻着什么东西，把它放进绿色、白色和黄色的粉末里。单独制作了一个玻璃珠，先放进红色粉末里，然后在亮晶晶的玻璃碎屑里打滚。然后用“华夫”镊子抻夹这粒红色的带花纹的玻璃珠，最后把它镶嵌在之前做好的绿色基座上。这时，我才看出来做的到底是什么东西……啊，这不正是从早到晚在我耳边吟唱的那首歌吗？果然是有原因的。

就算世界再美好一千倍，
它也无法展现你的美，
你是冬日的玫瑰，
我只爱你现在的模样……

师傅最后一个动作贴上叶子，并用镊子定型。

“太神奇啦！”我不禁脱口而出。

“想试试吗？”一位师傅好像看透了我的心思，提议道。

“太想了！”我实话实说。于是对方给我一根带玻璃熔液的棍子。准确地说，只有棍子，玻璃熔液需要我自己在火炉中取。奇怪的感觉——很热，但我感觉这是生命的热度。我无法以正常的方式解释清楚，而且需要解释吗？真神奇。

把蘸了玻璃熔液的棍子拿出来以后，我按照师傅的指导，一边有节奏地转动手里的棍子，一边试着吹气。我觉得我吹的棍子不是中空的，而是实心的。气送出去了，却根本没有顺着棍子下行。我使劲吹，噢，成了！珠子一下子鼓起来，成了一颗大大的，严重变形的玻璃心脏！当然，这不是我有意为之的造型，而且由于我吹过了头，在心脏薄薄的侧壁上出现了一个洞。不可思议的是，这好像是薄薄的金属箔片的洞，边缘曲折蜿蜒，在空气中微微颤动，根本不像是玻璃开洞的边缘。

“试操作 2 号！”师傅下了命令。我像听话的小徒弟一样乖乖开始重头来过。

吹气的时候，正确旋转棍子是非常重要的。转快了，厚度就会不均匀；转慢了，一侧就会流淌，造型就歪了；如果吹大劲了，侧壁就会破洞。

有很多小技巧。我明白了一件事，如果我跟他们学习一段时间，我肯定能做到。因为我成功地触摸到玻璃的脉搏，倾听到玻璃发自内心的独特声音。说实话，我甚至想到，如果有一天我厌倦了沙子，这将是我的“退路”。

临别时，师傅们拿出一颗巨大的心，粘满小小的红色玻璃心，上面用波兰语写着姓名。

“这些都是我们艺术节的客人。”陪同人员做了说明。

“您的名字在这儿。”他拿出一颗略大的红心，上面用英语写着“克谢尼娅·西蒙诺娃”。

我们把这颗心同其他名字粘在一起。同师傅们告别时，我问他们是否会来广场看我的表演。

“你们向我展示了你们的技艺，”我说，“接下来该轮到我了。”

他们说会来。我们从玻璃博物馆出来就去准备演出。晚上，广场上聚集了很多人。他们中有乌克兰人、俄罗斯人。我完成表演后，沿着舞台绕场一周，向广场各个方向的观众鞠躬。一切宛如童话般美好，这个城市本身就像一件玻璃制品，就像一座小博物馆。

我表演完毕之后，克罗斯诺市长上台送我一束花。我看见了那群玻璃艺人，他们高兴地向我挥手，高喊着“真棒！”

“这些花送给你们，你们才是最棒！”我大声喊着答复道，“真棒！真棒！”

深夜，已经是半夜三更了，我在化妆间换衣服。这其实是广场旁边大学的一间房子而已。我正准备下楼，与等着我的伊戈尔和谢廖加汇合。突然有人敲门，我开门一看，没有人。在地板上放着一个篮子，里面……盛开着一朵玻璃玫瑰。

冬日的玫瑰……

准 备

2009年6月1日至5日，于基辅

我们结婚两周年纪念日是在彩排中度过的。

我决定放弃为半决赛制作节目。我本来打算蒙住双眼来绘制沙画，这当然刺激，但也很冒险。要不怎么说它是个“节目”呢？！我重新整理我的作品《战争》，做了最大限度的删减，形成一个 8 分钟的短片。但这仍然太长了，表演要求 3 分钟的长度。幸运的是，电视台的领导非常睿智。他们很清楚，我是可以加快速度的，可这不是重点。加快速度对我来说就是如同电影的快镜头，无疑会导致观众来不及看清楚细节。这是不对的。问题不在于速度要快，虽说《战争》这部作品有些地方我也是勉强才跟上音乐。可这不是干巴巴的快速，不是一时的炫技，而是……电影……或者是戏剧。如果当时项目负责人不能理解我，也就没有了这部《战争》，也就只是一碗三分钟的“稀饭”。其实，还有一些表演者也被允许超过时间限制。有些人甚至比我的时间还长，这是正确的决定。如果表演形式是音画，不是造型的，急是急不来的。歌曲就要简单一些——通常大部分歌曲的长度不超过 3 分钟。

我坐在大厅里观赏朋友们的彩排。一直喝着茶或者咖啡，是为了取暖——阿维安特电视台当时还有些凉，而且我乳腺炎痊愈后一直怕冷。幸好咖啡和茶是免费的，可以喝个够。此外，摄影棚也为我们提供食物，也就是说不必担心伙食费。我们来基辅只带了 500 格里夫纳——这是我们的全部家当——我们攒的汽油钱。所以提供食物对我们来说真是雪中送炭。

半决赛进行了电视直播。我们这些参赛选手被安排坐在最后几排。我看着朋友们在舞台上表演，妆容华美，衣着光鲜。我想：“我的天！他们表现得真好！我差得太远了……”

我已经试过我的演出服了，我非常喜欢。我们被带到服装店，店里的工作人员非常亲切，试衣服的过程非常享受。我的礼服样式经典，塑型明显，灰色配白领。说是仿古，又不是太仿古，但很适合我的沙画作品的内容。我感到大家懂我的心思。

晚上我们聚在一起，喝茶、聊天、看电视，尽量不提即将到来的半决赛。一到晚上我格外想念季马，所以我愿意和阿拉、尤利娅、萨莎等人在一起，和他们侃大山。

半决赛前一天我们在摄影棚从清晨一直待到深夜——先是一般演练，然后是严格按照直播要求带妆彩排。

我意识到我非常喜欢做直播。不知道为什么，就是喜欢。

晚上我们聚在休息室，故作镇定地聊着，开着玩笑，掩饰着对明天的担忧。我往基希讷乌打了电话，和季马通了话——顿时感到了幸福。

第二天醒来时精神饱满，心情愉快——半决赛的日子到了。早饭后，大家乘车前往阿维安特比赛现场。我高兴的原因只有一个：今天大事完毕，我就可以去见儿子了。

足球和我

2012年6月20日，于基辅

欧洲杯正如火如荼，我的众多沙画作品被整理上传到网络上，电视上也播出了。

网上流传最广的是《寻梦人》三部曲——《足球的孩子》讲的是西班牙足球明星弗朗西斯科·法布雷加斯，《宏图》讲的是捷克足球运动员托马斯·罗西基，《意大利万岁！》讲的是意大利足球运动员吉安路易吉·布冯[①]和马尔科·切利尼[②]。

我和乌克兰的音乐团队“圣水”决定在基辅为球迷们安排一场演出。

---

① 吉安路易吉·布冯（Gianluigi Buffon，1978 年生），著名意大利足球运动员，司职门将。

② 马尔科·切利尼（Marco Cellini，1981 年生），意大利足球运动员，前卫，现效力瓦雷泽足球俱乐部。

本来是打算声援国家队的，结果他们未能进入决赛。事情发生在我们动身去基辅前几天，但我们决定一切按计划进行。赢了还是输了，有什么区别？他们是好样的，配得上这样的支持。就这样我们打包设备来到了基辅。

我们的合作伙伴到得比我们略早。过去的一年里，我们一直以各种方式在合作，但都是远程合作。他们在卢茨卡，我们在克里米亚。如今能有一周的时间见面、谈话，然后继续合作。这简直太棒了！可事实上我们只有两天时间，而且谈话的时间很紧张，只能简单交流几句。幸好，彼此都听懂了。

索菲亚广场是城市主要街道的交汇点。广场中心钟楼的金色尖顶经历岁月的洗礼，世事变迁，却风采依旧。我从来没有奢望过在如此美丽的场所表演。

舞台已经建好，在等待夜幕降临的时间里，拍摄了《寻梦人》的片尾补题。我把沙子高高抛向空中，然后用手去抓，得到的画面就好像是广场上空流动着沙之彩虹。

晚上，“圣水”乐队奉献了一场完美的演出——奥莉娅的歌声轻柔，仿佛天上的云朵似的。大家像以往一样把一切物件作为乐器：吉他、鼓、水、树枝，把米撒向金属盘，施魔法般摇晃无数小铃铛……接着是我出场，我们同台表演——我画沙画，他们伴奏。

我的沙画故事都是从寓言开始的，这一次也是如此。随着沙画的节奏，画面的转换，观众和我一起从概述进入细说，从抽象寓言来到具体时间和地点，一步步现身赛场。

最后我写道：“谁最后会梦想成真？”擦掉这句话又写下结束语：“我

们的运动员——牛！”雷鸣般的掌声响起来，刹那间我竟恍如置身于赛场上。

“真奇怪呢，”直到夜里我还没有回过神儿来。

我和“圣水”乐队成员们手拉手向观众鞠躬。我们面前人山人海的广场沸腾了。这是幸福，这是空气。我忽然觉得，甚至不是觉得，而是看见——星星从天而降，在这些陌生人的眼睛里闪耀。这不是比喻，而是真实感受，就像感受到唇上的美酒或是眼睛上的彩妆。

夜里，我们坐在一个快餐厅里，喝着咖啡，一直聊到天亮。要谈的太多，夏夜却太短。我们谈到俄罗斯音乐会的制作情况，讨论各部分的时长和变奏。最后大家都只睡了两个小时，早晨勉强睁开眼睛。

上午，在一家电视台做了直播，然后又转去另一家做访谈，然后终于坐上飞机，晚上已经到家了。

半决赛

2009年6月6日，于基辅

半决赛，我是第四个出场。在化妆间和所有参赛选手一一拍照留念。我确信自己进不了决赛，所以已经事先收拾好行李，部分行李甚至都放到了车的后备厢里。

那天我情绪不错，因为这是比赛的最后一天，还有一天我就可以见到儿子啦！我心里这么想着，所以出场的时候一点儿都不害怕。什么都不怕，除了我的作品《战争》。接下来在沙画台上，我的指间发生的一切足以把我的心撕成碎片。

我害怕作品中呈现的战争，因为我就是那个送丈夫奔赴前线的妻子，我就是那个空袭时守在孩子床前的母亲——是我的手把沙子投弹一般撒向台面！我就是那个送黑发人的白发人，早已心如死灰……我已不再是我，人格一分为二——我的外在、我的理智站在舞台上，随着音乐绘制沙画，丝丝紧扣，如同舞蹈。而我的内心，我的情感则在《战争》这部作品里。我不懂戏剧，但我明白，现在发生的一切不是秀，或者电影，而更像是戏剧表演。

当我吹灭蜡烛，走到舞台中间，看着大厅的时候，这两个人格终于合二为一。我鞠躬谢幕，又重新成为自己……

我是评委

2012年8月初，于中国舟山

去中国的邀请函 7 月份才到，我们只好加急办理签证。尽管时间不可思议的紧张，我们还是顺利地完成了任务。8 月 1 号夜里，我们飞往上海。

上海将举办一次大型国际性活动，包括沙动画和沙雕比赛。我被邀请担任评委。

我曾多次听爱旅游的朋友说起中国。中国的海，中国的山，数以千计的无人小岛。我承认，作为一个艺术家，我对中国充满兴趣。所以毫不犹豫地接受了邀请。

我们已经身处机场大厅，像所有我有机会去过的亚洲机场一样宽敞。在行李提取处，我们结识了来自巴塞罗那的著名音乐家。他有满满一推车的大型乐器。他说：

“啊，你们第一次来上海……说实话，这里行李经常出问题。我常来此地，但没有一次取行李是顺顺利利的。”

“那可不吗，你看他那些东西，”我对伊戈尔说，“我们不会出问题。”

果然，在大宗行李提取处我们很快拿到了沙画台。然后我们与负责领取其他物品的技术员谢廖加会合。我们自己的箱子很快就到了，只是没有谢廖加的背包。最后，等了差不多一个小时，我们几个同病相怜的人——同样乘坐“伊斯坦布尔－上海”航班，却没有找到自己的行李——达成共识，行李应该是落在伊斯坦布尔了。我们填写好相应的表格，就向出口走去。

前来接机的是艺术节组委会成员和翻译塔妮娅。塔妮娅是个中国姑娘，35岁，短发，穿着连衣裙。她讲俄语特有意思，完全按照汉语语调习惯断句，但俄语的发音是准确的。当她跟我们讲俄语时，我们没有立刻明白她是在跟我们说话，还以为是在和中国人说话。她说了一半时，我们才恍然大悟。

接到我们以后，中国人对我们表现出无微不至的关心。到舟山还有4个小时的车程，他们热心地询问，上路前想不想吃点东西；需要买些什么吃的喝的在车上食用；需要多久停一次车，在哪里停等等。我表示想喝茶，但是无论在机场还是一路沿途都没能找到热茶，只有瓶装的。

最后，我们的小面包车装满了各种各样的水果，熟食和各色火腿。

“这都是给你们买的。”塔妮娅告诉我们。

路程很长，我一直目不转睛地看着窗外。四周一片绿色，不像香港或者东京。可爱的小洋楼，小塔被随处可见的小水渠环绕，水渠边上长满绿色植物。我们看到的是一个绿色环保的中国，从窗口望去真是一种享受。

上海和舟山之间有一座跨越东海湾的大桥。这是世界上最长的大桥，长达 35 公里。这座桥被称为“彩虹桥”：桥面每五公里被涂成彩虹的一种颜色。

“上海是大城市，”我对塔妮娅说，“舟山，可能，很小吧？就像个小镇？”

“嗯，不算是小镇，”塔妮娅回答说，“也是个市。”

“小城市？”

“不算小……中等城市，三百万人口。”

“可是……”我就径直问出来，“那上海有多少人口？”

“应该是两千三百万。”

我们到达舟山的时候，已经很晚了。

一般说来，如果没有特殊原因，晚上 9 点所有饭店和小吃部都打烊了。但是“船长”饭店还在营业，在等着我们。他们准备了丰盛的佳肴——蟹羹、当地的海鱼、秘制鱿鱼、蔬菜、米饭……原来主人知道我们要来，特地没有关门。真是令人感动。饭后，我们见到了饭店的主人，向他表示感谢，说饭菜非常可口。

饭店就坐落在海边。一出门，我们就看见了荡漾的海水，还有几百条小船，明显不同于欧洲船只。

“这是游船吗？”我问一位刚刚认识的朋友。

“不是，这是渔船。舟山是世界第四大渔港……现在是休渔期，禁止捕鱼。船都停在这儿……”

我们住的不是宾馆，而是一栋漂亮的别墅。内部装修尽显民族特色，加上藤编家具，是一种淡淡的，而非浓郁的沿海风格。小楼周围是绿地、树林和花园。大海就在不远处，空气清新极了。

夜色幽暗，湿润，温暖，风却不小。

“我们这里很少见到星星。”塔妮娅说。

“那是因为有乌云。”伊戈尔说。

“不，我不是说现在，总而言之，就是星星少。天就是这样的……”

大家沉默不语。

“明天可以去周围岛屿吗？”我问，“我听说这里小岛很多，想看看……”

“看情况吧！”塔妮娅小心翼翼地说，“你们看，要刮台风啦！”

我们没有看见台风，只感到风挺大。我们无所谓地耸耸肩，觉得这是小事一桩，反正我们会找到汽艇去小岛的。

但是，我们大错特错了。

半夜，刮起了可怕的飓风，它在窗外号叫，击打着玻璃。我惊醒过来，暗暗担心我们的房子会不会被刮跑。电闪雷鸣，大雨倾盆，这真的是台风。

清晨醒来，走到阳台。面前是灰黄色的大浪，拍击着礁石，洒下朵朵浪花。我们想起昨天的飓风，我从来没见过这种画面，无论是在澳大利亚还是日本，那可是真正的太平洋，而这里只是太平洋的近海。我看着眼前的景象，想起昨天不自量力地妄想乘汽艇游玩，不禁莞尔。

接下来一整天我都在做评委。说起来有点好笑，大家绘制沙画，我来打分。这当然不是个好主意——我要按照什么标准来评判沙动画？我甚至早就不使用这个术语。我认为我的作品与演戏紧密相关，对我来说更像是戏剧，而非绘画或者线描。但组委会坚持让我严肃认真地评判，我也只好勉为其难，尽我所能。

一半的选手技艺不精，超过一半的人画的是一对恋人的爱情故事——一样的情节，一样的人物造型，一样的风景——这是很奇怪的，他们简直就是在彼此复制。有几个人画的不一样，而且涉及中国传统题材，效果就非常好且唯美，我给这些选手打了高分。总的来说，中国美学、形象、建筑、服装特别适于用沙画表现，看起来很美。

计分组通过统计所有评委（一共 4 个）打的总分确定一半选手进入决赛。然后向没入围的选手颁发了红皮证书、水晶奖杯和 3000 元奖金，打发他们回家了。

至于沙雕比赛，情况就要好多了，我从中得到极大的美学享受。

决赛赛场设在一所佛教学院里。没错，没错，是佛教学院。原来，在中国和尚必须在专门学校接受高等教育，否则当不了和尚。我问塔妮娅：

“中国国教是什么？佛教还是儒教？”

“我们的信仰是共产主义，”塔妮娅回答道，“但是宗教信仰自由，信什么的都有——有人信佛教，有人信儒教。中国宗教种类特别多……”

学院远离市区，我们乘车走了很久。学院占地规模很大，建筑风格与结构和寺庙相似。

绿竹掩映中的大钟，小桥在高大的塔楼的衬托下显得迷你可爱。在其中一座塔楼里设置了一间现代化的大型多功能厅，配备了最新的技术设备，这就是比赛的场地。

决赛的作品明显好于之前，但也充斥着一些低劣之作。有几次，我认出选手挪用了我的作品片段。有几位选手的作品非常有意思；依然是那类传统民族题材，神话故事的选手。“这真是太好了。他们自成一派，没有借鉴那些表现鹊桥恋人的作品。他们只表现他们喜欢的，明白的，对于我来说——是美丽动人的。这是我首先作为一个观众的感受。”我在心中暗自感叹，并且给这几个人打了高分。还有一个小伙子不走寻常路，创作了一段关于蜥蜴生活的故事，非常不错。

比赛很晚才结束，没有宣布胜利者。计划是在第二天的颁奖典礼上宣布，届时我将做表演。大致参观了一下夜色中的楼宇之后，我们去晚餐。主办方为我们准备了中国美食，其中有一种我没见过的贝类，壳上有着美丽的珠光。我知道季马喜欢种类东西（他把半个沙滩都搬到了自己的房间），就清洗了几个贝壳准备带走做纪念。

夜里，我们在岸边散步。台风已经过去，但风依然猛烈。空气湿度很大，镜头上挂了水珠，根本无法使用。

回到住处，大家在房子里走来走去：一点也不困，可能是时差问题吧。地下室有桌球，我们决定玩两局。可是，发现了可怕的虫子——超大的蜘蛛，后腿像蚂蚱。它们居然还会跳！跳得还挺远。我们用球杆去碰其中一只的时候，见识到了。一看它们会跳，关键是数量多，大家纷纷扔下球杆，跑上楼，回到自己房间把门锁上。半夜的时候还特意查看墙角是否有蜘蛛。

新的一天开始了，机场那边没有任何消息。谢廖加的背包还没有找到。塔妮娅每个小时都打电话询问。我们叹着气，想起上海机场那位巴塞罗那音乐家的话。

对了，前一天的新闻报道，说我们抵达的那夜起了台风，半个上海受灾，市区和周围地县数千人转移。我们觉得我们真的很幸运，及时离开上海来到舟山。可还是有一丝担心——回程我们的飞机是从上海起飞。

我们来到海边，准确地说，是太平洋边，因为中国东海表现得名副其实，很太平。同时它的确也是个洋，只不过被半弧形的岛链与大洋分割开了。这一天，人们在海里戏水、游泳，辽阔的沙滩上有一群人，200人左右，看上去就像一个个黑点。我们找到去沙滩的路——从大路有长长的木台阶通往沙滩。我们的脚刚踏上沙子，就看见平坦潮湿的沙滩上数万只大大小小的螃蟹蜂拥而至。一秒之后，周围又变得空空如也：螃蟹藏进了小洞里，沙滩也变得凹凸不平。

太平洋温和而壮阔。浪很大，无法游太远。在岸边游也不错，尽管每隔 5 秒钟就会有巨浪袭来，让人站立不稳或者全身湿透。

我们与浪嬉戏，一次次笑着跌倒。在水里玩了差不多一个小时，我们精疲力竭，心满意足地爬上岸。水很咸，不亚于澳大利亚的海水，有些辣眼睛。我们坐在小毛巾上休息，我画画，伊戈尔看海。

晚上，我们又来到佛教学院。我接受采访，大约 1 小时。

然后是颁奖晚会，压轴的是我的表演。我展示了《战争》。晚会结束后，有个小男孩走到我身边，送给我一个布艺小鱼。小男孩非常讨人喜欢，英语说得很好。他的礼物我保存至今。

接下来又是访谈、答记者问、拍照。一切结束后，我们受邀出席政府招待晚宴。

我们终于回到了住处，躺下就睡着了。人像散了架子一样。一天积累的感想太多了…….

第二天，我们去和大海告别。水比昨天凉了一些，海洋也变得不一样。波涛汹涌，好像要把我们卷到海洋深处去。这就和澳大利亚的海一样了。我们游了一会儿，在岸边坐下。我本打算画画，可是海水盐度太高，皮肤很痒，画得格外吃力。海岸大道高于沙滩，偶尔有稀稀拉拉的游人。

游完泳，收拾好东西，与前来送行的组委会告别后，我们驱车赶往机场。

这就是我们在中国的奇遇。关于虫子我想再说几句，在中国东南地区我们看见了从没见过的昆虫种类——巨型虻虫，可能是牛虻；好像没有头的蝴蝶发出“哒哒”的声音。一种蝴蝶的翅膀上有着眼睛一样的黑白花纹，同行的陪同人员警告我不要捉，说是可能有毒。还有灰色的小蜘蛛，有着和毒狼蛛一样的下颌。简而言之，我们的季马一定会喜欢这里。

在“雄鹰”疗养院

2009年6月中旬，于基辅密林湖别墅区

经过几个小时的颠簸，我们终于来到了密林湖别墅区。这才知道我们从“灯塔”疗养院搬到了“雄鹰”疗养院。这是值得高兴的一件事，因为“雄鹰”疗养院更舒适，地域宽阔，有松林，有橡树林。

在房间安顿好行李，我们下楼，来到餐厅，立刻和工作人员交上了朋友。不清楚这是怎么回事，反正成了朋友。这是一群中年妇女，是我母亲的同龄人，每一个都是有故事的人。我需要的就是她们的故事。我自小愿意听不同女子的生活经历。年龄渐长，这种爱好不但没有消失，反而增添了评论，乃至心理分析的性质。

所以，我们或者在厨房，或者在库房，有时候在经理办公室喝茶。我像神父一样听取她们的忏悔，心中暗暗遗憾自己没有契诃夫的一丁点儿才情，否则一定会把这些事写成一部系列小说，就叫《百年之后契诃夫短篇小说集》。

一周里各路电视台的采访团队，记者，摄像轮番轰炸，从俄罗斯国家广播电视公司到英国《卫报》。我被包装成媒体红人、“奇迹”和表演达人。我不明所以，就想啥说啥，谈战争、谈艺术、谈戏剧。我的话出现在直播中，也见诸报端，但有时候是只言片语，有时候是断章取义。当然，不总是这样，也不是所有的人都这么做。有几位记者的报道非常精彩，我非常感激他们的付出和努力。但大部分人“肢解”并歪曲了我的本意。

这些日子里我头脑中有 10 个左右的决赛设计创意，其中 3 个已经是落实阶段。然而最主要，最重要，说到底是唯一的一个创意是沙画版的圣埃克苏佩里的《小王子》。我一遍遍反复阅读这本部让我一生赞叹的不朽著作。

那时候我每天接受新闻媒体三四个小时的采访，还有好几个电话采访。我已经被诸如“您是怎样开始沙画创作的”“您为什么开始创作沙画”这样的问题“问烦了”。

奇怪的是，即便是三年后的今天仍然有人向我提这样的问题，其实完全可以花时间上网搜一下关于“西蒙诺娃什么时候如何开始沙动画创作的”的文章自行阅读。2009 年的时候，我对记者职业还抱有浪漫的想法，采访德国乐队《De Phazz》或者戈力士科威茨时，从早到晚研究材料，生怕提出的问题太平淡。如今被采访我的记者失望透顶，已经完全是机械地自动回答问题：“如何开始？偶然”“什么时候开始的？2008 年底”。

我喜欢采访中提出生动有趣的问题，更愿意接受艺术类的博客和网站或者擅长处理资料的媒体的采访。这样的采访往往会演变成两个趣味相投的人闲聊，有时候也会促生友谊，由“采访者”与“被采访者”的关系转变为温馨的友情。

星期五应该是最后一场半决赛。前一天晚上，尤莉娅·库夫什诺娃来找我，说阿拉过生日。

尤莉娅是第一个进入决赛的。自从我们搬到“雄鹰”疗养院，她就和阿拉住同一个房间。

“你打算送什么礼物？”尤莉娅问。

“暂时还没想好，”我实话实说，“不过第一步怎么办，我想好了。”

同尤莉娅耳语一番之后，我们找来几个人开始实施计划。

最后一场半决赛的10位选手一大早就去馆里彩排。我们正好在宾馆准备。

我拿来10张A4纸，每张裁成4份，分别摆在桌子上。我们一起在每张纸条上写下送给阿拉的祝福或者夸奖。收齐所有纸条，是厚厚的一沓。我从箱子里找出胶带，把全部祝福粘在阿拉的房门上。整个门上没留下一处空白。

“cool！”尤莉娅说。

但这仅仅是第一步。

我打算在阿拉回来之前做一件事。我从来没做过，也不知道能否成功。就算成功了，也不晓得效果好不好，阿拉会不会喜欢。

我和伊戈尔锁上房门，拉上窗帘，打开摄像机。我为阿拉制作了一部沙画影片。创意和造型难不住我，也不可能难住。我每天看着阿拉练习，欣赏她的服装，沉迷于她的音乐，听不够她腰带上的金属片沙沙作响。

沙画影片很容易就做出来了。我突然觉得，我也许应该表现阿拉从早到晚一天的活动。可是伊戈尔说，拍的镜头足够了。他开始剪辑。我们给作品取名叫《东方的童话》。

阿拉回来了，她首先看见了贴满房门的祝福，然后看到了关于自己的沙画影片。

第二天就是半决赛，阿拉顺利杀入决赛。我真替她高兴。

最长的一章

2012年8月至9月，于丹麦

再一次整装出发，再一次与众多箱包为伍。我们的东西再一次挤在一个小挎包里。那大大小小的箱子里是什么呢？都是季马的东西——衣服、书、玩具，因为“怎么能不带呢，妈妈，这样的玩具别的地方没有！这是我最心爱的玩具！”再加上吸氧器，备用药品等等。

结果在机场我们的行李装满了整整两辆推车，还不算沙画台。我们将飞往丹麦的比隆，途经伊斯坦布尔转机，准确地说，是过夜。第二天早上飞丹麦。

在伊斯坦布尔的旅馆过夜后，我们来到阿塔图尔克国际机场候机。没想到途中居然有“惊喜”：“伊斯坦布尔—比隆”航班经停丹麦奥尔堡市。奇怪而可笑——这是我对此的看法。飞机飞行 3 个小时以后，降落在丹麦境内一处小机场。不是为了加油，而是像公共汽车一样，放下一些乘客（基本上是土耳其人），又放进来一些乘客（还是土耳其人为主）。我们在该地停留大概 1 个小时之久，却无权出舱呼吸新鲜空气。这段时间里进行飞机内务整理，乘客上下等等，所以空调关闭，机舱里异常气闷。幸好，季马中途睡着了，在降落和起飞的过程中没有醒来，他真的很幸运。

终于，我们在比隆降落。虽然安检人员检查我们的设备用时很久，但最终还是相信了我就是我，正常放行了。这之前护照签证检查窗口的人员非常亲切，像迎接亲人一样。这在欧洲比较少见。让我们有点儿受宠若惊。事实证明，这仅仅是一个开始。直到离开丹麦，我们一直处于这样的惊喜之中，受到殷勤、亲切和尊重地对待。

在机场接我们的是奥莉娅和小维卡。奥莉娅是丹麦志愿者俱乐部“乌克兰”的发起人，组织侨居丹麦的乌克兰人自愿帮助有需要的人，主要是来自乌克兰的儿童。我们从 4 月份开始通信。当时我收到奥莉娅和其他志愿者的生日贺信，同时他们请我帮助小达莎。我们一直在商谈在丹麦为达莎募捐义演的事宜。终于，我有了空闲时间，就高高兴兴地来了。

由瓦埃勒市乌克兰侨民组织的义演在 3 天后举行。9 月 2 号和 3 号我计划在埃斯比约市举办的《海之韵》文化节上表演。那里距瓦埃勒只有 2 个小时的车程。我冬天的时候就收到了特别出演的邀请，我很乐意地接受了邀请，不仅仅因为我是一个艺术家，还因为艺术节是丹麦玛丽亚王妃殿下亲自督办的。

就这样，我们在丹麦见到了朋友。虽然我们素昧平生，但我知道命运之神向我引荐了什么人。这是一群非常优秀的人，能为他们尽一份力是我莫大的光荣。

小维卡立刻和季马交上了朋友。季马俨然成了维卡的保护神，用行李车推着她玩，牵着她的手走。

我们坐上奥莉娅的车前往瓦埃勒，距离机场半个小时的车程。路上维卡耍了一点小脾气，季马安慰她，同时也教育她。天气很热——我没想到丹麦的北部居然会这么热。说实话，这种热让我有点小小的失落。我特别喜欢凉爽的天气。当时，我一度以为我的丹麦之行可能毁了。但是，感谢上帝，没有。

我以为头疼和恶心的罪魁祸首是天热。在车上我一直坐在阳面。所以到达新住处的时候，我赶紧下车到阴影里休息，希望会好转，可是没有起色。

乌克兰侨胞给我们找的房子不错。准确地说，是一座小楼的一层。同房子的女主人和她的孩子们打过招呼后，我们就去查看新领地。一共三间房——两间卧室和一间厨房兼餐厅。所有房间都是小小的，是我喜欢的北欧风格。窗子窄窄的，白色木头窗框。一间卧室我、伊戈尔和季马住，一间谢廖加住。

虽说空间有点狭小，但却因此显得更加温馨，有一种童话般的感觉。这真令人高兴。

房子周围的地方很宽敞。一楼门口对面是一个小露台，上面放着笨重的灰色原木桌椅。我觉得它们如此神奇，充满北方情调，仿佛来自一个半世纪之前安徒生的童话世界。

房后是花园，有大片草坪，俨然一个小足球场。我们真的看到了迷你足球球门，还有蹦床。花园的周围是一圈铁轨！但我们几乎听不到列车行进的声音。它的速度极快，而且很安静。

季马立刻和房东太太的儿子桑德尔还有他的朋友一起玩跷跷板。无论在土耳其还是这里，我发现季马和他的新朋友们丝毫没有语言障碍。季马试着跟桑德尔讲英语，但对方听不懂。最终，他们恢复了老样子：季马讲俄语，人家回他丹麦语，他们居然沟通得不错。

我躺在草地上的蹦床阴影里，期待着恶心和头疼离我而去，但是，没有。我的情况越来越糟。

我勉强回到房间，爬上床，努力入睡，但是没能如愿。

奥莉娅来了——她已经下班了。我让她捎点儿柠檬回来，想着偏方治大病。好心的奥莉娅带来了柠檬。我立刻嚼了半个，然后吐了半天，顿时轻松了许多。后来我们开车还去河边游玩。

已经很晚了，但天还没有黑。我指的是还没有黑透，就像是在斯德哥尔摩时一样。我非常喜欢此地的这一特点。我再一次确认，我在生理上非常适应斯堪的纳维亚国家，当然不是因为那里夏天不黑天。我想起来，哈萨克斯坦的夜也不暗。面对这样的事实我不由得笑了。

我们的房子位于林区，在市区和保护区的过渡地带，离海滨不远。周围风景优美，环境静谧，就像梦一样。

我一回来就躺下休息了。不吐了，头疼和恶心的症状也没有了，只剩下深深的疲倦。我和季马一起进入香甜的梦乡。

半夜醒来，浑身像着了火一样。我身边没有体温计，我不知道明确的温度，但是感觉到我发高烧了。为了不打扰别人睡觉，我努力入睡。但就算盖着大羽绒被我依然觉得冷。

早晨，我开始担忧。不是担心自己，而是担心季马。我怕是传染性疾病，可能传染给孩子。所以伊戈尔和谢廖加一起床，我就让他们带季马到外面去，我打开所有窗户，然后用被子把自己裹个严严实实。

我从家带来一些药，有退烧的，但我不清楚我现在可不可以吃。一般我会和医生咨询。我根本不知道我怎么了，为什么昨天呕吐，今天发烧。后来我知道这都是食物中毒的典型反应，但依然不明白问题出在哪里。我回想最近几天的饮食情况，努力寻找可疑之处，却一无所获。况且，伊戈尔、季马和我吃的东西一模一样，却一点儿事都没有。食物中毒的原因至今仍然是一个谜。

我躺在床上，整个房间笼罩在白色的明亮光线之中。我觉得我的小房子就像一个独立运转的星球，周围是白色的宇宙。睡不着，我就读书。我随身带了一本影视文学杂志，很不错。

伊戈尔和谢廖加带季马去树林玩，居然碰到了鹿群。回来后，儿子兴奋地讲给我听，给我看照片。真是太神奇了！鹿看起来不大，树枝状的鹿角却异常粗大，像王冠一样罩在头顶上，显得比例不太和谐。

“它们从我的手里吃东西！”季马回来时，还没进屋，就朝着窗户喊，“从我手里，妈妈！你能想象吗？”

我完全不能想象，就算看着照片，我都不敢相信。原来，树林里是自然保护区，但人们可以随便出入。保护区里生活着鹿群。它们是非常贪吃的家伙，如果你双手空空，它们就不理不睬。如果你手里有袋子，一定要拿好。它们会一整群一起冲过来，头往你手上戳，试图扯破袋子。这一切也是蛮好玩的，只不过鹿从人手里吃东西时，可能会突然抬起头，巨大的枝状鹿角异常坚硬，很容易弄伤人。

奥莉娅终于帮我找好了医生，在丹麦临时看医生可不容易。我们准备出发，我穿衣服的时候，吃了点退烧药。

“不该吃，”奥莉娅说，“如果你烧退了，他就会说：‘你们逗我玩呢，都没发烧？’”

“你们这用药很严格？”

“是啊，到了可笑的程度。有时候就算 40 度也不是用药的理由。”

“你们的医学有点儿意思。”

“是啊，别提了……在乌克兰小孩体温 39.5 度，就会叫急救车，没人会说理由不充分，我们这里就算 40 度，也可能会说：‘没关系，这很正常’，甚至连退烧药都不开。”

“哎哟！”

“就是这样。但这里……丹麦人都很健康，里里外外都健康。有时候我就想，要是他们正常医疗，少喝可乐，少吸烟，就会是地球上最强壮健康的民族。”

后来我确信她的想法是正确的。

“这里医生少，”奥莉娅接着说，“有时候要等上好几个月才能看上医生！就算疼得要命也得等。有一次，我们认识的一个人得了急性阑尾炎，他挂了号——可以通过电子邮箱，不必专门去趟医院。结果收到的答复是：‘您的就医申请收到，已为你预约医生。您的就医号码是 554 号，请在一个月后前来就诊。’没想到吧？”

“你真能开玩笑。”

“真的。”

“老天！”我震惊了，“我们的医生来这可发大财了。他们可是勤劳肯干……”

“想得美，”奥莉娅反驳道，“一开始我也这么想的。后来有一个从乌克兰来的熟人，学医的，告诉了我实情。她就是知道了这里的情况，认为机会多多，就来找工作。结果她进修学习了 6 年，然后 5 年实习和试用期，就是考察进修成果。我们的医学生不明白的是进修的目的是把他们这些专项医生变成无所不能的家庭医生。”

“对啊，这里实行家庭医生制度……”

“正是如此。如果你是心脏病医生，在这里你必须还是儿科医生、外科医生、妇科医生……当然，他们的工资也很高。而且，在丹麦无论是本国公民，还是外来定居的人都享受免费医疗——不管是普通诊治（就是所谓的“预防性诊治”），还是复杂的冠状动脉手术……包括癌症。也许，我的说法有点儿雷人，但在丹麦的癌症患者真是幸运。你明白我的意思吗？我不是说得了癌症是幸运。可是如果命中注定要得癌症，在丹麦百分之九十九能治愈。”

“技术好？”

“技术当然没得说，但这不是重点。重点是国家负责医疗费用，不仅负责国内的，在全球任何一所医院的医疗费用都负责，不仅是医疗费用，还包括一切出行费用。”

“这可真不错啊！”我感叹道。想到马耳他，有相似之处。又想到我们自己的孩子，不禁叹了一口气。

我们来到医院。医院坐落在市中心，是一幢漂亮古朴的红砖小楼。我们来到二楼，候诊室里摆放着精致的桌椅、液晶电视，窗台上放着小摆件。这样漂亮的布置一点都不像是医院，更像是高级酒店。医生走过来，这是一个 40 岁左右的帅气男人，金发碧眼，身材挺拔，面带微笑，露出雪白的牙齿，他向我伸出手。看得出来，手保养得很好，手指纤长。

“您好！请进诊室。”医生的英语说得无可挑剔。

他看了看我的舌头，按了按腹部，询问了体温，又问我有什么症状。此时我的体温已经恢复正常，因为我吃了两倍于正常剂量的退烧药。

“您希望我为您做点儿什么？”医生问，依然带着礼貌的微笑。对了，他身上穿的不是白大褂，而是熨烫平整的蓝色条纹衬衫和随意的牛仔裤。

“如果可以，我希望验血、验尿……”

“当然可以。”医生优雅地扬了一下钢琴师般的手，他的手中出现了一件订书器样的小工具。他抓起我的手，用“订书器”轻轻地“咬”了一下我的中指。

我没有任何感觉，却惊奇地发现在指肚的中间有一大滴深红色的血珠。医生麻利地把血滴装进一个小小的玻璃管里。

我忍不住哈哈大笑起来。

“您怎么了？”医生挑起眉毛，不解地问。

“没事，没事，不好意思……就是我们国家……不太一样。”我止住笑，用英语解释。

交完尿样，我问什么时候出化验结果——第二天还是……

“结果已经出来了，”帅哥医生一边平静地说，一边研究着一位漂亮的年轻女士刚刚拿来的单子。“这就是您的化验结果。您看，阴性、阴性、阴性……一切正常。尿检也没什么问题。我可以肯定地说，这尿非常好！”他为了强调自己的意思，竖起了大拇指。

“那我得的什么病啊？”我笑着问。

“食物中毒，”医生说，“就是普通的中毒，不用服药，自然就会好的。”

我们同和蔼的医生告别，付了诊费，走出医院。

当然，我是需要付诊费的，因为我不是丹麦人，也没有居留权。但诊费居然是 50 克朗，约合 75 欧元。

“简单的咨询和化验就要 75 欧元……”我们来到街上以后，我对奥莉娅说。

“是的，就是这个价。就算他用了 1 个小时，哪怕 2 个或者 3 个小时，还是这个价，这是固定价。”

“那最好别生病。”我说，我们俩一起笑起来。

我感觉不错，但是深知这是药物的作用，晨间的不适还会卷土重来。神奇的是，不适竟然没有再次降临。晚上我们甚至前往饭店出席晚宴。奥莉娅宴请“乌克兰俱乐部”的志愿者，还有我们的老朋友萨沙·鲍日科及其夫人。

萨沙是来自利沃夫的小提琴手。我们是在“达人秀选秀”的总决赛上认识的。他当时是决赛选手之一。他的音乐才华像“圣水”乐队一样让我钦佩。最终，他距胜利一步之遥。根据观众投票，他得了第二名。他展示的绝技确有过人之处——同时演奏几把小提琴，小提琴只有一根琴弦……

萨沙也是“乌克兰俱乐部”邀请来参加义演的。我们准备合作演出。我们独立完成各自的节目，但在节目的衔接处一起做即兴表演。我们就是想提前讨论一下这个即兴表演，因为第二天就要正式演出了。

季马和新朋友的孩子们在饭店的儿童乐园里玩得不亦乐乎。我们和萨沙终于见面了。这是 2010 年以来我们第一次见。还认识了他的妻子奥莉娅。晚宴非常丰盛，遗憾的是我只吃了一点大米饭，没敢品尝蒙古美食："香格里拉"原来是蒙古饭店，我第一次来这种饭店。

第二天醒来，我精神饱满，满血复活。我惊喜地发现窗外下雨了。我推开窗户，深深地呼吸雨水滋润过的清新空气。

喂季马吃饱饭，给他多穿了些衣服，拿上伞，我们就去雨中漫步了。太美妙了。

中午，把季马留给谢廖加，我们去准备演出。

演出非常成功，一气呵成。现场座无虚席，观众有乌克兰人，有俄罗斯人，有丹麦人，还有来自波罗的海沿岸国家的人。大家都非常热情，也很真诚，为他们表演是一件令人愉快的事情。

我带来的是我的新作《俄罗斯童话》，音乐是"圣水"乐队配的。作品很复杂，但很美，与其说是音乐作品，不如说是戏剧作品。我不安地等待着观众的反应。毫无疑问，这些观众是我面对过的最好的观众。

我和萨沙一起即兴表演，展示了克里米亚的小艾米尔的故事。他和达莎一样，也是这场义演的主角。这个两岁的小男孩身患癌症，顽强地与病魔做斗争。自从 2011 年秋天在血癌病房探望他之后，我久久不能忘怀，他是个好孩子。我无限感激萨沙的小提琴配乐，为小艾米尔的故事增添了哀婉动人的力量。

演出结束后，我们在舞台上拍照，差不多一个小时之久。这是普普通通的观众，却又是最棒的观众。他们诚心诚意地感谢我们，不愿意我们离开。每个人都说着感谢、祝福的话，送上的花束多得我们拿不过来。

第二天，我们开始旅行。安德烈首先带我们前往里伯①，这是丹麦最

---

① 里伯（Ribe），北欧最古老的城市之一，整个城市像座可爱的博物馆，保留下了丹麦最美丽、最古老的建筑物和街道。

古老的城市。

小城本身就是一座博物馆，散发着 14 世纪的气息，仿佛从历史中穿越到今天的。它和我少年时期曾经待过的德国施瓦本地区的蒂宾根小城很像，印象中那也是一座德国南部的老城，有着同样悠久的历史。

我们的向导是奥莉娅。这是另外一个奥莉娅，用季马的话讲就是“里伯的奥莉娅”。季马听鹤的故事入了迷。说是一只鹤每年夏天都飞来，在一座老屋的屋顶做窝。全城都知道这只鹤。前不久，这只鹤回来了。它应该是在非洲过冬。可是这次它断了一条腿。

“怎么回事啊？”季马哭着问，然后又自问自答道：“可能是被鳄鱼咬断的……可怜的鹤鹤……”

“市民们很关心它，”奥莉娅连忙安慰季马，“他们等着它回来，保护它的窝。夏天它会孵出……”

“鹤宝宝！”季马高兴地接过话，擦干了眼泪。

“这孩子可真是……”我看着他，哭笑不得。

“一个好孩子。”伊戈尔把我的想法说了出来。

我们来到一座磨坊的小水车跟前。季马像被黏住了一样，不肯离开。最后我们强行把他拉走。细细的小河，窄窄的河岸，玩具似的快艇和小船，仿佛童话中的小人国一般。河岸尽头是一根大木柱，上面套着一些铜圈。不同高度的铜圈上错落镌刻着年代，从 1620 年到 1915 年。

“这是什么？”我问奥莉娅。

“这是建城以来历次洪水的水位刻度。”奥莉娅回答。

“太恐怖啦！”伊戈尔指着 1901 年的刻度线惊叹道。那条刻度线在他头上 1 米的地方。

“是啊，死了很多人，”奥莉娅说，“丹麦政府和里伯市政厅一直致力于防洪，建设大坝、水磨坊，可是水火无情。如今，虽然治理好了，可是汛期的时候还是有些麻烦。”

我们继续前行。奥莉娅领我们来到一处小丘。这里 13 世纪的时候建有皇家城堡，现在只剩下几处废墟，还有达格玛公主的纪念碑。

丹麦历史上有过两位达格玛公主，其中一位是玛丽亚・费奥德罗夫娜，是尼古拉二世的母亲。另一位虽然在现存的史料中默默无闻，却是丹麦家喻户晓的传奇人物。

年少的公主来自捷克，远嫁丹麦国王。传说她拥有异常美丽的容貌和无比善良的心灵。婚后，国王问自己的新婚妻子，想要什么礼物。金饰品、裘皮、土地，他都可以送给她。

“不，陛下，我不要黄金和裘皮。我恳请您释放所有因欠债坐牢的犯人。这将是您送给我的最好的礼物……”

年轻的王后深受人民的喜爱，可惜过早地离开了人世。一种说法是她死于难产，她的儿子后来继承了王位。另外一种说法是，她生完孩子几年之后，因病逝世。

国王为她搭建的城堡只剩下残垣断壁，只有山丘、护城河还是当年的样子。在草木茂盛的山丘的最高处矗立着的一尊铜制雕像。这是 20 世纪初设立的。她站在船头，手搭在额前，向远方眺望。人物形象生机勃勃，充满青春的活力和对未来的憧憬。她的面孔非常美丽。真是一件难得的好作品。

接下来我们去教堂。我们沿着河岸走，路上看见一些花园洋房。奥莉娅说：

“这是本地的富人区，这些房子的主人都非常有钱……”

“在哪儿？”

“就是那些二层小楼。”奥莉娅指了指几幢朴素的花园洋房。

这就是一些普普通通的乡间别墅，都算不上是小洋楼，不过是小房子而已。花园的面积确实比一般人家大一些，根本没有院墙。只有爬满绿植的矮围栏和小木门，不及人腰高。

“真是奇境啊！”

“要在我们那儿一定是3米高的围墙、保安、摄像头……恨不得把半条河都据为己有”谢廖加讥讽地说。

差不多所有的窗户都没有窗帘。没有窗帘，也没有百叶窗。这一点很难适应，但是慢慢就习惯了。整个丹麦都是这样。比如，在我们住过的瓦埃勒市，街上都是平房，窗户和人眼高度持平，但是没有窗帘。

“如果您需要窗帘，那就意味着，您不打算开放地生活！也就是说有需要隐藏的东西，丹麦人总是对不习惯这种自由主义表现形式的移民这样说。我们很快就习惯了，但是换衣服时会尽量远离窗口。”

登上城市的最高点——圣凯特琳教堂的钟楼，我们面前呈现的是中世纪小城的美景，没有现代建筑作怪，只有小河、绿地、地平线尽头的森林。

接下来我们去了市公园。公园非常漂亮，有池塘。季马喂鸭子，我画画。之后去了维京人博物馆，这是季马最喜欢的地方，这里像所有欧洲博物馆一样是互动式的，我们待到闭馆才恋恋不舍地离开。最后，我们去奥莉娅的农场做客。

这个奥莉娅可不简单。她天生聪慧，饱读诗书，有双学位，会好几门语言，看上去像职业导游，其实在农场工作。她会开拖拉机、耕地机、收割机，简而言之，会一切可以开的机器。她的丈夫非常优秀，有个小儿子，叫马克西姆，比季马小一岁。

“我带你们参观一下农场吧，想不想看看？”我们来到郊外时，奥莉娅问道。

我们当然想看看。

这农场可真棒！完全机械化管理。人根本不用碰牛——机器挤奶、机器喂食，奶牛乳房护理和消毒也是由机器完成。有专门扫描仪器甄别体弱多病的牛，就连牛奶的脂肪含量和营养成分也用扫描仪器检查。

“真神奇！”

季马抚摸着牛儿。牛儿们惊恐地扭头，然后可能感觉出对方没有恶意，又转回来。小牛犊用它们热乎乎，略显粗糙的舌头舔我们的手。最高兴的是季马。他把所有机械都乘坐了一遍，最后还自己驾驶了儿童拖拉机——和大型拖拉机一模一样，专门给小孩驾驶的迷你版拖拉机。

接下来是晚餐。奥莉娅向我们展示了她的拿手绝活——烤蛋糕。我们吃到了最美味的奶渣蛋糕。然后大家一起欣赏奥莉娅厨艺精品的照片——各种各样的蛋糕，就连多层蛋糕，装饰雕塑和画像的蛋糕都有。奥莉娅的精湛厨艺还被当地报纸报道过呢！

多好的家庭啊！温馨、勤劳、幸福。每当我回想起里伯一日游，心情就无比舒畅。

第二天，我们出发去霍森斯市①（Horsens）。那里有一个骑士文化节

---

① 霍森斯，也称“霍尔森斯”，丹麦日德兰半岛东部的城市和港口，工商业中心，铁路枢纽，也是著名的文化和旅游胜地。

开幕了。

我的儿子在那里如鱼得水。这是我见过的最好的真人秀文化节之一。几千人分别穿上中世纪时期不同地区和国家的服装，无论是仪表优雅的老者，还是小孩子和婴幼儿，就连婴儿车都被装扮成推车和战车的样子。朋克、嬉皮风格的人化身为蓝头发的骑士和贵妇，脸上穿孔挂珠，有一种妖异的美感。

文化节活动集中在市中心，一时间仿佛来到了城中城。

到处是维京人的帐篷，手艺人的帐篷，大家烧制中世纪的食物，土法酿制啤酒、唱歌、跳舞、持剑打斗，或者什么也不做……

我找到一个安静的角落，准备画塔楼。但立刻有几个青年围过来搭话，我们聊起来，画也就没画成。

他们想跟我买画的草稿，我没卖。我们喝着啤酒，聊了很久。我一顿胡编乱造，自我吹嘘，心里憋不住笑。他们却当了真，啧啧称奇。最后，我经不住他们的缠磨，从画册里撕下他们看中的速写，说：

“拿去吧！”

他们要给我钱，我赶紧跑开了。画面一定很可笑。我回到自己人身边，大家一起坐到木桌旁，准备晚餐。吃得正欢，那些拿了我画稿的人忽然不知从哪儿冒了出来，将一把皱巴巴的纸币硬塞进我的口袋，然后嬉笑着不见了。

“真行啊，妈妈的速写现在都能卖钱了。”伊戈尔打趣道。

“那又怎么样？”我笑着把钱一张张展平，反复数了几遍，“现在啤酒多贵啊，我呢，碰巧发财了。我请客！”

我们深夜踏上回程。季马在车上就睡着了。他能不累吗，他可是跑得最欢的。他的感想也应该最多吧……

第二天下起了大雨。我们还是出发去比隆的野生动物园。祈祷着到时候雨会停。

可是雨一直不停地下。于是我们只能撑着伞看大象，而且是三个人撑一把伞。我们还撑伞喂骆驼。后来雨下得更大了。我们坐上车去放养区。幸运的是放养区只允许乘车参观，禁止步行。

我们看见了长颈鹿、野牛、斑马、犀牛。一只母狮子带着一群幼狮停在我们的车旁边。它挡在路上，不放一辆车过去。因为幼狮，其实已经很大了，要在这条路上玩耍、喝水。巨大的动物，深沉的目光……好一头母狮。

我们一离开放养区，雨就停了。我们来到露天体育城，这里是大人和小孩的乐园。

不记得我们第二天的行程，只记得又下雨了。又过了一天，我们驱车前往首都哥本哈根。车程 3 个多小时。路过一座漂亮的桥，连接丹麦三岛中的两个。准确地说，丹麦是由两个岛屿、一个半岛，和数目众多的小岛组成的。那个地方的大海里矗立着巨大的风车，那画面超出了我的想象。穿越海湾、北海、波罗的海……宛如童话。

我们在哥本哈根市中心，瓦尔基里女神像公园旁边停下车。第一件事就是在草地上喂季马喝汤。汤是我们早晨装在罐子里，用毛巾包裹保温。丹麦人不喝汤。我们每天都煮乌克兰红菜汤，只有来自乌克兰的同胞报以理解和赞许的目光。

在哥本哈根市中心喝汤的画面引起了路过的丹麦人的兴趣，大家纷纷用相机记录这温馨的一幕。季马吃饱了，立刻就爬上旁边的铜像。他喜欢瓦尔基里女神骑马的样子，让我们给他拍照留念。

然后我们去十字路口见我们今天的“导游”——希腊天主教的瓦西里神父。他饱览群书，为人和善，对一切都镇静自若，看起来和伊戈尔年纪差不多。他生活在哥本哈根已经有年头了，用步子丈量过城市的每一个角落。他要在晚上之前这一小段时间内给我们看最有意思的地方。

“我们先去我家里坐坐，”瓦西里神父提议，“我家离这几米远。想给你们喝足咖啡，驱散旅途的疲劳，然后我们再参观。”

他的提议被愉快地接受了。于是我们来到一处漂亮、整洁的公寓，我们在小厨房里喝咖啡，季马在神父的大女儿的房间里玩。他用积木搭了一座城堡，拿起一个大大的绒毛绿蛇玩具，演了一场“恶龙攻占美丽公主宫殿”的大戏，结果自然是恶龙被打败了。

对主人表示感谢之后，我们就去市里观光。第一站是古代兵营。那里有一座规模很大的真磨坊，样子怪异，有点非现实主义的味道。接下来沿河岸走，见到了著名的小美人鱼雕像。季马与雕像合影之后，就跑到水边玩。后来随着一声胜利的呼叫，他从水里抓出个东西，让他高兴得不得了。原来是一只小龙虾。接下来的好几天小龙虾成了他爱不释手的玩伴。

我们经过一座古老的教堂，来到岸边。我发现这里与塞瓦斯托波尔河岸隐约有些相似，就画了几张速写，然后赶紧去追大家。他们已经先一步来到了王宫建筑群。

王宫建筑群由几所北方巴洛克风格的宫殿组成，呈圆形分布，中间围成一个小广场。

“这座宫殿，”瓦西里神父指着右边的宫殿，“属于女王陛下。这座呢，他又指着左边的宫殿，是王储的。经常可以看到他在这里散步，也能碰见女王。王子喜欢骑自行车，去普通面包店购物。”

“不带警卫？”

“当然了。可以走过去和他握手问好，就像和邻居打招呼一样……”

“真好。”丹麦皇族居然如此朴素和亲民，令我们感叹不已。

在宫殿旁有卫队在巡逻。他们的服饰跟英国卫队一模一样，头上是黑色的皮毛高帽，身上是红色制服。两人一排，走得很慢，一副郑重其事的样子。卫队就应该是这个样子。走过宫殿正门的时候，他们把腿高高抬起走正步。走到宫殿墙边，立正，向后转，再昂首挺胸地往回走。

季马盯着他们，往前凑，和他们并列一起走。士兵对三人同行没有任何异议。游客们都哈哈大笑，忙着把卫队士兵和他们的新同事录下来。

季马走累了，对士兵们说了句“Goodbye”，就回到我们身边。

我们赶往下一站——新教总教堂。我忍不住转回头，又看了一眼广场、宫殿，脑海中浮现出彼得堡的冬宫。我曾经在书中读到，说年轻的达格玛公主被彼得堡和冬宫的奢华震惊了。果不其然，同样是优雅的北方巴洛克风格，丹麦王宫略显朴素、小巧。

新教的教堂看起来有点不伦不类，外表很像罗马的圣保罗教堂，那可是一座天主教教堂，可教堂内部却比一般新教教堂华丽。

从新教教堂出来，左拐是一座漂亮的俄国东正教教堂，纪念俄国涅瓦大公圣亚历山大的。红色石头墙面，色彩缤纷的雕花洋葱头拱顶，完全是地道的俄罗斯古风建筑，尽显精巧雅致。遗憾的是，教堂闭门谢客。我们只能在门外驻足，不过能欣赏教堂的外观也算是不枉此行了。

我们下一站目的地是哈根港口。哥本哈根丹麦语的意思就是“商人的港口”。那天在夏末的丹麦算是个大热天。哈根港岸边人山人海，热闹非凡，堪比阿姆斯特丹的海岸，但气氛却怡人得多。弹唱的，画像的……干什么的都有。我在高高的堤岸边上坐下，开始画画。大大小小的船只从我脚下驶过……季马挨着我坐下，盯着水面，若有所思。

我们步行走遍了古老的哥本哈根，从向导那里了解到很多有意思、但平常人不太知道的事情。行程最后一站是街区后面雄伟壮观的瞭望塔。

登塔前，我们听从瓦西里神父的推荐进了一家名叫“安卡拉”的饭店。这里是典型的丹麦风格，饭店门脸很小，只有一扇窗，两扇门，里面却别有洞天，有好几个相当宽敞的大厅。东西非常好吃，啤酒也不错。季马撑得走不动路。但他一听说要登塔，就鼓足劲向上冲去。

都说这是一座没有楼梯的塔楼。果然，没有楼梯，只是一条走廊螺旋式上升。传说有一位俄国沙皇坐着马车到了塔顶。根据走廊的宽度判断，这是非常可能的……

终于，我们登上了塔顶。站在瞭望台上，整个哥本哈根尽收眼底。我坐下来画速写，简直停不下来。季马也坐下，要了纸笔画起来。

“这是塔，这呢，看到没，这是小房子……”

他从小就跟我学画，画得不错，有细节，整体布局也很和谐。我们也许会就这样坐在塔上直到地老天荒，可是看塔人打破了我们的美梦：

“我们要关门了！多谢光临！”

我们穿过美丽的女王花园，一行人渐渐隐没在暮色中。我边走边画那些小巧的宫廷建筑……

这一天的最后一张照片：季马骑在一只巨大的木雕鳄鱼身上，后面是一颗黑色石头蛋。这就是丹麦的儿童游乐场，色彩鲜艳的塑料设备已经被仿古的木制品替代，当然没有涂油漆。

第二天是季马最最兴奋的一天，他从行程一开始就期待着这一天呢！

“乌拉！向“乐高城”进发！”

“乐高城”是丹麦乐高公司所建的大型主题游乐园。这里有一切游乐设施，还有水族馆、电影院等等。但最主要的是用乐高积木搭建的仿真世界。最神奇的是一切装置严格按照实际情形设计安排：如果是比隆飞机场，那么飞机、起落架、车辆都按照现实中机场的情况运转；如果是哈根港，一切都和现实中一模一样——小房子、船舶、街头艺人……

和我们这些赞叹迷你现实世界的成年人不同，季马最喜欢的主题是《怪兽大战》。旋转木马都无法吸引他的注意力。他拉着我们去看一群咖啡杯大小的乐高怪物。它们低吼着，冒着烟。咦，哪儿来的烟呢？

我们自然是一直待到公园关门，但转遍所有的地方时间肯定不够。“乐高城”的占地规模相当于一个小村庄，但设施密集程度不亚于城市。

接下来的行程又是季马喜欢的！我们去名叫“拉兰迪雅”的水上公园。这个地方太奇妙了，和我们去过的水上公园不一样。您看，人工海洋，仿真海岸，海底呈阶梯式由浅到深，突然涌起海浪！真正的海浪！

季马居然一点儿没感到意外。我担心丹麦之行，尤其是去过“乐高城”以后，恐怕很难有什么会让他感到惊奇……

回到瓦埃勒市，奥莉娅和安德烈告诉了我们一个坏消息：小达莎去世了。我们去了一所天主教教堂为她点燃蜡烛，祭奠这个幼小的亡灵。

丹麦的快乐时光里终究掺杂了一丝苦涩……

我们的丹麦之旅接近尾声。隔天我们应玛丽亚王妃的邀请去埃斯比约参加“海之韵”文化节，我有两场表演。

临行前一天我们去参加艺术节的开幕式。开幕式不在距瓦埃勒市150公里的埃斯比约，而是在一个稍近的小城。我要在开幕式上觐见王妃殿下，我非常紧张。结果是我多虑了，一切都很简单、优雅，没有丝毫矫揉造作。

大厅里座无虚席，布置不奢华却动人，独具匠心。首先是文化部部长致辞，然后王妃从大厅移步台上敲响小钟，开启艺术节序幕，然后是概念派实验乐团的演出——这些概念派人士可真不简单。后来有人引荐我拜见王妃，我们喝香槟、聊天。一开始聊的东西很抽象，后来聊起了孩子，聊起做母亲的变化，大家兴致盎然。她问我接触沙画的过程，询问沙画的特点。我很高兴她不是泛泛而谈，提出的问题都相当具体，有见地。她说起自己的爱好——舞蹈、声乐，谈到举办艺术节的初衷，谈到对“通俗”和“流行”的反感。谈话间，部长以及一些政府官员凑过来说话。话题就变得有所局限，就是初次见面的人们的正常交流，既不过分尖锐，也不平淡无味。

接下来是小型冷餐会，是王妃名下小酒店准备的餐饮。然后我们采纳宾客的建议，前往参观约阿希姆王子和玛丽亚王妃的宫殿。在那里我得知了许多关于这对夫妻的佚事。原来，女王的小儿子曾经结过一次婚，娶的是一位叫亚历山德拉的中国香港姑娘[①]。法国女郎玛丽亚是他的第二任妻子。我还听说了他们孩子的一些事情，以及大量宫廷传闻。丹麦人疯狂迷恋自己的君主，热衷把他们塑造成传奇人物。皇室成员对此报以宽容的微笑。

---

① 中文名为文雅丽。

回到瓦埃勒市，在此地的最后一晚我们久久徜徉于古城的小巷，探秘深深庭院，一路无语。第二天，我们前往埃斯比约。那里有意外的惊喜等着我们。

我们带着行李坐出租车去找奥莉娅和安德烈。他们答应帮忙找车送我们去埃斯比约。但我们没想到居然是一辆加长版豪华轿车。

原来奥莉娅联系了来自瓦德市的“乌克兰俱乐部”志愿者。这座小城离埃斯比约只有半个小时的车程。所以这些志愿者好心地同意捎我们一程。

就这样我们认识了来自瓦德的塔妮娅和乌维。塔妮娅是乌克兰尼古拉耶夫市人，嫁给丹麦人乌维。他们的年龄和伊戈尔父母相仿。乌维的爱好是收藏古董汽车。古董就说明稀少：他有几辆 30 年代的“劳斯莱斯”和这辆豪车。

季马的兴奋溢于言表。他在车厢里的老电视上看动画片，用车载电话和乌维通话，在宽敞的车厢里跑来跑去，吵闹程度不亚于三个人。

在埃斯比约，我们把我们的行李放在了宾馆，见到了艺术节的组委会成员艾琳和夏洛特。我们此前半年一直保持通信，因此一点没有陌生感。他们为季马准备了很多礼物，经过精美华丽的包装，直接放在宾馆的床上。其中有两盒乐高积木，这可是丹麦的馈赠佳品，更何况季马简直迷上了这类玩具。

我们从房间下楼，见到艾琳和夏洛特。我问季马：

“季马，你知道礼物是谁送的？”

“不知道。”

“是艾琳阿姨和夏洛特阿姨。你要说谢谢，知道吗？”

“谢谢，夏洛特蛋糕阿姨……”

天！我儿子不知道这是人名。他在叶夫帕托里亚只吃过同名的蛋糕！

我们感谢了熟悉的新朋友，商定第二天就彩排。然后我们同塔妮娅和乌维去野餐。

“我们想‘借’您一天的时间，”塔妮娅说，“今天不是没有彩排吗？那就是说，我们可以带你们参观一下尤特兰。”

尤特兰是丹麦的西北地区，北海沿岸。我们去了一个公园，它的名字就叫“花园”。是瓦德的一个普通工人建的。他利用业余时间用自行车运土、花苗、木板、工具、石子。30 年后终于建成了一座漂亮的大花园。这里有人工湖、小桥、日式庭院、珍稀树种和花草。他把花园送给市民，让他们带孩子来此野餐：公园里建有造型可爱的桌椅。丹麦人特别喜欢野餐。进入任何一家商店或超市，你最先看到的不是香烟，不是啤酒，而是野餐用具。丹麦的野餐文化达到国家级的高度。

野餐后，我们在花园散步。塔妮娅对季马说：

“想看小人国吗？”

“好啊！”小孩子喊起来。于是我们一行人奔赴瓦德。

那里 50 年前开始修建老城的迷你模型。一切都是真的，比如说砖，真的是在砖厂烧制的，只不过每一块砖只有方糖大小。房顶的瓦片也是真的，就是很小而已。窗户上的玻璃也是真的，铺路石子也是真的。但一切都是微型的，最高建筑钟楼和我一般高。微型城还在继续建设。50 年来它的规模已经堪比一个大公园了。

“这是什么人建的？”我问“微型瓦德”的管理员。

“是我们这些退休人员，”她说，“谁有时间都可以来建设。退休的人时间多，愿意干。他们觉得有意思。要盖房子，先得从市建部门拿到房子的全套图纸和模型，如果预算没有保存下来，就要自己计算需要砖瓦等材料的数量，然后跟砖厂下订单。砖厂专门为我们烧制，发货给我们。这样就可以开工了。灰浆就是建筑工地常用的那种。”

“一座建筑需要多长时间啊？”

“都不一样。比方那个市政厅，建了差不多三年……”

“噢……”

“说实话，有一些小房子比它们的原型建设时间都长。”她笑着说。

离开微型世界，我们驱车前往北海海岸。途中下车参观了一座新建的后现代工业风格的新教教堂。路过一座颇具震撼力的雕塑，名叫“四个白人”。四个雪白的石雕巨人垂手坐着，呆望着北海深处。真是不同寻常的景观。

后来发生了一件与此雕塑相关的趣事。那天之后过了两天我们从宾馆坐出租车去那里，想在近处好好看看这些巨人，拍几张照片留念。之后在海边溜达够了，我们决定回宾馆。我打电话叫出租车，好在丹麦到处都可以用英语。我们的对话是这样的：

“你好，我们想订一辆车。到‘四个白人雕塑’，知道吧？”

“对不起，你说几个人？”

“不，不，不是我们。四个白人是雕塑，在海边的那个……

“哎呀，其实吧……我们也是四个人……我们也是白人，就是肤色是白的……

“我们在一座雕塑旁边。雕塑是“四个白人”。我们需要一辆车 ……”

“噢，我明白了！四个白人要一辆车到雕塑‘四个白人’。”

第二天，我们从一大早就开始“过节”——参与艺术节的各项活动，但基本上都是体育方面的，因为像喝啤酒比赛这样的成人活动我们无法参与，我们带着孩子呢！

于是乎，我们打乒乓球、钻迷宫，给儿子赢了气球、糖果，参加戒烟比赛——之后伊戈尔跑开去吸烟。季马最喜欢的是剑术俱乐部的游戏。成员们身着漂亮的服装，扮成各种童话人物。季马最喜欢的是“女巫”——一位成年妇女把脸全涂黑了。设有一个“擂台”，其实就是用绳子围了一个正方形区域，想打擂的可以领到武器。武器很漂亮，看起来很重，像真的一样，其实轻如鹅毛。拿到武器的人进入“擂台”，或者自己人之间相互打斗，或者和俱乐部成员打斗。这样的游戏可以没完没了地继续，只是别人都不知道这个“没完没了”已经化身为一个小男孩。他追“女巫”，打擂台。别人累了，互相替换，只有季马永不退场。他大汗淋漓，却心满意足。他大战所有俱乐部成员。后来他拿到了锥形棒，这下“女巫”可吃了大亏。

我们心疼大家，想方设法把季马弄走。可他就是不肯离开，挣开我们又跑回去。

最后糖果帮了大忙。

艺术节的安排非常好，除了白天的游戏，还有晚上的演出。

把季马哄睡，交给谢廖加，我们去位于步行老街尽头的音乐厅。

彩排、化妆、演出。优雅的环境，善解人意的观众。到处都洋溢着激情，充满着好奇，燃烧着求知的欲望。

第一排就座的是政府人员。他们敏捷准确地捕捉我手部的每一个动作，随之调节自己的呼吸节奏，报以平和而非激烈的掌声。这让我非常舒服。

第二天的行程一样。白天——游戏；晚上——演出。

我表演了两个新节目，都是“圣水”乐队的配乐。第一个节目是关于海的，讲的是海边的生活。第二个是表现热爱地球的，背景音乐是歌曲“Open Your Heart”。

我的最后一场演出结束了。文化部长上台致辞，夸奖我一番，送上一束鲜花和一个造型奇特的玻璃瓶，里面装的是……沙子。

“这是我们海滨的沙子……听说您收集世界各地的沙子。这是特意给您收藏的。”

原来这个玻璃瓶是尤特兰最北边的一个名师吹制的。

后来在化妆间见到了艾琳和夏洛特。艾琳是艺术节的协调员，之前和我通信的就是她。这是一位身材瘦小，和蔼亲切的 60 岁老妇人。季马非常喜欢她。据她讲，之所以和季马相处得好，是因为她家里有年龄相仿的孙子。夏洛特是一个年轻的金发美女，心地善良，总是带着微笑。季马也喜欢她。原来她有一个 5 岁的儿子。

“我们真幸运。”伊戈尔笑着说。

“一点不错。”

艾琳送给伊戈尔一瓶她亲手用核桃制作的烧酒。她说了一句丹麦语，解释说意思是“家酿酒”。我们笑了，说俄语中也有这个词。

“怎么说？”艾琳问。

我说了一遍俄语，艾琳认真地重复，带着浓重的丹麦味。

这是在埃斯比约的最后一天。顺便说一句，这个丹麦城市名字的读音和写法（Esbjerg）大相径庭。这一点很像复杂的英语和法语。虽说会德语的人也许能听懂丹麦语，但二者相差甚远。

我们决定带季马去参观海洋动物博物馆，就在海边，离“四个白人”雕塑不远。博物馆非常好，有活体展览——海狮、海豹、海狗，有巨大的北海水族馆，有互动厅，丹麦渔业和造船业展览——所有这一切都在室内。室外是大型露天博物馆：展出的是各种船舶、潜水艇，以及隔离舱。

博物馆的室外占地庞大，有一处很棒的儿童游乐场地，设施造型是船舶和灯塔，有渔网和缆绳。有一处真的造船厂，当然是废弃的。还有军事纪念品。

晚上我们再次打车去海滨。一股莫名其妙的力量吸引着我们来到巨大的白色雕塑前。我们丝毫不介意清冽的海风，坐在塑像对面盯着巨人的脸。我心潮澎湃，那些儿时的梦境，凭空的想象，只缺少雨中艳阳，长长的蓝影，还有雪。

哦，丹麦。

夜里，乌维来接我们。我们把睡着的季马放在座位上，驱车前往比隆飞机场。早晨6点飞哥本哈根，然后飞巴黎。

两周半的时间丹麦已经成了故乡。离开时，我没有感到沮丧和哀伤，因为我知道，如果上帝眷顾，一年之内我们一定会再来……来寻觅儿时的梦境……

《不要缺席》

2009年6月中旬，于基辅密林湖别墅区

于是，在决赛周我完全投入到制作沙画《小王子》的工作中。我虽然很享受这一过程，但不得不面对这样的局面：尽管我竭尽全力加快和压缩故事情节，作品长度还是达到了 15 分钟。

直播和决赛定在星期五，星期二我清楚地意识到，不能过度压缩《小王子》，于是，我和伊戈尔觉得应另起炉灶，准备一个新节目。

就这样，我开始考虑备选方案——亲情的故事。这个创意本来就先于《小王子》，只不过被搁置了。可是结果吓了我一跳，比《小王子》长一倍！

离决赛还有三天时间，离最终定版、录像只有两天。我们有两部候选作品，可是都不符合直播的时间要求。我不分昼夜地在沙画台忙碌。我们去比赛现场练习，因为搬运，拆装沙画台占用太多时间，路上也浪费不少时间。

星期二晚上，我们收到一名叫玛尔塔的志愿者的邮件。她向我们讲述了小娜思佳的故事，这个只有 8 个月大的小女孩得了白血病。玛尔塔希望我为娜思佳制作一个沙画短片。这可是我们从来没有接触过的题材，但我们义无反顾地决定帮忙。

我们闭门谢客，忙了一夜。伊戈尔利用半天时间搭配音乐、剪辑。星期三晚上《不要缺席》终于大功告成。我们很清楚，第二天决赛作品就要定版，可我们却一无所有！没有可以参赛的作品！

为了稳定心神，我站在沙画台旁，心中暗暗祈祷。然后从头到尾完整地画了一遍《不要缺席》。

第二天，我们来到阿维安特比赛场馆。此时伊戈尔完成了音乐编排。所以轮到我上场时，我自己都不敢相信我居然能毫不迟疑地登台，准确无误地完成《不要缺席》。这部作品被坊间亲切地称为“爸爸妈妈的爱”。

这简直就是一个奇迹，丝毫不亚于当初的《战争》。

“沙罗特”

2012年9月，于巴黎、苏利堡、基辅

我们 6 点从比隆起飞，10 点就到了巴黎，到了我们不喜欢的乱糟糟的戴高乐机场。

无论是飞哥本哈根的小飞机，还是飞巴黎的空中客车，季马都很适应。

他早就向往巴黎了，吸引他的是埃菲尔铁塔。有一次，我给他买了埃菲尔铁塔的拼搭玩具，我们一起亲手搭建了铁塔。从那以后，在报上或者电视上一看到铁塔，季马就会兴奋地大叫：

“我的塔！埃菲尔！”

在机场接我们的是一位仪表堂堂的男士。他一副典型的法国相貌和举止，用的却是波兰姓。他载我们去罗力艾特市。途中我们请他在埃菲尔铁塔前稍做停留，满足一下季马的愿望。

季马背对战神广场，对着埃菲尔铁塔边跳边唱。俄罗斯游客能听懂他的歌，都哈哈大笑，外国人则报以微笑。

我们在这里逗留了大概一个小时。但没有登塔，因为如同去年一样排队的人太多。终于，儿子看够了铁塔，我们继续行程。

罗力艾特市是个神奇的地方，仿佛依然停留在十六世纪一样。整个小城是围绕着一座雄伟的古堡发展起来的。古堡占地面积相当于基辅的独立广场，高度和 16 层楼差不多。我的家乡最高的楼是 16 层，所以我们习惯用它做比较。

从巴黎到罗力艾特 3 个小时的车程。季马一直看着车窗外问这问那。我给他讲了拿破仑的故事，当然考虑了一个 4 岁半孩子的接受能力。季马用了大概半个小时的时间消化我讲的内容，然后突然发问：

“他，就是那个沙罗特……”

“谁？”

“就那个和蛋糕一样名字的皇帝，不，不是沙罗特蛋糕，是，是拿破仑蛋糕。对，就是他没有打败我们。我们的勇士向上帝祷告，好好吃饭、做操。可这个沙罗特，不对，拿破仑只能吃拿破仑蛋糕。”

我们听得哈哈大笑。

后来季马睡着了，醒来时已穿越到了中世纪，否则就无法解释苏利堡的样子。它的小巷，它的气味，一切都散发着十六世纪的气息，往昔繁华的气息。

苏利公爵是亨利四世的左膀右臂，也就是我们熟知的大仲马小说中的纳瓦拉国王的首相。他成为古堡主人时，古堡已经完全不是最初建成的样子。古堡管理员给我们看了改建图。一般认为，古堡始建于十二世纪。

季马想听历史故事，我就讲给他听。这下他聪明好学的小脑袋有了思考的素材：“从前，有一个亨利四世，一开始他是小国纳瓦拉的国王，后来成了整个法兰西的皇帝。他之前的法兰西皇帝是查理九世，然后是亨利三世。亨利四世和查理九世是好朋友，可是……”我不知道该怎么解释“圣巴托罗缪之夜”那段历史，就简单说：“他们经常吵架。有一次打猎的时候，亨利救了查理的命。而且亨利的皇后玛戈是查理的妹妹。可他们的母亲凯瑟琳的性格非常糟糕。查理九世去世以后，他的弟弟亨利三世继位，然后是亨利四世。”实际上我讲的更加详细，为了讲清楚古堡的历史。季马喜欢听历史故事，只要讲故事，他就老老实实认真听，不吃不喝都没关系。

“明白了？”我讲完之后问他。他高兴地点头，然后开始给我们讲：“从前有一个哼唧四世……”

如果苏利古堡旁边有桌子，我们恨不得钻到桌子底下去。

“妈妈，”季马问我，“你怎么和爸爸吵架呢？”

“没有，我们没吵架，我们是闹着玩呢……”

“哦，就像亨利四世和查理九世？”

“对啊，儿子。”我强忍着笑说。

“那就好……可是他们的结局不太好……”

无语，所有人都钻到桌子底下，没有桌子也没关系。

季马穿着硬领白衬衫和丹麦拉绒裤，游古堡，逛公园，在河边发疯地吓唬青蛙。他和法国孩子一起玩耍，跟他们喊俄语，因为一开始他就看出来讲英语肯定没用。法国孩子好像听得懂，服从季马的安排，按照他指定的顺序打滑梯。我们坐在一旁看着，觉得不可思议：他们是怎么交流的呢？

应该提一下的是，儿子很快就讲起了法语。没过几天，他就可以跟宾馆的管理员撒娇要早餐，跟客房服务员讨糖果和饼干，和古堡管理员开玩笑。我只教了他我知道的最基本的："我叫季马""请给我……""你好""再见""谢谢""为什么？""过得怎么样？""好"这样几个不懂法语的人都会的词。让我惊奇的是季马不仅同法国人说话，他也能听懂别人的话。

苏利古堡堪称世界最雄伟的建筑，它矗立水中的设计超出常人的想象，震撼人心。惊人的规模，厚实的城墙，圆形和半圆形的锥顶塔楼，地下室，数百个房间和厅堂……

"这不是城堡，这是……不得了！"季马感叹道。

我们给他买了剑和锁子甲。他扛着剑，昂首挺胸地走来走去。在每一丛灌木后面都发现一条恶龙。公主也找到不少，都是法国的，魅惑的。

"Bonjour, Dima！"

"Bonjour, madame！"

他躲到爸爸身后，斜着一只茶色的眼睛向外看，脸上满满的警惕。

早晨，咖啡时间。

"季马，帮我点杯咖啡……"

"这就去。"他去了。

见证奇迹的时刻——一杯咖啡，一个小碟子，放着一个多层羊角面包，能有100层，香味让人疯狂。

"谢谢，我的好儿子。去跟阿姨说谢谢。"

他去了。一会儿兴高采烈地跑回来，脸蛋上印着口红的痕迹，手里举着一块巧克力。

这样的事总是发生。

我一大早就去写生，季马就成了我的小尾巴。有时候跑在前面，有时候跟在后面。他站在城堡前一动不动，久久地望着垛口。我知道这是什么情况——他在搜寻恶龙。他会突然出声：

“嗖，嗖，唰！”这是出剑的声音。那就是说，恶龙找到了。

他在草地上跑累了，衣服被露水打湿了。来到我身边坐下，一副乖巧的样子。拿起我的画夹、纸笔，开始画画，并且一直伸着小舌头。

护城河上有小鸭子游来游去。小渠渐变成小河。水上有警卫船，负责打捞垃圾，维护景观环境。白天，我们参观了城堡内部，看了苏利公爵夫妇的寝宫，非常漂亮，像佛罗伦萨的美帝奇旧宫，不过少了文艺复兴的气息，多了城堡的味道。

一长排房间，间间相通，且门都在一条直线上，形成一圈穿廊。到处都是画像，从亨利四世到苏利家族的都有。

议事厅里摆放宝座。季马爬上去，大喊大叫。大厅里居然有回声。我们来到城墙垛口处，整个法国尽收眼底。这是窄窄的一条过道，一面是悬崖，一面是墙。真是险峻！

我们在城堡里一直待到晚上。谢廖加带季马去河边玩。我们在城堡有一个创作晚会。朋友们组织了一次环保活动。这回我不用沙子画画，其他暂时保密。古堡对面意大利餐厅的饭菜可以说是我吃过的最美味的东西。要知道这 3 年来我们吃过的饭店数不胜数，意大利餐更是再熟悉不过。

古堡的一周就要结束了，我们的行李多得不得了。季马和宾馆管理员、餐厅服务员（给他巧克力的那个）久久拥抱，嘟囔着法语……他舍不得离开。

在巴黎过夜，早晨到戴高乐机场。季马不慌不忙，又在商务中心遇见贵人。这回居然是一个俄罗斯人，给他吃华夫饼。

“看来，没什么能难倒他了。”我们哈哈大笑起来。

飞往基辅。季马已经习惯了坐飞机，所以在鲍里斯波尔坐出租车时，他好奇怪，为什么不坐飞机。

在基辅我们先去看望了塔妮娅婶婶和托利亚叔叔。他们是我父母的老朋友。

“季马，不是奥莉娅！”

“啊！是奥莉嘉！”

后来我们在宾馆住下。带儿子去参观修道院的路上看见了巨型雕像。

“这是谁？”

“祖国母亲。”

“看，好大的剑啊！她在保卫我们的国家。”

“她用剑打谁？蒙古人？”

出租车司机咳嗽了一下，掩饰自己的笑意。

“也打他们，孩子。据说，夜里她用自己的剑打击自己的盾……”

“12 次！”

出租车司机发自内心地笑起来。

“哎，妈妈！她打了自己的盾！就在刚才！”

于是一切开了头——雕塑成了我们的神话主人公。每天路过好几次，出租车司机就听见了各种各样的故事：

“妈妈！她刚刚下河喝水，差点儿踩到船。就是那条船！”

“妈妈！妈妈！她碰了一下小鸟的尾巴！”

“妈妈！她对我眨了一下眼睛！真的！”

季马很喜欢修道院，尤其是洞穴。出来的时候，遇见了一个来自俄罗斯库尔斯克的人，一直说个不停。

季马很喜欢基辅。我们忙忙碌碌，拍摄短片，看望朋友。

终于要回家了。我们决定坐火车，因为行李实在太多，坐飞机需要加运费。

这是季马第一次坐火车。他很快就熟悉了环境。早晨，在过道认识了一个新朋友，比他小一岁。两人跑啊，跳啊，我们都担心火车会因此脱轨。

家乡天气很热。经过一个月的离别家乡竟然有些陌生。我们还从来没有离家这么久过呢！

“乌拉！”季马在火车站一看到来接我们的姥爷，就大喊起来。

终于到家了，我们松了一口气。

决 赛

2009年6月19日，于基辅

我穿上一条浅蓝色丝裙，画了一个埃及女王的妆。这是唯一一次，我真的不明白对面镜子里的人到底是什么人。

眼睛因为化妆品的刺激发红，平添了欲哭无泪的哀怨。

大家一看就明白了——悲剧风格。

化妆师建议往眼睛里滴眼药水，用化妆棉外敷，但是都不管用。

我就这幅悲切切的样子出场了。

我看不见观众，但感觉到他们的思想在窃窃私语。我手一抬——思想安静了。大家只剩下呼吸，我却不能呼吸。

出生，童年，上学，青春。这就是《不要缺席》，我的决赛作品的序幕。长大成人以后，功成名就，成为大画家。大城市，闪光灯，众星捧月。

画面一转——雪地小屋，炊烟袅袅。院子里和父亲一起种下的树。年迈的父母，默默注视着电话，一直没有任何动静的电话。拨号——只有忙音……一次，二次，三次……

父亲去世了。妈妈呆坐在阴暗的房间里，只有破旧的电视闪着光亮。电视里是儿子，落幕。但还没有结束。

儿子回来了，跑着。他双膝跪下，注视远方。那里有小屋和坟墓。

没有明确的剧终。我总是不把话说完，留给观众自己去思考。我的手指穿透沙层，直抵玻璃，写道：“不要缺席……”

大厅发声了，却不是欢呼，仿佛有什么堵住了喉咙。

我感到我的眼里满是星星点点的泪光。刺痛，苦涩。

阅 读

2012年10月5日，于辛菲罗波尔

下了从基辅到克里米亚的火车，我和伊戈尔坐上汽车准备去叶夫帕托里亚。在一个离叶夫帕托里亚公路只有几米远本应该左拐的路口，我让他别拐。

“我们先去一下大学吧。”我提议说，不太抱希望他会同意。

“去吧。”他居然同意了。

于是我们驱车前往大学。

我已经有五年没回学校了。最后一次是毕业一年以后，2008 年夏天。当时我在准备报考外语系的函授课程。我非常想要一份第三学历，但最后没有递交申请。是因为决定再等一年，等我们的杂志《巧克力》步入正轨，在国际上立稳脚跟。如今我们知道了拖延的后果。

所以，真正意义上的最后一次在大学里其实是答辩的时候，也就是2007年。

我非常想念大学校园；中学我非但不想，反而高兴终于离开了，可是大学校园……对于我这样一个毕业后就没有接触过所学专业的人来说，对学术的理解和感觉以及深度，准确地说是深入研究问题的能力和意愿与大学生活相关。我们已故系主任弗拉基米尔·康斯坦丁诺维奇·卡林在我入学之初讲的第一句话是：

“我现在还不知道你们是什么样的人，但我会努力去了解的。但我向你们保证，无论是谁，无论你想干什么，你都要读书。大量读，什么都读，要做好读一辈子的心理准备，谁不打算这样做——那我请他出去。”

没有人出去。但当然不是所有的人，在所有的时间都读书了。

第一个月我们就拿到几份长长的必读书单，涵盖了心理学不同领域和范畴。此外，我们每周还会收到小书单——是一周必读书目。为了确保我们完成阅读任务，我们被要求写读书报告。所以偷懒是不可能的。遗憾的是，这种严格要求当然没有持续太久，只在一年级实行。之后一感觉到缰绳有所放松，我们出现在图书馆的次数就随即减少。

后来专业课开始了，就有兴趣了，真正的兴趣，一辈子的兴趣。

对我个人而言，还有一个激励我阅读的人——我的娜塔莉娅。她才是真正的读书人。

我们友谊的雷区就是读书。我觉得，娜塔莉娅的阅读需求和技巧是天生的，血液里的。而我的读书习惯是在学校后天培养的。是她教我新的阅读方式，教我享受阅读，习惯阅读，对书如饥似渴。

我说的不是阅读文学作品，而是阅读专业学术、准学术文献。我从来没有停止过文学阅读——中学的时候读过马因·里德、库珀[①]、大仲马、凡尔纳；大学里读过当时流行作家的作品——科尔贺[②]、巴哈、村上春树、佩列文。

专业书籍阅读后来居上完全是由于娜塔莉娅。我必须阅读她读过的书，否则我无法运用恰当的语汇对她讲述重要问题。后来是想阅读新东西来“对抗”她，让她也想读一读我感兴趣的东西。大学毕业后，我们的阅读之路发生了分歧——我大量阅读沙皇和皇后的历史和传记，总之阅读一切能搞到的十月革命之前的人物传记、信件；娜塔莉娅在接受第二学历的同时继续阅读心理学和哲学方面的书籍。

如今，我对二十世纪初产生了浓厚的兴趣，于是我们的路又重合了：进了校园，我首先跑去玻璃书屋买了尼采的《快乐的科学》和弗罗姆的《被遗忘的语言》。后者我上学的时候就关注了，可是当时经济条件不允许。现在买了，我把选好的书放在售货员面前，开始数钱。书一共三本，除了上面提到的两本，还有弗里兹·李曼的《恐惧的基本形式》。可是钱不够了——多么熟悉的情景！我叹了一口气，把书放了回去。

付完钱，我开始把书往包里装。突然听到：

“您以前是这儿的学生吧？您早就毕业了吧？”

是售货员在问我。她看起来有点脸熟。我仔细一瞧，原来是她，我

---

① 詹姆斯·费尼莫尔·库珀（James Fenimore Cooper, 1789–1851），美国作家。代表作系列长篇小说《皮护腿故事集》(包括《开拓者》《最后一个莫希干人》《草原》《探路者》《杀鹿者》）赞扬印第安人的正直，揭露殖民主义者的贪婪残暴，情节惊险曲折。

② 保罗·科尔贺（Paulo Coelho, 1947 年生人），巴西著名作家，以《牧羊少年奇幻之旅》成为世界知名作家。

和娜塔莉娅上学时她就在这里工作了。那时候为了买一本贵书，我们得攒一个月的钱。然后骄傲地来到这里买下早就选好的书，当然一次只能买一本。没钱买书的时候，我们就蹭书看。因为担心会被赶出去，我们拿了书就躲在角落里看。有一次，为了不花钱买书，我们利用几次课间休息时间读完了一本包装精美的贵书。我现在不记得那本书的名字了。

现在售货员认出了我，这真是令人高兴。

“是啊，是这样的，”我笑着说，“我是这里毕业的。”

“哪个系的啊？”

“心理系。”

“对，对，想起来了。您是和女伴一起来的。

我笑起来：

“我不知道她现在在干什么，但可以全权代表她向您表示问候。”

我们相视而笑，聊了起来。

“您还记得吗？我们在这儿蹭书看。”

“记得。你们真是好样的。”

“是吗？我们还以为你们烦透了我们，恨不得把我们轰出去呢……”

“看你说的，才不是呢！虽说那时候像你们这样的穷学生不在少数。我是指大学生蹭书看。就算没有兴趣，也会出于责任感，为履行义务而读书……”

“现在不一样吗？”

“现在……”她长叹一声，“没有人愿意读书了。”

“不可能。五年不可能发生这么大的变化，我不敢相信。”

“来的话，顶多就是买考试打小抄用的教辅材料。”她自言自语地说，

“分不清老师和作者的名字，压根不知道让他们读什么。能买文选就不错了，能准确说出作者名字就不错了……我就想啊，来了不买书也行，哪怕不花钱白看书也行啊——我不但不会反对，我恨不得给他们搬椅子……”

我不禁大惊失色，也满脸疑虑。

“学哲学的呢？他们可是应该大量阅读的啊……”

“哲学系的学生根本就不读书。根——本——不——读！”她看着我，一字一顿地说，“您刚刚买了尼采的书。不信你就去问，我肯定他们一本尼采的著作也说不出来。也就能叫几个哲学家……的名字……”

苦涩。她的话里是满满的苦涩，却是我最不想听到的。

“你看，你们是卖书的，”我开始安慰她，“事实上大学生不是不读书。他们只不过是不买书。不是还有图书馆、电子图书馆、网络吗……”

我说着，她看着我。我明白她的意思：她不相信我的话。可我不愿相信读书的危机，不想相信，也不会相信。所以就告辞，匆忙离开。

坐在咖啡馆里我和娜塔莉娅的老地方，开始读新买的书。伊戈尔没和我在一起，他说我的大学是我一个人的记忆，就留下我一个人，自己去办事了。

“真神奇啊……”我暗想，“一来到这里，我就回到了 20 岁……读一读当年想读却没读到的书。桌子还是那张桌子，杯子还是那些杯子，可口的茶水、点心。我的内心深处有一页文稿写的都是我。原以为这一页永久定格了。只要我愿意，我就能穿越时空。我将是时空的证人，我是自己的纪念碑……可是，如今内在的一切都变了样。我 20 岁的内在还有一个自己的内在。尽管外形没有变化，但那里却是七年，七个不可思议的年头。现在我慢慢剥离这些事件——恋爱，结婚，生孩子，办杂志，幸福，沉迷于艺术世界，神经衰弱，恐慌，重生，杂志的辉煌与破产，危机，精神崩溃，无力，沙子，实验，尝试，初次表演，失败，海选，参赛，演出，工作室，出名，比赛获奖，巡回表演，创作，创作，回归日常，回归书籍——历史、文学、哲学、心理学……终于，见到了我自己。”

我的思绪被一帮走过来的姑娘打断了：

“什么？”我问。

“不好意思……可以跟您合张影吗？”

奇怪。似乎一切剥离了，19 岁的同龄人在求合影。“和谁？和我，同样 19 岁的大学生……”可笑。

我喝完咖啡，合上书，就去了运动场。在那里我和娜塔莉娅坐在最上面一层，一动不动，只有云朵在我们头顶快速移动——仿佛时代变迁……

我坐下来，想体验往昔情怀。

前一天夜里，在火车上我读了很多书，内容各异——汇演之后我内心极度空虚，只有一样东西能填充——那就是阅读，我的眼睛都疼了：几乎是同时读安德烈·别雷的《世纪之初》，勃洛克和魏尔伦①的诗卷，还有易卜生的几部剧——奇怪的是大脑还可以坚持，眼睛却“罢工”了。

在运动场坐了一会儿，看完半本尼采的《快乐的科学》，引起一些矛盾的、不好的感觉。我决定去见见从前的学业导师巴甫连柯。不巧，他正在开会。略有失落，我来到教学楼 A 座的语言学阅览室，想要看点梅特林克的东西，毫无意外地拿到一本《青鸟》。书的装帧很特别，是

① 法国印象派诗人。

珍藏版，窄窄的竖版设计，是苏联先锋派画家画的插图，非常棒。

我用一个半小时读完了剧本，得到了真正的享受。可是我的眼睛好像分分钟就会爆炸。读完最后一页时，我听见头上响起：

“阅览室就要关闭了……”

还了书，来到外面，就看见我们的车。上车，回家。我觉得这三天我变了，不是成了另外一个人，而是回归了自己。

回到家才知道,10 月 3 日小艾米尔在俄罗斯去世了。那个三岁的小男孩，我们曾为他在丹麦义演募捐。这一年有多少孩子离开了我们！小达莎，夏初我们为之创作短片的小杰尼斯，克里米亚的小爱丽维斯……现在是小艾米尔。可怜的孩子们，可怜的父母。愿他们在天堂幸福平安……

最后的演出

2009年6月末，于基辅

最后演出的前一天晚上，我们参赛选手最后一次聚在亭子里，讨论第二天的节目流程。届时将公布获胜者名单。

我准备了一个新节目，想把它献给我的新朋友，和一起并肩奋斗的战友们。我希望把作品作为礼物，他们的形象在我的手下一个个出现，又化作另外一个，音乐也发生相应的变化。但是制片人指出，汇演时表演新节目对别人是不公平的，因为大家表演的都是老节目。我明白他说的是对的。

我同意换节目。如果可以的话，我很乐于妥协，因为之前有时候过于坚持了。比如，项目导演不喜欢《战争》（又名《你永远在我身边》）的结尾用金属乐队的歌曲《Nothing Else Matters》。可是我非常喜欢这首歌的旋律。这是当年我和伊戈尔刚刚开始共同生活时，他推荐我听的。我据理力争，坚持己见，最后我们赢了。结果证明我们的坚持是正确的。

可是，这一晚我不想争执。我只想呼吸松林的气息，捕捉每一个美好瞬间。因为明天一切就都结束了——演出结束，童话结束。我们各奔东西。可现在我们已经是朋友……

第二天，选手们一起前往摄影棚。大家谈的只有一件事——谁是胜出者，各种推测，我笑而不语，我只关心我的季马。

演出前，下起了雷雨，导致我们的特邀嘉宾萨莎·雷巴克乘坐的飞机勉强降落。

当我开始表演的时候，据工作人员说已经是大雨倾盆。表演结束后，我吹灭蜡烛。突然，闪电击中了一个变压器，屏幕一下子暗下来。幸好，两分钟后就修好了，直播继续。

退场时，萨莎·雷巴克差点摔倒在后台的坑槽里——他对舞台错综复杂的机关不太了解。大家好不容易抓住了他。

没想到我被提名入围最后的大奖了。演出的流程是这样的：演出过程中先后宣布两个提名者，嘉宾演出之后，两位提名者被请上台。主持人打开信封，根据观众短信投票结果宣布最终胜利者。我成为第一个提名入围者。中间休息我和萨莎·科瓦尔塔夫妻表达了我个人的惊讶之情。然后我来到尤莉娅、阿拉、克丽丝姬娜、达莎、卡琳娜和尤拉身边，逐一拥抱了他们，说：

“大家伙儿，原谅我，好不好？”

“你是不是傻啊？”阿拉在太阳穴转了一下手指头，“请原谅是什么意思？应该高兴！你太棒了！”大家争先恐后地和我拥抱在一起。

中间休息结束了，人们四散而去——有人上台表演，有人接受采访，我呆呆地站在化妆间，像被定住了一样。

“how must go on！”（如何继续）萨莎·科瓦尔塔拥着我说，我看见他怀里小宝宝瓦尼亚的眼睛。

“是的，我听说过这句话。”我笑了。

演出继续。

奇　迹

2012年10月，于下诺夫哥罗德

我们是从维也纳飞往下诺夫哥罗德的当天收到消息的，称小爱兰娜去世了。

小爱兰娜的后援会活动时，她妈妈娜塔莉娅写道：“今天小爱兰娜成了天使。请不要难过，不要哭泣。她终于不疼了。”这些话真是感人肺腑。

同样感人肺腑的是写在卷首的话：“感谢上帝所给予的一切”。

我实在写不下去了。愿我们的小受难者从此拥有平静安详。我和爱兰娜认识正好一年。

带着这一消息我们赶往机场。

我们乘坐的是夜航班机，在莫斯科转机。所以到达下诺夫哥罗德时已经过了午夜 1 点。尽管如此，德米特里还是很精神，在宾馆里不肯睡觉。早晨，我们去参观下城的城堡，也就是当地的“克里姆林宫”。

灰蒙蒙的天空低垂，满眼都是丰富的俄罗斯秋天的色彩。我们克里米亚根本看不到这样绚丽的秋色，真是相形见绌。踏进这金秋，我感受到孩童一般的喜悦。

我亲手制作黄金，
用太阳和一捧沙。
秘方一点儿也不贵。
沙子从我的指尖滑落，
沙沙作响。
我亲手制作了黄金。

在我们的故乡，只有 8 月末的时候，树是这样的褐色——树叶烧焦了。其他时候都是绿色的。9 月、10 月时是绿色的，11 月中旬还是绿色的。12 月，叶子忽然一下都掉了，只剩下光秃秃的枝干。没有一刻是色彩缤纷的画面，顶多就是用墨色勾勒的赤裸裸的树干、枯枝，有些许曲折蜿蜒的情趣。冬天一般是少雪的。

这里却看得见无垠的蓝天，柠檬黄的阳光斑点。至少有四层景致——灰蓝色的天空、浮云、远方的层林；近一点的景色里出现了小木屋教堂；前景是金黄色的白桦；最后是一片干枯的秋草，这是在野外。市里，古城部分，仿佛深不见底。看来是因为阴天的缘故，一切都像蒙上了一层透明的描图纸，笼罩在暮霭当中……

可是我居然把水彩落在了家里！

“傻瓜！”我每分钟都骂自己一次。

古城堡的城墙高高耸立在我们宾馆上方。感觉像是一座山，一个童话，一团烟雾——我已经不知道该如何形容；只知道无论白天还是黑夜，它都充满诱惑。

四天时间根本不足以游览整个城市。第一天我们就明白了这一点，就想改签机票，多待上一个礼拜。我用墨水和墨汁画速写，感受没有水彩的痛苦。但与此同时也给自己提出了一个思考题，如何不用色彩来表达情感和情绪。至少，这是一次有益的尝试。

这里的克里姆林宫的城墙和莫斯科的不一样，没有丝毫哥特印迹。所以让我觉得它自成一派，略显粗糙，因此更加朴素、真实。我这样说不代表我不喜欢莫斯科克里姆林宫城墙的哥特风格，相反，我是真的热爱莫斯科克里姆林宫。去年，我站在毗邻的 Ritz-Carlton 大酒店的楼顶细细观察过城墙。

下城的塔楼内部有自己符合当时需求的功能。城墙里通道众多，四通八达。在一条通道上我们看见圆柱形的红砖塔楼上的一扇小窄门打开了，一群穿着军装的少年走出来——三男两女，女孩头上还扎着白色的大蝴蝶结。

“童子军！”季马指着他们，笑着说。

少年们笑起来，应我们的要求，按立正姿势与季马合影。

之后他们恢复军人队形，在仪仗队守卫的长明火旁边列队行进，高声喊出口令，断断续续飞向云天：

“正……步……走！”

长天使大教堂，建于十五世纪，是克里姆林城堡里唯一一座锥顶教堂。几乎看不见窗子，所以里面很暗。季马在圣谢拉菲姆·萨罗夫斯基的圣像前跪下，祷告道：

“圣谢拉菲姆，请你帮帮奶奶，治好她的病。我真心恳求您！”

热闹的波克洛夫大街与神秘的克里姆林城堡仅一墙之隔。墙外人声鼎沸，墙内露天陈列着卫国战争时期的大型武器，从飞机大炮到潜水艇。季马在展品上爬上爬下——这是允许的。

季马爬上德米特里耶夫塔楼，特别自豪：“这是我的塔楼！”塔楼里是博物馆。季马逛了个遍，他在狐狸和麋鹿的标本旁边停留了许久，在猫头鹰旁边嘟嘟囔囔，笑话难看的蛤蟆菌。

之后我们在城墙顶上绕着城堡走了一圈。中途禁不住俄式餐馆的美味诱惑，小憩了一下。季马喝了鱼汤，吃了一些地方小食。我好像第一次感觉到内心深处，遗忘许久的乡愁。说来好笑——不过是鱼汤、煎饼、却让我想起了故乡……童年，瓦莉娅姥姥。味道的记忆，气味的记忆不弱于声音和形象的记忆。无论是在我习以为常的莫斯科和彼得堡，还是叶卡捷琳娜堡和加里宁格勒我都没有感受过这种亲近，这种俄罗斯风味。换句话说，我的俄罗斯血统恰恰是在这下城的氛围里有生以来第一次有了反应。

于是这便成了那些日子里我思考的一个导火索，我想了很多。

在这里度过的两天沉淀为永恒，沉睡的东西觉醒了，爆发出火花。异常激烈的火花。这些日子好像沉浸于水中，沉浸于岁月。这两天我们除了克里姆林城堡没去别的地方。所以第三天进入市区竟恍如隔世。经过伏尔加－奥卡河的大桥（此处是两河交汇处，我却没有看到），来到河对岸，与对面高坡上的克里姆林城堡的城墙遥遥相对。教堂的圆拱顶金光灿烂，一如欢声笑语。我们好像是刚刚从水底出来的，回身凝望着自己的倒影，水却深不见底。

太阳一直没有露脸，光线却穿透云雾射下来，为红红黄黄的秋色增添了一抹喜悦之情。

作为人们的好朋友，我不停地注视着你；
就像一个工兵爆破手，心脏感受到了绷紧的弦声——
而那令人称奇的卢基扬诺夫大师在命运的宫殿里，
用带有窗户的木质住房遮住了我的视线。

天文馆。这里每天早晨放映介绍宇宙知识的原创科普动画片。大厅里只有我们。苍穹一般的棚顶营造出一种奇怪的荒芜的效果。季马静静地观看动画片。影像投射在半个穹顶上，有时会有一种飞行的感觉，挺真实的。片尾曲是《小红帽》的插曲《星星之歌》，也叫《数星星》。竟然是格列宾西科夫和瓦西里耶夫合唱的！从音质，从细节处理上听得出来。我清楚地记得，他们在几年前新年音乐会《蓝色的火花》表演过，我在网上看的。真是酷毙了——来自内心的答案解开了自己的疑惑，是用格列宾西科夫和瓦西里耶夫的声音。

瓦西里耶夫先唱：
夜半时分，
没有雨，没有雪，

也没有阴郁的风，
在这晴朗的夜半时分。
发光的宇宙在开垦天空，
撒下星星的种子，
点亮了一双双笑眼。

接下来是格列宾西科夫那悠长、飘忽的嗓音：
宇宙的宝贝，
一闪一闪在呼吸；
它在鸣叫，小声鸣叫。
有这样一群人，
可以清楚听见
星星和星星说话的声音。

你好！——瓦西里耶夫唱道。
你好！——格列宾西科夫唱道。
你在发光吗?
我在发光啊……

“真想见见那位音响师，放弃了《KINO》乐队的经典演绎，选择了这一少见的版本，勇气可嘉啊！”我心里想。

影片结束了，灯光亮了。我们起身离开。我抬眼望了一眼音响师的工作间。对，他就应该是这个样子。

帅哥啊！

我们沿着奥卡河岸来到亚历山大·涅瓦斯基大教堂。教堂不久前刚刚修缮一新，真是美极了。这是一种具体的、清晰的美，中世纪俄式建筑的明快。喜欢这样的特色，甘之如饴……

秋天。

迁徙的季节点燃起飞的信号，

动的羽翅割破天空的寂静；

对面有人夜半劳碌，

窗口灯光闪耀。

教堂规模庞大，这是亚历山大三世为纪念亡父所建，规模、尺寸都是空前的。教堂院落里立着展板介绍这段历史。首先是设计阶段，亚历山大和皇后玛丽亚·费奥德罗芙娜以及建筑师的画像，还有设计图。接下来是反宗教时期的图片，拆除的拱顶、大钟，半塌的杂草丛生的台阶，一派萧条肃杀景象。

抬眼望去，巨大的台阶向上飞升，气势雄伟，颇为壮观。有一种不真实的感觉。

教堂是八十年代开始修复的，当然是由志愿者完成的。

如今焕然一新的教堂屹立于风中，宛如浴血重生的凤凰——是的，它重生于自己的血肉，不是灰烬。教堂雄伟壮观，古朴之气，自成风流。

你的窗口灯光闪耀。

我们坐在长椅上，望着墙。季马吃着饼干。墙后是伏尔加河，奥卡河，守卫着城墙的梦。这只冬眠的巨兽抵着水泥的河堤。

“我真想永远留在这里。”我看着天空笑着说。

“走了，还会回来的。”天空回应我。

灰色的天空下稠李的红果仿佛一团火。儿子甚是喜欢，像所有初见它的人一样。在院子里闲逛，在路边上走，等出租车时，空气中的烟尘是我唯一不喜欢下城的东西。这一点和克里米亚完全不一样。

我们去巴克洛夫步行街，这是下城的“阿尔巴特大街”①。

宁静平和的氛围一下子变热闹了。步行街人头攒动，熙熙攘攘。建筑也变得漂亮起来，色彩纷呈，完全不是城堡的风格，而是“新城风格”。我们把街道两边的建筑称为美人。所有的建筑都是美人。

我们拐进一个小院，名叫“小仓库”。这里是艺术家的乐园，巴克洛夫大街喧闹中的一方净土。院子里真的很安静，桌子上画着图案，摆着各种木质老物件，从罐子到茶炊。季马立刻凑到茶炊前倒茶，茶炊里积了雨水，从龙头里流出来。我在雨中画画。

雨愈加大起来，我们躲进一家小吃店。店里堆满了各式各样的茶炊，民间手工艺的木制餐具，皇家明信片等物品。在这旧俄式商铺的环境中我们喝着茶，季马喝着汤。

雨越下越大。出来一看，就知道没躲过去。我们想散步，可是没有伞。

我们边走边躲雨，一路来到剧院。剧院前人很多，大雨如注。我们跑去找避雨的地方，突然听见雨中传来熟悉的旋律。我们回头望去——

---

① 阿尔巴特大街，莫斯科著名的步行老街。

怎么回事？

房屋在岁月的重压下瑟瑟发抖，
天神放牧着白云。
城市的灯火射向夜空，
可是黑暗的势力太强大……

我们抬头看去，找到了歌声的来源——是从一座漂亮的小楼的二楼阳台传出来的，音乐声很大。是俄罗斯民族音乐。

准备睡觉的人们啊，祝你们晚安。
祝你们晚安……

我们坐在阳台下面，四周是雨墙。身后是一家专卖店的橱窗，灯火通明，立着无头模特，穿着衣服……

我终于等到这一天。
沉默的人不再沉默，
绝望的人踏上征程，
无法追赶他们。无法追赶。

“准备睡觉的人们啊，祝你们晚安。”我们在阳台底下唱着，被雨围困。被围困的还有雨。

第二天离开下城时，我们穿过克里姆林城堡来到巴克洛夫大街上，用时 15 分钟左右。伊戈尔碰见一个老朋友。那人送我 7 支玫瑰。这是个与众不同，有内涵、有深度的人。表面上很阳光，内心却伤痕累累。他曾经得过重病。得知自己的病情后，他表现得很平静。现在他已经康复了。我带着他送的玫瑰前往吉威耶沃修道院的教堂。

去吉威耶沃的路上花费了大约三个小时，其中一半的时间是在堵车。下城市区堵车情况非常严重。出了城，我们的车就像飞一样。白桦树，成百上千棵白桦树，在车窗外闪过。季马说它们在跑步。跑步的白桦树哄睡了季马，他睡了一路。我一直目不转睛地看着窗外的秋色，看着远远近近的白桦树，杨树互相追逐，金黄间隔着火红。间或有一大段空白，是如镜的池塘。然后又是追逐，追逐，无穷无尽。

吉威耶沃……是如此亲切，熟悉，纯粹，尤其是教堂的晚间弥撒。就好像……我说不出来……就好像投入亲人的怀抱。执手相看，是哭是笑已不重要。就是心情好，就是回家的感觉。整个人好像飘在空中，头上是高高的穹顶，温暖而欢喜。

“谢谢！”我的心中涌起阵阵暖流。

圣渠——这里每天凌晨进行圣母礼拜仪式。我们去了三次，数着念珠，唱着《圣母，童贞女，欢喜吧》。这是季马最喜欢的祷词。他非常虔诚，清楚地唱：“你承蒙神恩受孕……”真想永远留在这里，永远不离开，这里充满奇迹。每天半夜修女们做夜课，这些黑衣天使的队列是我生命中最深刻的记忆之一。

修女们一点儿不严厉，她们的眼睛亮晶晶，一直看着季马微笑，仿佛太阳一样……

这里的一切都如此神奇，难道这就是此处地名的来历？[1] 就连一只普普通通的猫看上去都不同寻常，显得聪明，黄色的瞳孔仿佛洞察秋毫，睿智的沉吟……到处都透着智慧。

奇迹越来越多，越来越久。从来没想过我会有机会在教堂帮忙——可是机会却来了。一位可敬的老修女负责切割圣像前供奉的鲜花的老枝。我跟在旁边收拾。这不是工作，是发现，发现智慧。季马没有碍事，害我白白担心了。他受到修女们的感召，表现得非常得体，自视是助手，相当能干……

我做了一些奇怪的梦——什么时候我最后一次在梦中微笑的？

最后一天，我们去了 100 公里以外的一处泉眼，在莫尔多瓦自然保护区。泉水纯净，还有一种无法言传，无法解释的味道——四度水的滋润。奇迹，每时每刻都有奇迹发生。

今天是最美好的一天，
写它的书千千万，
左手——天堂，右手——荒漠，
我走在中间，一线相连……

直到最后一刻，我还抱着希望改签机票，但没能实现。没待够。就应该是这样，就应该没待够。

送机的是马特维伊，我们在吉威耶沃认识的。他知道我的身份。我

① 吉威耶沃有神奇之意。

们一路聊得十分投机。时间不知不觉过去了。我们在巴克洛夫大街遇见的那个朋友也来为我们送行。我们一起坐在咖啡馆里说话，差点没赶上飞机：没听见广播里叫我们的名字。好不容易算是赶上了。

坐在飞向家乡的飞机上，我们脚下是灰黄、褐红，光滑如镜的湖泊，是一切一切不可解释的奇迹。季马眨着褐色的眼睛，轻声歌唱“……圣母，童贞女，欢喜吧！神佑玛丽亚，上帝与你同在。承蒙神恩受孕，以你之躯孕育神明救世主降临，拯救我们的灵魂……”

这很常见

2009年6月，于基辅阿维安特节目拍摄现场

舞台上是我们三个人——我、阿尔焦姆和主持人。马上就要宣布获胜者，决赛的结局。我的脑海里有两个句子轮流上场："肯定不是我"和"就算不是我"。现在已经很难体会，更不消说解释当时的想法。自始至终我也没想过要获胜。在这最后的欢聚时刻我甚至不愿意去想还有比赛这回事。

我的脑海里还盘旋着一个朦胧的想法："一切就要结束了，我就要回家了！""一切就要结束了……"这无须解释。

"第一季获胜者是……"

我站着，面对大厅。没有人能够彻底感知观众的化合反应。活生生的人化为千年的石头，虽然只有一秒钟，却飞越千年。我们对面前的观

众了解多少？我们又了解自己多少？

“获胜者是……”

我们能对观众说什么？安静，安静，我属于你吗？

虽然已经是第三次在这个舞台上面对你，我又了解你多少？望着摄影机的玻璃眼，按规矩望着红灯的一点，我用皮肤感受你。你虽然没有触碰我，却把我撕成碎片，用震耳欲聋的掌声，用隐约可闻的吸气声和暴风骤雨般的呼气声把我撕成碎片。你曾片刻属于我吗？你曾像我属于你一样属于我吗？是的，属于过。无论最后结果如何，无论以后会如何，此时此刻我知道：你曾经属于过我！足矣！

“获胜者是……克谢尼娅·西蒙诺娃！”

幸福的感觉在你被宣布为获胜者前一刻来到，这很常见。这感觉与胜利无关。这很常见。

跋

首先，我想说，这里所描写的一切都是真实发生过的。

但是，我不敢说我讲的一切都是真的，就像我不能对任何一个活生生的人以个人名义说出的任何内容做出如此判断。也许，我记叙的事件有不为我知的一面，而且一旦我得知了这一面，事情就可能完全会是另一个样子。我只能描写我从自己的窗口看见的景象，没有回望整个城市。我想相信，我的做法是正确的。

我还想说，即便再过一年，两年，一百年，我也不会否定我说过的任何一个词。我知道，这句话虽然看起来很美，但……这是不可预见的。现在我二十七岁，不知该羞愧还是该高兴，我不敢说：如果时间倒流，我还会做我做过的一切。还会再说我说过的话。最近一年，对我来说是幸福的一年：我学会了面对自己的无助、愚蠢和胆怯。学会了做一个幸福的小孩子。直到今年，重新梳理陈年旧事，我终于明白，认识到自己曾经的错误是莫大的幸福，并且感到……感到什么，我说不清。我现在其实说不清的东西很多，这也许就是新的幸福，最平平淡淡的幸福。

我不想说，我是一个聪明人。恰恰相反，我很乐意承认，我不聪明，想努力变“聪明”。可能听起来有点怪，可是……如果此时此刻我正微笑着写下这句话，那就说明事实如此。

这本书写了两年多。完稿之后我读了一下开始和中间的内容，感觉不像是同一个人写的。这种感觉实在很可笑，我认不出自己的作品……

文中有很多引用，这是唯一外来的内容。我之所以这样做，是因为我想最大程度对读者赤诚以待。我的头脑里没有片刻安静，总是回响着音乐、词语、诗句……生命的阶段于我就像是音乐的片段、诗句、歌词。它们珍贵，如同充满激情的今天，如同凝固为墙上画作的昨天。

我不知道，今后是否还有机会再写自传，也许，可能会写一部类似《历史的另一面》这样的作品，如果有幸了解到另一面的话。

我的生命中充满了偶然，这是上天的恩赐，我往往没能立刻就意识到这一点。也许，这里所写的全部内容可以概括为一句“上帝的礼物”或者“感谢上帝赐予我一切”。我的幸福根本不是才艺比赛上的胜利，不是功成名就，不是用艺术表达思想。我的幸福是被我慢慢感知的“上帝的礼物”。我不知道，今后会怎样。我无法知道，也不想知道。现在，我明确知道的是一切都是上帝的恩赐。前方是一片祥瑞之光，是金色和蓝色交织的……欢喜。

2010 年秋 –2012 年秋

文中引用歌词来自：

鲍利斯·格列宾西科夫，“水族馆”乐队

亚历山大·瓦西里耶维奇，“斯普林”乐队

维克托·崔，KINO 乐队

廖瓦和舒拉，Bi-2 乐队

“圣水”乐队

文中引用诗句来自：

亚历山大·勃洛克

约瑟夫·布罗茨基

尼古拉·古米廖夫

萨莎·乔尔内

瓦列里·布留索夫

乔治·戈登·拜伦